Kohlhammer *PflegeManagement*

Der Autor:

Ronald Kelm ist Pflegedienstleiter der chirurgischen Kliniken des Universitätsklinikums Schleswig-Holstein, Campus Kiel. Seit 1990 ist er als Dozent in der beruflichen Weiterbildung tätig, und zwar mit den Schwerpunkten Arbeits- und Tarifrecht sowie Arbeitszeit- und Dienstplangestaltung in der Pflege. Ausbildung zum Personaltrainer und Studium an der Hochschule für Wirtschaft und Politik, Hamburg. Er führt Seminare für Betriebs- und Personalräte an der ver.di-Bildungsstätte „Adolph-Kummernuss-Haus" in Undeloh in der Nordheide durch.

Ronald Kelm

Personalmanagement in der Pflege

Band 1: Arbeitsrechtliche Grundlagen
Personalbeschaffung
Personalführung

Verlag W. Kohlhammer

Dieses Werk einschließlich aller seiner Teile ist urheberrechtlich geschützt. Jede Verwendung außerhalb der engen Grenzen des Urheberrechts ist ohne Zustimmung des Verlags unzulässig und strafbar. Das gilt insbesondere für Vervielfältigungen, Übersetzungen, Mikroverfilmungen und für die Einspeicherung und Verarbeitung in elektronischen Systemen.

Die Wiedergabe von Warenbezeichnungen, Handelsnamen oder sonstigen Kennzeichen in diesem Buch berechtigt nicht zu der Annahme, dass diese von jedermann frei benutzt werden dürfen. Vielmehr kann es sich auch dann um eingetragene Warenzeichen oder sonstige gesetzlich geschützte Kennzeichen handeln, wenn sie nicht eigens als solche gekennzeichnet sind.

1. Auflage 2003
Alle Rechte vorbehalten
© 2003 W. Kohlhammer GmbH Stuttgart
Umschlag: Gestaltungskonzept Peter Horlacher
Gesamtherstellung: W. Kohlhammer Druckerei GmbH + Co. Stuttgart
Printed in Germany

ISBN 3-17-017083-X

Vorwort

Krankenhäuser und Kliniken stehen in der öffentlichen Kritik nicht nur wegen der Kosten im Gesundheitswesen, sondern auch wegen der Management- und Führungsstruktur, die – so wird vermutet – zu diesen Kosten beiträgt.

Der Personalsektor umfasst ein vielschichtiges Arbeitsgebiet, das mit Begriffen wie Personalwirtschaft, Personalwesen und Personalmanagement bezeichnet wird. Die unterschiedlichen Begriffe zeigen durchaus unterschiedliche Verständnisse über dieses Arbeitsgebiet auf:
Personalmanagement kann definiert werden als die Summe der mitarbeiterbezogenen Gestaltungsmaßnahmen zur Verwirklichung der strategischen Unternehmensziele. Die Aufgabe des Personalmanagements besteht darin, die für die Erreichung der strategischen Unternehmensziele notwendigen personellen Ressourcen in quantitativer, qualitativer, räumlicher und zeitlicher Hinsicht langfristig sicherzustellen. Dafür sind durch das Personalmanagement auch die rechtlichen, verwaltungstechnischen und sozialen Angelegenheiten zu bearbeiten und zu klären.
Das Personalmanagement lässt sich in verschiedene **Teilbereiche** untergliedern: Dazu gehören die Personalplanung, das Personalcontrolling, Grundsatzangelegenheiten (Entgelt, Organisationsstruktur, Beurteilungswesen) und die Personalbetreuung (arbeitsrechtliche Angelegenheiten, Beratung). Die Personalverwaltung ist als grundlegende Servicefunktion an allen Teilbereichen beteiligt.
Insgesamt hat sich das Personalmanagement in den vergangenen Jahren als **eigenständiges Arbeitsgebiet** entwickelt und wird zunehmend als gleichberechtigte Führungsfunktion (neben Planung, Organisation und Leitung, Kontrolle) betrachtet. Die Wahrnehmung der Führungsfunktion Personal ist damit verbunden, Personal nicht weiterhin als Produktions- und Kostenfaktor zu verstehen, sondern als entscheidendes **Leistungspotenzial**.

Die Arbeit von Menschen ist ein kostbares Gut. Dies gilt besonders für Krankenhäuser und andere Einrichtungen im Gesundheitswesen, in denen die Personalkosten bis zu 65 % der festen Kosten darstellen und in den letzten Jahren die zur Verfügung stehenden Mittel durch zahlreiche Gesetze und Verordnungen zur Kostendämpfung im Gesundheitswesen eingeschränkt wurden. Dies umso mehr, als die Krankenhäuser in einen Konkurrenzkampf geraten und auch zum Teil in ihrer Existenz bedroht sind.

Die **Unternehmensleitbilder** sollen den Mitarbeitern die Ziele des Unternehmens deutlich machen, denn diese bilden die entscheidenden Grundlagen im Führungsprozess. Das **Pflegeleitbild** baut auf dem Unternehmensleitbild auf und orientiert sich an dessen Inhalten. Es ist gekennzeichnet durch eine selbstständige und professionelle Krankenpflege. In jedem Krankenhaus gibt es unterschiedliche Pflegeleitbilder, sie sind ausgerichtet nach Religion und Weltanschauung der Einrichtung und natürlich nach dem Menschenbild.

Die **Personalführung** in den Kliniken und Pflegeeinrichtungen steht immer wieder in der Kritik. Insbesondere die gesetzlichen Interessenvertretungen beklagen häufig einen autoritären Führungsstil und mangelnde Transparenz bei der Personalplanung. Damit eine Führungskraft ihre Mitarbeiter in den einzelnen Entwicklungsstufen führen und fördern kann, muss sie verschiedene Führungsinstrumente beherrschen. Damit der Mitarbeiter sich auf Veränderungen vorbereiten und sich orientieren kann, ist eine rechtzeitige Information wichtig.

Dadurch, dass man Erfolge anerkennt und die erbrachten Leistungen würdigt, werden beim Mitarbeiter Spannungen abgebaut und das Selbstwertgefühl gestärkt.

Wer patientenorientiert arbeiten möchte, benötigt auch entsprechende Arbeitszeiten. Betriebliche Arbeitszeitregelungen sollen die betrieblichen und sozialen Interessen der Arbeitnehmer und Arbeitnehmerinnen bei verlässlicher Planung und notwendiger Flexibilität in ausgewogener Weise berücksichtigen.

Dieses Buch soll einen Beitrag dazu leisten, das Thema Personal stärker in den Blickpunkt der Mitarbeiter und der Führungskräfte zu rücken. Was aber unter **Führung** zu verstehen ist, hängt im Wesentlichen vom **Leitbild** und den **Führungsgrundsätzen** einer Einrichtung ab. Sinn von Führungsgrundsätzen ist es, ein gutes Betriebsklima zu schaffen. Eine gute Führung von Mitarbeitern gründet sich nicht nur auf individuelle Erfahrung und intuitive Begabung. Führungsqualitäten müssen erarbeitet werden.

Führung soll zum Erfolg des Unternehmens Krankenhaus beitragen, damit dessen Ziele erreicht werden. Ohne Führung und Einflussnahme ist der wirtschaftliche Erfolg nicht möglich. Ein Unternehmen ist dann erfolgreich, wenn es die vorgegebenen Ziele auch unter wirtschaftlichen Gesichtspunkten erreicht – dies sichert auch die Arbeitsplätze der Mitarbeiter.

Ziel der Personalbeschaffung ist es, rechtzeitig das im Rahmen des Personalbedarfs ermittelte Pflegepersonal zur Verfügung zu stellen.

In den vergangenen fünf Jahren wurden mehr als 200.000 Arbeitsplätze im Gesundheitswesen abgebaut. Dies muss Anlass sein, über diese Problematik nachzudenken und neue Strategien zu entwickeln. Personalmangel und Personalabbau sind allerdings keine neuen Themen im Gesundheitswesen, sie sind so alt wie die Pflege selbst.

Um das Thema weiterhin auch in den Pflegeberufen zu diskutieren, ist es notwendig, stärker im Rahmen der Aus-, Fort- und Weiterbildung darauf einzugehen und die bestehenden Konzepte zu überprüfen.

Ich bedanke mich bei den Teilnehmern der Stationsleitungskurse am Zentralkrankenhaus Bremen-Ost, den Kolleginnen und Kollegen der ver.di Bildungsstätte in Undeloh und den Kolleginnen und Kollegen, die dieses Projekt mit viel Mühe unterstützt haben, insbesondere Andreas Nink, Birgit Hartmann und Brigitte Gerloff. Für die umfangreichen Schreibarbeiten hat Kerstin Kreutzmann ihre Zeit geopfert, vielen Dank.

Ronald Kelm, im März 2003

Für meine Kollegin
Verena Dittmann

Inhaltsverzeichnis

Vorwort		5
1	**Arbeitsrecht**	**13**
1.1	Arbeitsvertragsrecht	15
1.1.1	Arbeitsvertrag	15
1.1.2	Direktionsrecht	15
1.1.3	Pflichten von Arbeitgeber und Arbeitnehmer	18
1.1.4	Dienstvereinbarung	19
1.1.5	Betriebsvereinbarungen	20
1.1.6	Tarifvertrag	21
1.1.7	Rechtsverordnungen	23
1.1.8	Gesetze	23
1.1.9	Grundgesetz	24
1.1.10	Europäisches Arbeitsrecht	25
1.2	Errichtung von Betriebsräten/Personalräten	27
1.2.1	Allgemeines	27
1.2.2	Wahl des Betriebsrats	28
1.2.3	Geschäftsführung des Betriebsrats	29
1.2.4	Vertretungsbefugnis	30
1.2.5	Entgegennahme von Erklärungen	31
1.2.6	Stellung des stellvertretenden Betriebsratsvorsitzenden	32
1.2.7	Sitzungen des Betriebsrats	33
1.2.8	Geschäftsordnung des Betriebsrats	35
1.3	Aufgaben und Beteiligungsrechte des Betriebsrats/ der Personalvertretung	36
1.3.1	Allgemeine Aufgaben	36
1.3.2	Betriebliche Einigung	38
1.3.3	Regelungsabreden	41
1.3.4	Einigungsstellenverfahren	42
1.3.5	Systematik der Beteiligungsrechte	45
1.3.6	Allgemeine Grundsätze	49
1.3.7	Folgen der Verletzung von Beteiligungsrechten	50
1.3.8	Scheitern der Mitbestimmungsverhandlungen	54
1.4	Anwendung der Beteiligungsrechte	56
1.4.1	Soziale Angelegenheiten	56
1.4.2	Technisch-organisatorische Angelegenheiten	68
1.4.3	Personelle Angelegenheiten	71
2	**Personalbeschaffung und Personalauswahl**	**95**
2.1	Allgemeines	95
2.2	Interne Personalbeschaffung	96
2.2.1	Mehrarbeit und Überstunden	96

2.2.2	Qualifizierung der Mitarbeiter	97
2.2.3	Job-Sharing	97
2.2.4	Job-Enlargement und Job-Enrichment	97
2.2.5	Job-Rotation	98
2.2.6	Innerbetriebliche Stellenausschreibung	98
2.2.7	Umsetzung	99
2.2.8	Versetzung	99
2.3	Externe Personalbeschaffung	100
2.3.1	Stellenanzeige	101
2.3.2	Arbeitsamt	104
2.3.3	Berufsverbände	104
2.3.4	Personalberater	104
2.3.5	Arbeitnehmerüberlassung	105
2.4	Personalfragebogen	105
2.5	Personalauswahl	110
2.5.1	Zeugnisse	111
2.5.2	Lichtbild	112
2.5.3	Referenzen	112
2.5.4	Auskünfte früherer Arbeitgeber	113
2.5.5	Vorstellungsgespräch	113
2.6	Assessment-Center (AC)	117
2.7	Vorstellungskosten	120
2.8	Arbeitsvertrag	120
2.8.1	Formulierungshilfe: Überstunden/Mehrarbeit	121
2.8.2	Formulierungshilfe: Variable Gleitzeit	122
2.8.3	Formulierungshilfe: Arbeitsvertrag	123
2.8.4	Mängel des Arbeitsvertrages	128
2.9	Personalakte	128
2.10	Anhörung	130
2.11	Personaleinsatz	130
2.12	Arbeitsaufnahme	131
2.13	Nebentätigkeit	132
2.14	Personalentlohnung	134
2.14.1	Eingruppierung	134
2.14.2	Vergütungsordnung	134
2.14.3	Tätigkeitsmerkmale	135
2.15	Vergütungsordnung zum BAT	136
2.15.1	Anlage 1b – Vergütungsordnung für Angestellte im Pflegedienst	136
2.15.2	Protokollerklärungen	151
2.15.3	Vergütungen West	156
2.15.4	Vergütungen Ost	161

2.16	Personalabteilung	166
2.16.1	Allgemeines	166
2.16.2	Organisation der Personalabteilung	166
2.17	Vorgesetzte	167
3	**Personalführung**	**169**
3.1	Allgemeines	169
3.2	Management	170
3.2.1	Aufgaben	170
3.2.2	Methoden	171
3.2.3	Organigramm	172
3.2.4	Management und Information	173
3.2.5	Management und Unternehmenskultur	173
3.3	Patientenorientierte Krankenpflege	174
3.4	Das Managementkonzept im Krankenpflegedienst	175
3.5	Pflegeleitbilder	179
3.5.1	Allgemeines	179
3.5.2	Funktionen im Führungsprozess	179
3.6	Stellenbeschreibungen	180
3.7	Führung	184
3.7.1	Definitionen	184
3.7.2	Bedeutung von Führungsgrundsätzen	184
3.7.3	Zusammenhang zwischen Management, Leitung und Führung	187
3.7.4	Determinanten der Führungssituation	189
3.7.5	Führungspersönlichkeiten	189
3.7.6	Führungsstile	191
3.7.7	Führungsverhalten	194
3.7.8	Der Führungsprozess	194
3.7.9	Führungsinstrumente	197
3.8	Das Feedback	198
3.8.1	Das Selbstwertgefühl	198
3.8.2	Coaching-Partnerschaft	199
3.9	Macht	206
3.10	Motivation	207
3.11	Gruppen	207
3.11.1	Allgemeines	207
3.11.2	Phasen einer Gruppe	208
3.11.3	Teams	212
3.11.4	Die soziale Rolle	213
3.12	Konflikte	215
3.12.1	Theorie der Konflikte	215
3.12.2	Möglichkeiten der Konfliktbewältigung	217
3.12.3	Phasen der Konfliktbearbeitung	218
3.12.4	Konflikttechniken als Werkzeug der Konfliktbewältigung	220
3.12.5	Möglicher Ablauf einer Konfliktlösung	222

3.13	Transaktionsanalyse	223
3.13.1	Einführung	223
3.13.2	Ich-Zustände	224
3.13.3	Gefühlsmaschen und Macht-Spiele	232
3.14	Mitarbeitergespräche	237
3.14.1	Allgemeines	237
3.14.2	Regeln für Mitarbeitergespräche	237
3.14.3	Gesprächsformen	241

Literaturverzeichnis ... 251

Stichwortverzeichnis ... 253

1 Arbeitsrecht

Das für das Personalmanagement zuständige Recht ist das Arbeitsrecht. Es betrifft Arbeitnehmer und Arbeitgeber und stellt die Gesamtheit der Normen dar, welche die Beziehungen der an einem abhängigen Arbeitsverhältnis beteiligten Personen regelt.

Das Arbeitsrecht setzt sich aus einer Vielzahl von Einzelgesetzen, ca. 130 Verordnungen sowie etwa 32.000 Tarifverträgen und Betriebsvereinbarungen zusammen. Es werden zwei Rechtsbereiche im Arbeitsrecht unterschieden:

Allgemeines

> Das **individuelle Arbeitsrecht** regelt die Einzelbeziehungen zwischen Arbeitnehmern und Arbeitgebern. Im individuellen Arbeitsrecht gibt es die zwei Bereiche **Arbeitsvertragsrecht** und **Arbeitsschutzrecht**.

Abb. 1: Die Arbeitsrechtspyramide

Abb. 2: Übersicht über das Arbeitsrecht

Arbeitsrecht

Ein einheitliches Arbeitsgesetzbuch existiert in der Bundesrepublik Deutschland nicht. Das Arbeitsrecht ist in ca. 130 Gesetzen und Verordnungen sowie ca. 32.000 Tarifverträgen geregelt.

Individualarbeitsrecht

Arbeitsvertrag
Tarifregelungen (Eingruppierung, Vergütung, Urlaub…)
Sozialbezüge (Krankenbezüge, Sozialversicherungsbeiträge)

kollektives Arbeitsrecht

I. Tarifautonomie

Koalitionsfreiheit
Tarifvertragsgesetz
Tarifverträge
Arbeitskampfrecht

II. Beschäftigtenvertretungsrecht

Koalitionsfreiheit
Betriebsverfassungsgesetz
Personalvertretungsgesetze
(Mitarbeitervertretungsrecht)

Arbeitsschutzrecht

I. Soziales Arbeitsschutzrecht

Frauenarbeitsschutz
(Diskriminierungsverbot, MuSchuG, ErzGeldG)
Beschäftigtenschutzg
Jugendarbeitsschutz
Schwerbehindertenschutz
Arbeitszeitschutz

II. Techn. Arbeitsschutz

GewerbeO, ArbeitssicherheitsG, ArbeitsstättenVO,
med-tech. GeräteVO, AtomG, StrahlenschutzVO, RöntgenVO, ChemikalienG, GefahrstoffVO,
UV-Ven

1.1 Arbeitsvertragsrecht

1.1.1 Arbeitsvertrag

Der **Arbeitsvertrag** ist seiner Natur nach ein **Dienstvertrag** (§ 611 BGB), durch den sich der Arbeitnehmer zur Leistung von Arbeit verpflichtet. Der Arbeitgeber ist gegenüber dem Arbeitnehmer weisungsberechtigt. Die Hauptpflichten beider Parteien lassen sich wie folgt darstellen:

Arbeitnehmer	Arbeitgeber
Arbeitspflicht	Lohnzahlungspflicht
	Beschäftigungspflicht
Als Ausfluss aus dem Arbeitsvertrag entstehen die so genannten Nebenpflichten:	
Treuepflicht	Fürsorgepflicht

Übersicht 1:
Hauptpflichten aus dem Arbeitsverhältnis

(1) Durch den Dienstvertrag wird derjenige, welcher Dienste zusagt, zur Leistung der versprochenen Dienste, der andere Teil zur Gewährung der vereinbarten Vergütung verpflichtet.
(2) Gegenstand des Dienstvertrags können Dienste jeder Art sein.

§ 611 BGB Grundpflichten

Der Arbeitsvertrag wird in der Regel schriftlich abgeschlossen. Durch § 2 Abs. 1 des Nachweisgesetzes vom 20. Juli 1995 hat jeder Arbeitnehmer Anspruch auf eine Niederschrift über das Arbeitsverhältnis mit der Angabe von Arbeitsentgelt und vereinbarter Arbeitszeit. Im Arbeitsvertrag kann alles vereinbart werden, insbesondere Arbeitszeiten und Arbeitsort. Diese Vereinbarungen können die Dienstplanungsgestaltung für einzelne Mitarbeiter sehr einschränken.

1.1.2 Direktionsrecht

Die rangniederste Rechtsquelle ist das **Direktionsrecht** des Arbeitgebers, das **Ausfluss** des **Arbeitsvertrages** ist. Das Direktionsrecht wird durch das Schreiben des Dienstplans ausgeübt: Wer macht was, wann, und wo! Der Arbeitgeber kann dem Arbeitnehmer grundsätzlich nur Tätigkeiten zuweisen, die von seiner **Arbeitspflicht** umfasst sind. Anders ausgedrückt heißt das, dass sich das Direktionsrecht des Arbeitgebers auf die vom Arbeitnehmer **geschuldete** Arbeitsleistung beschränkt. Ein Direktionsrecht besteht also nur, wenn der Arbeitgeber dem Arbeitnehmer in dem genannten Rahmen zulässigerweise Anordnungen erteilen darf. **Art, Inhalt und Umfang** der Arbeitspflicht ergibt sich zunächst aus dem **Inhalt** des jeweiligen **Arbeitsvertrages**. Für den Dienstplan ist die vereinbarte Arbeitszeit zu beachten. Weitere Grenzen ergeben sich vor allem aus **Gesetzen** (z. B. dem ArbZG, den Arbeitssicherheitsbestimmungen, dem MuSchG etc.), **Tarifverträgen** sowie **Dienst- bzw. Betriebsvereinbarungen** und schließlich aus den Grundsätzen der **Billigkeit**.

Geschuldete Arbeitsleistung

Regelmäßig ist der **Inhalt der geschuldeten Arbeitsleistung** nicht näher vertraglich geregelt, sondern nur sehr grob umrissen (z. B. Außendienstmitarbeiter, Arbeiter, Angestellter im Allgemeinen Verwaltungsdienst). Deshalb ergibt sich die konkret geschuldete Arbeitsleistung aus dem **Berufsbild** der vereinbarten Tätigkeit (z. B. Krankenschwester) und den **Umständen des Einzelfalls**. Nach der Rechtsprechung des BAG kann sich insbesondere die geschuldete Arbeitsleistung auf eine bestimmte Tätigkeit oder bestimmte Umstände oder Bedingungen der Leistungserbringung konkretisieren. Eine derartige **Konkretisierung** des Arbeitsvertrages hin zu einem einseitig nicht mehr veränderbaren Vertragsinhalt tritt aber nicht allein dadurch ein, dass der Arbeitnehmer längere Zeit in derselben Weise eingesetzt wurde. Vielmehr müssen zum reinen Zeitablauf **besondere Umstände** hinzutreten, die erkennen lassen, dass der Arbeitnehmer nur noch verpflichtet sein soll, seine Arbeit ohne Änderung so wie bisher zu erbringen (vgl. BAG NZA 1985, 811; 1993,89; 1998, 647: Einteilung zu mindestens sieben Nachtwachen pro Monat).

Eingruppierung

Die tarifgerechte Eingruppierung ergibt sich aus den **tariflichen Eingruppierungsnormen,** sofern sie einschlägig sind. Bei Anwendung tariflicher Vergütungssysteme wird üblicherweise, insbesondere im öffentlichen Dienst, **arbeitsvertraglich** sowohl bei der Einstellung als auch durch Änderungsvereinbarung bei der Höhengruppierung die **Vergütungsgruppe,** in die der Arbeitnehmer einzureihen ist, **vereinbart bzw. angegeben.** Dadurch erstreckt sich die arbeitsvertraglich geschuldete Arbeitsleistung auf **alle Tätigkeiten,** die den **Tätigkeitsmerkmalen** der **vereinbarten Vergütungsgruppe entsprechen.** Das **Arbeitsverhältnis konkretisiert** sich auf eben diese **Vergütungsgruppe.** Damit erlangt der Arbeitnehmer einerseits den aus dieser Vergütungsgruppe resultierenden Vergütungsanspruch. Andererseits ist er nur noch verpflichtet, Tätigkeiten auszuüben, die den Tätigkeitsmerkmalen der vereinbarten Vergütungsgruppe entsprechen. Das **Direktionsrecht** – als Korrelat der Arbeitspflicht – beschränkt sich damit auf die Zuweisung einer **Tätigkeit innerhalb des Bereichs der Tätigkeitsmerkmale einer Vergütungsgruppe** (nicht innerhalb der Fallgruppe! Vgl. BAG, AP Nr. 17 zu § 611 BGB Direktionsrecht).

Zu verrichtende Tätigkeiten

Der Arbeitnehmer kann also grundsätzlich die Ausführung **niedriger zu bewertender Tätigkeiten** ablehnen und braucht **höherwertige Tätigkeiten** nicht zu verrichten. Will der Arbeitgeber ihm dennoch höherwertige oder niedrigere Tätigkeiten übertragen, ist eine so genannte **Änderungskündigung** (vgl. hierzu auch § 2 KSchG) erforderlich.

> Die **Änderungskündigung** ist eine Kündigung mit dem gleichzeitigen Angebot, zu anderen Bedingungen weiterbeschäftigt zu werden. Bei einer Änderungskündigung gehört neben den der Arbeitnehmervertretung mitzuteilenden maßgeblichen Kündigungsgründen zwingend auch die Unterrichtung über das Änderungsangebot. Nur wenn der Betriebsrat/Personalrat die angebotenen neuen Arbeitsbedingungen kennt, kann er die Tragweite der Kündigung für den betroffenen Arbeitnehmer beurteilen und prüfen, ob er der Kündigung widersprechen soll. Daraus folgt, dass eine ausgesprochene Änderungskündi-

> gung rechtsunwirksam ist, wenn der Arbeitgeber den Betriebsrat/Personalrat nur zu einer Beendigungskündigung angehört hat oder er dem Arbeitnehmer erst nach der Durchführung des Anhörungsverfahrens das Änderungsangebot gemacht hat.
> Eine Änderungskündigung ist zu behandeln wie eine Kündigung.

Der Arbeitnehmer kann aber auch vom Arbeitgeber **verlangen**, mit einer der Vergütungsgruppe entsprechenden Tätigkeit befasst zu werden (vgl. GS BAG AP Nr. 14 zu § 611 BGB Beschäftigungspflicht; PK-BAT, Bruse, § 8 Rz. 62m.w.N.). Man spricht insoweit vom **Beschäftigungsanspruch** des Arbeitnehmers. Diese Pflicht besteht nur ausnahmsweise nicht, so z. B. während des **Laufens einer Kündigungsfrist**.

Die geschuldete Arbeitsleistung und damit ein etwaiges Direktionsrecht des Arbeitgebers ist jedoch noch weiter eingeschränkt, wenn im **Arbeitsvertrag die Tätigkeit genau bezeichnet** ist oder eine **bestimmte Fallgruppe vereinbart wurde** bzw. **spezielle Tätigkeitsmerkmale ausdrücklich bezeichnet** worden sind.

Die vom Arbeitnehmer nach seinem Arbeitsvertrag geschuldete Leistung **ändert sich jedoch nicht**, wenn ihm nur **vorübergehend** bzw. **vertretungsweise** (vgl. etwa § 24 Abs. 1 und 2 BAT) eine **andere Tätigkeit** oder ohne wirksame Änderung des Arbeitsvertrages eine **höher oder niedriger zu bewertende Tätigkeit** übertragen wird (vgl. BAG AP Nr. 6 zu § 1 TVG Arbeitsverträge und BAG, AP Nr. 55 zu §§ 22, 23 BAT). Sie ändert sich ebenfalls nicht, wenn der Arbeitnehmer sich eine **zusätzliche** bzw. **geänderte Tätigkeit selbst aneignet**.

Wächst dem Arbeitnehmer ohne Zutun des Arbeitgebers **eine höherwertige Tätigkeit zu** (z. B. infolge von Aufgabenzuwachs), sehen einige Tarifverträge vor, dass der Arbeitnehmer **erst nach Ablauf einer bestimmten Frist höhergruppiert** wird und damit einen vertraglichen Anspruch erwirbt (vgl. § 23 BAT).

Höherwertige Tätigkeit

Es sei ausdrücklich darauf hingewiesen, dass es **Sache des Arbeitgebers** ist, einen solchen Zuwachs an höherwertiger Tätigkeit zu erkennen und – will er eine nicht vorgesehene Höhergruppierung verhindern – entsprechende Maßnahmen zu treffen. Er kann sich nicht darauf berufen, dass die Vorgesetzten den Zuwachs nicht genehmigt oder überhaupt nicht bemerkt hätten; insoweit liegt Organisationsverschulden vor. Dies gilt allein dann nicht, wenn sich der Angestellte die höherwertigere Tätigkeit selbst aneignet (vgl. PK-BAT, Wolf, § 23 Rz. 3ff).

Daraus ergibt sich folgende Übersicht:

> **Das Direktionsrecht des Arbeitgebers wird eingeschränkt durch**
> - **das Grundgesetz**
>   z. B. Artikel 1 Abs. 1: Die Würde des Menschen ist unantastbar. Artikel 2 Absatz 2: Jeder hat das Recht auf Leben und körperliche Unversehrtheit.

Übersicht 2:
Einschränkung des Direktionsrechts

- **Bestimmungen in Arbeitnehmerschutzgesetzen**
  z. B. Mutterschutzgesetz, Arbeitszeitgesetz und Bundesurlaubsgesetz
- **tarifliche Regelungen,**
  z. B. des BAT (z. B. die Nachweispflichten im Krankheitsfall gem. § 37 a BAT; Genehmigung von Nebentätigkeiten gem. § 11 BAT; Ableistung von Überstunden gem. § 17 BAT; Vergütungsgruppe im Arbeitsvertrag)
- **Bestimmungen in Betriebs- und Dienstvereinbarungen**
  z. B. über Beginn und Ende der Arbeitszeit, gleitende Arbeitszeit, Arbeitskleidung und zum Erholungsurlaub
- **die Regelungen des jeweiligen Arbeitsvertrages**
  z. B. Beschreibung des Aufgabenbereiches, Arbeitszeit und Benutzung von Privat- oder Dienstwagen, Nebentätigkeiten
- **den Grundsatz der Billigkeit der Weisung**

1.1.3 Pflichten von Arbeitgeber und Arbeitnehmer

Der **Arbeitgeber** ist nach der allgemeinen **Fürsorgepflicht** gehalten, für Leben und Gesundheit des Arbeitnehmers zu sorgen. Nach den §§ 617 und 618 BGB ist er verpflichtet, Räume, Vorrichtungen und Gerätschaften, die er zur Verrichtung der Dienste zu beschaffen hat, so einzurichten und zu unterhalten, dass der Arbeitnehmer gegen Gefahren für Leben und Gesundheit geschützt ist. Dies bedeutet auch, vernünftige Bereitschafts- und Pausenräume zur Verfügung zu stellen. Der Arbeitgeber hat die Arbeitsleistungen so zu regeln, dass der Arbeitnehmer in gleichem Umfang geschützt ist.

Der Arbeitgeber hat für das **Eigentum** des Arbeitnehmers zu sorgen und öffentlich-rechtliche **Arbeitnehmerschutzbestimmungen** einzuhalten. Er hat alles zum Wohlwollen des Arbeitnehmers zu tun, insbesondere was dessen **berufliche Entwicklung** angeht. Bei Verletzung der Fürsorgepflicht wird der Arbeitgeber schadensersatzpflichtig!

Der Begriff der **Treuepflicht** des Arbeitnehmers hat für das Arbeitsverhältnis nur noch insoweit Bedeutung, als dass unter seinem Oberbegriff eine Reihe von Nebenpflichten des **Arbeitnehmers** zusammengefasst sind. Die so genannte Treuepflicht hindert den Arbeitnehmer nicht, seine Interessen mit den gesetzlich zulässigen Mitteln auf Kosten des Arbeitgebers zu verfolgen. Aus der Nebenpflicht folgt, dass der Arbeitnehmer die Verhaltensregeln einzuhalten hat, die für den ungestörten Betriebsablauf notwendig sind, die Ordnung im Betrieb zu wahren hat und die für den Betrieb geltenden Unfallverhütungsvorschriften beachten muss. Er darf den Zielen des Betriebes nicht entgegenwirken.

Aus der Treuepflicht lassen sich noch andere arbeitsvertragliche Nebenpflichten herleiten. So muss der Arbeitnehmer voraussehbare Arbeitsverhinderungen rechtzeitig mitteilen, insbesondere bei Krankheit sich unverzüglich krank melden und eine Arbeitsunfähigkeitsbescheinigung vorlegen. Der Arbeitnehmer muss drohende, eintretende oder voraussehbare Schäden anzeigen. Im Rahmen der Treuepflicht führt das zum Beispiel auch dazu, dass Pflegekräfte verpflichtet sind, dem Arbeitgeber eine Überlastungsanzeige zu machen, falls die Versorgung der Patienten nicht sichergestellt werden kann.

Nebenpflichten des Arbeitnehmers

Die Treuepflicht ist im öffentlichen Dienst gegenüber der Privatwirtschaft erheblich gesteigert. Sie ist in §8 BAT definiert. Im Rahmen der Treuepflicht im öffentlichen Dienst muss der Arbeitnehmer auch eine etwaige Nebentätigkeit anzeigen und hierfür eine Genehmigung des Arbeitgebers einholen.

Eine Kontaktaufnahme mit der Presse ist erst dann möglich, wenn der Arbeitnehmer alle geeigneten Mittel im Betrieb ausgeschöpft hat. Gegebenenfalls ist der Betriebs- oder Personalrat einzuschalten. In Fragen des Arbeitsschutzes sind die staatlichen Stellen zu informieren, dies gilt insbesondere bei Verstößen gegen Arbeitnehmerschutzgesetze.

Kontakt zur Presse

1.1.4 Dienstvereinbarung

> **Dienstvereinbarungen** bezwecken die kollektive, betrieblich einheitliche Regelung von Angelegenheiten mit gleichem sachlichen Gegenstand. Sie werden in den Fällen abgeschlossen, in denen sie das Gesetz ausdrücklich zulässt. Durch eine Dienstvereinbarung können Angelegenheiten nur geregelt werden, soweit nicht gesetzliche oder tarifliche Bestimmungen vorgehen.
> Die Dienstvereinbarung stellt einen **öffentlich-rechtlichen Vertrag** zwischen Dienststelle und Personalrat dar. Dieser Vertrag wird durch die Abgabe **übereinstimmender Willenserklärungen** formell durch **Unterzeichnung** abgeschlossen, **schriftlich** niedergelegt und an geeigneter Stelle **bekannt gemacht**. Die Dienststelle muss die Dienstvereinbarung auf ihre Kosten durchführen. Mit der Dienstvereinbarung werden Normen und Regeln für all jene Fragen festgelegt, für die der Personalrat ein Mitbestimmungsrecht innehat.

Der Personalrat hat gesetzliche Mitbestimmungsrechte insbesondere in sozialen Angelegenheiten. Die Dienstvereinbarung ist somit in erster Linie ein Instrument zur Ausgestaltung sozialer Angelegenheiten in der Dienststelle. Der Personalrat kann über einen Initiativantrag eine Dienstvereinbarung vorschlagen, im Streitfall einen Beschluss bzw. Spruch der Einigungsstelle herbeiführen. Schließt sich in einem Einigungsstellenverfahren der Vorsitzende der Einigungsstelle dem Vorschlag der Personalvertretung an, so stellt sie fest, dass der Dienststellenleiter entsprechend zu verfahren hat.

Ausgestaltung sozialer Angelegenheiten

Dienstvereinbarungen für einen größeren Bereich gehen Vereinbarungen für einen kleineren Bereich vor. Dies gilt aber nur für den Fall, dass die vorrangige Dienstvereinbarung Angelegenheiten einheitlich für den gesamten Geschäftsbereich regelt.

Merkmale von Dienstvereinbarungen

Dienstvereinbarungen enden
- mit Ablauf der Zeit, für die sie abschlossen worden sind
- durch Auflösung der Dienststelle oder durch Verschmelzung mit einer anderen Dienststelle
- durch übereinstimmende Willenserklärungen von Dienststellenleiter und Personalvertretung (Aufhebungsvertrag)
- durch Kündigung von Seiten eines Partners
- mit Abschluss einer vorrangigen Dienstvereinbarung
- durch Inkrafttreten neuer gesetzlicher oder tariflicher Bestimmungen, soweit diese der Dienstvereinbarung entgegenstehen

Inhalt einer Dienstvereinbarung
- Vertragsparteien
- Persönlicher Geltungsbereich
- Räumlicher Geltungsbereich
- Inhaltsnormen
- Inkrafttreten, Laufzeit
- Unterschriften

Gegebenfalls
- Kündigungsfrist
- Ausschlussfrist

1.1.5 Betriebsvereinbarungen

> Die **Betriebsvereinbarung** ist ein schriftlicher Vertrag zwischen Arbeitgeber und Betriebsrat zur Regelung der **Angelegenheiten, die zum Aufgabenbereich des Betriebsrates** gehören (vgl. § 77 Betriebsverfassungsgesetz).

Der Arbeitgeber hat die Betriebsvereinbarung an geeigneter Stelle im Betrieb auszulegen. Das hat so zu geschehen, dass sämtliche Beschäftigten in der Lage sind, sich ohne besondere Umstände mit dem Inhalt vertraut zu machen. Für die Arbeitnehmer sind in jedem Fall der Betriebsrat und jedes seiner Mitglieder eine in diesem Sinne geeignete Stelle. Das gilt besonders, wenn wegen des Umfangs oder der Beschaffenheit ein Aushang der Betriebsvereinbarung am schwarzen Brett nicht möglich ist. Die Verpflichtung ist auch erfüllt, wenn allen Beschäftigten Abdrucke der geltenden Betriebsvereinbarung übergeben werden.

Inhalte

Die notwendige Einigung zwischen Arbeitgeber und dem Betriebsrat in Angelegenheiten der zwingenden Mitbestimmung erfolgt durch Betriebsvereinbarungen, deren Inhalt beispielsweise eine Arbeitszeitregelung, eine Überstundenvereinbarung, ein Urlaubsplan oder ein Alkoholverbot sein kann. Die Betriebsvereinbarungen gelten unmittelbar und zwingend, das heißt, dass sie für die betroffenen Arbeitnehmer direkt und bindend wirksam sind. Mit der Betriebsvereinbarung können Normen und Regeln für all jene Fragen festgelegt werden, für die der Betriebsrat im Rahmen seiner betriebsverfassungsrechtlichen Aufgaben zuständig ist. Der Arbeitgeber ist verpflichtet, die Betriebsvereinbarungen auf seine Kosten und in der Weise, wie sie abgeschlossen wurden, durchzuführen. In Fragen der Arbeitszeit- und Dienstplangestaltung ist der Abschluss einer Betriebsvereinbarung sehr zu empfehlen. Der Betriebsrat und der Arbeitgeber können sich hierfür auch von Experten, so genannten Sachverständigen, beraten lassen. Die Arbeitszeitgestaltung wird stark beeinflusst von den immer wieder neuen Entwicklungen in der Arbeitszeitpolitik.

Arbeitgeber und Betriebsrat können eine Betriebsvereinbarung unter Beachtung der Kündigungsfrist kündigen. Der Betriebsrat muss die Kündigung vorher in einer Sitzung beschließen. Eine gekündigte Vereinbarung wirkt bis zum Abschluss einer neuen Vereinbarung nach, wenn Gegenstand der Abrede eine mitbestimmungspflichtige Angelegenheit ist (BAG vom 23. Juni 1992, 1 AZR 53/91).
Kündigung

Diese Nachwirkung bis zum Abschluss einer neuen Betriebsvereinbarung gilt also nicht für so genannte freiwillige Betriebsvereinbarungen. Es ist aber zulässig, eine Nachwirkung zu vereinbaren. Dies sollte beim Abschluss freiwilliger Vereinbarungen immer angestrebt werden, damit nicht nach einer Kündigung bis zum Abschluss einer neuen Vereinbarung Rechte der Arbeitnehmer verloren gehen. Rechtsstreitigkeiten wegen Ansprüchen aus einer Betriebsvereinbarung werden vor den Gerichten für Arbeitssachen entschieden.
Nachwirkung

1.1.6 Tarifvertrag

> Ein **Tarifvertrag** ist eine schuldrechtliche Vereinbarung zwischen tariffähigen Parteien (§ 2 TVG). Dieser setzt Normen für die tarifgebundenen Arbeitsvertragsparteien insbesondere zu Fragen des Inhalts, des Abschlusses und der Beendigung von Arbeitsverhältnissen in einem bestimmten Geltungsbereich (§§ 1 und 4 TVG). Tariffähig sind einerseits **Arbeitgeberverbände** und **einzelne Arbeitgeber**, andererseits **Gewerkschaften**.

Der **Bundesangestelltentarifvertrag** findet unmittelbar oder mittelbar auf ca. 4 Millionen Angestellte Anwendung. Zu ihm gehören die Anlagen, insbesondere die umfangreiche Vergütungsverordnung (Anlagen 1a und 1b) und zahlreiche Sonderregelungen (Anlagen 2a bis 2z). Daneben bestehen ergänzende Tarifverträge zu Fragen der Vergütung, Zuwendung, des Urlaubsgeldes, Vermögenswirksamer Leistungen, der Personalunterkünfte, des Rationalisierungsschutzes und der sozialen Absicherung. Für Auszubildende, Krankenpflegeschülerinnen und Schüler, Praktikanten sowie Ärzte im Praktikum gelten eigene Tarifverträge.
BAT und ergänzende Tarifverträge

Für die **Arbeitszeit- und Dienstplangestaltung** von besonderer Bedeutung sind im BAT die §§ 15–18 und Abschnitt XI Urlaub sowie Arbeitsbefreiung. Auch die Sonderregelungen SR 2a und SR 2b sind in Einrichtungen des Gesundheitswesens von erheblicher Bedeutung und bei der Arbeitszeitgestaltung zu beachten.

Tarifvertragsgesetz vom 25. August 1969

§ 3 Tarifgebundenheit

(1) Tarifgebunden sind die Mitglieder der Tarifvertragsparteien und der Arbeitgeber, der selbst Partei des Tarifvertrages ist.
(2) Rechtsnormen des Tarifvertrages über betriebliche und betriebsverfassungsrechtliche Fragen gelten für alle Betriebe, deren Arbeitgeber tarifgebunden ist.
(3) Die Tarifgebundenheit bleibt bestehen, bis der Tarifvertrag endet.

§ 4 Wirkung der Rechtsnormen

(1) Die Rechtsnormen des Tarifvertrages, die den Inhalt, den Abschluss oder die Beendigung von Arbeitsverhältnissen ordnen, gelten unmittelbar und zwingend zwischen den beiderseits Tarifgebundenen, die unter den Geltungsbereich des Tarifvertrages fallen. Diese Vorschrift gilt entsprechend für Rechtsnormen des Tarifvertrages über betriebliche und betriebsverfassungsrechtliche Fragen.
(2) Sind im Tarifvertrag gemeinsame Einrichtungen der Tarifvertragsparteien vorgesehen und geregelt (Lohnausgleichkassen, Urlaubskassen usw.), so gelten diese Regelungen auch unmittelbar und zwingend für die Satzung dieser Einrichtung und das Verhältnis zu den tarifgebundenen Arbeitgebern und Arbeitnehmern.
(3) Abweichende Abmachungen sind nur zulässig, soweit sie durch den Tarifvertrag gestattet sind oder eine Änderung der Regelungen zugunsten des Arbeitnehmers enthalten.
(4) Ein Verzicht auf entstandene tarifliche Rechte ist nur in einem von den Tarifvertragsparteien gebilligten Vergleich zulässig. Die Verwirkung von tariflichen Rechten ist ausgeschlossen. Ausschlussfristen für die Geltendmachung tariflicher Rechte können nur im Tarifvertrag vereinbart werden.
(5) Nach Ablauf des Tarifvertrages gelten seine Rechtsnormen weiter, bis sie durch eine andere Abmachung ersetzt werden.

Im Arbeitsrecht gilt das **Günstigkeitsprinzip**: Grundsätzlich geht die schwächere Regelung vor, wenn sie für den Arbeitnehmer günstiger ist. Das Günstigkeitsprinzip findet sich im Tarifvertragsgesetz § 4 Abs. 3.

Arbeitsaufgabe

Die IG Metall schließt mit der Arbeitgebervereinigung Gesamtmetall einen Manteltarifvertrag über die Verkürzung der Wochenarbeitszeit für das gesamte Bundesgebiet ab.

Welche Rechtswirkung hat der Tarifvertrag für

- die Tarifvertragsparteien?
- die organisierten Arbeitgeber und Arbeitnehmer?
- die Nichtorganisierten?

Zur Bearbeitung der Aufgaben bitte das Tarifvertragsgesetz verwenden.

1.1.7 Rechtsverordnungen

> **Rechtsverordnungen** sind allgemein verbindliche Anordnungen der Bundes- oder einer Landesregierung, staatlicher Verwaltungsbehörden oder Selbstverwaltungskörperschaften, die die Durchführung der formellen Gesetze näher bestimmen. Insbesondere in der Sozialversicherung, in der Berufsausbildung und im Bereich der Arbeitssicherheit und der Unfallverhütung regeln zahlreiche Rechtsverordnungen die näheren Einzelheiten.

- Arbeitserlaubnis-Verordnung
- Ausbildereignungs-Verordnung
- Arbeitsstätten-Verordnung

Da Rechtsverordnungen nicht mittels des zeitraubenden Weges des formellen Gesetzgebungsverfahrens erlassen werden, ermöglichen sie eine schnelle Anpassung der Rechtslage an veränderte gesellschaftliche Umstände.

Zweck

1.1.8 Gesetze

Zum Arbeitsrecht gehören eine Vielzahl von Rechtsnormen des bürgerlichen und öffentlichen Rechts. Das **Arbeitsvertragsrecht** ist im Bürgerlichen Gesetzbuch nur unvollkommen geregelt und wird durch eine Vielzahl von Einzelgesetzen ergänzt. Die öffentlich-rechtlichen Gesetze enthalten zahlreiche Schutzvorschriften zu Gunsten der Arbeitnehmer, deren Einhaltung von den staatlichen Behörden überwacht wird. Verstöße des Arbeitgebers gegen öffentlich-rechtliche Gesetze gelten als Ordnungswidrigkeiten und werden mit Geldbußen oder Freiheitsstrafen geahndet.

Vielzahl von Einzelgesetzen

> Beispiele für öffentlich-rechtliche Arbeitschutzgesetze
> - Arbeitszeitgesetz
> - Mutterschutzgesetz
> - Jugendarbeitsschutzgesetz
> - Sozialgesetzbuch IX
> - Bundesurlaubsgesetz

Es sind **zwingende** und **dispositive Rechtsnormen** zu unterscheiden. Als zwingend gelten Gesetze, von denen durch Einzel- oder Kollektivvereinbarung nicht abgewichen werden darf, wogegen dispositive Gesetze nach ihrem Wortlaut ausdrücklich andere Vereinbarungen zulassen. Enthält ein Arbeitsvertrag eine Vereinbarung, die gegen zwingende Rechtsnormen verstößt, ist diese Regelung gemäß § 134 BGB nichtig, hingegen bleiben Abweichungen zugunsten der Arbeitnehmer nach dem **Günstigkeitsprinzip** wirksam.

zwingende und dispositive Rechtsnormen

> Im Arbeitsrecht gilt das **Rangprinzip** und zwar besonders strikt, soweit es sich um Abweichungen gegen den Arbeitnehmer handelt. Es gilt nicht, soweit es um Abweichungen zugunsten der Arbeitnehmer geht.

Das Arbeitsrecht ist ein Kontrollsystem der Vertragsfreiheit.

Dienstplangestaltung Bei der Dienstplangestaltung sind die Arbeitsschutzgesetze zu beachten. Werden durch Dienstpläne Arbeitsschutzgesetze missachtet haftet derjenige, der die Dienstpläne geschrieben hat und Einfluss hat, sie entsprechend zu verändern. Es ist ein Mindestmaß an arbeitsrechtlichen Kenntnissen erforderlich, um ordentliche Dienstpläne zu schreiben.

1.1.9 Grundgesetz

Das **Grundgesetz** ist die **ranghöchste staatliche Rechtsquelle**. Zu den Verfassungsnormen, die im Arbeitsrecht Bedeutung erlangen, gehören in erster Linie:

Artikel 1 **Menschenwürde; Rechtsverbindlichkeit der Grundrechte**
(1) Die Würde des Menschen ist unantastbar. Sie zu achten und zu schützen ist Verpflichtung aller staatlichen Gewalt.
(2) Das Deutsche Volk bekennt sich darum zu unverletzlichen und unveräußerlichen Menschenrechten als Grundlage jeder menschlichen Gemeinschaft, des Friedens und der Gerechtigkeit in der Welt.
(3) Die nachfolgenden Grundrechte binden Gesetzgebung, vollziehende Gewalt und Rechtsprechung als unmittelbar geltendes Recht.

Artikel 2 **Allgemeines Freiheitsrecht**
(1) Jeder hat das Recht auf die freie Entfaltung seiner Persönlichkeit, soweit er nicht die Rechte anderer verletzt und nicht gegen die verfassungsmäßige Ordnung oder das Sittengesetz verstößt.
(2) Jeder hat das Recht auf Leben und körperliche Unversehrtheit. Die Freiheit der Person ist unverletzlich. In diese Rechte darf nur auf Grund eines Gesetzes eingegriffen werden.

Artikel 3 **Gleichheit vor dem Gesetz**
(1) Alle Menschen sind vor dem Gesetz gleich.
(2) Männer und Frauen sind gleichberechtigt. Der Staat fördert die tatsächliche Durchsetzung der Gleichberechtigung von Frauen und Männern und wirkt auf die Beseitigung bestehender Nachteile hin.
(3) Niemand darf wegen seines Geschlechtes, seiner Abstammung, seiner Rasse, seiner Sprache, seiner Heimat und Herkunft, seines Glaubens, seiner religiösen oder politischen Anschauungen benachteiligt oder bevorzugt werden. Niemand darf wegen seiner Behinderung benachteiligt werden.

Artikel 5 **Meinungsfreiheit**
(1) Jeder hat das Recht, seine Meinung in Wort, Schrift und Bild frei zu äußern und zu verbreiten und sich aus allgemein zugänglichen Quellen ungehindert zu unterrichten. Die Pressefreiheit und die Freiheit der Berichterstattung durch Rundfunk und Film werden gewährleistet. Eine Zensur findet nicht statt.
(2) Diese Rechte finden ihre Schranken in den Vorschriften der allgemeinen Gesetze, den gesetzlichen Bestimmungen zum Schutze der Jugend und in dem Recht der persönlichen Ehre.

(3) Kunst und Wissenschaft, Forschung und Lehre sind frei. Die Freiheit der Lehre entbindet nicht von der Treue zur Verfassung.

Ehe; Familie; Kinder *Artikel 6*
(1) Ehe und Familie stehen unter dem besonderen Schutze der staatlichen Ordnung.
(2) Pflege und Erziehung der Kinder sind das natürliche Recht der Eltern und die zuvörderst ihnen obliegende Pflicht. Über ihre Betätigung wacht die staatliche Gemeinschaft.
(3) Gegen den Willen der Erziehungsberechtigten dürfen Kinder nur auf Grund eines Gesetzes von der Familie getrennt werden, wenn die Erziehungsberechtigten versagen oder wenn die Kinder aus anderen Gründen zu verwahrlosen drohen.
(4) Jede Mutter hat Anspruch auf den Schutz und die Fürsorge der Gemeinschaft.
(5) Den unehelichen Kindern sind durch die Gesetzgebung die gleichen Bedingungen für ihre leibliche und seelische Entwicklung und ihre Stellung in der Gesellschaft zu schaffen wie den ehelichen Kindern.

Weiter sind zu den Verfassungsnormen zu rechnen:

– Art. 9 Abs. 3 GG: Koalitionsfreiheit
– Art. 12 GG: Berufsfreiheit

In die Grundrechte darf über die im Grundgesetz ausdrücklich **festgelegten Einschränkungen** hinaus nicht eingegriffen werden. Sie gelten gegenüber der gesetzgebenden, ausführenden und rechtsprechenden Gewalt, aber auch im Verhältnis zwischen den Bürgern sowie für Tarifverträge und Betriebsvereinbarungen. *Eingriffsmöglichkeiten*

Insbesondere hinsichtlich der **Dauer der Arbeitszeit** sind die Artikel 1 und 2 des Grundgesetzes zu beachten. Niemand darf an die Grenze der körperlichen und seelischen Belastbarkeit gebracht werden. Dabei ist zu beachten, dass ein Arbeitnehmer, der bereits 24 Stunden ununterbrochen im Dienst ist, seine volle Arbeitsleistung nicht mehr bringen kann.

Schutz von Ehe und Familie ist ein staatlicher Auftrag, die Sorge für die Kinder ist das natürliche Recht der Eltern. Der Arbeitgeber ist nicht berechtigt, Müttern vorzuschreiben, wo sie ihre Kinder unterzubringen haben.

Bei der **Gestaltung von Urlaubsplänen** ist das Interesse der Eltern, gemeinsam mit ihren Kindern einen Teil der Ferien zu verbringen, zu berücksichtigen. Allerdings begründet dies keinesfalls einen Anspruch auf Erholungsurlaub in den Schulferien (siehe auch „Erholungsurlaub"). *Urlaub*

1.1.10 Europäisches Arbeitsrecht

> Das **Europäische Gemeinschaftsrecht** hat Gesetzesqualität und grundsätzlich Vorrang vor nationalem Gesetzesrecht – das gilt für alle Rechtsgebiete, also auch für das Arbeitsrecht.

Europäisches Gemeinschaftsrecht

Dieses Prinzip ist vom Europäischen Gerichtshof (EuGH) seit 1964[1] entwickelt worden. Die Mitgliedsstaaten der EU sind zu gemeinschaftstreuem Verhalten verpflichtet, dies folgt aus Art. 10 EG-Vertrag. Das macht es für jeden Mitgliedstaat erforderlich, sein nationales Recht in Einklang mit dem Europäischen Gemeinschaftsrecht zu bringen.

Das Bundesverfassungsgericht hat mit Urteil vom 22.10.1986 erklärt, dass es bezüglich des **Gemeinschaftsrechts** die ihm aufgrund des deutschen Grundgesetzes zustehenden Normenkontrollbefugnisse nicht mehr ausüben wird, solange die Europäische Gemeinschaft die Grundrechte im Hinblick auf die Rechtsakte der Gemeinschaftsorgane schützt.

Der Europäische Gerichtshof kann deshalb nur dann zu einer Entscheidung angerufen werden, wenn nationales Recht mit Gemeinschaftsrecht kollidiert. Dazu muss das Gemeinschaftsrecht jedoch unmittelbar in den jeweiligen Mitgliedsstaaten anwendbar sein.

EG/EU-Normenhierarchie

Das Gemeinschaftsrecht hat folgende Stufen:

- Unmittelbare Wirkung haben einige Artikel aus dem EG-Vertrag, z. B. das Gebot, für Männer und Frauen bei gleicher Arbeit gleiches Entgelt zu zahlen (Art.141 EGV) und der Grundsatz der Freizügigkeit (Art.39 EGV).
- Unmittelbar in jedem Mitgliedstaat anzuwenden sind die EG-Verordnungen (Art. 249 Satz 2, 3 EGV). Arbeitsrechtlich relevant sind dabei etwa die EG VO 1612/88 zur Freizügigkeit der Arbeitnehmer innerhalb der Gemeinschaft; ferner die VO 1408/71, welche das Sozialversicherungsrecht für Arbeitnehmer koordiniert.

Umsetzung durch nationalen Gesetzgeber

Wenn die Gemeinschaft zu einem bestimmten Bereich eine Richtlinie erlässt, so ist diese in einer festgelegten Frist (in der Regel zwei Jahre) vom nationalen Gesetzgeber (BRD: Bundestag, u. U. zusammen mit dem Bundesrat) inhaltlich in die jeweiligen Gesetze einzubringen. Damit erst wird eine Richtlinie der Gemeinschaft zum unmittelbar geltenden Recht für alle Bürgerinnen und Bürger.

Vom Grundsatz der notwendigen Umsetzung einer Richtlinie gibt es jedoch eine Ausnahme: Wenn ein Staat es pflichtwidrig unterlässt, innerhalb der vorgegebenen Frist die Richtlinien in nationales Recht umzusetzen, können Betroffene unter bestimmten Voraussetzungen trotzdem Rechte aus der EG/EU-Richtlinie geltend machen. Das gilt dann, wenn die Richtlinie, soweit es Umfang und Inhalt betrifft, unbedingt und konkret ist, Adressat der Ansprüche der Staat ist und der Personenkreis der Anspruchsberechtigten unbedingt und hinreichend genau ist.

Insoweit gelten Richtlinien im Bereich des Arbeitsrechts und der Sozialpolitik bei verspäteter Umsetzung für Mitglieder des Öffentlichen Dienstes unter den genannten Voraussetzungen unmittelbar. Im Bereich des Privatrechtsverkehrs gilt dieser Grundsatz nicht. Hier sind zwar keine unmittelbaren Ansprüche gegen Arbeitgeber ableitbar; es ist aber eine richtlinienkonforme Auslegung von nationalen Gesetzesbestimmungen vorzunehmen, die als unbestimmte Rechtsbegriffe formuliert sind.

---

[1] Costa/ENEL, Rs 6/64, Slg. 1964, S. 1251

1.2 Errichtung von Betriebsräten/Personalräten

1.2.1 Allgemeines

> Ein Betriebsrat kann in allen Betrieben mit in der Regel **mindestens 5 wahlberechtigten Arbeitnehmern, von denen 3 wählbar sind**, gebildet werden (§ 1 BetrVG). Eine Pflicht zur Errichtung eines Betriebsrats besteht nicht; unzulässig ist es aber, die Wahl eines Betriebsrats zu behindern (§ 20 I BetrVG).

Dienststellen sind unter den gleichen Voraussetzungen **personalratspflichtig**, wobei wegen der Einbeziehung der Beamten und Richter nur auf die Zahl der **Wahlberechtigten** abgestellt wird (§ 12 I BPersVG). **Kleinstdienststellen** werden von einer benachbarten Dienststelle und deren Personalrat mitvertreten (§ 12 II BPersVG).

Dienststellen

Besteht in einem Betrieb **noch kein Betriebsrat**, kann der Gesamt- oder Konzernbetriebsrat einen Wahlvorstand bestellen oder **drei wahlberechtigte Arbeitnehmer** oder eine im Betrieb vertretene **Gewerkschaft** zu einer **Betriebsversammlung** einladen, in der ein **Wahlvorstand gewählt** wird (§ 17 I, II, III BetrVG). Findet trotz Einladung keine Betriebsversammlung statt, oder wählt sie keinen Wahlvorstand, so bestellt ihn auf Antrag das **Arbeitsgericht** (§ 17 IV BetrVG).

Wahlvorstand

Gem. § 21 BPersVG ist grundsätzlich der **Dienststellenleiter verpflichtet**, sofern die vorgenannten Voraussetzungen vorliegen, eine Personalversammlung zur Wahl eines Wahlvorstandes einzuberufen. Nur wenn sie nicht stattfindet oder sie keinen Wahlvorstand wählt, bestellt ihn der Dienststellenleiter auf Antrag von mindestens **drei wahlberechtigten Arbeitnehmern** oder einer in der Dienststelle vertretenen **Gewerkschaft**.

Maßgebend für die Zahl der Mitglieder ist die **Stärke der Belegschaft** – dazu gehören laut § 5 Abs. 3 BetrVG insbesondere nicht die leitenden Angestellten – **zum Zeitpunkt der Wahl**, wie sie vom Wahlvorstand bei Erlass des Wahlausschreibens nach pflichtgemäßem Ermessen eingeschätzt wird (§ 9 BetrVG, 16 BPersVG; vgl. BAG AP Nr. 1 zu § 8 BetrVG). Bei der Einschätzung hat er nicht auf die tatsächliche Zahl der Beschäftigten am Tag der Wahl, sondern auf die **Beschäftigtenlage** abzustellen, die im Allgemeinen für den Betrieb kennzeichnend ist („in der Regel"). Zugrunde zu legen sind die **bisherige Stärke** des Betriebs bzw. der Dienststelle und die voraussichtliche künftige, aufgrund konkreter Entscheidungen des Arbeitgebers **zu erwartende Entwicklung des Beschäftigungsstandes** (BAG AP Nr. 1 zu § 17 BPersVG). Ist bereits entschieden, dass die **Belegschaft aufgestockt oder verringert** wird, so ist von der neuen Zahl auszugehen. **Teilzeitkräfte** sind grundsätzlich **mit zu zählen, Aushilfen** dann, wenn und soweit solche **regelmäßig** während mindestens sechs Monaten im Jahr beschäftigt werden und wenn und soweit auch in Zukunft damit zu rechnen ist (BAG, a.a.O.). **Erziehungsberechtigte in Elternzeit** zählen mit, da ihr Arbeitsvertrag nur ruht; wenn für sie ein oder mehrere Vertreter eingestellt worden sind, zählen diese nicht mit (§ 21 VII S. 2 BErzGG, LAG Düsseldorf v. 26.7.2000 NZA-RR 2001–308).

Zahl der Mitglieder

Gruppenprinzip abgeschafft — Früher, vor der Reformierung der Betriebsverfassung im Juli 2001, war vorgesehen, **dass Arbeiter** und **Angestellte entsprechend** ihrem **zahlenmäßigen Verhältnis** im Betriebsrat vertreten sind (§ 10 I BetrVG a.F.; § 17 BPersVG, wobei dies auch für die Gruppe der Beamten gilt). Dieses so genannte Gruppenprinzip wurde abgeschafft, denn auch die ehemalige Unterscheidung in § 6 BetrVG zwischen Arbeitern und Angestellten gibt es nicht mehr.

Minderheitenschutz — In § 15 II BetrVG wurde nun festgelegt, dass das im Betrieb vorhandene Minderheitengeschlecht mindestens entsprechend seinem zahlenmäßigen Verhältnis im Betriebsrat vertreten sein muss, wenn dieser aus mindestens 3 Mitgliedern besteht.

d'Hondt-Verfahren — Die Zahl der Mindestsitze für das Minderheitengeschlecht wird nach den Grundsätzen der Verhältniswahl gem. § 5 WahlO bestimmt (sog. **d'Hondt-Verfahren,** im Gegensatz zum Hare-Niemeyer-Verfahren bei der Zweitstimmenauszählung bei der Bundestagswahl, vgl. § 6 BWahlG).

1.2.2 Wahl des Betriebsrats

Zeitpunkt — Die **regelmäßigen Betriebsratswahlen** finden seit 1990 alle vier Jahre in der Zeit vom 1. März bis 31. Mai statt (1994, 1998, 2002, 2006, usw.). Sie sind zeitgleich mit den regelmäßigen Wahlen zum Sprecherausschuss einzuleiten (§ 13 I BetrVG).

Außerhalb dieses Zeitraums ist der Betriebsrat zu wählen, wenn

- im Betrieb kein Betriebsrat besteht
- der Betriebsrat durch eine gerichtliche Entscheidung aufgelöst ist
- die Betriebsratswahl mit Erfolg angefochten worden ist
- der Betriebsrat mit der Mehrheit seiner Mitglieder seinen Rücktritt beschlossen hat
- die Gesamtzahl der Betriebsratsmitglieder nach Eintreten sämtlicher Ersatzmitglieder unter die vorgeschriebene Zahl der Betriebsratsmitglieder gesunken ist
- mit Ablauf von 24 Monaten, vom (letzten) Tage der Wahl an gerechnet, die Zahl der regelmäßig beschäftigten Arbeitnehmer um die Hälfte, mindestens aber um fünfzig Personen, gestiegen oder gesunken ist (§ 13 II BetrVG).

Um den Anschluss an die regelmäßige Wahlzeit zu gewinnen, finden die nächsten Wahlen ohne Rücksicht auf die Amtszeit zum nächsten und, wenn der Betriebsrat am folgenden 1. März noch nicht ein Jahr im Amt ist, zum übernächsten regelmäßigen Termin statt (§ 13 III BetrVG).

Anfechtung — Entscheidungen und Maßnahmen des Wahlvorstandes können vor Abschluss der Wahl beim Arbeitsgericht angefochten werden (vgl. BAG DB 1972, 2052). Antragsberechtigt ist jeder in seinem aktiven oder passiven Wahlrecht Betroffene. Für die Anfechtung der Wahl an sich gilt § 19 BetrVG.

1.2.3 Geschäftsführung des Betriebsrats

Der Betriebsrat wählt aus seiner Mitte den **Vorsitzenden** und den **Stellvertreter** (§ 26 BetrVG). Für den Vorsitz im Personalrat gilt § 32 II BPersVG mit der Besonderheit, dass der Personalrat einen regelmäßig dreiköpfigen Vorstand bildet, wobei ein Mitglied den Vorsitz und ein Mitglied das Amt des Stellvertreters übernimmt (§§ 32 I, 33 BPersVG).

<small>Vorsitzender und Stellvertreter</small>

Der Vorsitzende und der Stellvertreter sind in erster Linie Betriebsratsmitglieder wie die anderen Mitglieder auch. Ihnen obliegen jedoch besondere **zusätzliche Befugnisse**, **Aufgaben** und **Zuständigkeiten**.

<small>Stellung</small>

Neben der Aufgabe, den Betriebsrat im Rahmen der von ihm gefassten Beschlüsse zu **vertreten** (§ 26 III 1 BetrVG; § 32 I 1 BPersVG, mit der Besonderheit, dass in Gruppenangelegenheiten der Vorsitzende nur gemeinsam mit einem Gruppenmitglied wirksam handeln kann, § 32 III 2 BPersVG, vgl. BVerwG PersR 1992, 304), sowie der **Berechtigung zur Entgegennahme** von Erklärungen, die gegenüber dem Betriebsrat abzugeben sind (§ 26 III 2 BetrVG; entsprechendes gilt ohne ausdrückliche Regelung im BPersVG), hat der **Vorsitzende** und im Verhinderungsfall der Stellvertreter insbesondere **folgende gesetzliche Aufgaben**:

<small>Aufgaben des Vorsitzenden bzw. des Stellvertreters</small>

- **Führung der laufenden Geschäfte** bei einem Betriebsrat mit weniger als neun Mitgliedern, falls diese ihm durch Beschluss des Betriebsrats übertragen worden sind (§ 27 III BetrVG; gem. § 32 I 3 BPersVG Vorstand)
- die **Mitgliedschaft kraft Amtes** im **Betriebsausschuss** (§ 27 I BetrVG; existiert im BPersVG nicht)
- die **Einberufung** der Sitzungen, die **Festlegung** der **Tagesordnung** für die Sitzungen, die **Ladung** der Mitglieder, der Schwerbehindertenvertretung, der Jugend- und Auszubildendenvertretung, sowie die **Leitung** der **Sitzung** (§ 29 I, II BetrVG, 34 II BPersVG)
- die **Unterzeichnung der Sitzungsniederschriften** (zusammen mit einem weiteren Mitglied, § 34 I 2 BetrVG, § 41 I 2 BPersVG)
- die **Leitung** von **Betriebsversammlungen** (§ 42 I 1 BetrVG, § 48 I 2 BPersVG)
- die **Teilnahme** an Sitzungen der **Jugend- und Auszubildendenvertretung** (§ 65 II BetrVG), falls nicht ein anderes Mitglied hiermit beauftragt ist (§ 61 V 2 BPersVG sieht die Teilnahme eines beliebigen beauftragten Personalratsmitgliedes vor)
- die **beratende Teilnahme** an den Sprechstunden der **Jugend- und Auszubildendenvertretung**, falls nicht ein anderes Mitglied hiermit beauftragt ist (vgl. § 69 S. 4; keine Teilnahme im BPersVG ausdrücklich vorgesehen).

Darüber hinaus können dem Vorsitzenden bzw. dem Vorstand sowohl durch **Geschäftsordnung** als auch durch speziellen Einzelauftrag **weitere Aufgaben übertragen** werden (§ 36 BetrVG, § 42 BPersVG).

1.2.4 Vertretungsbefugnis

Regelungen der Vertretungsbefugnisse

Der Betriebsratvorsitzende ist **weder Bevollmächtigter** des Betriebsrats (BR) noch dessen **gesetzlicher Vertreter**. Er handelt daher nicht für den Betriebsrat oder nimmt an dessen Stelle die dem Gremium gesetzlich zugewiesenen Befugnisse, Pflichten und Zuständigkeiten war. Diese werden vielmehr **ausschließlich** vom Betriebsrat selbst wahrgenommen. Der Vorsitzende hat eine Eigenzuständigkeit und damit eine **Entscheidungsbefugnis aus eigenem Recht nur** in den ihm **im Gesetz ausdrücklich zugewiesenen Angelegenheiten**. Im Übrigen hat er die vom **Betriebsrat** in Ausübung seiner Pflichten und Befugnisse **gefassten Beschlüsse auszuführen** und sie **nach außen zum Ausdruck zu bringen**. Er ist daher nicht Vertreter im Willen, sondern **Vertreter in der Erklärung** (h. M.; vgl. BAG AP Nr. 2 zu § 70 BPersVG Kündigung; BAG AP Nr. 11 zu § 112 BetrVG; „**Wortführer**"). Da das Gesetz alle Befugnisse und Zuständigkeiten dem Betriebsrat als Gremium einräumt, ist es auch nicht zulässig, dass er generell alle (Generalvollmacht) oder auch nur einzelne ihm zustehende Befugnisse und Rechte dem Vorsitzenden oder einem sonstigen Mitglied zur selbstständigen Ausübung überträgt und ihm insoweit Handlungsfreiheit mit verbindlicher Wirkung für und gegen den Betriebsrat einräumt. Eine **Vertretung in der Willensbildung** kommt also **nicht in Betracht**. Gleiches gilt entsprechend für den Vorsitzenden des Personalrats.

Vertretung nur i. R. d. gefassten Beschlüsse

Die **Vertretungsbefugnis** des Vorsitzenden besteht **nur im Rahmen der vom Betriebsrat gefassten Beschlüsse** (§ 26 III 1 BetrVG, § 32 I 1 BPersVG). Nur innerhalb dieses Rahmens kann er rechtsgeschäftliche Erklärungen mit verbindlicher Wirkung für den Betriebsrat abgeben (BAG AP Nr. 1 zu § 615 BGB Kurzarbeit; DKKS-Blanke Rz. 34).

Das gilt auch für die **Anhörung nach § 102 I BetrVG bzw. 79 BPersVG**. Die Mitteilung von Bedenken des BR gegen eine Kündigung setzt zunächst einen wirksamen Beschluss und im Anschluss daran eine entsprechende fristgerechte schriftliche Mitteilung an den Arbeitgeber voraus. Bei **fehlendem oder mangelhaftem Beschluss** des Betriebsrats ist die Kündigung des Arbeitgebers **wirksam**, wenn er sie nach **Ablauf der Ausschlussfrist** ausspricht.

Der Vorsitzende braucht bei seinen Erklärungen den Beschluss des Betriebs- bzw. Personalrats **nicht vorzulegen**. Den Nachweis, dass den Handlungen und Erklärungen des Vorsitzenden ein gefasster Beschluss zugrunde liegt, wird der Arbeitgeber nur bei Vorliegen eines berechtigten Interesses fordern können. Der Arbeitgeber muss jedoch dann nachfragen, wenn sich aus Äußerungen von Betriebsratsmitgliedern oder aus dem Verhalten des Vorsitzenden (sofortige Entscheidung ohne Beratung mit dem Betriebsrat) **Zweifel** ergeben, ob ein **Beschluss** des Betriebsrats überhaupt oder mit dem angegebenen Inhalt **vorliegt**. Dies ist insbesondere dann wichtig, wenn das Vorliegen eines rechtswirksamen Beschlusses seinerseits Rechtswirksamkeitsvoraussetzung für Erklärungen des Arbeitgebers gegenüber Dritten ist, etwa bei Ausspruch einer Kündigung (BAG AP Nr. 2 zu § 70 BPersVG Kündigung).

Handelt der Vorsitzende, ohne dass ein entsprechender Beschluss gefasst wurde, oder gibt er in einer Angelegenheit gar eine einem Beschluss widersprechende Erklärung ab, so kann er **abgesetzt** werden. Bei grober Pflichtverletzung (§ 23 I BetrVG, § 28 BPersVG) kann er **ausgeschlossen** werden. Entsteht dadurch ein Schaden, kommt auch eine **persönliche Haftung** nach den allgemeinen zivilrechtlichen Grundsätzen in Betracht.

Eine nicht durch einen entsprechenden Beschluss gedeckte Erklärung ist **unwirksam,** ebenso eine vom Vorsitzenden allein abgeschlossene Betriebsvereinbarung (BAG AP Nr. 1 zu § 615 BGB Kurzarbeit). Durch **Genehmigung des Betriebsrats** kann die Unwirksamkeit der Erklärung des Vorsitzenden aber **geheilt** werden.

1.2.5 Entgegennahme von Erklärungen

Durch § 26 III 2 BetrVG wird klargestellt, dass dem **Betriebsrat gegenüber abzugebende Erklärungen grundsätzlich** vom **Betriebsratsvorsitzenden entgegengenommen** werden (so auch ohne ausdrückliche Regelung im Bereich des BPersVG). Dies gilt **generell**, gleichgültig, ob es sich um Mitteilungen des Arbeitgebers, Äußerungen (z. B. Beschwerden) von Arbeitnehmern oder Erklärungen anderer Institutionen (z. B. der Jugend- und Auszubildendenvertretung) handelt.

Grundsatz

Wird eine dem Betriebsrat gegenüber abzugebende Erklärung **nicht** dem **Vorsitzenden** (bzw. im Falle seiner Verhinderung dem stellvertretenden Vorsitzenden), sondern einem **anderen Mitglied gegenüber abgegeben,** so wird dieses Mitglied als **Bote** tätig; dem Gremium ist die Erklärung solange **nicht zugegangen**, als sie nicht dem **Vorsitzenden** oder dem Betriebsrat als solchem zur **Kenntnis** gelangt ist (vgl. hierzu BAG AP Nr. 2 u. 37 zu § 102 BetrVG; LAG München DB 1988, 2651). Dies ist insbesondere in den Fällen von Bedeutung, in denen mit dem Zugang der Erklärung eine **Frist** zu laufen beginnt (vgl. z. B. § 99 III 2 BetrVG = Verweigerung der Zustimmung zu personellen Einzelmaßnahmen, § 102 II 2 BetrVG = Äußerung der Bedenken gegen eine ordentl. Kündigung). In diesen Fällen ist für den **Beginn** des **Fristablaufs** der Zeitpunkt maßgebend, in dem der **Vorsitzende** oder der Betriebsrat als solcher **Kenntnis von der Erklärung** genommen hat bzw. die Möglichkeit hierzu hatte.

Boten

Sind sowohl der Vorsitzende als auch sein Stellvertreter **verhindert** und hat der Betriebsrat **versäumt,** für diesen Fall **Vorkehrungen zu treffen,** kann der Arbeitgeber grundsätzlich **jedem Mitglied** gegenüber Erklärungen abgeben mit der Folge, dass eine etwaige gesetzliche Frist zu laufen beginnt (BAG AP Nr. 37 zu § 102 BetrVG).

Verhinderungsfall

Auch für die Entgegennahme von **Zustellungen** in **arbeitsgerichtlichen Verfahren des Betriebsrats** ist der Vorsitzende zuständig. Bedient sich allerdings der Betriebsrat der beim Arbeitgeber bestehenden Posteingangsstelle, so ist der dort tätige Arbeitnehmer, der vom Betriebsrat mit der Annahme seiner Post betraut ist, bei gerichtlichen Zustellungen Bediensteter i. S. v. § 184 I ZPO (BAG AP Nr. 2 zu § 47 BetrVG).

In bestimmten Angelegenheiten kann der Betriebsrat allerdings (auch) **andere Mitglieder** als **zuständig** für die **Entgegennahme von Erklärun-**

gen bestimmen. Der Arbeitgeber braucht sich eine anderweitige Regelung über die Empfangsberechtigung von Erklärungen erst entgegenhalten zu lassen, wenn ihm diese **mitgeteilt** ist.

Ausschüsse | Wenn einem **Ausschuss** des Betriebsrats bestimmte Aufgaben zur selbstständigen Erledigung übertragen sind, wird man in der Regel davon ausgehen müssen, dass der **Vorsitzende des Ausschusses** im Rahmen der übertragenen Aufgaben zur Entgegennahme von Erklärungen berechtigt ist (BAG AP Nr. 4 zu § 102 BetrVG).

1.2.6 Aufgaben des stellvertretenden Betriebsratsvorsitzenden

Der Stellvertreter des Vorsitzenden darf die Aufgaben und Befugnisse nur dann wahrnehmen, wenn und solange der **Vorsitzende** selbst **verhindert** ist (vgl. BAG AP Nr. 1 zu § 83 ArbGG). Der Stellvertreter ist daher kein „zweiter" Vorsitzender mit gleichen Rechten. Der **Vorsitzende** kann **nicht einzelne Aufgaben oder Geschäfte** dem **Stellvertreter zur einmaligen oder ständigen Erledigung übertragen**, dies kann jedoch der Betriebsrat (vgl. F/K/H/E § 26 Rz. 47).

Verhinderung | Als Fälle der Verhinderung gelten insbesondere **Urlaub** oder **Krankheit**, im Allgemeinen aber **nicht** eine **ganz kurzfristige Verhinderung**, z. B. wenn der Vorsitzende aus irgendwelchen, insbesondere dienstlichen Gründen den Betrieb für einige Stunden verlässt, es sei denn, es handelt sich um eine unaufschiebbare Angelegenheit (vgl. F/K/H/E § 26 Rz. 48). Verhindert ist der Vorsitzende auch, wenn er selbst durch eine Angelegenheit **persönlich betroffen** ist (so genannte rechtliche Verhinderung).

Die **zeitweilige Verhinderung** des Vorsitzenden führt zu einer Aufspaltung seiner Vertretung: In seiner Eigenschaft als Vorsitzender des Gremiums tritt sein Stellvertreter an seine Stelle. Im Übrigen (d. h. ohne den Vorsitz zu übernehmen) **rückt** das nach § 25 II BetrVG bzw. § 31 I 2 BPersVG in Betracht kommende **Ersatzmitglied nach.**

Ist auch der **Stellvertreter** des Vorsitzenden während der Dauer der Stellvertretung **zeitweise verhindert,** so muss, wenn dieser Fall nicht in der Geschäftsordnung geregelt ist, der Betriebs- bzw. Personalrat eine **Regelung der Vertretung** des Vorsitzenden treffen. In diesem Fall kann für die Dauer der Verhinderung ein weiterer Stellvertreter gewählt werden, der so lange die Aufgaben übernimmt.

Sind der Vorsitzende und sein Stellvertreter dauernd verhindert (etwa, weil sie aus dem Gremium oder dem Betrieb ausgeschieden sind), so hat der Betriebs- bzw. Personalrat eine Neuwahl durchzuführen. Er hat in diesen Fällen ein Selbstzusammentrittsrecht (vgl. F/K/H/E § 26 Rz. 52).

Zuständigkeit im Streitfall | Streitigkeiten über die Wahl, Abberufung und Zuständigkeit des Vorsitzenden oder seines Stellvertreters sind von den Arbeitsgerichten im Beschlussverfahren zu entscheiden (§§ 2a, 80 ff. ArbGG).

1.2.7 Sitzungen des Betriebsrats

Die Sitzungen des Betriebsrats finden **in der Regel während** der **Arbeitszeit** statt (§ 30 S. 1 BetrVG, § 35 S. 1 BPersVG). Dabei ist auf die **betrieblichen Notwendigkeiten Rücksicht zu nehmen** (§ 30 S. 2 BetrVG, § 35 S. 2 BPersVG). Dringende Arbeiten sind zu erledigen, der Arbeitsablauf darf nicht mehr als nötig beeinträchtigt werden.

Sitzungen während der Arbeitszeit

Der **Arbeitgeber** ist **vom Zeitpunkt der Sitzungen zu unterrichten** (§ 30 S. 3 BetrVG, § 35 S. 3 BPersVG). Die Sitzungen sind **nicht öffentlich** (§ 30 S. 4 BetrVG, § 35 S. 1 BPersVG). Auf Antrag eines Viertels der Mitglieder oder der Mehrheit einer Gruppe kann jeweils ein **Beauftragter** einer im Betriebsrat vertretenen Gewerkschaft beratend teilnehmen (§ 31 BetrVG, § 36 BPersVG).

Unterrichtung des Arbeitgebers

Die **Geschäftsordnung** kann vorsehen, dass den vertretenen Gewerkschaften ein generelles Teilnahmerecht zusteht (BAG DB 1990, 1288). **Teilnahmerecht** haben auch die **Schwerbehindertenvertretung** (§ 32 BetrVG, § 34 II i. V.m. § 40 I 1 BPersVG) und ein Mitglied der **Jugend- und Auszubildendenvertretung** (§ 67 I 1 BetrVG, § 34 II i. V. m. § 40 I 2, 3 BPersVG).

Teilnahmerecht

Beschlüsse des Betriebsrates werden mit der **Mehrheit der Stimmen der anwesenden Mitglieder** gefasst (sog. einfache Mehrheit); dabei muss mindestens die Hälfte der Mitglieder anwesend sein (§ 33 I, II BetrVG, § 37 I, II BPersVG). Dementsprechend ist beispielsweise ein fünfköpfiger Betriebs- oder Personalrat nur **beschlussfähig**, wenn drei Mitglieder anwesend und an der Willensbildung beteiligt sind. Eine **Stimmenthaltung** ist zulässig, wirkt sich aber als Ablehnung aus.

Mehrheitsregelung

> Bei einem 15köpfigen Gremium nehmen 11 Mitglieder an der Beschlussfassung teil, 5 Mitglieder stimmen für den Antrag, 4 dagegen und 2 enthalten sich der Stimme.
> **Lösung:** Der Antrag ist mit 5 zu 4 (+2) abgelehnt.

Arbeitsaufgabe

Bestimmte, besonders wichtige Beschlüsse können, sofern dies ausdrücklich im Gesetz vorgesehen ist, nur mit der Mehrheit der Stimmen der Mitglieder des Gremiums, also der **absoluten Mehrheit** getroffen werden (z. B. Aufstellung einer Geschäftsordnung, § 36 BetrVG, § 42 BPersVG).

Beschlüsse können grundsätzlich nur in einer **ordnungsgemäß einberufenen und abgehaltenen Sitzung** und nicht etwa während der monatlichen Besprechungen oder bei **sonstigen Zusammenkünften** gefasst werden. Eine Beschlussfassung im **Umlaufverfahren** (sog. Umlaufbeschluss), d. h. dadurch, dass man einen schriftlichen Beschlussvorschlag umlaufen und durch die Mitglieder unterschreiben lässt, ist **unzulässig** – anders als bei Beschlüssen des Aufsichtsrats nach § 108 IV AktG – (h.M.; vgl. BAG AP Nr. 4 zu § 102 BetrVG; a.A. LAG München, DB 1975, 1 228 das das Umlaufverfahren für zulässig hält, bei einfach gelagerten Sachverhalten und wenn alle Betriebsratsmitglieder damit einverstanden sind). In Abweichung vom BPersVG lässt Art. 37 III BayPVG eine Be-

Beschlussfassung

schlussfassung im Umlaufverfahren zu. Auch eine **schriftliche, telegrafische** oder **fernmündliche Beschlussfassung ist unzulässig**. Ebenso wenig gibt es eine **stillschweigende Beschlussfassung** (BAG AP Nr. 5 zu § 76a BetrVG).

Schlüssiges Verhalten

Dagegen kann eine **Beschlussfassung durch schlüssiges Verhalten** zustande kommen. Da das Gesetz eine bestimmte Form für die Abstimmung nicht vorschreibt, kann der Beschluss z. B. dadurch gefasst werden, dass sich niemand auf die Frage des Vorsitzenden bzw. Sitzungsleiters, ob dem Antrag widersprochen wird, äußert. In diesem Fall muss der Sitzungsleiter aber eindeutig das Ergebnis feststellen und in der Sitzungsniederschrift protokollieren lassen (§ 34 BetrVG, § 41 BPersVG).

Die **Willensbildung** kann auch nicht auf den Vorsitzenden übertragen werden. Vom Betriebsrat mit weniger als 9 Mitgliedern können dem Vorsitzenden allenfalls nach § 27 IV BetrVG die **laufenden Geschäfte** übertragen werden.

Entscheidungen können dagegen von nach §§ 27, 28 BetrVG gebildeten **Ausschüssen** dann getroffen werden, wenn diesen die entsprechenden **Angelegenheiten zur selbstständigen Erledigung übertragen** worden sind (vgl. § 27 BetrVG).

Voraussetzung für die Beschlussfassung

Voraussetzung für die Beschlussfassung ist die **ordnungsgemäße Ladung** und die **rechtzeitige Mitteilung der Tagesordnung** (BAG AP Nr. 2 zu § 29 BetrVG, BB 1993, 580). Für eine wirksame Beschlussfassung ist grundsätzlich die **Ladung aller Betriebsratmitglieder und aller Mitglieder der Jugend- und Auszubildendenvertretung**, sofern die Jugend- und Auszubildendenvertretung Stimmrecht hat, sowie ggf. der **Ersatzmitglieder** erforderlich. Wird für ein zeitweilig verhindertes Mitglied kein Ersatzmitglied geladen, so ist eine wirksame Beschlussfassung nicht möglich (BAG AP Nr. 17 zu § 103 BetrVG). Der Mangel der **nicht rechtzeitigen Mitteilung der Tagesordnung** oder die Notwendigkeit der **Ergänzung der Tagesordnung** kann nach Auffassung des BAG nur durch **einstimmigen Beschluss** der vollzählig versammelten Mitglieder – bzw. zuständigen Ersatzmitglieder – geheilt werden (BAG AP Nr. 2 zu § 29 BetrVG, BB 1993, 580).

Will der Betriebsrat nicht Gefahr laufen, dass seine Beschlüsse wegen Formmangels nichtig sind, kann er infolge der Rechtsprechung des BAG **kurzfristige Anträge** des Arbeitgebers, z. B. auf Überstundengenehmigung oder in personellen Angelegenheiten, grundsätzlich erst in der **nächsten** oder – aus Fristgründen – in einer **außerordentlichen bzw. zusätzlichen Sitzung behandeln**, zumal in der Tagesordnung die zu behandelnden Punkte so konkret wie möglich zu bezeichnen sind (vgl. BAG, a.a.O.).

Unter dem Tagesordnungspunkt „**Verschiedenes**" kann der Betriebsrat nur dann wirksame Beschlüsse fassen, wenn er **vollzählig versammelt** ist und **kein Mitglied der Beschlussfassung widerspricht** (BAG DB 1993, 840). Ansonsten sind unter diesem Tagesordnungspunkt nur allgemeine Erörterungen möglich.

Wie bereits ausgeführt wurde, hat ein Mitglied in **eigenen Angelegenheiten** (eigene Beförderung, Versetzung, Kündigung etc.) **kein Beratungs-** und **kein Stimmrecht** (BAG AP Nr. 17 zu § 103 BetrVG; so ausdrücklich etwa § 37 IV BayPVG). Es ist in diesen Fällen rechtlich verhindert. Etwas anderes gilt jedoch bei **organisatorischen Akten und internen BR-Angelegenheiten**, wie z. B. der Wahl oder Abberufung des Vorsitzenden oder des Mitgliedes eines Ausschusses oder beim Beschluss über die Teilnahme an einer Schulungs- und Bildungsveranstaltung (vgl. F/K/H/E § 33 Rz. 37).

1.2.8 Geschäftsordnung des Betriebsrats

Nach § 36 BetrVG bzw. § 42 BPersVG soll sich der Betriebsrat eine schriftliche Geschäftsordnung geben. Die Geschäftsordnung enthält Bestimmungen über die **innere Organisation der Gremiumsarbeit**. Insbesondere werden diejenigen Sachverhalte durch die Geschäftsordnung konkretisiert, die bereits durch die §§ 26 bis 41 BetrVG (bzw. §§ 32 bis 45 BPersVG) geregelt sind.

Innere Organisation der Gremiumsarbeit

Die Geschäftsordnung kann und soll die **Organisation der Arbeit verbessern** und dazu beitragen, sie für alle Mitglieder, insbesondere auch für neu eintretende Ersatzmitglieder, **transparent** zu machen. Außerdem stellt eine Geschäftsordnung ein Stück **Rechtssicherheit** dar: Jedes Mitglied weiß um seine Rechte und Pflichten und kann die Einhaltung der Geschäftsordnung einfordern.

Die Geschäftsordnung darf nur Bestimmungen hinsichtlich der **Ordnung der internen Geschäftsführung** des Betriebsrates enthalten. So können z. B. geregelt werden:

Inhalte der Geschäftsordnung

1. Einzelheiten der **Sitzung,** wie etwa:
   - Anberaumung der Sitzung
   - Festlegung regelmäßiger Sitzungen
   - Einladungsfrist
   - Näheres über die Meldepflicht bei Verhinderung
   - Leitung der Sitzung, wenn Vorsitzende/r und stellvertretende/r Vorsitzende/r gleichzeitig verhindert sind
   - Redeordnung
   - Rednerliste
   - Erteilung und Entziehung des Wortes
   - Durchführung der Abstimmung
   - Unterbrechung
   - Aussetzung und Beendigung der Sitzung
   - Einzelheiten über die Niederschrift und ihre Aufbewahrung

2. Maßnahmen, über die nur gemeinsam mit dem Arbeitgeber entschieden werden kann, wie z. B.:
   - Zeit und Ort von Sprechstunden
   - Durchführung von monatlichen Besprechungen mit dem Arbeitgeber
   - weitere, über die Mindestzahl nach § 38 BetrVG hinausgehende Freistellungen von Betriebsratsmitgliedern sowie weitere Mitglieder des Betriebsrats

3. Fragen der Arbeitsteilung, insbesondere Aufgaben, Pflichten und Kompetenzen:
   - des Betriebsratsvorsitzenden
   - des Stellvertreters
   - des Betriebsausschusses, insbesondere des Umfangs der „laufenden Geschäfte"
   - der weiteren Ausschüsse
4. Einzelheiten über die Betriebsversammlung.

Ergänzungen — Die in den §§ 26 bis 41 BetrVG (bzw. §§ 32 bis 45 BPersVG) festgeschriebenen **grundsätzlichen Regelungen** über die Geschäftsführung können in die Geschäftsordnung **mit aufgenommen** und nach § 36 **ergänzt** werden. Dies ist in der Praxis sinnvoll, da im Betriebsalltag eher eigene Vereinbarungen als der Wortlaut des Gesetzes zur Kenntnis genommen werden. Von den Vorschriften der §§ 26 bis 41 darf allerdings insoweit **nicht abgewichen** werden, als diese **zwingenden Charakter** haben.

1.3 Aufgaben und Beteiligungsrechte des Betriebsrats/der Personalvertretung

1.3.1 Allgemeine Aufgaben

Aufgaben des Betriebsrats — Der Betriebsrat hat die nachfolgenden **allgemeinen Aufgaben**:
- darüber zu wachen, dass die zugunsten der Arbeitnehmer geltenden Gesetze, Verordnungen, Unfallverhütungsvorschriften, TVen und Betriebsvereinbarungen eingehalten werden
- Maßnahmen, die dem Betrieb und der Belegschaft dienen, beim Arbeitgeber zu beantragen
- die Durchsetzung der tatsächlichen Gleichstellung von Frauen und Männern, insbesondere bei der Einstellung, Beschäftigung, Aus-, Fort- und Weiterbildung und dem beruflichen Aufstieg zu fördern
- die Vereinbarkeit von Familie und Erwerbstätigkeit zu fördern
- Anregungen von Arbeitnehmern und der Jugend- und Auszubildendenvertretung entgegenzunehmen und, falls sie berechtigt erscheinen, durch Verhandlungen mit dem Arbeitgeber auf eine Erledigung hinzuwirken; er hat die betreffenden Arbeitnehmer über den Stand und das Ergebnis der Verhandlungen zu unterrichten
- die Eingliederung Schwerbehinderter und sonstiger besonders schutzbedürftiger Personen zu fördern
- die Wahl einer Jugend- und Auszubildendenvertretung vorzubereiten und durchzuführen und mit dieser zur Förderung der Belange der jugendlichen Arbeitnehmer und der Auszubildenden eng zusammenzuarbeiten; er kann von der Jugend- und Auszubildendenvertretung Vorschläge und Stellungnahmen anfordern
- die Integration ausländischer Arbeitnehmer im Betrieb und das Verständnis zwischen ihnen und den deutschen Arbeitnehmern zu fördern, sowie Maßnahmen zur Bekämpfung von Rassismus und Fremdenfeindlichkeit im Betrieb zu beantragen

- die Beschäftigung im Betrieb zu fördern und zu sichern;
- Maßnahmen des Arbeitsschutzes und des betrieblichen Umweltschutzes zu fördern (§ 80 I BetrVG, § 68 I BPersVG)

Er hat, ebenso wie der Arbeitgeber, darüber zu **wachen**, dass **alle** im Betrieb tätigen Personen **nach den Grundsätzen von Recht und Billigkeit behandelt** werden, insbesondere, dass jede **unterschiedliche Behandlung** von Personen wegen ihrer Abstammung, Religion, Nationalität, Herkunft, politischen oder gewerkschaftlichen Betätigung oder Einstellung oder wegen ihres Geschlechts oder ihrer sexuellen Identität unterbleibt. Arbeitnehmer dürfen nicht wegen Überschreitung bestimmter Altersstufen benachteiligt werden (§ 75 I BetrVG, § 67 I BPersVG). Die freie Entfaltung der Persönlichkeit der im Betrieb beschäftigten Arbeitnehmer ist zu schützen und zu fördern, ebenso wie die Selbstständigkeit und Eigeninitiative der Arbeitnehmer und Arbeitsgruppen (§ 75 II BetrVG).

Überwachung der Grundsätze von Recht und Billigkeit

Zur Durchführung seiner Aufgaben ist der Betriebsrat **rechtzeitig und umfassend** vom Arbeitgeber **zu unterrichten** (§ 80 II BetrVG, § 68 II BPersVG). Zu den Aufgaben gehören nicht nur die **allgemeinen Aufgaben** nach § 80 I BetrVG, sondern insbesondere auch die **Wahrnehmung aller Beteiligungsrechte** nach dem BetrVG insb. der Mitbestimmungsrechte in sozialen Angelegenheiten (§ 87 I BetrVG) und personellen Angelegenheiten (§§ 99 BetrVG ff.) und die Überwachung der Grundsätze für die Behandlung von Betriebsangehörigen (§ 75 BetrVG).

Wahrnehmung der Beteiligungsrechte

Der **Auskunftsanspruch** besteht nicht erst dann und nicht nur insoweit, als Beteiligungsrechte aktuell sind. Dem Betriebsrat soll es durch die Auskunft ermöglicht werden, in eigener Verantwortung zu prüfen, ob sich Aufgaben i. S. des BetrVG ergeben und ob er zur Wahrnehmung dieser Aufgaben tätig werden muss. Im Rahmen einer vertrauensvollen Zusammenarbeit muss es dem Betriebsrat möglich sein, Streitfragen über das Bestehen von Beteiligungsrechten mit dem Arbeitgeber diskursiv zu klären. Die rechtzeitige und umfassende Unterrichtung dient dabei dem innerbetrieblichen Rechtsfrieden und der Vermeidung von Verfahren. Die Grenzen des Auskunftsanspruchs liegen dort, wo ein Beteiligungsrecht offensichtlich nicht in Betracht kommt. Erst dann kann nicht mehr davon gesprochen werden, dass die Auskunft zur Durchführung von Aufgaben des Betriebsrats erforderlich ist. Dies hat das BAG dahin interpretiert, dass eine **gewisse Wahrscheinlichkeit** für das **Bestehen von Aufgaben des Betriebsrats genüge** (ständige Senatsrechtsprechung, vgl. nur BAG, NZA 1988, 620; NZA 1989, 932; NZA 1989, 929). Diese Voraussetzungen sind nach neuerer Rechtsprechung des BAG (NZA 99, 722) sowie der Neufassung des § 80 II 1 2. HS BetrVG regelmäßig auch hinsichtlich der Auskünfte über Art und Umfang des Einsatzes freier Mitarbeiter oder sonstigem Fremdpersonal gegeben, da die Wahrscheinlichkeit besteht, dass ebenfalls Mitbestimmungsrechte nach § 99 BetrVG und dem Gesichtspunkt der Einstellung eingegliederter „freier Mitarbeiter" eingreifen.

Auskunftsanspruch

Der Betriebsrat kann verlangen, dass ihm der Arbeitgeber jederzeit die zur Durchführung seiner Aufgaben **erforderlichen Unterlagen zur Verfügung stellt** (§ 80 II 2 1. HS BetrVG, § 68 II 2 BPersVG).

Recht auf Einsichtnahme — Der **Betriebsausschuss oder ein anderer damit betrauter Ausschuss**, in Betrieben mit bis zu 300 Arbeitnehmer der Betriebsratsvorsitzende oder ein Mitglied, dem die laufenden Geschäfte übertragen sind, hat das **Recht**, in die – vorhandenen oder zumindest jederzeit erstellbaren – **Bruttolohn- und Bruttogehaltslisten Einblick zu nehmen** (§ 80 II 2 2. HS BetrVG; gem. § 68 II 3 BPersVG hat der Personalrat das Recht, mit Zustimmung des Arbeitnehmers Einblick in die Personalakten zu nehmen; dies ist ausreichend, da sich im öffentlichen Dienst die Gehälter ohnehin aus den Tarifverträgen ergeben, z. B. aus der Anlage 1a zum BAT). Eines besonderen Anlasses bedarf es nicht.

Das Einsichtsrecht gilt für Tariflöhne, **übertarifliche Zulagen** und **Sonderzahlungen an einzelne Arbeitnehmer** ebenso wie für die **AT-Gehälter**. Die betroffenen Arbeitnehmer können den Einblick nicht verwehren. Der Betriebsrat kann sich Notizen machen, nicht aber Fotokopien verlangen. **Kein generelles Einsichtsrecht** besteht für **Arbeitsverträge**.

Sachverständige — Bei der Durchführung seiner Aufgaben kann der Betriebsrat nach näherer Vereinbarung mit dem Arbeitgeber **Sachverständige hinzuziehen**, soweit dies zur ordnungsgemäßen Erfüllung seiner Aufgaben **erforderlich** ist (§ 80 III BetrVG; das BPersVG enthält keine entsprechende Vorschrift, der Anspruch ergibt sich jedoch aus § 44 I 1 BPersVG). Außerdem besteht gem. § 80 II 3 BetrVG die Möglichkeit für den Betriebsrat, zur Bewältigung seiner Aufgaben sachkundige Arbeitnehmer hinzuzuziehen.

1.3.2 Betriebliche Einigung

Allgemeine Grundsätze — Der Arbeitgeber kann mit dem Betriebsrat (und mit dem Sprecherausschuss) **Vereinbarungen** abschließen (§ 77 BetrVG). Die Vereinbarungen können sich auf die **Begründung** von **Rechten und Pflichten zwischen den Betriebspartnern** beschränken. Sie können aber zusätzlich oder stattdessen auch **unmittelbar Rechte und Pflichten zwischen dem Arbeitgeber und den Arbeitnehmern** schaffen.

> Für alle **Fälle des Einverständnisses** zwischen Arbeitgeber und Betriebsrat, das nicht in Form einer Betriebsvereinbarung (bzw. bei leitenden Angestellten in Form von Sprechervereinbarungen) hergestellt wird, spricht man von **Regelungsabreden** (z. T. auch von betrieblichen Einigungen oder Betriebsabsprachen).

BGB gilt — Regelungsabrede wie Betriebsvereinbarungen sind **privatrechtliche Verträge**. Für Abschluss, Durchführung und Beendigung gilt also **Vertragsrecht** (d. h. das BGB). Vertragspartner sind der Unternehmer einerseits und der Betriebsrat andererseits. Der Unternehmer kann sich durch einen Prokuristen oder einen Handlungsbevollmächtigten vertreten lassen. Er kann auch Handlungsvollmacht speziell für den Abschluss einer konkreten Vereinbarung erteilen.

Der Betriebsrat hat vor dem Abschluss einen **förmlichen Beschluss** zu fassen. Er kann den **Betriebsausschuss oder einen sonstigen Ausschuss** mit der Wahrnehmung der Angelegenheit **beauftragen**. Dies muss schriftlich geschehen (§§ 27 II 2–4, 28 I 3). Der Abschluss der Betriebsvereinbarung selbst obliegt jedoch dem Betriebsrat. Dem Vorsitzenden kann der Betriebsrat die Entscheidung nicht überlassen, da dieser das Organ nur im Rahmen der von diesem gefassten Beschlüssen vertritt.

Durchgeführt werden die Vereinbarungen **grundsätzlich vom Arbeitgeber**, es sei denn, dass im Einzelfall etwas anderes vereinbart ist. Der **Betriebsrat darf nicht in die Leitung des Betriebs eingreifen** (§ 77 I BetrVG).

Kein Eingriff in die Leitung des Betriebes

Die **Vereinbarung erlischt** mit der **abredegemäßen Erledigung der Sache** (**§ 362 BGB**), bei Vereinbarung einer **Befristung** oder **Bedingung** (vgl. §§ 158 ff. BGB) mit deren Eintritt, sonst durch **Kündigung** (vgl. § 77 V BetrVG, sowie den allgemeinen Rechtsgedanken aus §§ 314 I, 626 BGB) oder durch eine **neue Vereinbarung**, die die alte aufhebt. Die **Kündigungsfrist** beträgt, sofern nichts anderes vereinbart ist, **drei Monate** (§ 77 V BetrVG). Eine Betriebsvereinbarung kann nicht durch eine Regelungsabrede abgelöst werden.

Betriebsvereinbarungen sind die „Gesetze des Betriebes". Sie **gelten unmittelbar** (§ 77 IV 1 BetrVG), d. h. ohne dass dies im Arbeitsvertrag vereinbart werden müsste, für alle Arbeitnehmer des Betriebes mit Ausnahme der leitenden Angestellten, sofern die Vereinbarung keine Einschränkungen enthält (z. B. für AT-Angestellte oder Auszubildende).

Betriebsvereinbarungen

Betriebsvereinbarungen gelten **zwingend** (§ 77 IV 1 BetrVG). Da sie – obwohl es sich um zivilrechtliche Verträge handelt – wie Gesetze im materiellen Sinn unmittelbar Rechte und Pflichten für die Arbeitnehmer begründen, pflegt man sie als **Normenverträge** zu bezeichnen. Durch Regelungen in Arbeitsverträgen können ihre Bestimmungen nicht geändert werden, es sei denn, dass die arbeitsvertragliche Regelung für die Arbeitnehmer günstiger ist (**Günstigkeitsprinzip:** BAG GS DB 1987, 383). Günstigere Arbeitsvertragsbedingungen gehen Regelungen in einer Betriebsvereinbarung immer vor. Eine Betriebsvereinbarung kann Arbeitsbedingungen also nicht verschlechtern. Etwas **anderes** gilt ausnahmsweise dann, wenn der Arbeitgeber sich eine Verschlechterung vorbehalten hat (**Betriebsvereinbarungsoffenheit;** BAG GS DB 1990, 1724) oder wenn er die **Verschlechterung individualrechtlich vornehmen könnte** (durch Widerrufsvorbehalt, infolge Änderung der Geschäftsgrundlage; BAG GS DB 1987, 383). Bei **Sozialleistungen** die aufgrund einer vertraglichen Einheitsregelung, einer Gesamtzusage oder einer betrieblichen Übung (im öffentlichen Dienst nur eingeschränkt möglich, vgl. Skript zur ersten Unterrichtseinheit unter II. 8.) gewährt werden, die aber für den Arbeitnehmer **erkennbar** einen **kollektiven Bezug** haben, d. h. keine individuelle Zusage darstellen, kommt eine Verschlechterung darüber hinaus in Betracht, wenn der Arbeitgeber eine **Umstrukturierung** vornehmen will, d. h. wenn er eine Sozialleistung zugunsten einer anderen einschränkt (z. B. Weihnachtsgeld zugunsten der Altersversorgung) oder eine auf eine bestimmte Mitarbeitergruppe beschränkte Sozialleistung auf andere Mitarbeiter ausdehnt (z. B. von Angestellten auf Arbeiter, vom Betrieb auf das Unternehmen, **sog. umstrukturierende oder verbösernde Betriebsvereinbarungen**) und die Re-

Zwingende Gültigkeit

gelung zumindest kollektiv günstiger ist, d. h. sich zumindest insg. nicht verringert (sog. **kollektiver Günstigkeitsvergleich**, BAG GS DB 1987, 383, 89, 2 336 zuletzt BAG NZA 98, 609; vgl. Skript zur ersten Unterrichtseinheit unter III. 2.). Ansonsten ist nur eine **Massenänderungskündigung** – unter Beachtung von § 17 KSchG – möglich. Der Betriebsrat hat bei der **Aufstellung neuer Verteilungsgrundsätze** ein **Mitbestimmungsrecht** nach § 87 I Nr. 10 BetrVG (betriebliche Lohngestaltung).

Betriebsvereinbarungen müssen **schriftlich** abgeschlossen werden; sie sind von **beiden Seiten zu unterzeichnen** (§ 77 II 1, 2 BetrVG). Darüber hinaus hat der Arbeitgeber sie an **geeigneter Stelle im Betrieb**, etwa in der Personalabteilung oder im Betriebsratsbüro, **auszulegen** (§ 77 II 3 BetrVG).

Zuständigkeit von Betriebsvereinbarungen

Betriebsvereinbarungen können grundsätzlich über alle Angelegenheiten, die innerhalb des weit zu fassenden Rahmens des BetrVG liegen und die mit dem Inhalt der Arbeitsverhältnisses oder der betriebsverfassungsrechtlichen Gestaltung des Betriebs im weitesten Sinne zu tun haben (Beispiele bei SCHOOF, Betriebsratspraxis von A bis Z, 2. Aufl. 1993, S. 223 ff.) abgeschlossen werden. Also über alle Fragen, die zur **funktionellen Zuständigkeit** des Betriebsrats gehören (eingehend F/K/H/E § 77 Rz. 42 ff.). Betriebsvereinbarungen können also Regelungen enthalten über den **Abschluss**, den **Inhalt** und die **Beendigung** von **Arbeitsverhältnissen sowie Normen** über **betriebliche Fragen,** d. h. Ordnungsvorschriften oder Vorschriften über betriebliche Einrichtungen für die Belegschaft. Unzulässig sind allerdings Verweisungen auf den jeweils geltenden Tarifvertrag (jedenfalls im Grundsatz).

Der Arbeitnehmer kann nicht auf durch Betriebsvereinbarung entstandene Ansprüche **verzichten**, es sei denn, der Betriebsrat stimmt zu. Die Verwirkung von Rechten ist ausgeschlossen. Ausschlussfristen und kürzere als die gesetzlichen Verjährungsfristen können nur in einem Tarifvertrag oder durch Betriebsvereinbarung vereinbart werden (§ 77 IV 2 bis 4 BetrVG).

Eine zwischen den Betriebspartnern ergangene **rechtskräftige gerichtliche Entscheidung** über den **Inhalt** einer **Betriebsvereinbarung** wirkt **auch gegenüber** den **Arbeitnehmern**, die Ansprüche aus der Vereinbarung geltend machen.

Regelautonomie

Öffnungsklausel

Betriebsvereinbarungen dürfen nicht in die Regelungsautonomie der Koalitionen eingreifen. Die Betriebspartner sollen tarifliche Regelungen nicht durch betriebliche Regelungen ersetzen können. Deshalb bestimmt § 77 III 1 BetrVG, dass Arbeitsentgelte und sonstige Arbeitsbedingungen, die durch Tarifvertrag geregelt sind oder üblicherweise geregelt werden, nicht Gegenstand einer Betriebsvereinbarung sein dürfen. Etwas anderes gilt, wenn der Tarifvertrag eine **Öffnungsklausel** enthält, d. h. wenn er den Abschluss ergänzender Betriebsvereinbarungen zulässt (§ 77 III 2 BetrVG), wie dies inzwischen häufig hinsichtlich der genauen Festlegung der regelmäßigen wöchentlichen Arbeitszeit der Fall ist. In **mitbestimmungspflichtigen Sozialangelegenheiten** (§ 87 I BetrVG) sind **auch bei Üblichkeit Betriebsvereinbarungen zulässig** (BAG DB 1992, 275). Mit Arbeitsbedingungen sind die materiellen

(z. B. Zusatzurlaub) und die formellen (z. B. Ausschlussfristen) Arbeitsbedingungen gemeint. Der Tarifvorbehalt wird in der Praxis häufig nicht beachtet (vgl. Skript zur ersten Unterrichtseinheit unter III. 3.). Verstößt eine Betriebsvereinbarung gegen den Tarifvorbehalt, so ist sie unmittelbar nichtig, § 134 BGB. Allerdings soll eine Umdeutung analog § 140 BGB in eine Regelungsabrede möglich sein, die den Arbeitgeber gegenüber dem Betriebsrat zu einer individualrechtlichen Gestaltung gegenüber der Belegschaft verpflichtet, die inhaltlich und hinsichtlich der Bildungsintensität der designierten Betriebsvereinbarung entspricht (vgl. eingehend Belling/Hartmann, NZA 98, 673).

Können Arbeitgeber und Betriebsrat sich über eine **mitbestimmungspflichtige Angelegenheit nicht einigen**, dann **entscheidet** die **Einigungsstelle**. Der Spruch der Einigungsstelle ersetzt ihre Einigung, d. h. es kommt, soweit eine Regelung durch eine Betriebsvereinbarung notwendig ist, gegen den Willen einer Betriebspartei zu einer **Betriebsvereinbarung**.

Einigungsstelle

Betriebsvereinbarungen in mitbestimmungspflichtigen Angelegenheiten, gleichgültig ob durch Vereinbarung zwischen Arbeitgeber und Betriebsrat oder durch Spruch der Einigungsstelle begründet, gelten weiter, bis sie durch eine andere Abmachung ersetzt werden, **sog. Nachwirkung** (§ 77 VI BetrVG). Die Regelungen der Betriebsvereinbarung haben im Nachwirkungszeitraum keine zwingende Wirkung mehr. Von ihnen kann deshalb auch zuungunsten der Arbeitnehmer durch Tarifvertrag, Betriebsvereinbarung oder Arbeitsvertrag abgewichen werden.

Nachwirkung

Enthält eine Vereinbarung Regelungen sowohl über mitbestimmungspflichtige als **auch über andere Angelegenheiten**, so wirken die Bestimmungen über mitbestimmungspflichtige Angelegenheiten nach, sofern sie eine aus sich heraus handhabbare Regelung enthalten. **Keine Nachwirkung** haben **Vereinbarungen über freiwillige Leistungen**, wenn der Arbeitgeber mit der Kündigung die Leistung völlig einstellen will; anders ist es nach Ansicht des BAG, wenn er die Leistung einschränken und dabei den Verteilungsschlüssel ändern möchte (BAG DB 1994, 987).

Die Wirksamkeit einer Betriebsvereinbarung kann sowohl im Beschluss- als auch im Urteilsverfahren überprüft werden (vgl. näher F/K/H/E § 77 Rz. 194 ff.). Unabhängig von der Frage, ob ein Verstoß gegen § 77 III BetrVG oder allgemein gegen höherrangiges Recht vorliegt, unterzieht das BAG in ständiger Rechtsprechung Betriebsvereinbarungen einer allgemein gerichtlichen Anwendung der Kriterien des § 76 V 3 BetrVG (BAG AP Nr. 14 zu § 112 BetrVG; eingehend hierzu Ahrens NZA 99, 686).

Überprüfung

1.3.3 Regelungsabreden

Regelungsabreden werden in der Praxis in erster Linie über **organisatorische Fragen**, also etwa über die **Geschäftsführung des Betriebsrats**, getroffen. Der Arbeitgeber kann sich beispielsweise verpflichten, eine Fachzeitschrift, Bücher usw. zu abonnieren oder eine Halbtagsschreib-

Inhalte

kraft zur Verfügung zu stellen. Der Betriebsrat kann sich umgekehrt verpflichten, Betriebsversammlungen zu bestimmten Zeitpunkten abzuhalten oder nicht abzuhalten oder Sprechstunden an einem bestimmten Ort zu einer bestimmten Zeit einzurichten. Auch zweifelhafte oder umstrittene Rechtsfragen können so geklärt werden (z. B. die Teilnahme eines Betriebsratsmitgliedes an einer bestimmten Schulungsveranstaltung). Regelungsabreden sind auch hinsichtlich der Ausübung der dem Betriebsrat zustehenden **mitbestimmungs- und mitwirkungspflichtigen Angelegenheiten** denkbar. Etwa können diejenigen Mitbestimmungsrechte durch Abschluss einer Regelungsabrede ausgeübt werden, die individuelle Entscheidungen erfordern, wie bei personellen Einzelmaßnahmen nach §§ 98 II, IV, 99 bis 103 BetrVG.

Regelungsabreden **binden nur Arbeitgeber und Betriebsrat**, sie begründen weder Rechte noch Pflichten für die Arbeitnehmer. Durch Regelungsabreden kann also beispielsweise nicht Kurzarbeit eingeführt werden. Sollen Rechte und Pflichten für Arbeitnehmer begründet werden, so bedarf die Abrede der **individualrechtlichen Umsetzung**, etwa in Form der Gesamtzusage.

Formlose Gültigkeit

Regelungsabreden sind formlos gültig. Typische Beispiele sind die Einigung über die Hinzuziehung eines für den Betriebsrat tätigen Sachverständigen nach § 80 III BetrVG, die Einigung über die Person des Vorsitzenden einer Einigungsstelle und die Zahl der Beisitzer, § 76 II BetrVG, sowie die vorübergehende Verlegung der Arbeitszeit an einzelnen Tagen.

1.3.4 Einigungsstellenverfahren

Einigungsstelle bei Meinungsverschiedenheiten

Zur Beilegung von Meinungsverschiedenheiten zwischen Arbeitgeber und Betriebsrat ist bei Bedarf eine **Einigungsstelle** zu bilden (gem. § 71 I 1 BPersVG bei der obersten Dienstbehörde). Durch Betriebsvereinbarung kann eine ständige Einigungsstelle errichtet werden (§ 76 I 2 BetrVG). In der Praxis ist dies jedoch unüblich und untunlich, da man generell versuchen sollte, auftretende Probleme einvernehmlich zu lösen.

> Die **Einigungsstelle** ist eine betriebliche Schlichtungsstelle; insofern ist sie auf betrieblicher Ebene das Gegenstück zur tariflichen Schlichtung. Während die Arbeitsgerichte Rechtsstreitigkeiten zu entscheiden haben, entscheidet die Einigungsstelle, jedenfalls grundsätzlich, über **Regelungsstreitigkeiten**.

Rechtsstreitigkeiten

Bei **Rechtsstreitigkeiten** geht es um die Anwendung von Rechtsnormen auf einen Sachverhalt nach den Grundsätzen der Rechtmäßigkeit, insbesondere geht es um die Frage, ob ein Anspruch existiert. Bei **Regelungsstreitigkeiten** geht es um die **Schaffung, Änderung oder Ausfüllung** – das „wie" von Ansprüchen nach dem Grundsatz der Zweckmäßigkeit, z. B. eine Rahmenvereinbarung über den Einsatz von EDV-Anlagen.

Die Einigungsstelle hat ihre Beschlüsse unter **angemessener Berücksichtigung der Belange des Betriebs und der betroffenen Arbeitnehmer nach billigem Ermessen** zu treffen (§ 76 V 3 BetrVG; § 71 III 3 BPersVG bestimmt, dass sich der Beschluss der Einigungsstelle im Rahmen der geltenden Rechtsvorschriften, insb. des Haushaltsrechts, halten muss). Sie hat so zu entscheiden, wie Arbeitgeber und Betriebsrat sich hätten vernünftigerweise einigen können.

Beschlussfassung

Der Arbeitgeber und der Betriebsrat können innerhalb von **zwei Wochen** nach Zustellung des Beschlusses beim **Arbeitsgericht** geltend machen, dass die Einigungsstelle Rechtsvorschriften falsch angewandt oder die Grenzen ihres Ermessens über- oder unterschritten hat (§ 76 V 4 BetrVG). Bei ihrer Entscheidung hat sie innerhalb des vom Recht gezogenen Rahmens einen weiten Spielraum. Die Überprüfung des Spruches der Einigungsstelle hinsichtlich der Einhaltung des ihr zustehenden Ermessens muss in einem eigenen arbeitsgerichtlichen **Beschlussverfahren** erfolgen (§§ 2a II, 80 ArbGG). Andere Rechtsverstöße können auch inzidenter als Vorfrage in einem anderen gerichtlichen Verfahren geltend gemacht werden.

Ohne dass eine entsprechende Vorschrift im BPersVG existiert, unterliegen auch Einigungsstellenbeschlüsse im öffentlichen Dienst einer **Rechtmäßigkeitskontrolle** durch die Gerichte (BVerwG PersR 1991, 133). Fristen sind bei der Geltendmachung nicht zu beachten.

Die Einigungsstelle besteht aus einer **gleichen Anzahl von Beisitzern** und einem **unparteiischen Vorsitzenden** (§ 76 II 1 BetrVG; gem. § 71 I 2 BPersVG drei Beisitzern unter Berücksichtigung der Beschäftigtengruppen). Die **Zahl der Beisitzer** richtet sich nach Art und Umfang der Sache. Im Regelfall sind es je zwei, in schwierigeren Fällen mehr. Können Arbeitgeber und Betriebsrat sich über die Zahl nicht verständigen, so entscheidet auf Antrag das Arbeitsgericht (§ 76 II 3 BetrVG). Gegen die Entscheidung kann **nur innerhalb von zwei Wochen Beschwerde zum LAG** eingelegt und begründet werden.
Die Beisitzer können ausschließlich Betriebsangehörige sein. Arbeitgeber und Betriebsrat können aber auch Betriebsfremde benennen, etwa einen Gewerkschaftssekretär, einen Rechtsanwalt oder einen Vertreter des zuständigen Arbeitgeberverbandes. In der Praxis ist die Beteiligung nicht betriebsangehöriger Rechtsbeistände inzwischen jedenfalls in der Privatwirtschaft zum Regelfall geworden.

Zusammensetzung

Auch über den **Vorsitzenden** müssen sich **beide Seiten einigen**. Gelingt das nicht, bestellt ihn ebenfalls der Vorsitzende des Arbeitsgerichts (§ 76 II 1, 2 BetrVG; gem. § 71 I 4 BPersVG der Präsident des BVerwG ohne gerichtliche Überprüfungsmöglichkeit). Das Arbeitsgericht ist nicht an die Vorschläge der Parteien gebunden; es soll jedoch unparteiische und sachkundige Personen berufen. In der weit überwiegenden Zahl der Fälle sind die Vorsitzenden **Richter** aus der **Arbeitsgerichtsbarkeit** (bzw. der Fachkammern für Personalvertretungssachen). Im Übrigen gelten die vorgenannten Grundsätze der gerichtlichen Entscheidung und der dagegen einzulegenden Beschwerde entsprechend.

Zuständigkeit Die Einigungsstelle kann sowohl in **mitbestimmungspflichtigen, als auch in nicht mitbestimmungspflichtigen Angelegenheiten** tätig werden (§ 76 V, VI BetrVG; im Personalvertretungsrecht nur mitbestimmungspflichtige Angelegenheiten). Da sie in nicht mitbestimmungspflichtigen Angelegenheiten nur tätig wird, wenn Arbeitgeber und Betriebsrat dies beantragen, beschränkt sich ihre Tätigkeit in der Praxis auf die mitbestimmungspflichtigen Angelegenheiten. Hier wird die Einigungsstelle tätig, wenn Arbeitgeber oder Betriebsrat sie anrufen (§ 76 V 1 BetrVG); eine Tätigkeit von Amts wegen gibt es nicht. In nicht mitbestimmungspflichtigen Angelegenheiten bedarf es eines Antrags oder des Einverständnisses beider Seiten (§ 76 VI 1 BetrVG).

Verfahrensgrundsätze In ihrem **Verfahren** ist die Einigungsstelle **verhältnismäßig frei**. Sie kann bspw. Sachverständige anhören oder Auskünfte einholen. Sie hat **mündlich zu beraten**, und sie muss **rechtsstaatliche Grundsätze einhalten**, also z. B. **rechtliches Gehör** gewähren.

Die Beschlüsse werden mit **einfacher Mehrheit** gefasst. Stimmenthaltungen zählen nicht als Neinstimmen. Die erste Beschlussfassung ist sozusagen ein letzter Einigungsversuch; der Vorsitzende hat sich der Stimme zu enthalten. Danach wird erneut beraten, und bei der nächsten Beschlussfassung stimmt er mit ab. Bei der abschließenden Beratung und Beschlussfassung dürfen die Betriebspartner nicht zugegen sein.

In mitbestimmungspflichtigen Angelegenheiten **ersetzt** der **Beschluss** der Einigungsstelle die **Einigung der Parteien** (§ 76 III 1 BetrVG; so grds. auch §§ 71 IV 2, 69 IV BPersVG, allerdings können für Personalangelegenheiten der Beamten nur Empfehlungen ausgesprochen werden), in nicht mitbestimmungspflichtigen Angelegenheiten ist er nur verbindlich, wenn beide Seiten sich dem Spruch im Voraus unterwerfen oder wenn sie ihn nachträglich annehmen (§ 76 VI 2 BetrVG).

Vergütungsansprüche Die **Kosten** der Einigungsstelle trägt der **Arbeitgeber** (§ 76a I BetrVG). **Betriebsangehörigen** Beisitzern ist das **Arbeitsentgelt weiterzuzahlen** (§ 76a II BetrVG). Der **Vorsitzende und die betriebsfremden Beisitzer** haben **Anspruch auf Vergütung**, die sich nach dem erforderlichen Zeitaufwand, der Schwierigkeit der Streitigkeit und dem Verdienstausfall bemisst (§ 76a III, IV BetrVG). Die Vergütung der Beisitzer ist geringer zu bemessen als die des Vorsitzenden (§ 76a IV 4 BetrVG). Die vorgenannten Grundsätze gelten auch im öffentlichen Dienst. Wegen der einschränkenden Rechtsprechung des BVerwG zum Honoraranspruch eines dienststellenfremden Beisitzers sollte grundsätzlich der Rechtsanwalt eine ausdrückliche Vereinbarung mit der Dienststelle treffen (vgl. ALTVATER u. a., BPersVG, 4. Aufl. 1996, § 71 Rz. 7b ff.).

Kosten Voraussetzung für den Vergütungsanspruch eines vom Betriebsrat hinzugezogenen Beisitzers ist eine **rechtswirksame Bestellung durch Beschluss**. Die **Kosten eines Sachverständigen,** den die Einigungsstelle hinzuzieht, hat der **Arbeitgeber zu tragen,** wenn die Hinzuziehung erforderlich ist und die Kosten verhältnismäßig sind. Nach der Rechtsprechung des BAG hat der Arbeitgeber auch die **Kosten** für einen **Anwalt** zu tragen, der für den Betriebsrat vor (nicht in) der Einigungsstelle auftritt (AP Nr. 5 zu § 76a BetrVG; AP Nr. 9, 34 zu § 76 BetrVG). Dies gilt jedenfalls bei schwierigen Rechtsfragen (eingehend F/K/H/E § 40 Rz. 29 ff.). Vgl. zum Einigungsstellenverfahren aus Sicht des Betriebsrates SCHOOF, S. 261 ff.

Im öffentlichen Dienst ist zu beachten, dass dem Einigungsstellenverfahren zwingend das sog. **Stufenverfahren** vorgeschaltet ist.

1.3.5 Systematik der Beteiligungsrechte

> Die Rechte des Betriebsrats nach dem BetrVG haben unterschiedliche Stärke bzw. Intensität. Alle seine Rechte sind unter dem **Oberbegriff Beteiligungsrechte** zusammengefasst. Diese werden nach der Stärke der Beteiligung in zwei Kategorien, nämlich **Mitbestimmungs- und Mitwirkungsrechte**, unterschieden (vgl. auch die Überschrift des vierten Teils vor §§ 74 ff. BetrVG; §§ 69 ff. BPersVG).

Innerhalb der **Mitbestimmungsrechte** unterscheidet man die **echten Mitbestimmungsrechte**, die gleichzeitig auch **Initiativrechte** des Betriebsrats sind, und die **beschränkten Zustimmungsverweigerungsrechte**.
Innerhalb der **Mitwirkungsrechte** unterscheidet man **Beratungs-, Anhörungs- und Unterrichtungsrechte**. Zusätzlich bzw. i. V.m. den bereits genannten Beteiligungsformen gibt es **Antrags-** und **Kontrollrechte**.

Mitbestimmungsrechte

Mitbestimmung meint, dass der **Arbeitgeber nicht ohne Zustimmung des Betriebsrats handeln** kann. Der Arbeitgeber muss sich also sowohl über das „ob" als auch das „wie" einer Regelung oder Maßnahme mit dem Betriebsrat **einigen**. Er darf, wenn der Betriebsrat seine Zustimmung verweigert hat, die Maßnahme zunächst nicht durchführen. Will er die Maßnahme trotz der fehlenden Zustimmung des Betriebsrats durchsetzen, muss er die **Zustimmung** entweder durch die **Einigungsstelle** oder das **Arbeitsgericht** ersetzen lassen. Erst und nur dann ist dem Arbeitgeber die Durchführung der Maßnahme gestattet. Wird der **Zustimmungsantrag** des Arbeitgebers **abgewiesen**, hat die **Maßnahme** zu **unterbleiben**.

Zustimmung des Betriebsrat

Je nachdem, ob im Falle der Nichteinigung zwischen Arbeitgeber und Betriebsrat die Einigungsstelle oder das Arbeitsgericht entscheidet, spricht man von echter Mitbestimmung oder beschränktem Zustimmungsverweigerungsrecht. Mitbestimmung ist also der Oberbegriff für die **echten Mitbestimmungsrechte** und die **beschränkten Zustimmungsverweigerungsrechte**. Der Betriebsrat hat allerdings seine Entscheidung, also vor allem die Verweigerung der Zustimmung, nach **billigem Ermessen zu treffen**. Entsprechend dem Grundsatz der vertrauensvollen Zusammenarbeit hat er die Belange des Betriebs und der betroffenen Arbeitnehmer angemessen zu berücksichtigen.

Dieselbe Systematik weisen grundsätzlich auch die Mitbestimmungsrechte der **Personalvertretung** auf, wobei allerdings nur eine Ersetzung der Zustimmung durch die Einigungsstelle nach Durchführung und Nichteinigung im Stufenverfahren möglich ist (§ 69 I, III, IV BPersVG).

Echte Mitbestimmung   Der Arbeitgeber muss im Falle der Echten Mitbestimmung zu jeder Maßnahme **vorher** die **Zustimmung** des **Betriebsrats einholen.** Verweigert dieser die Zustimmung, **entscheidet** die **Einigungsstelle** (vgl. z. B. § 87 II 1 für die Bereiche des § 87 I BetrVG). Man spricht insoweit von der sog. Echten Mitbestimmung, Mitbestimmung im engeren Sinn, von Zustimmungsrechten oder vom sog. positiven **Konsensprinzip.**

Initiativrecht   In diesen Fällen hat der Betriebsrat aber auch ein **Initiativrecht**, d. h. er kann dem Arbeitgeber seinerseits eine Maßnahme vorschlagen und – falls dieser ablehnt – die Einigungsstelle anrufen und versuchen, die Realisierung der Maßnahme auf diesem Wege zu erreichen. Insoweit spricht man dann auch von den Initiativrechten des Betriebsrats.

Diese Grundsätze gelten auch im **öffentlichen Dienst.** Allerdings können über die Einigungsstelle nur die Maßnahmen nach § 75 III Nr. 1 bis 6 und 11 bis 17 erzwungen werden (§ 70 I BPersVG; sie entsprechen im wesentlichen § 87 I BetrVG), bei den übrigen der Mitbestimmung unterliegenden Maßnahmen entscheidet die oberste Dienstbehörde abschließend im Stufenverfahren (§ 70 II BPersVG). Die Landespersonalvertretungsgesetze entsprechen allerdings weitgehend der Regelung des BetrVG (z. B. § 79 III, 81 I HmbPersVG).

> Nach § 87 I Nr. 3 BetrVG hat der Betriebsrat ein **Mitbestimmungsrecht bei der Einführung von Kurzarbeit.** Wenn der Arbeitgeber z. B. wegen Auftragsmangels Kurzarbeit einführen will, kann der Betriebsrat die Zustimmung verweigern (natürlich mit Begründung!) mit der Folge, dass der Arbeitgeber die Kurzarbeit nicht einseitig anordnen darf, sondern die Einigungsstelle anzurufen hat. Diese hätte dann über das „Ob" und „Wie" der Kurzarbeit zu entscheiden.
> Es kann jedoch auch aus Betriebsratssicht sinnvoll sein, in Sachen Kurzarbeit die Initiative (daher der Begriff Initiativrecht) zu ergreifen. Etwa weil der Arbeitgeber wegen Auftragsmangels Kündigungen aussprechen will und der Betriebsrat den Auftragsmangel für vorübergehend hält. In diesem Fall könnte er die Einführung von Kurzarbeit vorschlagen. Lehnt der Arbeitgeber diesen Vorschlag ab, kann der Betriebsrat die Einigungsstelle einschalten.

Anwendungsfälle   Wichtigste Anwendungsfälle sind die Behandlung von Beschwerden (§ 85 II BetrVG), der Verstoß gegen arbeitswissenschaftliche Erkenntnisse (§ 91 BetrVG), die sozialen Angelegenheiten (§ 87 I BetrVG) einschließlich des Sozialplans (§ 112 BetrVG), der Personalfragebogen (§ 94 BetrVG), die Beurteilungsgrundsätze (§ 94 BetrVG), Auswahlrichtlinien (§ 95 BetrVG) und die Durchführung der Berufsbildung (§ 98 BetrVG), bei Kündigungen, sofern es darüber eine (Betriebs-) Vereinbarung gibt (§ 102 VI BetrVG).

Beschränktes Zustimmungsverweigerungsrecht   Der Betriebsrat kann seine **Zustimmung** nur aus den im Gesetz genannten Gründen verweigern. Stützt er sich auf **andere Gründe**, ist die Verweigerung oder der Widerspruch **unbeachtlich**; er hat also ein beschränktes Zustimmungsverweigerungsrecht. Im Streitfalle entscheidet das **Arbeitsgericht** (vgl. z. B. §§ 99 IV und 100 II 2 BetrVG; bzw. im öffentlichen Dienst die Einigungsstelle). Man spricht insoweit auch von

Einspruchs- oder Vetorechten oder vom sog. **negativen Konsensprinzip**. In diesem Bereich hat der **Betriebsrat kein Initiativrecht**. Er hat also nicht die Möglichkeit, Maßnahmen, die er für richtig hält, etwa einen bestimmten Arbeitnehmer einzustellen, zu erzwingen.

Wichtigste Anwendungsfälle sind die Bestellung von Ausbildern (§ 98 II BetrVG) und die **personellen Einzelmaßnahmen** (§ 99 BetrVG, also Einstellung, Versetzung, Eingruppierung, Umgruppierung; § 100 BetrVG, also vorläufige personelle Einzelmaßnahmen; wohl auch außerordentliche Kündigung von Betriebsratsmitgliedern, § 103 BetrVG, nur mit der Besonderheit, dass die Zustimmungsverweigerung nicht an besondere Gründe gebunden ist).

Anwendung

In den **mitwirkungspflichtigen Angelegenheiten** liegt das **Letztentscheidungsrecht** beim **Arbeitgeber**. Er muss dem Betriebsrat zwar einschalten und mit dem ernsten Willen zur Einigung mit ihm verhandeln (vgl. § 74 I BetrVG, § 72 I BPersVG). Er ist jedoch nicht verpflichtet, dessen Vorschläge zu realisieren oder dessen Vorstellungen und Bedenken zu folgen.

Mitwirkungsrechte

Im öffentlichen Dienst entscheidet die übergeordnete Dienststelle abschließend nach Durchführung des Stufenverfahrens und Nichteinigung mit der Stufenvertretung. Während des Stufenverfahrens ist die beabsichtigte Maßnahme auszusetzen (§ 72 IV, IV BPersVG). Das BPersVG unterscheidet innerhalb der Mitwirkungsrechte nicht zwischen Beratungs-, Anhörungs- und Unterrichtungsrechten. Es kennt lediglich – neben der Mitwirkung – ein Anhörungsrecht, etwa bei fristlosen Kündigungen, der Personalplanung und grundlegenden Änderungen von Arbeitsverfahren und -abläufen.

Im Falle der **Beratung** hat der Arbeitgeber dem Betriebsrat **von sich aus** Gründe und Gegengründe darzulegen und sie in einem Gespräch mit ihm gegeneinander abzuwägen. Die Entscheidung trifft der Arbeitgeber **nach der Beratung** durch den Betriebsrat allein.

Beratung

Wichtigste Anwendungsfälle sind Förderung sowie Maßnahmen und Einrichtungen der Berufsbildung (§ 96 I, 97 BetrVG), technisch-organisatorische und wirtschaftliche Angelegenheiten, insbesondere Betriebsplanung (§ 90 II BetrVG), Personalplanung (§ 92 I BetrVG) und Betriebsänderungen (§ 111 BetrVG).

Anwendung

Der Arbeitgeber muss den Betriebsrat **anhören**, d. h. ihm die Möglichkeit geben, sich zu äußern, also Wünsche, Anregungen oder Einwendungen vorzubringen, und er muss sich mit diesem Vorbringen auseinandersetzen. Der Unterschied zur Beratung liegt darin, dass die **Initiative zu einem Gespräch über Gründe und Gegengründe dem Betriebsrat überlassen** bleibt, d. h. er muss sich damit nicht auseinandersetzen.

Anhörung

Wichtigste Anwendungsfälle sind die Kündigung (§ 102 I BetrVG), wo die Verletzung des Anhörungsrechts, d. h. die unterbliebene oder mangelhafte Anhörung zur Unwirksamkeit der Kündigung führt, und die Weitergabe von Anregungen von Arbeitnehmern (§ 85 I BetrVG).

Anwendung

Unterrichtung — Die **Unterrichtung** kann **selbstständiges Informationsrecht** sein oder **Vorstufe einer weitergehenden Beteiligung**. Häufig fällt ein Unterrichtungs- mit einem Beratungsrecht zusammen. I. d. R. ist der Betriebsrat rechtzeitig (sodass seine Vorschläge noch berücksichtigt werden können, vgl. § 90 II 1 BetrVG), unter Vorlage der erforderlichen Unterlagen, zu informieren und ihm die Auswirkungen der geplanten Maßnahmen zu erläutern. Auch wenn das Gesetz den Arbeitgeber verpflichtet, den Betriebsrat von sich aus, also unaufgefordert, zu unterrichten, wird diese Pflicht in der Praxis nicht selten vernachlässigt. Ohne ausreichende Information über die wesentlichen betrieblichen Fakten, insb. über die Vorhaben und Planungen des Arbeitgebers, ist der Betriebsrat aber kaum in der Lage, seine Aufgaben sowie seine Mitwirkungs- und Mitbestimmungsrechte in ausreichender Weise wahrzunehmen. Der Betriebsrat sollte daher seine Informationsrechte konsequent geltend machen und durchsetzen, notfalls über ein (Beschluss-)Verfahren vor den Arbeitsgerichten (dazu eingehend unten).

Der Betriebsrat hat nach § 80 II BetrVG (§ 68 II BPersVG) ein sog. **allgemeines Unterrichtungs- oder Informationsrecht** bzgl. aller Aufgaben, die in seinen Aufgaben- und Zuständigkeitsbereich fallen.

Anwendung — Wichtigste Anwendungsfälle sind die Information über Betriebsplanung (§ 90 I BetrVG), Personalplanung (§ 92 I BetrVG), personelle Einzelmaßnahmen (§§ 99 I, 100 II, 105 BetrVG), Betriebsänderungen (§ 111 BetrVG), Bericht des Arbeitgebers an den Gesamtbetriebsrat über das Personal- und Sozialwesen (§ 53 II BetrVG), Arbeitsschutz (§ 89 II, III i. V.m. IV BetrVG), Unterrichtung des Wirtschaftsausschusses über die wirtschaftlichen Angelegenheiten des Unternehmens (§ 106 II BetrVG) und Erläuterung des Jahresabschlusses (§ 108 V BetrVG).

Unterrichtungspflicht — Daneben bestehen Unterrichtungspflichten des Arbeitgebers direkt gegenüber der **Belegschaft**, etwa jährlicher Bericht über Personal- und Sozialwesen und wirtschaftliche Lage und Entwicklung des Betriebs (§ 43 II BetrVG), bei mehr als 1 000 ständig beschäftigten Arbeitnehmern quartalsweise schriftlicher Bericht über die wirtschaftliche Lage und Entwicklung des Unternehmens, § 110 I BetrVG (unter 1 000 Arbeitnehmer mündlicher Bericht, § 110 II BetrVG) und direkt gegenüber dem **einzelnen Arbeitnehmer**, etwa über die Art seiner Tätigkeit und Unfall- und Gesundheitsgefahren sowie Veränderungen in seinem Arbeitsbereich (§ 81 I, II BetrVG).

Antrags- und Kontrollrechte — Der Betriebsrat hat neben den echten Mitbestimmungsrechten noch eine Reihe weiterer Möglichkeiten, um von sich aus initiativ zu werden, also ein **Initiativrecht** im weiteren Sinne auszuüben, d. h. insb. die Maßnahmen des Arbeitgebers zu **kontrollieren** und sich mit **Anträgen an den Arbeitgeber zu wenden**. Ist im Gesetz formuliert: „Der Betriebsrat kann … verlangen", so besteht ein echtes Mitbestimmungsrecht, mit der Folge, dass eine Einigung über die Einigungsstelle erzwingbar ist (z. B. in § 91). Diese Rechte werden als sog. **korrigierende Mitbestimmungsrechte** bezeichnet.

Anwendung — Wichtigste Anwendungsfälle sind die allgemeine Überwachung nach §§ 75, 80 I BetrVG, Arbeitsschutz (§ 89 BetrVG), Behandlung von Beschwerden der Arbeitnehmer (§ 85 I, II BetrVG), Betriebsplanung (§ 90

II BetrVG), Personalplanung (§ 92 II BetrVG), Stellenausschreibung (§§ 93 i. V.m. 99 II Nr. 5 BetrVG), Förderung und Durchführung der Berufsbildung (§§ 96 II, 98 III BetrVG), Aufstellung von Auswahlrichtlinien (§ 95 BetrVG), Abberufung ungeeigneter Ausbilder (§ 98 II BetrVG) sowie Entlassung betriebsstörender Arbeitnehmer (§ 104 BetrVG).

Entsprechende Regelungen kennt das BPersVG nicht.

1.3.6 Allgemeine Grundsätze

> Die **Beteiligungsrechte** bestehen grundsätzlich **nebeneinander**. Die **höheren Beteiligungsformen umfassen** jeweils die **niederen**. Im Übrigen können die Beteiligungsrechte jeweils gesondert geltend gemacht werden.
> Bei der Ausgestaltung der Beteiligungsrechte hat sich der Gesetzgeber von folgendem Grundsatz leiten lassen: Die **unternehmerische Entscheidung** (bzw. im öffentlichen Dienst die Entscheidung der Parlamente) ist **mitbestimmungsfrei**; je **stärker** der **Einzelne betroffen** ist, desto **intensiver** werden Mitwirkung und Mitbestimmung.

In der Praxis ist das Zusammenspiel von Informations-, Mitwirkungs- und Mitbestimmungsrechten nicht einfach zu handhaben. Zu beachten ist vor allem, dass bei komplexen betrieblichen Sachverhalten bzw. Streitigkeiten meist nicht nur einzelne, sondern eine Vielzahl von Beteiligungsrechten eingreifen.

Schwieriges Zusammenspiel

> Der Arbeitgeber will die Fertigung auf computergesteuerte Bohr-, Dreh-, Fräs- und Schleiftechnik umstellen. In diesem Fall kann der Betriebsrat folgende Rechte haben:
>
> 1. **Unterrichtungsrechte** nach § 90 I, § 92 I 1, § 111, insb. S. 2 Nr. 4 u. 5 BetrVG (der Wirtschaftsausschuss hat ein Informationsrecht nach § 106 II BetrVG)
>
> 2. **Beratungsrechte** nach § 90 II, § 92 I 2, § 111 BetrVG
>
> 3. **Anhörungs- und Widerspruchsrecht** nach § 102 BetrVG (falls Arbeitnehmer entlassen werden sollen)
>
> 4. Echte **Mitbestimmungsrechte** nach:
> - § 87 I Nr. 2 BetrVG, wenn z. B. mit der Einführung einer neuen Technik die Lage der Arbeitszeit verändert oder Schichtarbeit eingeführt werden soll oder über die Richtlinien für Computerarbeit hinaus Pausen vereinbart werden sollen
> - § 87 I Nr. 6 BetrVG, wenn die neue Technik in der Lage ist, Leistung und Verhalten zu überwachen (das ist bei computergesteuerten Vorgängen i.d.R. der Fall, da die Möglichkeit der Kontrolle ausreichend ist)
> - § 87 I Nr. 7 BetrVG, wenn Regelungen zum Schutze der Gesundheit erforderlich sind (z. B. Enthaltung bestimmter Abstände bei der Arbeit am Computer, häufigere Pausen etc.)

> - § 87 I Nr. 10, 11 BetrVG, wenn sich durch die Einführung von Computersteuerung die Entlohnungsmethoden ändern
> - § 91 BetrVG, wenn sich nach Inbetriebnahme der neuen Technik gesundheitsschädliche Folgen zeigen, die nicht den arbeitswissenschaftlichen Erkenntnissen über die menschengerechte Gestaltung der Arbeit entsprechen
> - § 112 BetrVG, Aufstellung eines Sozialplans, wenn mit der Einführung der neuen Technik Arbeitnehmer entlassen werden sollen oder es zu sonstigen Nachteilen kommt, etwa zu Herabgruppierungen
>
> 5. Insoweit besteht jeweils auch ein **Initiativrecht** des Betriebsrats mit der Folge, dass z. B. Gesundheitsschutzmaßnahmen oder ein Sozialplan vom Betriebsrat gefordert und im Streitfall über das Verfahren vor der Einigungsstelle durchgesetzt werden können.
>
> 6. Ein **beschränktes Zustimmungsverweigerungsrecht** besteht nach § 99 BetrVG, wenn Arbeitnehmer als Folge der Computereinführung eingestellt, versetzt, ein- oder umgruppiert werden sollen.
>
> Diese Beteiligungsrechte bestehen nach dem oben erwähnten Grundsatz nebeneinander.

1.3.7 Folgen der Verletzung von Beteiligungsrechten

Rechtsfolgen bei Nichtbeteiligung

Die Rechtsfolgen bei unterbliebener Beteiligung des Betriebsrats richten sich danach, welche Art der Beteiligung im jeweiligen Fall gegeben ist. Allerdings bestehen im Detail gesetzliche Abweichungen und Besonderheiten nach der Rechtsprechung des BAG, auf die im Rahmen der einzelnen Beteiligungstatbestände – soweit erforderlich – eingegangen wird.

*Verletzung von **echten** Mitbestimmungsrechten*

Beteiligt der Arbeitgeber den Betriebsrat im Bereich der **echten Mitbestimmung** nicht an Maßnahmen, d. h. führt er sie einseitig ohne Zustimmung und ohne Anrufung der Einigungsstelle durch, so ist die Maßnahme **kollektivrechtlich** sowie **individualrechtlich unwirksam**. Der **Arbeitnehmer** kann die **Ausführung** einer **unwirksamen Anordnung**, also z. B. von Überstunden, **verweigern**. Führt er sie freiwillig aus, kann der Betriebsrat eine Unterlassung erzwingen (vgl. unten).

Ausnahme

Dagegen kann die Maßnahme ausnahmsweise dann **individualrechtlich**, d. h. im Verhältnis zum einzelnen Arbeitnehmer **wirksam** sein, wenn sie den **Arbeitnehmer begünstigt**. Also muss z. B. die einseitig ohne Mitbestimmung des Betriebsrats zugesagte Prämie, soweit eine entsprechende Arbeitsleistung des Arbeitnehmers erbracht wurde, auch bezahlt werden. Führt der Arbeitgeber Kurzarbeit ohne Zustimmung des Betriebsrats ein, so behalten die Arbeitnehmer den Anspruch auf das volle Entgelt. Verspricht er eine Weihnachtsgratifikation, so haben sie Anspruch darauf. Der Arbeitgeber kann sich dann nicht auf die kollektivrechtliche Unwirksamkeit der Prämienzusage wegen Nichtbeteiligung des Betriebsrats berufen. Der Arbeitgeber bleibt für die Vergangenheit an die getroffenen Maßnahmen und Zusagen zugunsten des einzelnen Arbeitnehmer faktisch gebunden (vgl. BAG AP Nr. 54 zu §§ 22, 23 BAT, vgl. insg. F/K/H/E § 87 Rz. 568 ff.). Auch eine nachträgliche Zustimmung des Betriebsrats heilt die Unwirksamkeit einer vom Arbeitgeber einseitig getroffenen Maßnahme nicht.

Ist eine **Maßnahme teils mitbestimmungspflichtig, teils mitbestimmungsfrei**, also z. B. die Gewährung einer Sozialleistung oder die Einführung von Kurzarbeit beim Arbeitskampf (mitbestimmungsfrei ist das „Ob", mitbestimmungspflichtig das „Wie"), dann darf der Arbeitgeber die Maßnahme erst durchführen, wenn er sich mit dem Betriebsrat über das „Wie" geeinigt hat.
Diese Grundsätze gelten auch im öffentlichen Dienst (vgl. ALTVATER u. a., a.a.O., § 69 Rz. 11 ff.).

Auch im Hinblick auf die Verletzung des **beschränkten Zustimmungsverweigerungsrechts** ist grundsätzlich zwischen der **kollektiven** und der **individualrechtlichen** Seite zu unterscheiden. **Kollektivrechtlich** darf der Arbeitgeber die **Maßnahme nicht durchführen** und der Betriebsrat kann insb. verlangen, dass die **Maßnahme rückgängig gemacht wird** (vgl. insb. § 101 BetrVG; dazu später), also etwa eine einseitig angeordnete Versetzung rückgängig gemacht wird.

Individualrechtlich kann die Maßnahme dagegen, **je nach Schutzzweck der Norm wirksam** oder **unwirksam** sein. Eine Einstellung unter Verletzung des Mitbestimmungsrechts ist z. B. wirksam. Sofern der Betriebsrat aber einen Antrag nach § 101 BetrVG beim Arbeitsgericht stellt, darf er den Arbeitnehmer nicht beschäftigen, muss aber den Lohn zahlen. Evtl. hat er zusätzlich Schadenersatzansprüche gegen den Arbeitgeber. Eine Versetzung ohne Zustimmung des Betriebsrats ist dagegen unwirksam, darf also nicht vollzogen werde, eine fehlerhafte Eingruppierung ist unbeachtlich.
Auch diese Grundsätze gelten im öffentlichen Dienst entsprechend.

Die **Nichtbeachtung von Mitwirkungsrechten** des Betriebsrats hat grundsätzlich **nicht** die **Unwirksamkeit** der jeweiligen Maßnahme zur Folge. Etwas anderes gilt bei Maßnahmen, die der Mitwirkung und der Mitbestimmung unterliegen, wie etwa personelle Einzelmaßnahmen. Nur die **ohne Anhörung des Betriebsrats** durchgeführte **Kündigung** ist **unwirksam** (§ 102 I 3 BetrVG; § 79 IV BPersVG).

Besonderheiten gelten allerdings bei **Betriebsänderungen**. Bei Betriebsänderungen, an denen der Betriebsrat nicht beteiligt wird, haben die einzelnen Arbeitnehmer entweder einen Abfindungsanspruch im Kündigungsschutzprozess, wenn sie entlassen werden, oder einen Anspruch auf Ausgleich der wirtschaftlichen Nachteile für bis zu 12 Monaten (vgl. § 113 III BetrVG).

Auch hinsichtlich der Reaktionsmöglichkeiten des Betriebsrats ist zwischen Mitbestimmung und Mitwirkung zu unterscheiden.
Wenn der Arbeitgeber die **Mitbestimmungsrechte** des Betriebsrats missachtet, d. h. die Maßnahme einseitig ohne Zustimmung des Betriebsrats durchführt, bestehen folgende Reaktionsmöglichkeiten des Betriebsrats:

*Verletzung des **beschränkten Zustimmungsverweigerungsrechts***

*Verletzung von **Mitwirkungsrechten***

Reaktionsmöglichkeiten des Betriebsrats

Verletzung der **Mitbestimmungsrechte**	Nach neuerer Rechtsprechung des BAG steht dem Betriebsrat bei Verletzung seiner Mitbestimmungsrechte aus § 87 ein sog. **allgemeiner Anspruch auf Unterlassung** der mitbestimmungswidrigen Maßnahme zu (BAG 3.5.1994, NZA 1995, 40). Noch ungeklärt ist, ob dieser Unterlassungsanspruch auch für **echte Mitbestimmungsrechte außerhalb von § 87** gilt. Dieser Unterlassungsanspruch kann im Allgemeinen **Beschlussverfahren** geltend gemacht und gem. §§ 85 I ArbGG, 888 ff. ZPO **vollstreckt** werden, allerdings erst nach Rechtskraft des Beschlusses.
	Ein entsprechender Unterlassungsanspruch bzw. ein Anspruch auf Rückgängigmachung soll im Geltungsbereich des **BPersVG nicht** bestehen (BVerwG PersV 1980, 145; PersR 1992, 24). Ein Anspruch auf Rückgängigmachung der Maßnahme soll jedoch dem von der Verletzung des Beteiligungsrechts betroffenen Beschäftigten zustehen (BVerwG PersR 1995, 16). Die Personalvertretung hat lediglich die Möglichkeit, die **Verletzung** ihres **Beteiligungsrechts** durch das **Verwaltungsgericht** im **Beschlussverfahren** feststellen zu lassen. Nach neuerer Rechtsprechung des BVerwG soll aber dann, wenn die Verletzung des Beteiligungsrechts der Personalvertretung rechtskräftig festgestellt worden ist, in einem weiteren Beschlussverfahren die Feststellung der Verpflichtung des Dienststellenleiters durchgesetzt werden können, entweder die getroffene Maßnahme rückgängig zu machen oder das nachzuholende Beteiligungsverfahren unverzüglich einzuleiten (PersR 1995, 128). Ob diese Rechtsprechung des BVerwG zukünftig angesichts der Rechtsprechung des BAG aufrechterhalten werden kann, bleibt abzuwarten.
Ordnungsgeldandrohung	Wird der Unterlassungsanspruch vom Gericht ausgesprochen, kann die Zuwiderhandlung den Arbeitgeber bis zu 250.000 € kosten, §§ 85 ArbGG, 890 ZPO. Erforderlich ist allerdings ein entsprechender Antrag an das Gericht, der zusammen mit dem Unterlassungsanspruch gestellt werden kann.
Einstweilige Verfügung	Der **Unterlassungsanspruch** kann auch **im Wege der Einstweiligen Verfügung** geltend gemacht werden, § 85 II ArbGG (BAG 3.5.1994, a.a.O., S. 43). Dies ist die einzige Möglichkeit **effektiven Rechtsschutzes** gegen die Missachtung von Mitbestimmungsrechten, da die Maßnahmen des Arbeitgebers in der betrieblichen Praxis sehr häufig nicht mehr korrigierbar sind. So sind etwa die einseitig angeordneten Überstunden typischerweise lange abgeleistet, bis im Beschlussverfahren ein Unterlassungsanspruch der Anordnung und Durchführung der Überstunden ohne Beteiligung des Betriebsrats ausgesprochen worden ist.
Unterlassungsanspruch bei groben Verstößen	Daneben besteht ein **betriebsverfassungsrechtlicher Unterlassungsanspruch** gem. § 23 III BetrVG, der allerdings auf **grobe Verstöße** begrenzt ist. Dies gilt für **alle groben Verstöße** gegen Verpflichtungen des Arbeitgebers aus dem BetrVG, also auch für die Missachtung der Mitbestimmungsrechte des Betriebsrats. **Antragsberechtigt** ist auch – neben dem Betriebsrat und im Gegensatz zum allgemeinen Unterlassungsanspruch – die **im Betrieb vertretene Gewerkschaft**. Auch dieser Anspruch muss vor dem Arbeitsgericht im **Beschlussverfahren** geltend gemacht werden. Das Gericht verpflichtet den Arbeitgeber dann, die mitbestimmungs-

widrige Maßnahme zu unterlassen. Hier kann für den Fall der Zuwiderhandlung ein **Ordnungs- bzw. Zwangsgeld** von bis zu 10.000 € verhängt werden. Auch dieser Anspruch kann im Wege der **Einstweiligen Verfügung** verfolgt werden (h.M., vgl. D/K/K-Trittin, § 23 Rz. 95 m.w.N.). Eine entsprechende Regelung besteht im BPersVG nicht. Es gelten allein die bereits dargelegten Grundsätze.

Ob dem Betriebsrat bei Verletzung eines **beschränkten Zustimmungsverweigerungsrechts, insb. bei personellen Einzelmaßnahmen** gem. §§ 99, 100 BetrVG ein sog. **allgemeiner Anspruch auf Unterlassung** der mitbestimmungswidrigen Maßnahme zusteht, hat das **BAG** in seiner Entscheidung vom 6.12.1994 (NZA 1995, 488) ausdrücklich offen gelassen.

Verletzung des **beschränkten Zustimmungsverweigerungsrechts**

In der Literatur wird für die Zukunft die Zulassung eines derartigen Unterlassungsanspruches auch für personelle Maßnahmen erwartet (vgl. dazu Konzen, Rechtsfragen bei der Sicherung der betrieblichen Mitbestimmung, NZA 1995, 865, 866, 867; vgl. D/K/K-Trittin, § 23 Rz. 95 m.w.N.).

Denkbar ist sogar eine Ausweitung auf **Betriebsänderungen**. Der Verhandlungsanspruch vor der Einigungsstelle bzgl. Sozialplan und des Interessenausgleichs könnte dann mit einstweiliger Verfügung erstritten werden. Entsprechendes könnte zukünftig für das sog. Outsourcing gelten, das u. U. eine Betriebsänderung darstellt. Dann wäre die Unterbindung eines Fremdfirmeneinsatzes durch einstweilige Verfügung möglich (vgl. Konzen, a.a.O., S. 866, 867, 872) und ein Sozialplan erzwingbar.

Dieser Unterlassungsanspruch könnte dann – nach den gleichen Regeln wie oben dargelegt – im allgemeinen **Beschlussverfahren** geltend gemacht und gem. §§ 85 I ArbGG, 888 ff. ZPO **vollstreckt** werden, allerdings erst nach Rechtskraft des Beschlusses. Für den Fall der Zuwiderhandlung gegen ein entsprechendes Urteil könnte das Arbeitsgericht ein **Ordnungsgeld bis zu 250.000 €** verhängen. Dieser **Unterlassungsanspruch** könnte dann auch **im Wege der Einstweiligen Verfügung** geltend gemacht werden können.

Jedenfalls besteht – unter den bereits oben dargelegten Voraussetzungen – ein **betriebsverfassungsrechtlicher Unterlassungsanspruch** gem. § 23 III BetrVG. Insoweit gelten keine Besonderheiten gegenüber der echten Mitbestimmung.

Nach § 101 BetrVG kann der Betriebsrat beim **Arbeitsgericht beantragen**, eine **personelle Einzelmaßnahme gem.** § 99 oder eine solche vorläufige Maßnahme gem. § 100 BetrVG **wieder aufzuheben,** wenn der **Arbeitgeber** sie **ohne Zustimmung** des Betriebsrats durchgeführt hat (bzw. gegen seine Zustimmung und diese auch nicht gem. § 99 IV BetrVG ersetzt worden ist) oder der Betriebsrat die dringende Erforderlichkeit bestreitet und die Zustimmung nicht durch das Arbeitsgericht ersetzt wird. Über den Antrag entscheidet das Arbeitsgericht ebenfalls im **Beschlussverfahren**. Insoweit ist **kein einstweiliger Rechtsschutz** vorgesehen.

Antrag nach § 101 BetrVG

Entsprechend dieser Regelung kann der Betriebsrat gem. § 98 V BetrVG die Bestellung eines **Ausbilders** durch das Arbeitsgericht untersagen lassen oder die Abberufung beantragen.

1.3.8 Scheitern der Mitbestimmungsverhandlungen

Einigungsstellenverfahren — Kommt es im Falle der **echten Mitbestimmung** trotz ernsthafter Verhandlungen und dem Willen zur Einigung zu keiner Einigung zwischen Arbeitgeber und Betriebsrat, muss das **Einigungsstellenverfahren eingeleitet** werden. Die **Einigungsstelle entscheidet** dann verbindlich. Der Spruch ist rechtlich eine Betriebsvereinbarung. Das Gesetz weist jeweils auf die Letztentscheidung durch die Einigungsstelle ausdrücklich hin (vgl. z. B. § 87 II BetrVG). Dies gilt entsprechend im Geltungsbereich des BPersVG (dort § 69).

Arbeitsgericht — Im Fall eines **beschränkten Zustimmungsverweigerungsrechts** kann der Arbeitgeber bei Nichteinigung mit dem Betriebsrat dessen Zustimmung durch das **Arbeitsgericht ersetzen lassen**. Vorher darf er die **Maßnahme nicht durchführen**. Auch dies ist eine Entscheidung im Beschlussverfahren. Ein einstweiliger Rechtsschutz besteht grundsätzlich nicht. Entsprechendes gilt im öffentlichen Dienst mit der Abweichung, dass allein die Einigungsstelle nach Durchführung des Stufenverfahrens die fehlende Zustimmung des Personalrats ersetzen kann (§ 69 I, III, IV BPersVG). Allerdings kann der Arbeitgeber unter den Voraussetzungen von **§ 100 BetrVG** eine **personelle Einzelmaßnahme vorläufig durchführen** (ebenso § 69 V BPersVG).

Unterlassungsanspruch — Missachtet der Arbeitgeber ein **Mitwirkungsrecht** des Betriebsrats, hat dieser nur einen **betriebsverfassungsrechtlichen Unterlassungsanspruch nach § 23 III BetrVG**. Insoweit gilt das bereits Gesagte; Besonderheiten bestehen nicht. Das Gericht verpflichtet dann den Arbeitgeber, die Mitwirkungsrechte zu beachten, also etwa über die Vorschläge des Betriebsrats in der betreffenden Angelegenheit zu verhandeln oder die verlangten Informationen zu erteilen. Diese Ansprüche können im Wege des **einstweiligen Verfahrens** verfolgt werden (vgl. oben), etwa mit dem Ziel, dem Arbeitgeber die Durchführung seines informationspflichtigen Vorhabens bis zur Erfüllung der Informationspflicht zu untersagen.
Ausnahmsweise kann ein Einigungsstellenverfahren eingeleitet werden, wenn der Wirtschaftsausschuss nicht informiert wurde (§ 109 BetrVG). Der Personalrat kann ebenfalls lediglich im Beschlussverfahren die Verletzung seiner Beteiligungsrechte feststellen lassen. Es gelten die bereits dargelegten Grundsätze.

Ordnungswidrigkeit — Verletzt der Arbeitgeber seine Informationspflichten nach §§ 90 I, II, 92 I, 99 I, 106 II, 108 V, 110, 111 BetrVG, so handelt er **ordnungswidrig**, und gegen ihn kann eine Geldbuße bis zu 10.000 € verhängt werden (§ 121 BetrVG). Dies gilt sowohl für das völlige Unterlassen der Information, als auch für die **unvollständige, wahrheitswidrige** und die **verspätete Information**. Es wird allerdings nur **vorsätzliches Handeln** geahndet, Fahrlässigkeit genügt nicht (§ 10 OWiG).

1.3 Aufgaben und Beteiligungsrechte des Betriebsrats/der Personalvertretung

> Antragsberechtigt ist – wie allgemein bei Ordnungswidrigkeiten – **jedermann**. Also können sowohl die **zuständige Gewerkschaft** als auch der **Betriebsrat** und **Arbeitnehmer** eine entsprechende Anzeige machen. Dem Arbeitnehmer ist davon jedoch dringend abzuraten, weil die Anzeigenerstattung gegen den Arbeitgeber nach der Rechtsprechung grundsätzlich geeignet sein kann, eine fristlose Kündigung zu rechtfertigen (vgl. D/K/K- Trümner, § 121 Rz. 22 m.w.N.).

Sachlich zuständig ist i.d.R. das **Arbeitsministerium des jeweiligen Bundeslandes**. Eine Ausnahme bildet Bayern, hier sind die **Kreisverwaltungsbehörden** zuständig.
In der Praxis ist dieses Instrument wenig wirksam. Darüber hinaus führen nur etwa 10,5 % der eingeleiteten Verfahren zur Verhängung eines Bußgeldes (vgl. D/K/K-Trümner, § 121 Rz. 3 m.w.N.).

Rechtszuständigkeit

Bei **Behinderung der Betriebsratsarbeit** kann gem. § 119 I Nr. 2 BetrVG ein **Strafverfahren** in Gang gesetzt werden. Erforderlich ist ein Strafantrag bei der Staatsanwaltschaft. Dies ist jedoch in der Praxis äußerst selten und sollte nach Möglichkeit vermieden werden.

Straftat

Bei **Verstößen gegen öffentlich-rechtliche Verpflichtungen** des Arbeitgebers (z. B. Bestimmungen des Mutterschutzes, der Arbeitssicherheit, des Arbeitszeitrechts etc.) finden die allgemeinen **öffentlich-rechtlichen Maßnahmen** des **Verwaltungsrechts bzw. -zwanges** (etwa Unterlassungsanordnung) Anwendung bzw. werden solche Verstöße **strafrechtlich** oder als **Ordnungswidrigkeiten** (ebenfalls mit Bußgeld) verfolgt. Dies gilt natürlich unabhängig davon, ob und welche Art von Beteiligung des Betriebsrats besteht.

Verstöße gegen öffentlich-rechtliche Verpflichtungen

Darüber hinaus ist – unabhängig ob ein Mitbestimmungs- oder ein Mitwirkungsrecht im Streit steht – die Klärung, **ob überhaupt ein Beteiligungsrecht des Betriebsrats besteht** und wo seine Grenzen liegen, durch einen entsprechenden **Feststellungsantrag** im Wege des **Beschlussverfahrens** vor den **Arbeitsgerichten** möglich (§§ 2a Nr. 1, 80 ff. ArbGG). Hier wird z. B. geklärt, ob die Voraussetzungen für ein Informationsrecht des Betriebsrats vorliegen oder ob der Arbeitgeber noch weitere Unterlagen vorzulegen hat. Auch dieses Recht besteht unabhängig von der Art der Beteiligung.

Klärung des Beteiligungsrechts

Im Geltungsbereich des BPersVG und der Landespersonalvertretungsgesetze (vgl. z. B. §§ 100, 101 HmbPersVG) entscheiden die **Verwaltungsgerichte**, bei denen **Fachkammern für Personalvertretungssachen** gebildet werden (§ 84 BPersVG). Auch diese Fachkammern entscheiden im (arbeitsgerichtlichen) Beschlussverfahren nach den §§ 80 ff. ArbGG (§ 83 II BPersVG).

1.4 Anwendung der Beteiligungsrechte

> Der Betriebsrat hat Beteiligungsrechte in **sozialen, technisch-organisatorischen, personellen** und **wirtschaftlichen Angelegenheiten**. Dies gilt auch für die Personalvertretung. Lediglich bei wirtschaftlichen Angelegenheiten bestehen grundsätzlich keine Beteiligungsrechte.

1.4.1 Soziale Angelegenheiten

Erzwingbares Mitbestimmungsrecht

In zahlreichen sozialen Angelegenheiten hat der Betriebsrat ein **echtes**, d. h. durch Anrufung der Einigungsstelle **erzwingbares Mitbestimmungsrecht**. Soziale Angelegenheiten meint die **Arbeitsbedingungen**, und zwar hauptsächlich die formellen Arbeitsbedingungen, teilweise aber auch die materiellen. Die **formellen Arbeitsbedingungen** regeln die Art und Weise von Leistung und Gegenleistung, das „**Wie**" (Beginn und Ende der Arbeitszeit, die Lohngestaltung, das Verhalten der Arbeitnehmer), die **materiellen Arbeitsbedingungen** regeln das „**Ob**" (Überstunden, Kurzarbeit, Akkord, Prämie).

§ 87 BetrVG

Die **mitbestimmungspflichtigen Arbeitsbedingungen** sind in § 87 BetrVG **abschließend** aufgezählt. Der Katalog kann nur durch Gesetz oder **Tarifvertrag** erweitert werden. Im Geltungsbereich der Personalvertretungsgesetze ist eine Erweiterung unzulässig.

Kern des § 87 BetrVG (§ 75 BPersVG) sind die Fragen, die im Allgemeinen in der (betrieblichen) **Arbeitsordnung** geregelt werden.

Freiwillige Vereinbarungen

Dem Arbeitgeber ist es unbenommen, mit dem Betriebsrat **über § 87 BetrVG hinaus freiwillige Vereinbarungen** über sonstige soziale Angelegenheiten zu treffen (§ 88 BetrVG). Dazu bietet sich vor allem der Abschluss von **Betriebsvereinbarungen** an. Von dieser Möglichkeit kann jeder Betriebsrat Gebrauch machen, etwa allgemein für die Kündigung, die Kündigung wegen Krankheit, die Abmahnung, Entfernung bestimmter Vorgänge aus der Personalakte oder die Behandlung Alkoholkranker im Betrieb. Die mögliche Liste von Themenkomplexen ist beliebig fortsetzbar. Die einzelnen Tatbestände des § 87 BetrVG sind aus sich heraus auszulegen. Unabhängig davon gibt es einige Grundsätze, die für die sozialen Angelegenheiten oder zumindest einen Teil von ihnen gelten.

Mitbestimmungsrecht entfällt

Das **Mitbestimmungsrecht entfällt**, wenn und soweit eine **gesetzliche oder tarifliche Regelung** besteht (§ 87 I 1 BetrVG, § 75 III 1 BPersVG). Der Betriebsrat kann nur dann mitbestimmen, wenn dem Arbeitgeber eine **Entscheidungsmöglichkeit** bleibt (vgl. BAG DB 1988, 2055). Regelt also etwa der TV die Akkordsätze oder die Anordnung und Vergütung von Überstunden abschließend, besteht kein Mitbestimmungsrecht des Betriebsrats.

> **Gesetz** i. S. d. § 87 BetrVG ist **jede zwingende Norm,** neben den Gesetzen also Verordnungen und Satzungen öffentlich-rechtlicher Einrichtungen (BAG DB 1977, 1650). Aufgrund von Gesetzen ergehende **Verwaltungsanordnungen** sind bei der Ausübung des Mitbestimmungsrechts als Vorgabe zu beachten (BAG DB 1992, 143).

> **Tarifvertrag** i. S. d. § 87 BetrVG ist jeder Tarifvertrag, an den der Arbeitgeber kraft Tarifrechts gebunden ist, d. h. jeder Tarifvertrag, den er selbst abgeschlossen hat (Firmentarifvertrag) und jeder Tarifvertrag, den der zuständige Arbeitgeberverband mit Wirkung für ihn vereinbart hat, für den öffentlichen Dienst also der **BAT** bzw. die **Manteltarifverträge** für Arbeiter, daneben auch alle Sonderregelungen (z. B. SR 2 y) und die Protokollnotizen.

Der Tarifvertrag muss noch in Kraft sein. Ein lediglich nachwirkender Tarifvertrag schließt das Mitbestimmungsrecht nicht aus (BAG DB 1987 1435; DB 1989, 1929).
Auf die **Tarifbindung von Arbeitnehmern** kommt es hingegen nicht an. Es ist also **ohne Bedeutun**g, ob oder gar wie viele Arbeitnehmer der tarifschließenden Gewerkschaft angehören.

Gesetz und Tarifvertrag müssen die Angelegenheit selbst **abschließend** regeln. Behält der Arbeitgeber einen Spielraum, bleibt das Mitbestimmungsrecht bestehen. Die Tarifpartner können das Mitbestimmungsrecht nicht ausschließen. Deshalb hat der Betriebsrat z. B. ein Mitbestimmungsrecht bei der Gestaltung der **AT-Gehälter**, obwohl die AT-Angestellten bewusst aus dem Tarifvertrag ausgenommen sind, und bei der Gestaltung **übertariflicher Zulagen**, obwohl das Entgelt im Tarifvertrag geregelt ist.

Abschließende Regelung

Außer in den Fällen der Nr. 5 und 9 sind nur kollektive Regelungen mitbestimmungspflichtig. Dies sind Regelungen, die nicht durch die **konkreten Umstände des einzelnen Arbeitsverhältnisses bedingt** sind und die sich folgerichtig nicht auf dieses Arbeitsverhältnis beschränken. Hierzu zählen grundsätzlich alle Maßnahmen und Vereinbarungen, die sich abstrakt auf den **ganzen Betrieb,** eine **Gruppe von Arbeitnehmern, mehrere Arbeitnehmer oder einen Arbeitsplatz** – sei es sofort, sei es im Laufe der Zeit – **auswirken** oder auswirken können. Gleichgültig ist, ob ein konkreter, einmaliger Sachverhalt geregelt wird, oder ob eine Dauerregelung geschaffen wird.

Mitbestimmung nur bei kollektiven Regelungen

> Ordnet der Arbeitgeber für seine Sekretärin eine Überstunde an, so ist die Anordnung mitbestimmungsfrei. Hat er zwei Sekretärinnen, die die Überstunde gleichermaßen leisten könnten, ist die Anordnung mitbestimmungspflichtig. Das gleiche gilt, wenn er eine Überstundenregelung für sein Sekretariat trifft, also bspw. anordnet, dass Überstunden grundsätzlich abzufeiern sind.
> Genehmigt er die Veränderung der Arbeitszeit eines einzelnen Arbeitnehmers wegen der Besonderheiten seiner öffentlichen Verkehrsanbindung, so ist dies mitbestimmungsfrei, eine entsprechende Verände-

> rung für eine bestimmte Gruppe von Arbeitnehmern wäre dagegen mitbestimmungspflichtig.
> Auch eine mit einem einzelnen Arbeitnehmer individuell vereinbarte übertarifliche Bezahlung ist mitbestimmungsfrei.

Mitbestimmungsrecht kann nicht umgangen werden

Das **Mitbestimmungsrecht** kann nicht durch **gleichlautende Maßnahmen** oder Vereinbarungen mit einzelnen Arbeitnehmern oder durch **Einwilligung** des Arbeitnehmers oder der Arbeitnehmer – etwa zur Mehrarbeit – **ausgeschlossen** werden. Das Mitbestimmungsrecht entfällt auch dann nicht, wenn der Arbeitgeber die Regelung auf Wunsch eines Arbeitnehmers trifft. Der Betriebsrat soll die Interessen der übrigen Arbeitnehmer mit berücksichtigen und den betroffenen Arbeitnehmer notfalls gegen sich selbst schützen.

Eil- und Notfälle

Das Mitbestimmungsrecht besteht **auch** in **Eilfällen**, **nicht** dagegen in **Notfällen**, in denen **sofort gehandelt werden muss**, um vom Betrieb oder den Arbeitnehmern Schaden abzuwenden und in denen der Betriebsrat entweder nicht erreichbar ist oder keinen ordnungsgemäßen Beschluss fassen kann. In **Notfällen** hat der Arbeitgeber das Recht, zur Abwendung akuter Gefahren oder Schäden vorläufig Maßnahmen durchzuführen, wenn er unverzüglich die **Beteiligung** des Betriebsrats **nachholt** (BAG DB 1991, 2043).

Für **Eilfälle** muss Vorsorge getroffen werden. Arbeitgeber und Betriebsrat können prophylaktisch im Voraus Regelungen treffen. Im Übrigen muss der **Betriebsrat** an einer **raschen Regelung mitwirken**. Unterlässt er das, verlieren Arbeitnehmer, die deswegen nicht arbeiten können, ihre Entgeltansprüche.

Betriebsvereinbarung, Dienstvereinbarung oder Regelungsabrede

Eine **kollektive Regelung** kann durch **Betriebs- bzw. Dienstvereinbarung oder Regelungsabrede**, eine Einzelregelung in den Fällen der Nummern 5 und 9 durch Regelungsabrede getroffen werden. Die Entscheidung für die eine oder andere Form hängt davon ab, ob für die Arbeitnehmer **unmittelbar Rechte und Pflichten begründet werden sollen** – dann Betriebsvereinbarung – oder nicht – dann Regelungsabrede. Vorausgehen muss immer die Prüfung, ob die Änderung der Arbeitsbedingungen überhaupt zulässig ist und wenn ja, ob sie individualrechtlich oder ob sie auch durch Betriebsvereinbarung vorgenommen werden kann.

Spielraum

Inhaltlich haben die Betriebspartner einen großen Spielraum. Sie können alle Einzelheiten regeln oder sich auf Rahmenregelungen beschränken und die Ausfüllung dem Arbeitgeber überlassen (BAG DB 1992, 1734). Sie können mit der Regelung auch warten, bis ein mitbestimmungspflichtiger Tatbestand eintritt oder aber Regelungen im Voraus treffen; dies empfiehlt sich vor allem für Eilfälle. Dabei kann z. B. vereinbart werden, dass der Betriebsrat wenigstens nachträglich über mitbestimmungspflichtige Entscheidungen zu unterrichten ist (z. B. über Überstunden).

Für die Praxis ist die Erkenntnis wichtig, dass eine schriftliche Regelung, die zwischen Arbeitgeber und Betriebsrat ausgehandelt wird, insb. in Form einer Betriebsvereinbarung, eher beachtet und eingehalten wird als die gesetzlich geregelten Beteiligungstatbestände. Es ist daher sinnvoll, möglichst umfassend von diesen Regelungsinstrumenten Gebrauch zu machen, selbst wenn sie nur etwas regeln, was das Gesetz ohnehin vorsieht.

Im Folgenden sind ausgewählte mitbestimmungspflichtige Tatbestände dargestellt:

Mitbestimmungspflichtig sind Maßnahmen, die das sog. **Ordnungsverhalten** betreffen, d. h. die Gestaltung des Zusammenlebens und Zusammenwirkens der Arbeitnehmer im Betrieb durch Schaffung allgemeingültiger, verbindlicher Verhaltensregeln.

**§ 87 I Nr. 1 BetrVG,
§ 75 III Nr. 15 BPersVG**

Mitbestimmungsfrei sind **Einzelanweisungen bezüglich des Arbeitsverhaltens**, d. h. der Erbringung der arbeitsvertraglich geschuldeten Arbeitsleistung (Direktionsrecht). Das gilt nicht nur für die Ausführung der Arbeit, sondern auch für die Erfassung und Kontrolle, sofern die Kontrolle nicht ausnahmsweise durch technische Überwachungseinrichtungen erfolgt. Dies gilt auch für die Abmahnung.

Einzelanweisungen

Der **Mitbestimmung** des Betriebsrats unterliegen damit vor allem Vorschriften über Torkontrollen, Arbeitszeiterfassungssysteme, Betriebsausweise, Telefonkontrollen, Parkordnungen, Kleiderordnungen (insb. Arbeitskleidung), Benutzung von Wasch- und Umkleideräumen, Krankheitsgespräche und -nachforschungen und Festlegung von Krankheitskontrollen (str.), generelle Anordnung ärztlicher Untersuchung, etwa bei längerer Krankheit (str.), Alkohol- und Rauchverbote, Radiohören, Singverbot im Betrieb, Festlegung der Modalitäten über die Einsicht in Personalakten, Einsatz sog. arbeitsbegleitender Papiere (z. B. sog. Arbeits- oder Tätigkeitsberichte; str.), Formular für Überstundennachweis (str., a.A. BAG AP Nr. 2 zu § 87 BetrVG 1972 Ordnung des Betriebes) oder Arztbesuch (BAG AP Nr. 27 zu § 87 BetrVG), die Durchführung von Sicherheitswettbewerben und Betriebsbußordnungen. Bei Betriebsbußen ist sowohl die Aufstellung der Bußordnung als auch die Verhängung einer Buße (Verwarnung, Verweis, Geldbuße) im Einzelfall mitbestimmungspflichtig.

Mitbestimmungsrecht

Nicht mitbestimmungspflichtig sind u. a. der Einsatz von Privatdetektiven (str.), Führungsrichtlinien (str.), kodierte Ausweise, die lediglich dazu dienen, den Zugang zum Betrieb oder zu bestimmten Räumen freizugeben, Dienstreiseordnungen (str., vgl. D/K/K-Klebe, § 87 Rz. 51), Spesenregelungen über die Höhe des Aufwendungsersatzes bei Geschäftsreisen auch wenn die betrieblichen Spesensätze die Pauschalbeträge übersteigen, die lohnsteuerfrei sind (BAG NZA 1999, 381; anders, wenn nicht nur pauschalierte Unkosten abgegolten werden sollen), die Anordnung, Kopfhauben bei der Verpackung und Fertigung medizinischer Artikel zu tragen, Erfassungsbögen zu Kalkulationszwecken, Formulare zur Erfassung von Abwesenheit (str.). Kein Mitbestimmungsrecht besteht auch bei **Maßnahmen**, die der Arbeitgeber **aufgrund gesetzlicher Vorschriften durchführen muss**, weil ihm insoweit kein Ermessensspielraum bleibt (z. B. Rauchverbot in feuergefährdetem Betrieb).

Maßnahmen ohne Mitbestimmungsrecht

§ 87 I Nr. 2 BetrVG, § 75 III Nr. 1 BPersVG

Mitbestimmungspflichtig ist die **Lage** der **Arbeitszeit, nicht** die **Dauer**. Dauer meint die Arbeitszeit, die z. B. im BAT bzw. MTArb vereinbart ist. Stellt der Tarifvertrag, wie üblich, auf die Woche ab (vgl. § 15 BAT), dann ist die Wochenarbeitszeit mitbestimmungsfrei, die **tägliche Arbeitszeit** hinsichtlich **Dauer** (Verteilung der Arbeitszeit auf die einzelnen Wochentage) und **Lage** (Beginn und Ende der täglichen Arbeitszeit) ist dagegen **mitbestimmungspflichtig** (BVerwG v. 21.7.1982, ZBR 1983, 162; BAG AP Nr. 22 zu § 23 BetrVG; vgl. PIEPER in PK-BAT, § 15 Rz. 49 ff).

Dienstpläne

Strittig ist, ob ein Mitbestimmungsrecht bei der **Aufstellung und Gestaltung sowie Änderung** von **Dienstplänen** besteht (vgl. PIEPER in PK-BAT, § 15 Rz. 51; bejahend BAG AP Nr. 1 zu § 16 BMT-G II; a. A. BVerwG PersR 1992, 359). Insofern sollte eine freiwillige Vereinbarung nach § 88 BetrVG angestrebt werden, da dies in der Praxis ein häufiger Streitpunkt ist.

Dagegen unterliegt die **Anordnung** von **Arbeitsbereitschaft, Bereitschaftsdienst** und **Rufbereitschaft** der **Mitbestimmung** des Betriebsrats (BAG AP Nr. 9 zu § 87BetrVG Arbeitszeit; a.A. BVerwG, PersR, 1988, 186, zur gleichlautenden Regelung im BPersVG für den Fall der Rufbereitschaft).

Arbeitszeitverteilung

Es besteht auch ein Mitbestimmungsrecht über die **Verteilung** der wöchentlichen **Arbeitszeit auf die einzelnen Wochentage** und ob an einzelnen Tagen kürzer und an anderen länger gearbeitet werden soll (FITTING/KAISER/HEITHER/ENGELS, 20. Aufl., § 87 Rz. 106). Auch die Frage, ob und wann arbeitsfreie Tage eingearbeitet werden sollen, unterliegt der Mitbestimmung (FITTING/KAISER/HEITHER/ENGELS, 20. Aufl., § 87 Rz. 106). Die Einführung von Sonntagsarbeit unterliegt ebenfalls der Mitbestimmung (BAG AP Nr. 72 zu § 87 BetrVG Arbeitszeit).

Bereitschaftsdienste

Die **Anordnung** von **Arbeitsbereitschaft, Bereitschaftsdienst** und **Rufbereitschaft** unterliegt der **Mitbestimmung** des Betriebsrats (BAG AP Nr. 9 zu § 87 BetrVG Arbeitszeit für Rufbereitschaft; ebenso für Bereitschaftsdienst FITTING/KAISER/HEITHER/ENGELS, 20. Aufl., § 87 Rz. 126; für die Festlegung der Unterrichtsstunden von Lehrern BAG AP Nr. 51 zu § 87 BetrVG; a.A. BVerwG, PersR 1988, 186, zur gleichlautenden Regelung im BPersVG für den Fall der Rufbereitschaft; ebenso OVG NW ZTR 1996, 424; dagegen LORENZEN/SCHMITT/ETZEL/GERHOLD/SCHLATMANN, BPersVG, § 75 Rz. 116b; anders für das hessische Personalvertretungsrecht BVerwG ZTR 1996, 572).

Das „Ob" und „Wie" der **gleitenden** (oder sonstigen variablen) **Arbeitszeit** ist ebenfalls **mitbestimmungspflichtig** (vgl. PIEPER in PK-BAT, § 15 Rz. 53; ebenso LORENZEN/SCHMITT/ETZEL/GERHOLD/SCHLATMANN, BPersVG, § 75 Rz. 118).

Schichtarbeit

Ferner mitbestimmungspflichtig ist die **Festlegung** von **Arbeitstagen sowie arbeitsfreien Tagen** in der Woche, die **Einführung** oder **Änderung** von **Schichtarbeit** inkl. der Frage, welche Arbeitnehmer in welcher Schicht arbeiten sollen, sowie die Entscheidung, ob und unter welchen

Voraussetzungen Arbeitnehmer von einer Schicht in eine andere Schicht wechseln sollen (so BAG AP Nr. 20, 34 zu § 87 BetrVG für die Aufstellung von Schichtplänen; vgl. auch LORENZEN/SCHMITT/ETZEL/GERHOLD/SCHLATMANN, BPersVG § 75 Rz. 119a). Wenn die individuelle Schichtfolge der Beschäftigten festgelegt wird, hat der Personalrat ebenfalls mitzubestimmen, da Beginn und Ende der Arbeitszeit tangiert sind (BVerwG PersV 1988, 437). Nach einer Entscheidung des VGH BW soll die Anrechnung von dienstplanmäßig freien Wochenfeiertagen auf die Stundendeputate sowohl für Angestellte als auch für Arbeiter, die in Kreiskrankenhäusern in Schicht oder in Wechselschicht arbeiten, nicht der Mitbestimmung des Personalrats unterliegen (17.3.1998, PersR 1998, 340).

Auch die Einführung und Ausgestaltung sonstiger Arbeitszeitmodelle ist – im Rahmen der tariflichen Vorgaben – mitbestimmt (ErfK-Hanau/Kania § 87 BetrVG Rz. 29). Hierzu dürfte auch die im öffentlichen Dienst geplante Einführung und Ausgestaltung von Arbeitszeitkonten gehören.

Sonstige Arbeitszeitmodelle

Dagegen besteht nach der Rechtsprechung **kein Mitbestimmungsrecht** über die **Dauer** der von den **teilzeitbeschäftigten Arbeitnehmern** geschuldeten **wöchentlichen Arbeitszeit** (BAG AP Nr. 23 zu § 77 BetrVG 1972; str.; es besteht aber ein Mitbestimmungsrecht hinsichtlich der Frage, ob die Teilzeitkräfte zu festen Zeiten oder nach Bedarf eingesetzt werden, BAG AP Nr. 24, 29 zu § 87 BetrVG Arbeitszeit).

> Das Mitbestimmungsrecht bei Arbeitszeitfragen greift ein, wenn einem **kollektiven Regelungsbedürfnis** entsprochen wird (BAG AP Nr. 18 zu § 87 BetrVG Arbeitszeit).

Das Mitbestimmungsrecht bei Dauer und Lage der Pausen bezieht sich **nur** auf **Ruhepausen**, nicht auf Pausen, die als Arbeitszeit gelten (z. B. Lärmpausen oder Pausen bei Bildschirmarbeit). Es erstreckt sich auch auf Vertretungsregelungen während der Pausen.

Ruhepausen

> Vier Arbeitnehmerinnen vertreten in einer bestimmten Reihenfolge die Telefonistin während der halbstündigen Mittagspause und holen ihre Pause zu einer anderen Zeit nach.

Zu beachten sind die gesetzlichen Regelungen, insbesondere des Arbeitszeitgesetzes, §§ 8 ff. JArbSchG, § 8 MuSchG, das LadschlG und § 12 TzBfG.

Die **Verkürzung** oder **Verlängerung** der betriebsüblichen **Arbeitszeit** ist in § 87 I Nr. 3 BetrVG geregelt. Es geht dabei um die Anordnung oder Vereinbarung von **Überstunden** und **Kurzarbeit**; die **Duldung von Überstunden** (Entgegennahme und Bezahlung) steht der Anordnung gleich (BAG DB 1991, 706. 53). Mit der betriebsüblichen Arbeitszeit ist die jeweils vom einzelnen Arbeitnehmer (nach dem Arbeitsvertrag) geschuldete Arbeitszeit gemeint. Der Betriebsrat hat ein Mitbestimmungsrecht sowohl beim „Ob" als auch beim „Wie". Ein **kollektiver Bezug** kann nach der Rechtsprechung schon dann vorliegen, wenn auch nur ein Ar-

§ 87 I Nr. 3 BetrVG

beitnehmer Überstunden leistet. Voraussetzung ist, dass auch ein anderer Arbeitnehmer an seiner Stelle in Frage gekommen wäre (BAG DB 1986, 2391).

Mitbestimmungspflichtig ist deshalb im Allgemeinen z. B. die Anordnung von Überstunden aus Anlass von Schlussverkäufen und saisonbedingten Bestandsaufnahmen in einem Warenhaus, Überstunden zur Aufnahme des Bestandes in einer EDV-Abteilung außerhalb der Arbeitszeit in regelmäßigen Abständen, bei organisatorisch oder technisch bedingter Mehrarbeit im Rechenzentrum, zur Beseitigung immer wieder auftauchender technischer Störungen an Betriebsanlagen oder zur termingerechten Erbringung von Leistungen an Dritte. **Kein Mitbestimmungsrecht** besteht beim **Abbau von Überstunden** (str.) oder bei der Rückkehr von der Kurzarbeit zur Normalarbeitszeit.

Das **BPersVG** erwähnt die Dauer der täglichen Arbeitszeit und die Anordnung von Mehrarbeit, Überstunden oder Kurzarbeit nicht (anders z. B. § 86 I Nr. 1 HmbPersVG; § 67 Nr. 7, 8 Nds.PersVG). Ob dennoch ein Mitbestimmungsrecht der Personalvertretung besteht, ist strittig (vgl. ALTVATER u. a., § 75 Rz. 39 m.w.N.). Nach Auffassung des BVerwG hat der Personalrat nicht darüber mitzubestimmen, ob Überstunden (§ 17 BAT) angeordnet werden, sondern das Mitbestimmungsrecht beschränkt sich auf die Festlegung der Tage und Tageszeiten, zu denen vom Dienststellenleiter angeordnete Überstunden geleistet werden sollen (20.7.1984, BVerwGE 70, 1; a. A. ALTVATER u. a., § 75 Rz. 39). Ebenfalls der Mitbestimmung entzogen ist die **Verteilung** der Überstunden auf die Beschäftigten (so LORENZEN/SCHMITT/ETZEL/GERHOLD/SCHLATMANN, BPersVG § 75 Rz. 115a).

§ 87 I Nr. 5 BetrVG, § 75 III Nr. 3 BPersVG

Diese Bestimmung der **Urlaubsgrundsätze** geht von folgendem Modell aus: Arbeitgeber und Betriebsrat stellen **allgemeine Urlaubsgrundsätze**, d. h. Richtlinien für die Urlaubserteilung, auf. Beispielsweise wird festgelegt, dass Arbeitnehmer mit schulpflichtigen Kindern vorzugsweise in den Ferien in Urlaub gehen dürfen und dass der Urlaub auf günstige und weniger günstige Monate aufzuteilen ist oder dass Betriebsferien stattfinden. Was für den Erholungsurlaub gilt, gilt auch für **Sonderurlaub** (z. B. für ausländische Arbeitnehmer) und für den **Schwerbehindertenurlaub**.

Die **Arbeitnehmer tragen** ihre **Urlaubswünsche** dann entsprechend den Richtlinien jährlich in die Urlaubsliste **ein**. Widerspricht der Arbeitgeber innerhalb einer angemessenen Frist – etwa einen Monat – nicht, dann liegt der Urlaub fest. Überschneiden sich die Wünsche mehrerer Arbeitnehmer, wollen also z. B. mehrere Mütter mit schulpflichtigen Kindern während der Schulferien Urlaub nehmen und ist dies aus betrieblichen Gründen nicht möglich, dann **entscheiden Arbeitgeber** und **Betriebsrat gemeinsam**.

§ 87 I Nr. 6 BetrVG, § 75 III Nr. 17 BPersVG

Die Mitbestimmung im Falle der Einführung und Anwendung **technischer Einrichtungen** zur **Überwachung** der Mitarbeiter regeln § 87 I Nr. 6 BetrVG und § 75 III Nr. 17 BPersVG. Eingriffe in den **Persönlichkeitsbereich** der Arbeitnehmer durch Verwendung anonymer Kontrolleinrichtungen sind der **Mitbestimmung unterworfen**. Die Arbeitnehmer sollen vor Gefahren technischer Überwachung geschützt werden, die ihre Abwehrreaktionen und -mechanismen unterlaufen.

Mitbestimmungspflichtig ist deshalb die Installation optischer, akustischer und sonstiger **Kontrollgeräte**, wie z. B.:
- Multimoment-Filmkameras, die in regelmäßigen Abständen Aufnahmen von Arbeitsplätzen machen
- Filmkameras, mit denen die Tätigkeit von Arbeitnehmer an ihren Arbeitsplätzen zum Zwecke des Zeitstudiums gefilmt werden, auch wenn jeweils nur ganz kurze Aufnahmen gemacht werden (4 bis 12 Minuten)
- Fernsehmonitore
- Produktographen, d. h. Geräte, die Daten über Lauf und Ausnutzung von Maschinen aufzeichnen
- Stechuhren und sonstige automatische Zeiterfassungsgeräte, durch die Beginn und Ende einzelner Arbeitsvorgänge festgehalten werden
- Anlagen zur Telefondatenerfassung und Telefonabhöranlagen.

Nicht mitbestimmungspflichtig sind **technische Einrichtungen**, die nur den Lauf oder die Ausnutzung von Maschinen oder sonstiger technischer Vorgänge kontrollieren, **ohne** dass daraus **Rückschlüsse** auf **Verhalten oder Leistung** gezogen werden können. Beispiele sind Druckzähler, Drehzahlmesser, Warnlampen, in der Regel auch Stückzähler. Allerdings ist für ein Mitbestimmungsrecht ausreichend, dass solche **Rückschlüsse möglich** sind, nicht, dass sie auch tatsächlich gezogen werden.

Keine Mitbestimmung

Ebenfalls kein Mitbestimmungsrecht besteht, wenn der Arbeitgeber zur Verwendung von Kontrolleinrichtungen rechtlich verpflichtet ist, wie etwa bei Fahrtenschreibern in LKW und Bussen, sofern er nicht zusätzliche Auswertungen vornimmt.

Nicht mitbestimmungspflichtig ist außerdem die **Erfassung von Verhaltens- und Leistungsdaten**, die **nicht unmittelbar** durch eine **Kontrolleinrichtung** erfolgt, sondern – zwar u. U. auch mithilfe technischer Einrichtungen, aber doch entscheidend – durch die Tätigkeit des Betroffenen selbst oder durch die anderer Arbeitnehmer.

- Durchführung einer Organisationsuntersuchung (Arbeitsmängelüberprüfung) mithilfe einer Uhr
- Durchführung von Multi-Momentaufnahmen durch Mitarbeiter der Arbeitsvorbereitung mithilfe von Uhr, Bleistift und Papier
- Einführung von Arbeitsbelegen in Form von Lochkarten, in die die Arbeitnehmer den Aufwand für eine bestimmte Arbeit selbst eintragen, auch wenn diese Belege später durch EDV für die betriebliche Kalkulation ausgewertet werden (BAG DB 1981, 1144)

Beispiele

Gestützt auf den von ihm erweiterten Normzweck der „Gewährleistung der freien Entfaltung der Persönlichkeit" und auf das vom Bundesverfassungsgericht aus dem Persönlichkeitsrecht abgeleitete „informationelle Selbstbestimmungsrecht" hat das BAG das Mitbestimmungsrecht des Betriebsrats nach Nr. 6 schrittweise ausgedehnt und damit **EDV-Programme** weitgehend der Mitbestimmung unterworfen.

EDV-Programme

Einschätzungen des BAG   Nach Ansicht des BAG

- reicht es aus, wenn ein Teil des Überwachungsvorgangs mittels einer technischen Einrichtung erfolgt. Danach ist sowohl die **bloße Erhebung** verhaltens- und leistungsbezogener Daten **durch eine technische Einrichtung mitbestimmungspflichtig** als auch die bloße Auswertung manuell erhobener Daten durch EDV.
- müssen **Überwachungsmaßnahmen** zwar **einzelnen Arbeitnehmern zugeordnet werden können**. Es genügt aber, wenn dies durch Rückschlüsse aus anderen Informationsmitteln geschieht (Anwesenheitsliste, mit deren Hilfe festgestellt werden kann, wer welche Maschine bedient hat).
- genügt es nicht, wenn Kontrolldaten nur einer Gruppe von Arbeitnehmern zugeordnet werden können. Eine andere Situation entsteht, wenn der von den Daten ausgehende **Überwachungsdruck auf die Gruppe durchschlägt**, weil sie klein und überschaubar ist (z. B. eine Akkordgruppe).
- muss sich die Überwachung zwar auf Leistung und Verhalten beziehen. Leistung ist aber nicht im naturwissenschaftlichen Sinne als Arbeit pro Zeiteinheit zu verstehen, sondern als Arbeiten zur Erfüllung des Arbeitsvertrags. Verhalten soll **jedes Tun oder Unterlassen sein, das für das Arbeitsverhältnis von Bedeutung sein kann** (sonst kommen eine Aufzeichnung und Speicherung sowieso nicht in Frage). Auch hier soll es ausreichen, wenn die Daten erst in Verbindung mit anderen Daten eine Aussage zulassen. **Mitbestimmungspflichtig** ist damit grundsätzlich die **EDV-mäßige Aufzeichnung und Auswertung der Einzelheiten der Vertragserfüllung,** vor allem der **Arbeitszeiten** und der **Fehlzeiten** einschließlich der **Krankheit**. Mitbestimmungsfrei sind hingegen die Aufzeichnung und Auswertung von **Stammdaten**.
- ist es **nicht erforderlich**, dass das **Programm die Überwachung der Arbeitnehmer bezweckt**. Es genügt, dass es **zur Überwachung geeignet** ist. Es kommt nicht darauf an, ob der Arbeitgeber von der Möglichkeit Gebrauch macht. Nicht einmal die Erklärung des Arbeitgebers, er wolle die Überwachungsmöglichkeit nicht nutzen, schließt das Mitbestimmungsrecht aus.

Daraus folgt: **Nicht mitbestimmungspflichtig** nach Nr. 6 ist nur die **Installation von EDV-Anlagen** und die **Einrichtung von Bildschirmarbeitsplätzen** an sich. Hier hat der Betriebsrat allenfalls Mitwirkungsrechte nach anderen Vorschriften (vor allem nach § 90 BetrVG). Die Mitbestimmungspflicht wird erst durch die **Verwendung von Programmen, die eine Verhaltens- oder Leistungsüberwachung zulassen,** ausgelöst. Das können sowohl Anwendungs- als auch Betriebsprogramme sein. Gerade Betriebsprogramme werden häufig schon im Interesse der Fehlersuche so gestaltet, dass sie Rückschlüsse auf die Leistung der Arbeitnehmer gestatten.

Der Betriebsrat hat **kein Initiativrecht zur Einführung von Kontrolleinrichtungen.**

Die Mitbestimmung in den Bereichen **Unfallverhütung, Berufskrankheiten** und **Gesundheitsschutz** ist in § 87 I Nr. 7 BetrVG und § 75 III Nr. 11 BPersVG geregelt.

Das Mitbestimmungsrecht beschränkt sich hier auf **Maßnahmen des Arbeitgebers**, die er **zur Ausfüllung gesetzlicher Vorschriften** und von **Unfallverhütungsvorschriften** trifft. Voraussetzung ist, dass diese ihm eine Wahlmöglichkeit lassen. So kann der Betriebsrat z. B. darüber **mitbestimmen**, ob die betriebsärztliche Versorgung durch einen eigenen Betriebsarzt, durch einen überbetrieblichen Dienst oder durch Verpflichtung eines freiberuflich tätigen Arztes erfolgt; gleiches gilt für Fachkräfte für Arbeitssicherheit. Der Betriebsrat kann aber nicht verlangen, dass der Arbeitgeber über die in gesetzlichen Vorschriften oder Unfallverhütungsvorschriften gegen Unfall- und Gesundheitsgefahren vorgesehenen Maßnahmen hinaus **weitere Maßnahmen trifft**, etwa dass er Bildschirmbrillen anschafft oder Mitarbeiter an Bildschirmen augenärztlich untersuchen lässt. Der Betriebsrat kann insofern freiwillige Vereinbarungen über zusätzliche Maßnahmen abschließen.

§ 87 I Nr. 7 BetrVG,
§ 75 III Nr. 11 BPersVG

Der Betriebsrat hat bei der **Bekämpfung von Unfall- und Gesundheitsgefahren** die für den Arbeitsschutz zuständigen Behörden, die Träger der Unfallversicherung und die sonstigen in Betracht kommenden Stellen zu unterstützen und sich für die Durchführung der Vorschriften über den Arbeitsschutz und die Unfallverhütung im Betrieb einzusetzen (§ 89 BetrVG).

Der Arbeitgeber muss den **Betriebsrat** bei allen im Zusammenhang mit dem Arbeitsschutz oder der Unfallverhütung stehenden Besichtigungen und Fragen und bei Unfalluntersuchungen **hinzuziehen**.

Betriebsärzte und **Fachkräfte für Arbeitssicherheit** sind **mit Zustimmung des Betriebsrats** zu **bestellen** und **abzuberufen**. Sie haben bei der Erfüllung ihrer Aufgaben mit dem Betriebsrat **zusammenzuarbeiten** und ihn in Angelegenheiten des **Arbeitsschutzes** und der **Unfallverhütung zu beraten** (§ 9 ASiG).

Die Mitbestimmung im Falle der **betrieblichen Lohngestaltung** ist in § 87 I Nr. 10 BetrVG und § 75 III Nr. 4 BPersVG geregelt.

Der Lohnbegriff des § 87 I Nr. 10 BetrVG ist vom Sinn und Zweck des Mitbestimmungsrechts her zu bestimmen, das die Arbeitnehmer vor einer einseitig an den Interessen des Arbeitgebers orientierten oder willkürlichen Lohngestaltung schützen soll. Es soll die **Angemessenheit und Durchsichtigkeit des innerbetrieblichen Lohngefüges** und die innerbetriebliche Lohngerechtigkeit sichern (BAG GS AP BetrVG § 87 Lohngestaltung Nr. 51). Um diesem Zweck gerecht zu werden, ist der Begriff „Lohn" im weitesten Sinne zu verstehen. Darunter fallen unabhängig von ihrer Bezeichnung alle Leistungen des Arbeitgebers, die als Gegenwert für die von den Arbeitnehmern erbrachten Leistungen gewährt werden, gleichgültig ob es sich hierbei um leistungsbezogene Vergütungen oder Gratifikationen, um einmalige oder laufende Zahlungen oder um Geld oder Sachleistungen handelt.

§ 87 I Nr. 10 BetrVG,
§ 75 III Nr. 4 BPersVG

> **Lohn** im Sinne der Nr. 10 sind danach z. B. alle leistungs- und tätigkeitsbezogenen Vergütungsbestandteile wie **Provisionen** (BAG AP BetrVG § 87 Provision Nr. 6), **Leistungsprämien** (BAG AP BetrVG § 87 Prämie Nr. 1) oder **Erschwerniszulagen** (BAG AP BetrVG § 87 Lohngestaltung Nr. 7), **Gratifikationen** wie Weihnachtsgeld, Treueprämien, Jubiläumsgelder, Anwesenheitsprämien und Urlaubsgeld (BAG AP BetrVG § 87 Lohngestaltung Nr. 15), sonstige freiwillige Leistungen wie Arbeitgeberdarlehen (BAG AP BetrVG § 87 Lohngestaltung Nr. 5), Leistungen der **betrieblichen Altersversorgung** (BAG AP BetrVG § 87 Altersversorgung Nr. 19) oder **übertarifliche Zulagen** aller Art (BAG GS AP BetrVG 1972 § 87 Lohngestaltung Nr. 51) und **Sachleistungen** (BAG AP BetrVG § 87 Werkmietwohnungen Nr. 5) und u. U. die Verteilung eines Liquidationspools, der aus Privatliquidationen von Chefärzten gespeist wird (BAG ZTR 98, 523).
> **Nicht zum Lohn** im Sinne der Nr. 10 zählen Leistungen, die ohne jeden Vergütungscharakter allein dem Ersatz von Aufwendungen oder Schäden dienen.

Lohngerechtigkeit

Der Betriebsrat bestimmt innerhalb dieser Vorgaben unter dem Gesichtspunkt der Lohngerechtigkeit mit; er **kann jedoch keine lohnpolitischen Entscheidungen verlangen**. Die Beteiligung des Betriebsrats soll den Arbeitnehmer vor einer einseitig an den Interessen des Unternehmens orientierten Lohngestaltung schützen. So ist der Arbeitgeber bspw. **frei** in seiner Entscheidung über die **Höhe von AT-Gehältern** (BAG DB 80, 1895) oder von Provisionen, über die Gewährung von übertariflichen Zulagen und Erschwerniszulagen. Der Betriebsrat kann aber verlangen, dass für die AT-Angestellten Gehaltsgruppen gebildet werden; er bestimmt mit bei der Festlegung des Verhältnisses von Fixum und Provision bei Außendienstmitarbeitern (BAG BB 89, 1822). Er kann die Vergabe übertariflicher Zulagen nach einem System und im Rahmen eines Erschwerniszulagensystems sowie die Zuordnung der Arbeiter zu bestimmten Tätigkeitsgruppen verlangen.

Zulagen und Provisionen

Kein Mitbestimmungsrecht hat der Betriebsrat bei der Ein- und Zuteilung des Bearbeitungsgebiets von Außendienstmitarbeitern, bei der Festlegung des Abstandes der AT-Gehälter von der obersten Tarifgruppe, bei der Bestimmung des Euro-Betrages je Punkt bei der Provision, bei der Höhe der Erschwerniszulage sowie bei der Festlegung von Zwecken für allgemeine übertarifliche Zulagen (Leistung, Dienstjahre).

Holt der Arbeitgeber die Zustimmung des Betriebsrats nicht ein, so ist der Leistungsplan **unwirksam**; gegenüber begünstigten Arbeitnehmern kann der Arbeitgeber sich darauf aber für die Vergangenheit nicht berufen. Mitbestimmungspflichtig sind auch Maßnahmen, die einer **Änderung des Leistungsplans** dienen, gleichgültig ob der Arbeitgeber nur eine Neuverteilung oder eine Kürzung anstrebt; eine mitbestimmungsfreie Vorgabe ist lediglich der Entschluss zur Kürzung.

Der Betriebsrat kann also mitbestimmen, wenn der Arbeitgeber Tatbestände aufstellt, die zum Verlust von Rechten führen (Verlust des Rechts zum Erwerb verbilligter Flugscheine) oder Richtlinien zum Widerruf freiwilliger Zulagen, wenn er einen mathematischen Abschlag für die

Altersversorgung bei Inanspruchnahme der flexiblen Altersgrenze einführt, wenn er **übertarifliche Zulagen anrechnet** und dabei die **Verteilungsgrundsätze ändert** (BAG GS DB 92, 1579). **Individualrechtliche Maßnahmen**, die der Arbeitgeber zur Umsetzung des veränderten Leistungsplans unter Missachtung des Mitbestimmungsrechts vornimmt – Anrechnung, Widerruf aufgrund Vorbehalts oder wegen Änderung der Geschäftsgrundlage, Änderungskündigung, Änderungsvertrag – sind **unwirksam**.

Mitbestimmungsfrei sind lediglich die **völlige Einstellung** und die **volle Anrechnung** einer (übertariflichen) Leistung. Hier gibt es auch keine Nachwirkung (BAG DB 89, 2339), es sei denn, der Arbeitgeber will den eingesparten Betrag künftig ganz oder teilweise nach anderen Kriterien verteilen.

<small>Ausnahmen</small>

Keine Mitbestimmung besteht bei der **Festsetzung der Leistungen im Einzelfall**. Mitbestimmungsfrei sind auch Vorbereitungshandlungen zur Einführung mitbestimmter Entgeltsysteme, etwa Zeitstudien, Tätigkeits- oder Funktionsbeschreibungen werden dann mitbestimmungspflichtig, wenn sie der Entlohnung zugrunde gelegt werden (BAG DB 86, 1286).

Die Mitbestimmung im Falle der **leistungsbezogener Entgelte** ist in § 87 I Nr. 11 BetrVG und § 75 III Nr. 4 BPersVG geregelt.

Wird der **Akkordrichtsatz**, d. h. der Verdienst, den ein Akkordnehmer bei normaler Leistung pro Stunde erreichen soll, **tariflich vereinbart**, wie allgemein üblich, dann bleibt **kein** Raum für ein **Mitbestimmungsrecht** beim Geldfaktor. Fehlt eine solche Regelung, dann hat der Betriebsrat sowohl bei der Entgeltfestsetzung für das einzelne Stück beim Geldakkord als auch bei der Festsetzung von Zeit- und Geldfaktor beim Zeitakkord mitzubestimmen. Nicht mitbestimmungspflichtig ist dagegen die individuelle Lohnberechnung für den einzelnen Arbeitnehmer.

<small>§ 87 I Nr. 11 BetrVG, § 75 III Nr. 4 BPersVG</small>

Mitbestimmungspflichtig ist weiter die **Festsetzung von Prämiensätzen**. Unter Prämien versteht das Gesetz nur Leistungsprämien, nicht aber z. B. Gratifikationen, Treue-, Jahresabschluss-, Anwesenheitsprämien u. ä. Das Mitbestimmungsrecht erstreckt sich auf die arbeitswissenschaftliche und arbeitstechnische Gestaltung des Prämienverfahrens, also die Prämienart, die Bezugsgröße und die Anknüpfungspunkte (Leistungsmaßstab, Ausgangsleistung, Verteilungsschlüssel, Prämienkurve) sowie auf die zugrunde zu legende Geldeinheit (Prämienausgangslohn, Leistungsstufen, höchster Prämiensatz usw.).

<small>Prämienzusätze</small>

Sonstige leistungsbezogene Entgelte sind Vergütungen, bei denen Leistungen gemessen und zu anderen (Normal-)Leistungen in Beziehung gesetzt werden (BAG DB 81, 2031). Nicht dazu zählen Provisionen und Leistungszulagen; letztere auch dann nicht, wenn sie aufgrund eines geregelten Beurteilungsverfahrens nach einem Punktsystem vergeben werden (BAG DB 86, 544).

1.4.2 Technisch-organisatorische Angelegenheiten

> Mit dem **Mitbestimmungsrecht bei der Planung technisch-organisatorischer Maßnahmen** (§§ 90 ff. BetrVG), die Auswirkungen auf die Arbeit haben können, räumt der Gesetzgeber dem Betriebsrat Einfluss auf die Gestaltung der Arbeitsbedingungen ein.

Gestaltung der Arbeitsbedingungen

Die **Arbeitsbedingungen** sollen den Leistungsvoraussetzungen beim Menschen nach Möglichkeit angepasst werden. Die **Arbeitswelt** soll **humanisiert**, die **Arbeit menschengerecht gestaltet** werden, d. h. konkret:

- akute und chronische Schäden der Gesundheit sollen vermieden,
- menschliche Leistungsgrenzen nicht überschritten,
- innerhalb der Leistungsgrenzen hohe Beanspruchungen verringert und
- Unterforderungen auf ein Maß gebracht werden, das der normalen Funktionsfähigkeit des Menschen entspricht.

Die **Beteiligung** betrifft die **Planung** von

- **Neu-, Um- und Erweiterungsbauten** von Fabrikations-, Verwaltungs- und sonstigen betrieblichen Räumen. Dazu zählen Fabrikhallen, Verwaltungsgebäude, Labors, Ausbildungsstätten, Lagerhallen, Geräteschuppen, Verkaufsgebäude, und sonstige betriebliche Räume vor allem die sog. Sozialräume (Kantinen, Aufenthaltsräume, Waschräume, Toiletten).
- **Technischen Anlagen:** Das sind **Geräte und Hilfsmittel**, die unmittelbar (z. B. Maschinen, Montagebänder, Büromaschinen, EDV-Anlagen, Umstellung der Lohn- und Gehaltsabrechnung von Offline auf Online-Betrieb) oder mittelbar (Fahrstuhl, Klimaanlage, Raumbeleuchtung, Schallschluckdecken) dem **Arbeitsablauf dienen**.
- **Arbeitsverfahren und Arbeitsabläufen:** Darunter versteht man die Art und Weise der Arbeit (z. B. mehr geistige oder mehr körperliche Tätigkeit) und die organisatorische, räumliche und zeitliche **Gestaltung des Arbeitsprozesses** (voll- oder teilkontinuierlicher Betrieb, Fließbandarbeit, Arbeit im Freien oder in Fabrikationsräumen, Gruppen- oder Einzelarbeit, Gruppengespräche und Steuerkreise, Einführung von Just-in-time-Produktion, Fremdvergabe von Arbeiten, Einführung flacher Hierarchien).
- **Arbeitsplätzen:** Hier geht es um die **Ausgestaltung des einzelnen Arbeitsplatzes** (Maschine, Werkzeug, Mobiliar), um die Wechselbeziehung Arbeit-Mensch (Körpermaße, Griffgestaltung, Steuerung des Arbeitsprozesses, Raumbedarf) und um die äußeren Arbeitsbedingungen, d. h. um die Umgebungseinflüsse (Licht, Lärm, Gase, Staub, Vibrationen).

Unterrichtung durch den Arbeitgeber

Der Arbeitgeber hat den Betriebsrat rechtzeitig über die **Planung** für die vorgenannten Bereiche zu **unterrichten,** und er hat ihm dazu die **erforderlichen Unterlagen vorzulegen,** d. h. alle Unterlagen, die notwendig sind damit sich der Betriebsrat ein möglichst genaues Bild von Umfang und Auswirkungen der geplanten Maßnahmen machen kann (Baupläne, Beschreibungen neuer Arbeitsmittel oder -verfahren; § 90 I BetrVG). Die erforderlichen Unterlagen sind unaufgefordert vorzulegen.

Zur Unterrichtung gehört auch die **Erläuterung in verständlicher Form**. Geschieht dies nicht oder bleiben Fragen unbeantwortet, kann der Betriebsrat einen **Sachverständigen** hinzuziehen (vgl. F/K/H/E § 80 Rz. 59 ff). Der Betriebsrat muss **alle wesentlichen Tatsachen, Einschätzungen und Bewertungen** in **verständlicher Sprache** und in überschaubarer Form aufbereitet erhalten (vgl. auch BAG AP Nr. 29 zu § 80 BetrVG 1972).

Wird z. B. die Einführung eines EDV-Systems geplant, so hat der Arbeitgeber mindestens seine Problemanalyse, die Systembeschreibung mit den zu verarbeitenden Daten, der Zwecksetzung, der Beschreibung der vorhandenen Dateien und Programme, den Datenflussplan, die Zugriffsberechtigungen und Maßnahmen der Datensicherung sowie alle Auswirkungen auf die Arbeitnehmer dem Betriebsrat mitzuteilen (vgl. auch BAG AP Nr. 30 zu § 80 BetrVG 1972).

Die genannten Grundsätze gelten auch für das Personalvertretungsrecht. Allerdings besteht im Geltungsbereich des BPersVG mit Ausnahme der Gestaltung der Arbeitsplätze nur ein **Anhörungsrecht** (§ 78 IV, V BPersVG). Die meisten Landespersonalvertretungsgesetze enthalten auch insoweit Mitbestimmungsrechte (z. B. § 89 I HmbPersVG).

Der Arbeitgeber hat die **vorgesehenen Maßnahmen** und ihre **Auswirkungen auf die Arbeitnehmer**, insbesondere auf die Art ihrer Arbeit und die sich daraus ergebenden Anforderungen mit dem Betriebsrat zu **beraten**. Bei der Beratung über die Auswirkungen auf die Art der Arbeit sollen Arbeitgeber und Betriebsrat die **gesicherten arbeitswissenschaftlichen Erkenntnisse** über die menschengerechte Gestaltung der Arbeit **berücksichtigen** (§ 90 II BetrVG). Die gesicherten arbeitswissenschaftlichen Erkenntnisse sind sozusagen das Minimum. Zielrichtung sollte eine Arbeitsgestaltung sein, die nicht nur körperliche und seelische Schäden vermeidet, sondern die dem Arbeitnehmer eine hohe Identifikation mit seiner Arbeit ermöglicht. Zu beraten ist über die technisch-organisatorische Ausgestaltung hinaus über **alle Auswirkungen**, d. h. auch über eine Änderung der Anforderungen an den Arbeitnehmer, etwa notwendige Fortbildungs- oder Umschulungsmaßnahmen oder Änderungen im Entgelt.

Beratungspflicht

Die Beratung hat **rechtzeitig** zu erfolgen. Das Gesetz schreibt in § 90 II S. 1 BetrVG ausdrücklich vor, dass die Beratung mit dem Betriebsrat so rechtzeitig stattfinden muss, dass dessen **Vorschläge und Bedenken** bei der **Planung noch berücksichtigt** werden können. Der Betriebsrat darf also nicht vor vollendete Tatsachen gestellt werden.

Beratungszeitpunkt

Da die Planung ein kontinuierlicher Prozess ist, bei dem u. U. die **Entscheidungsschritte** wegen Änderung der Unternehmensziele mehrfach durchlaufen werden müssen, ist eine **laufende Unterrichtung** (insb. soweit sich die Planvorstellungen ändern oder Vorentscheidungen zu treffen sind) erforderlich. Hierfür bieten sich i.d.R. **monatliche Besprechung an** (§ 74 I BetrVG). Näheres sollte in der Praxis im Zusammenhang mit der Bildung eines **Ausschusses des Betriebsrats** (§ 27 III 2 BetrVG) oder eines **gemeinsamen Ausschusses von Betriebsrat und Arbeitgeber** (§ 28 II BetrVG) ggf. durch **freiwillige** nicht erzwingbare **Betriebsvereinbarungen** festgelegt werden.

Laufende Unterrichtung

Der Arbeitgeber ist also frei, Pläne zu machen. Ehe er sich aber festlegt oder gar Maßnahmen trifft, die ihn festlegen, hat er mit dem Betriebsrat darüber zu reden, ob er den Plan verwirklicht, und wenn ja, wie. Konkretisiert sich die Planung auf bestimmte Arbeitsplätze, so sind unverzüglich die betroffenen Arbeitnehmer zu unterrichten.

Trotz der Beratungspflicht mit dem Betriebsrat bleibt es dem **Arbeitgeber** unbenommen, die **geplanten Maßnahmen nach seinen Vorstellungen durchzuführen.** Vorausgesetzt, er hat die Vorschläge und Forderungen des Betriebsrats mit dem ernsten Willen zur Verständigung mit diesem beraten.

Werden allerdings die Arbeitnehmer durch Änderungen der Arbeitsplätze, des Arbeitsablaufs oder der Arbeitsumgebung, die den **gesicherten arbeitswissenschaftlichen Erkenntnissen** über die menschengerechte Gestaltung der Arbeit offensichtlich **widersprechen**, in besonderer Weise belastet, kann der Betriebsrat angemessene Maßnahmen zur Abwendung, Milderung oder zum Ausgleich der Belastung verlangen (§ 91 S. 1 BetrVG).

> Maßnahmen zur **Abwendung besonderer Belastungen** sind z. B. Umgestaltung des Arbeitsplatzes entsprechend Körpermaßen und -kräften, Nutzung von Servomechanismen, Ersatz gesundheitsschädlicher Werkstoffe durch unschädliche.
> **Maßnahmen zur Milderung** sind etwa die Nutzung von Schutzmitteln (Brille, Helm, Sicherheitsschuhe usw.), Ausgleichsmaßnahmen (z. B. längere Pausen), Zusatzurlaub, Verkürzung der Arbeitszeit, grundsätzlich aber nicht Lohnzuschläge.

Kommt keine Einigung zwischen Arbeitgeber und Betriebsrat zustande, **entscheidet** auf Antrag des Betriebsrats die **Einigungsstelle** verbindlich (§ 91 S. 2, 3 BetrVG).

BPersVG Im Geltungsbereich des **BPersVG** bestehen Mitbestimmungsrechte bei der Gestaltung der Arbeitsplätze (§ 75 III Nr. 16) und Maßnahmen zur Hebung der Arbeitsleistung und Erleichterung des Arbeitsablaufs (§ 76 II Nr. 5). In diesem (weiteren) Mitbestimmungsrahmen sind entsprechend der dargelegten Grundsätze die arbeitswissenschaftlichen Erkenntnisse der menschengerechten Gestaltung der Arbeit zu berücksichtigen.

> Es empfiehlt sich für alle Mitarbeiter, die an der Planung technischer Maßnahmen mitwirken, sich wenigstens mit den grundlegenden Erkenntnissen von Arbeitsmedizin, Arbeitspsychologie und Arbeitsphysiologie (Ergonomie), Arbeitssoziologie und -technologie vertraut zu machen.

In der Praxis hat § 90 BetrVG neben den Rechten aus § 111 BetrVG ff. nur Bedeutung

- wenn keine Betriebsänderung vorliegt,
- im Planungsstadium einer Betriebsänderung,
- bei Kleinbetrieben mit weniger als 20 wahlberechtigten Arbeitnehmern.

Liegt dagegen eine **Betriebsänderung** vor, so ist das Verfahren nach § 111 BetrVG ff. vom Betriebsrat zu betreiben, da es sehr viel weitreichendere rechtliche Möglichkeiten bietet und bzgl. eines möglichen Sozialplans auch erzwingbare Mitbestimmungsrechte vorsieht.

Da die Personalvertretungsgesetze Betriebsänderungen nicht kennen, sind die vorgenannten Vorschriften bei grundlegenden technisch-organisatorischen Änderungen, wie etwa der Einführung und Umsetzung neuer Steuerungsmodelle (NSM), von erheblicher Bedeutung.

1.4.3 Personelle Angelegenheiten

> Die personellen Angelegenheiten gliedert das Gesetz in **allgemeine personelle Angelegenheiten, Berufsbildung** und **personelle Einzelmaßnahmen**.

Die Ausdehnung des Mitbestimmungsrechts von personellen Einzelmaßnahmen auf die **vorgelagerten personalpolitischen Grundsatzentscheidungen** trägt dem Wandel in der Personalarbeit Rechnung: früher mehr oder weniger intuitiv getroffene Entscheidungen im Einzelfall werden heute immer stärker objektiviert, rationalisiert und verwissenschaftlicht. Darin drückt sich nicht nur die Entwicklung der Wissenschaften vom Menschen (Psychologie, Soziologie, Verhaltensforschung usw.) aus, sondern auch die zunehmende Bedeutung der Mitarbeiter für das Unternehmen. Die Ausdehnung der Mitbestimmung auf personalpolitische Entscheidungen ist also eine Antwort auf veränderte Gegebenheiten.

Allgemeine personelle Angelegenheiten

Der Arbeitgeber hat den Betriebsrat über die **Personalplanung** anhand von Unterlagen **rechtzeitig und umfassend zu unterrichten** (§ 92 I 1 BetrVG).

Personalplanung

> **Personalplanung** ist die Summe der Maßnahmen zur Ermittlung des Personalbedarfs in einem bestimmten Planungszeitraum entsprechend den Bedürfnissen und Zielen des Unternehmens, sowie die Bereitstellung der benötigten Arbeitskräfte zur richtigen Zeit und in der richtigen Qualifikation. Personalplanung ist sowohl die bewusst betriebene systematische Planung als auch die mehr intuitiv vorgenommene ad hoc-Planung von Personalmaßnahmen. Personalplanung gibt es in jedem Unternehmen und jeder Verwaltung. Jeder Unternehmer muss sich klar darüber werden, wie er sein Personal rekrutiert, ob und wie er ggf. Mitarbeiter abbaut, Fortbildungsmaßnahmen durchführt usw.

Teilbereiche	Im Einzelnen sind folgende Teilbereiche der Personalplanung zu unterscheiden: • Personalbedarfsplanung (quantitativ u. qualitativ) • Personalbeschaffungsplanung • Personalentwicklungsplanung • Personaleinsatzplanung • Personalabbauplanung • Personalorganisationsplanung • Personalkostenplanung
Personalbedarfsplan	Der **Personalbedarfsplan** enthält unter Berücksichtigung vorhersehbarer Veränderungen (im personellen Bereich: Fluktuation, Auslernen von Lehrlingen; im betrieblichen Bereich: Fertigstellung einer neuen Produktionsanlage) und der Unternehmensplanung (Investitionen, Rationalisierung, Betriebsänderung) die **Zahl und Art der Mitarbeiter** (quantitative und qualitative Personalbedarfsplanung), die im Planungszeitpunkt voraussichtlich zur Verfügung stehen werden (Ist), und Zahl und Art der Mitarbeiter, die voraussichtlich benötigt werden (Soll).
Personalbeschaffungsplan	Der **Personalbeschaffungsplan** enthält die **externe und interne Beschaffungsplanung**. Die externe Beschaffungsplanung trifft Aussagen zu der Frage, woher, wie und wann zusätzliche Arbeitskräfte eingestellt werden. Welche und wie viele Arbeitskräfte wann und wohin versetzt oder befördert werden, klärt hingegen die interne Beschaffungsplanung.

Die **Personalentwicklungsplanung** nennt die **Bildungsmaßnahmen**, die erforderlich sind, um vorhandenes oder neues Personal für seine jetzigen oder für künftige Aufgaben zu qualifizieren. Die **Personaleinsatzplanung** bezweckt die **bestmögliche Zuordnung** von Arbeitskräften zu Arbeitsplätzen.
Die **Personalabbauplanung** befasst sich mit der Frage, wie ein Personalüberhang vermindert werden soll.
Die **Personalkostenplanung** schließlich soll die Kosten erfassen, die bei Verwirklichung der Personalplanung entstehen.

Der Arbeitgeber hat den Betriebsrat zu unterrichten, **sobald** Überlegungen in das **Stadium der Planung** treten. Erkundet er hingegen nur Möglichkeiten z. B. für einen Personalabbau oder für eine Personalerweiterung, ohne dass er diese nutzen will, dann braucht er dem Betriebsrat keine Einsicht in den Bericht zu gewähren (vgl. BAG DB 1984, 2305). Der Arbeitgeber muss dem Betriebsrat die **Tatsachen nennen**, auf die er die **Personalplanung stützt**, also vor allem die **Unternehmensziele**, die **Personal- und die Arbeitsmarktdaten**.
Dazu können auch diejenigen Planungsdaten gehören, die in einem anderen Zusammenhang erhoben und festgestellt wurden, z. B. Rationalisierungsvorschläge, Produktions- und Investitionsentscheidungen.

Recht auf Einsichtnahme	Außerdem muss der Arbeitgeber dem Betriebsrat die **Unterlagen** zugänglich machen, die er seiner Planung zugrunde legt. Dazu gehören neben den eigentlichen Planungsunterlagen, wie Statistiken und Verträge, auch die Hilfsmittel der Planung wie Stellen- und Stellenbesetzungspläne, Tätigkeitsbeschreibungen und Anforderungsprofile.

Besonderheiten für den Betriebsrat ergeben sich aus **§ 80 II BetrVG** beim **Einsatz von Arbeitnehmern aus Fremdfirmen**. In diesem Fall kann der Betriebsrat verlangen, dass die entsprechenden Verträge und Listen über die Einsatztage der einzelnen Arbeitnehmer der Fremdfirma zur Einsicht zur Verfügung gestellt werden (BAG DB 1989, 982).

§ 80 II BetrVG

Der Arbeitgeber hat mit dem Betriebsrat außerdem über **Art und Umfang der geplanten Maßnahmen** und über die **Vermeidung von Härten** zu **beraten** (§ 92 I 2 BetrVG).

Beratungspflicht

Der Betriebsrat kann Vorschläge für eine systematische Personalplanung einschließlich Maßnahmen zur Frauenförderung unterbreiten (§ 92 II BetrVG). In diesem Fall liegt es beim Arbeitgeber, ob er sie übernimmt.

Im Geltungsbereich des BPersVG besteht hinsichtlich des Haushaltsvorschlages zur Personalanforderung und der Personalplanung nur ein **Anhörungsrecht** (§ 78 III BPersVG).

Der Betriebsrat kann verlangen, dass **Arbeitsplätze, die besetzt werden sollen**, allgemein oder für bestimmte Arten von Tätigkeiten vor ihrer Besetzung **innerhalb des Betriebs** (nicht: des Unternehmens oder des Konzerns), also intern, ausgeschrieben werden. Das gilt auch für Tätigkeiten **freier Mitarbeiter** (BAG DB 1994, 332).

Interne Stellenausschreibung

Die interne Stellenausschreibung soll den innerbetrieblichen Arbeitsmarkt „aktivieren" und Mitarbeitern die Möglichkeit geben, ihre **Fähigkeiten und Kenntnisse im Betrieb bestmöglich zu verwerten**.

Wird eine Stelle intern ausgeschrieben, schließt dies nicht eine **gleichzeitige Ausschreibung der Stelle nach außen** aus. Allerdings darf der Arbeitgeber bei einer gleichzeitigen externen Ausschreibung keine geringeren Anforderungen aufstellen als bei einer internen. Der Arbeitgeber ist auch nicht verpflichtet, dem internen Mitarbeiter gegenüber einem Bewerber von außerhalb den Vorzug zu geben (BAG DB 1978, 447).

Etwas anderes kann sich ausnahmsweise aus **Auswahlrichtlinien** ergeben. Im Übrigen ist es Sache des Arbeitgebers in einer internen Stellenausschreibung die Anforderungen zu bestimmen, die der Bewerber für die ausgeschriebene Stelle erfüllen muss. Auf geschlechtsneutrale Ausschreibung ist zu achten (§ 611b BGB).

Der Betriebsrat kann auch anregen, dass die Arbeitsplätze als **Teilzeitarbeitsplätze** ausgeschrieben werden. Ist der Arbeitgeber bereit, Arbeitsplätze auch mit Teilzeitbeschäftigten zu besetzen, ist hierauf in der Ausschreibung hinzuweisen (§ 93 BetrVG).

> Zusätzlich kann der Betriebsrat seine **Zustimmung zu personellen Maßnahmen gem. § 99 II Nr. 5 BetrVG verweigern**, wenn der Arbeitgeber einen **Arbeitsplatz** besetzen will, der **nicht innerbetrieblich ausgeschrieben** war. Damit wird ein indirekter Zwang auf den Arbeitgeber ausgeübt, die Stellenausschreibung vorzunehmen bzw. nachzuholen.

Richtlinien für eine interne Stellenausschreibung sollten folgende Punkte regeln:

- Zielsetzung der internen Stellenausschreibung (z. B. Förderung des Aufstiegs, optimaler Einsatz)
- Art und Umfang der auszuschreibenden Stellen (z. B. Stellen mit Vorgesetztenfunktion; Stellen, für die Spezialkenntnisse erforderlich sind)
- Personenkreis, der für eine Bewerbung in Frage kommt (fachliche Voraussetzungen, bestimmte Betriebszugehörigkeit)
- Ausschreibungsverfahren (Zuständigkeit, Publikationsorgan, Fristen)
- Bewerbungsverfahren (Zuständigkeit, Unterlagen, Unterrichtung des Vorgesetzten, Entscheidung über die Bewerbung, Benachrichtigung des Bewerbers)
- Versetzung (Zeitpunkt, Zwischenzeugnis, Probezeit, Gehalt).

Im Geltungsbereich des BPersVG besteht ein Mitbestimmungsrecht beim Absehen von verwaltungsinterner Ausschreibung. Dies setzt denknotwendig die Verpflichtung zur internen Ausschreibung voraus. Der Personalrat muss also im Gegensatz zum Betriebsrat nicht extra tätig werden, damit eine Ausschreibung erfolgt (vgl. ALTVATER et al., § 75 Rz. 68, str.).

Personalfragebogen

Personalfragebögen bedürfen der **Zustimmung des Betriebsrats** ebenso wie Fragen zur Person in **standardisierten Interviews,** wenn die Antworten schriftlich festgehalten werden (BAG DB 1994, 480) und **personelle Angaben in Musterarbeitsverträgen** (selten, § 94 BetrVG, § 75 III Nr. 8 BPersVG).

Damit soll **verhindert** werden, dass der Arbeitgeber Bewerbern oder Mitarbeitern schriftlich und systematisch **unzulässige Fragen** aus dem persönlichen Bereich **stellt**. Nach den persönlichen Verhältnissen des Bewerbers oder eines Mitarbeiters darf nur gefragt werden, soweit im Hinblick auf die Tätigkeit und den Arbeitsplatz ein berechtigtes, billigenswertes und schutzwürdiges Interesse des Arbeitgebers an der Beantwortung der Frage besteht.

Übersicht 3: Zulässige und unzulässige Fragen

Im Einzelnen sind damit folgende Fragen zulässig bzw. nicht zulässig:

letzte Arbeitsstelle: ja
Ausbildung: ja
beruflicher Werdegang: ja (insb. auch Zeugnis- und Prüfungsnoten, Wehrdienstzeiten, Einberufung)
Familienstand: nein (Kinderzahl muss erst nach Abschluss des Vertrages angegeben werden; Frage nach Kinderwunsch ist unzulässig)
Gehalt: ja, wenn es Schlüsse auf die Eignung für die angestrebte Tätigkeit zulässt oder wenn das bisherige Gehalt als Mindestgehalt gefordert wird
Gewerkschaftszugehörigkeit: nein, außer bei Tendenzbetrieben
geplante Heirat: nein
Konkurrenzklausel: ja
Körperbehinderung: ja, wenn zugleich Schwerbehinderter; im Übrigen unter denselben Voraussetzungen wie Krankheit (str.)
Krankheit: ja bei chronischen Leiden, wenn sie die allgemeine Leistungsfähigkeit auf Dauer nicht unerheblich herabsetzt oder wenn sie in immer wiederkehrenden Zeiträumen Arbeitsunfähigkeit in einem nicht unerheblichen Umfang zur Folge hat

> **Kurbewilligung**: ja, für beantragte oder bewilligte Kur
> **Parteizugehörigkeit**: nein, außer bei Tendenzbetrieben
> **Pfändungen** (laufende Lohn- oder Gehaltspfändungen): nein (str.)
> **Religionszugehörigkeit**: nein, außer bei Tendenzbetrieben
> **Schwangerschaft**: nein, außer wenn sie dem gesundheitlichen Schutz der Bewerberin oder des ungeborenen Kindes dient, vgl. §§ 3, 4, 8 MuSchG (sehr str., so BAG DB 1993, 1978; dagegen EuGH NZA 1990, 171: grundsätzlich unzulässig)
> **Schwerbehinderteneigenschaft**: ja (BAG DB 1984, 2706; unabhängig von der Eignungsbeeinflussung für den konkreten Arbeitsplatz; gilt auch für Gleichgestellte; bestr.)
> **bisherige Tätigkeiten**: ja
> **Vermögensverhältnisse**: ja, wenn Vertrauensstellung, in deren Rahmen der Arbeitnehmer mit Geld oder bedeutenden Vermögenswerten umgehen muss oder Verfügungsmöglichkeit hat, ebenso bei Gefahr von Bestechung
> **Vorstrafen**: ja, sofern für das Arbeitsverhältnis von Bedeutung (Kassierer: Vermögensdelikte; Kraftfahrer: Verkehrsdelikte; Erzieher: Sittlichkeitsdelikte); nein, sofern nicht in das Führungszeugnis einzutragen (Geldstrafe bis zu 90 Tagessätze sowie Freiheitsstrafe und Strafarrest bis zu 3 Monate, § 32 II Nr. 5 BZRG) oder wieder zu löschen (Freiheitsstrafe bis zu einem Jahr auf Bewährung nach 3 Jahren, sonst nach 5 Jahren, §§ 33, 34 I BZRG).

Benötigt der Arbeitgeber Angaben, nach denen er in einem Personalfragebogen nicht fragen darf, zu anderen Zwecken, vor allem für die Abrechnung (Familienstand, Zahl der Kinder, Konfession, Gewerkschaftszugehörigkeit, Lohn- und Gehaltspfändungen), dann kann und muss er sie **nach Abschluss des Arbeitsvertrags** gesondert **abfragen**. Der Betriebsrat hat auch dabei ein Mitbestimmungsrecht.

Gesonderte Abfrage

Personalfragebogen mit Angaben aus der Privatsphäre **erfolglos gebliebener Bewerber** sind zu **vernichten**, sofern der Arbeitgeber nicht ein berechtigtes Interesse an der Aufbewahrung hat.

Hinzuweisen ist darauf, dass der Arbeitgeber bei einer **unrichtigen Antwort auf eine zulässige Frage** den Arbeitsvertrag **anfechten** kann (insb. nach § 123, aber auch nach § 119 II BGB). Eine Anfechtung des Arbeitsvertrages ist **nicht mitbestimmungspflichtig**. Natürlich kann der Arbeitgeber auch außerordentlich kündigen.

Anfechtung des Arbeitsvertrages

Dagegen darf der Arbeitnehmer **auf unzulässige Fragen lügen**, der Arbeitgeber kann dann nicht anfechten oder kündigen. In diesem Fall hat der Arbeitnehmer Schadensersatzansprüche wegen Verletzung des allgemeinen Persönlichkeitsrechts (§§ 823, 847 BGB).

Grundsätzlich unzulässig sind Fragen zum **persönlichen Lebensbereich** oder zum **Intimleben** (Pille, ja oder nein; Gebete). Fragen zu einzelnen Lebensphasen (z. B. frühere/heutige Beziehung zu den Eltern), Partnern (Wechsel, fester Partner, dessen Einstellung zum Arbeitsplatz), Hobby und Freizeit sind ebenso unzulässig wie Fragen, die auf eine Registrierung der gesamten Persönlichkeit des Bewerbers hinaus laufen.

Keine Fragen zum persönlichen Lebensbereich

Eine ganz andere Frage ist, ob der Arbeitnehmer eine der oben genannten **Eigenschaften ungefragt offenbaren** muss. Dies muss er grundsätzlich nicht. Etwas anderes gilt bei **Unmöglichkeit der Arbeitsleistung**, etwa infolge der Schwerbehinderteneigenschaft, längerer Krankheit oder Kur. Entsprechendes soll auch für ein bestehendes Wettbewerbsverbot gelten.

Beurteilungsgrundsätze/marg>Mitbestimmungspflichtig sind außerdem **allgemeine Beurteilungsgrundsätze** (§ 94 II BetrVG, § 75 III Nr. 9 BPersVG). Dies sind Regelungen, die durch Verwendung einheitlicher, für die Beurteilung erheblicher Kriterien eine objektive, in den Ergebnissen vergleichbare Bewertung von Leistung und/oder Verhalten von Bewerbern und/oder Mitarbeitern ermöglichen sollen (BAG DB 1985, 495).

Leistungs- und Verhaltensmerkmale

Dazu gehören vor allem die **Merkmale, an denen Leistung und/oder Verhalten gemessen werden** sollen (bei Beurteilung von Mitarbeitern vor allem Quantität und Qualität der Arbeit, Einsatzbereitschaft, soziales und ggf. Führungsverhalten), die Beurteilungsstufen und das Verfahren zur Durchführung (Beurteilungsgespräch, psychologischer oder Leistungstest, graphologisches Gutachten, Person der Beurteiler, Abzeichnen durch Beteiligte usw.).

Keine Beurteilungsgrundsätze, da nicht auf die Person bezogen, sind u. a. Stellenbeschreibungen, Kriterien für die Arbeitsbewertung, Anforderungsprofile und Führungsrichtlinien.

Der Betriebsrat kann – im Gegensatz zum Personalrat – die Einführung von Beurteilungsgrundsätzen nicht erzwingen; er hat kein Mitbestimmungsrecht bei der einzelnen Beurteilung.

Auswahlrichtlinien

Werden in Betrieben mit weniger als 500 Arbeitnehmern **Richtlinien über die personelle Auswahl** bei Einstellungen, Versetzungen, Umgruppierungen und/oder Kündigungen aufgestellt, so bedürfen sie der **Zustimmung** des Betriebsrats (§ 95 I, II BetrVG).

In Betrieben mit **über 500 Arbeitnehmern** kann der Betriebsrat die Aufstellung von Richtlinien über die bei derartigen personellen Maßnahmen zu beachtenden sachlichen und persönlichen Voraussetzungen und sozialen Gesichtspunkte **verlangen** (§ 95 II 1 BetrVG).

Hier hat der Personalrat generell ein Mitbestimmungsrecht gem. § 76 II Nr. 8 BPersVG.

Die Vorschrift bezweckt eine Objektivierung personeller Maßnahmen. Am ehesten kommen **Auswahlrichtlinien** für **betriebsbedingte Kündigungen** in Betracht. Sie müssen die sozialen Gesichtspunkte des **Lebensalters**, der **Betriebszugehörigkeit** und der **Unterhaltsverpflichtungen** angemessen berücksichtigen. Den Kündigungsschutz können sie in keinem Fall beschränken oder gar ausschließen.

Durch § 1 IV KSchG, der nunmehr bestimmt, dass die nach einer derartigen Auswahlrichtlinie zu treffende Auswahlentscheidung bei betriebsbedingten Kündigungen nur auf **grobe Fehlerhaftigkeit** gerichtlich **überprüft** werden kann, wird ein erheblicher Anreiz auf den Arbeitgeber ausgeübt, derartige Richtlinien abzuschließen. Dies gilt insb. vor dem Ausspruch mehrerer Kündigungen oder gar einer Massenkündigung.

1.4 Anwendung der Beteiligungsrechte

Ebenfalls zu den personellen Angelegenheiten gehören die personellen Einzelmaßnahmen. Hierbei hat der Betriebsrat folgende **umfangreiche Beteiligungsrechte**:

- Einstellungen
- Ein- und Umgruppierungen
- Versetzungen
- Kündigungen

Personelle Einzelmaßnahmen

Gemeinsam ist den Beteiligungsrechten, dass der Arbeitgeber den Betriebsrat über die **geplante Maßnahme** zu **unterrichten** hat (§§ 99 I 1, 102 I 1, 2 BetrVG; § 68 II BPersVG) und dass der Betriebsrat ihr **nur aus bestimmten, im Gesetz genannten Gründen widersprechen** kann (§§ 99 II, 102 III BetrVG; § 77 II BPersVG).

Im **BPersVG** bestehen sogar über die vorgenannten personellen Maßnahmen hinaus Mitbestimmungsrechte bei:

- Übertragung einer höher oder niedriger zu bewertenden Tätigkeit
- Versetzung, unter engen Voraussetzungen bei Umsetzung
- Abordnung oder Zuweisung für mehr als drei Monate
- Weiterbeschäftigung über die Altersgrenze hinaus
- Anordnung der Residenzpflicht
- Versagung oder Widerruf einer Nebentätigkeitsgenehmigung.

BPersVG

Unterschiedlich ist die **Intensität der Beteiligung**. Bei Einstellungen, Versetzungen, Ein- und Umgruppierungen hat der Betriebsrat ein Mitbestimmungsrecht in Form eines **beschränkten Zustimmungsverweigerungsrechts**. Der Arbeitgeber darf nicht ohne Zustimmung des Betriebsrats handeln, der Betriebsrat kann die Zustimmung aus den gesetzlichen Gründen verweigern (§ 99 I 1, II BetrVG, § 77 II BPersVG). Macht der Betriebsrat von diesem Recht Gebrauch und will der Arbeitgeber die Maßnahme dennoch durchführen, dann muss er die Zustimmung des Betriebsrats durch das **Arbeitsgericht ersetzen** lassen (§ 99 IV BetrVG, bzw. durch die Einigungsstelle nach Durchführung des Stufenverfahrens, § 69 BPersVG).

Zustimmung des Betriebsrates

Bei **Kündigungen** hat der Betriebsrat lediglich ein **Anhörungsrecht** (§ 102 I 1 BetrVG). Er kann der Kündigung zwar ebenfalls aus den im **Gesetz aufgeführten Gründen** widersprechen. Der **Arbeitgeber** kann aber trotz des Widerspruchs **kündigen** (§ 102 I 3 BetrVG, § 79 I BPersVG).

Kündigungen

Einstellungen und **Versetzungen** unterscheiden sich von **Ein- und Umgruppierungen** dadurch, dass der Arbeitgeber im ersten Fall nach **Zweckmäßigkeitsgesichtspunkten** entscheiden kann, während er im zweiten **nur** die vom **Tarifvertrag** oder von einer sonstigen Regelung vorgegebene Entscheidung nachvollzieht (**sog. Grundsatz der Tarifautomatik der Eingruppierung**). Der Arbeitnehmer hat in jedem Fall Anspruch auf die richtige Einstufung; Ein- und Umgruppierung sind lediglich Normenvollzug. Da der Arbeitgeber nicht frei ist in seiner Entscheidung, kann die Mitbestimmung **nur Mitbeurteilung** sein.

Einstellungen und Versetzungen

Der **Betriebsrat** seinerseits ist auch in den übrigen Fällen nur frei beim „Ob", d. h. ob er die Zustimmung verweigert oder nicht. Die **Voraus-**

setzungen für sein Zustimmungsverweigerungsrecht ergeben sich aus dem Gesetz. Da es für ihn also insoweit um Rechtsanwendung geht, ist im Streitfalle nicht die Einigungsstelle, sondern das Arbeitsgericht zuständig (§ 99 IV BetrVG).

§ 99 BetrVG, §§ 75 I Nr. 1–7, 77 II BPersVG

In Unternehmen mit in der Regel mehr als 20 wahlberechtigten Arbeitnehmern hat der Betriebsrat ein eingeschränktes Zustimmungsverweigerungsrecht bei **Einstellungen, Versetzungen, Ein- und Umgruppierungen** (§ 99 BetrVG, §§ 75 I Nr. 1–7, 77 II BPersVG).

Gleiche Rechtsebenen

Dieses Recht ist unabhängig von den Rechten des Mitarbeiters. **Individualrechtliche und kollektivrechtliche Ebene stehen nebeneinander.** Das Verhältnis zum Arbeitnehmer bestimmt sich nach dem **Arbeitsvertrag**, das Verhältnis zum Betriebsrat nach dem **Betriebsverfassungsrecht**. Die Zustimmung des Betriebsrats ersetzt nicht die Zustimmung des Arbeitnehmers und umgekehrt. Der Betriebsrat soll notfalls den betroffenen Mitarbeiter selbst schützen, wenn dieser seine Rechte nicht durchzusetzen wagt, und er hat darüber hinaus und vor allem auch die Interessen der übrigen Belegschaftsangehörigen wahrzunehmen. Das bedeutet zweierlei:

Will der Arbeitgeber eine personelle Maßnahme durchführen, etwa einen Arbeitnehmer versetzen, muss er zunächst prüfen, ob und ggf. wie er dies **individualrechtlich** bewerkstelligen kann. Gibt ihm der Arbeitsbzw. Tarifvertrag das Recht dazu, kann er die Versetzung durch Weisung vornehmen; andernfalls muss er das Einvernehmen mit dem Arbeitnehmer herstellen oder eine Änderungskündigung (vgl. § 2 KSchG) aussprechen.

Zusätzlich hat der Arbeitgeber zu prüfen, ob eine **Versetzung i. S.d. Betriebsverfassungsrechts** vorliegt (§ 95 III BetrVG). Der betriebsverfassungsrechtliche und der arbeitsrechtliche Versetzungsbegriff decken sich nicht. Auch der personalvertretungsrechtliche und der Versetzungsbegriff der Tarifverträge des öffentlichen Dienstes (z. B. § 12 I BAT) decken sich weder untereinander noch im Verhältnis zum allgemeinen Arbeitsrecht oder Betriebsverfassungsrecht.

Stellt sich die Maßnahme nicht als betriebsverfassungsrechtliche Versetzung dar, dann kann der Arbeitgeber sie ohne Zustimmung des Betriebsrats vornehmen. Vor einer Änderungskündigung muss er allerdings den Betriebsrat anhören.

Ist die Maßnahme hingegen eine Versetzung i. S.d. Betriebsverfassungsrechts, dann muss er – gleichgültig ob er die Versetzung individualrechtlich durch Weisung, durch Einvernehmen oder nur durch Änderungskündigung durchführen kann – vorher die **Zustimmung des Betriebsrats** einholen. Der Betriebsrat kann, auch wenn der Arbeitnehmer mit der Versetzung einverstanden ist oder wenn er sie sogar gewünscht hat, widersprechen, etwa weil er befürchtet, dass andere Arbeitnehmer Nachteile erleiden oder dass der Betriebsfrieden gestört wird (vgl. § 99 II Nr. 3, 6 BetrVG, § 77 II Nr. 2 BPersVG).

> Unter **Einstellung** versteht das BAG die **Eingliederung** einer **Person in den Betrieb,** um zusammen mit den dort beschäftigten Arbeitnehmern den arbeitstechnischen Zweck des Betriebs zu verwirklichen. Maßgebend ist die tatsächliche Beschäftigung, nicht der Abschluss eines Arbeitsvertrages (BAG AP Nr. 9 zu § 72 LPVG NW). Auf das Rechtsverhältnis des Einzugliedernden zum Betriebsinhaber kommt es nicht an (BAG AP Nr. 18 zu § 99 BetrVG Einstellung; kritisch zu dem weiten Einstellungsbegriff des BAG Hunold NZA 98, 1025).

„Eingestellt" in diesem Sinne werden **Arbeitnehmer** und **Leiharbeitnehmer** (§ 14 III AÜG), mit einem Gestellungsvertrag Beschäftigte (z. B. DRK-Schwestern; BAG AP Nr. 18 zu § 99 BetrVG Einstellung) oder überlassene Beamte, u. U. auch **freie Mitarbeiter,** sofern sie wenigstens einem partiellen Weisungsrecht des Arbeitgebers hinsichtlich des betreffenden Arbeitseinsatzes unterliegen (vgl. BAG NZA 99, 722, 725), grundsätzlich **nicht** jedoch mangels beabsichtigter Eingliederung **Mitarbeiter von Fremdfirmen** (BAG NZA 1993, 357; Absonderbarkeit der Arbeit erforderlich). Eine Einstellung liegt auch bei einer Teilzeitbeschäftigung während des Erziehungsurlaubs auf dem bisherigen Arbeitsplatz vor (BAG ZTR 98, 568).

Eine Einstellung liegt sowohl vor beim erstmaligen Abschluss eines Arbeitsvertrags als auch **bei jedem weiteren Arbeitsvertrag,** sei es nach einer **Unterbrechung** des Arbeitsverhältnisses, sei es unmittelbar im Anschluss an einen anderen, **befristeten** oder bedingten (Aushilfsarbeitsverhältnis, Ausbildungsverhältnis, Erreichen der Altersgrenze) **Arbeitsvertrag** (auch bei bloßer Verlängerung der Befristung). Dies gilt auch für nur ganz kurzfristige Beschäftigung und für Studenten im Betriebspraktikum sowie für die Übernahme von „Azubis". Einstellung ist auch die **Versetzung** in einen **anderen Betrieb des Unternehmens** ohne Änderung des Arbeitsvertrags.

Die Landespersonalvertretungsgesetze sehen ein Mitbestimmungsrecht z. T. ausdrücklich für den Abschluss befristeter Arbeitsverträge vor (z. B. § 72 Abs. 1 Nr. 1 NWPersVG). Nach § 63 Abs. 1 Nr. 4 LPVG Brandenburg unterliegt auch die erneute Befristung dem Mitbestimmungsrecht des Personalrats. Die Dienststelle ist deshalb nach § 61 Abs. 3 S. 1 LPVG Brandenburg verpflichtet, den Personalrat von der beabsichtigten personellen Maßnahme zu unterrichten und ihm den sachlichen Befristungsgrund mitzuteilen. Eine fehlerhafte Beteiligung führt gem. § 74 Abs. 3 S. LPVG Brandenburg zur Unwirksamkeit der Befristung und damit zu einem **unbefristeten Arbeitsverhältnis** (LAG Brandenburg, ZTR 1997, 384). Ein unbefristetes Arbeitsverhältnis besteht, wenn die Befristung für eine kürzere Vertragsdauer geschlossen wird, als diejenige, zu der der Betriebsrat seine Zustimmung erteilt hat (BAG ZTR 98, 525).

Keine Einstellung ist die **Umwandlung** eines **befristeten Probearbeitsverhältnisses** in ein **unbefristetes Arbeitsverhältnis,** wenn dem Betriebsrat die Befristung vor der Einstellung zur Probe mitgeteilt worden ist. Ebenfalls keine Einstellung bedeutet die einvernehmliche Rücknahme einer Kündigung.

Umwandlung von Arbeitsverhältnissen

Der Arbeitgeber hat den Betriebsrat vor jeder Einstellung zu **unterrichten** (§ 99 I 1 BetrVG, § 75 I Nr. 1 BPersVG). Wird der Arbeitsvertrag, wie im Normalfall, vor der Eingliederung geschlossen, dann muss die Unterrichtung **vor Abschluss** des **Vertrags** geschehen.

Zuständigkeit des Betriebsrates

Zu unterrichten ist der **Betriebsrat als Gremium**; ihm steht das Beteiligungsrecht zu. Der Betriebsrat kann die Aufgabe schriftlich auf den Betriebsausschuss oder einen sonstigen (Personal-)Ausschuss oder auf eine paritätische (Personal-) Kommission delegieren (§§ 27 III 2, 3, 28 I 3 BetrVG). Die **Zustimmung** gehört aber **nicht zu den gesetzlichen Aufgaben des Vorsitzenden** oder zu den **laufenden Geschäften**, für die der Betriebsausschuss von Gesetzes wegen, d. h. auch ohne besondere schriftliche Übertragung, zuständig ist.

Vorzutragen ist die Einstellungsabsicht dem **Betriebsratsvorsitzenden** oder, bei **Verhinderung**, seinem **Stellvertreter** (§ 26 III 2 BetrVG, § 32 III BPersVG); wenn die Personalangelegenheiten auf einen Ausschuss delegiert sind, dann dem Vorsitzenden oder Stellvertreter dieser Ausschüsse. Ist auch der **Vertreter verhindert** und hat der **Betriebsrat keine Vorsorge** für diesen Fall **getroffen**, dann kann der Arbeitgeber sich an **jedes Mitglied** wenden. Tut er das in anderen Fällen, so trägt er das **Risiko**, dass das angesprochene Mitglied die Information auch tatsächlich an den **Betriebsrat weitergibt**.

Der Betriebsrat oder der Ausschuss kann **nur als Gremium entscheiden**. **Fehler**, die in den **Zuständigkeits- und Verantwortungsbereich** des **Betriebsrats** fallen, wie nicht ordnungsgemäße Ladung, fehlerhafte Zusammensetzung, Beschluss im Umlaufverfahren, wirken sich auf die Ordnungsmäßigkeit des Verfahrens **nicht** aus.

Etwas anderes gilt, wenn der **Arbeitgeber** den **Fehler** durch unsachgemäßes Verhalten selbst **veranlasst** hat, wenn er also bspw. den Vorsitzenden anlässlich einer Besprechung informiert und von ihm **sofort** die **Zustimmung** zu der Einstellung **erhalten** hat.

Beteiligungsgrundsätze

Der Arbeitgeber hat dem Betriebsrat die **erforderlichen Bewerbungsunterlagen vorzulegen** (§ 99 I 1 BetrVG, § 68 II BPersVG). Erforderlich sind die Unterlagen, die der Betriebsrat für die Beurteilung der Frage braucht, ob ein Zustimmungsverweigerungsrecht nach Absatz 2 vorliegt oder nicht. Hierzu zählen vor allem die **Unterlagen**, die der **Bewerber einreicht** – insbesondere Anschreiben, Lebenslauf mit Lichtbild, Zeugnisse – aber auch solche, die anlässlich einer Bewerbung vom Bewerber oder **vom Arbeitgeber erstellt** werden, wie Personalfragebogen, Tests oder Arbeitsproben sowie bei Leiharbeitnehmern der Arbeitnehmerüberlassungsvertrag. **Nicht** dazu gehören das polizeiliche Führungszeugnis und das **Ergebnis** einer **ärztlichen Untersuchung**. Der Arbeitgeber muss nur die Unterlagen vorlegen, die er selbst hat; er braucht keine zusätzlichen Unterlagen zu besorgen.

Der Arbeitgeber hat dem Betriebsrat die Unterlagen vorzulegen. Nach Ansicht des BAG ist er verpflichtet, dem Betriebsrat die **Unterlagen zur Beschlussfassung**, längstens für **eine Woche zu überlassen** (BAG DB 1986, 917).

Vorzulegen sind die Unterlagen **aller Bewerber**, auch derjenigen, die **nicht** in die **engere Wahl** kommen. Beauftragt der Arbeitgeber einen **Personalberater** mit der Suche, dann sind nur die Unterlagen der Bewerber vorzulegen, die der Personalberater vorschlägt. Etwas anderes mag gelten, wenn der Personalberater eine Anzeige aufgibt (BAG DB 1991, 969).

Der Arbeitgeber hat dem Betriebsrat **Auskunft über die Person der Bewerber** zu geben (§ 99 I 1 BetrVG, § 68 II BPersVG). Gemeint sind vor allem Zusatzinformationen, die dem Arbeitgeber im Rahmen des **Vorstellungsgesprächs** bekannt werden. Der Arbeitgeber ist **nicht verpflichtet**, dem Betriebsrat den Bewerber **vorzustellen**; der Betriebsrat hat auch kein Recht am Einstellungsgespräch teilzunehmen, was allerdings im Rahmen der vertrauensvollen Zusammenarbeit möglich ist und auch praktiziert wird.

Auskunft über Zusatzinformationen

Weiter hat der Arbeitgeber dem Betriebsrat Auskunft über die **Auswirkungen der geplanten Maßnahme** zu geben; insbesondere muss er ihm den geplanten Arbeitsplatz und die vorgesehene Eingruppierung – nicht das vereinbarte Arbeitsentgelt – mitteilen (§ 99 I 1 BetrVG).
Der Betriebsrat soll in die Lage versetzt werden zu beurteilen, ob einer der Zustimmungsverweigerungsgründe in Betracht kommt.

Schließlich ist **formell** die **Zustimmung** des Betriebsrats zur Einstellung **einzuholen** (§ 99 I 1 BetrVG, § 69 II 1 BPersVG). Der Betriebsrat soll Bescheid wissen, dass jetzt die Frist zu laufen beginnt, innerhalb derer er die Zustimmung verweigern kann.

Zustimmung zur Einstellung

Der **Betriebsrat** hat die drei folgenden Möglichkeiten zu **reagieren:**

Reaktionsmöglichkeiten des Betriebsrates

1. Er kann der Einstellung **zustimmen**. Der Arbeitgeber ist dann zur Einstellung, genauer zur Beschäftigung des Arbeitnehmers, berechtigt.
2. Der Betriebsrat kann die **Frist**, innerhalb derer er widersprechen könnte, **verstreichen lassen**, ohne etwas zu unternehmen. Mit Ablauf der Frist **gilt** die **Zustimmung** als **erteilt** (§ 99 III 2 BetrVG, § 69 II 5 BPersVG).
3. Der Betriebsrat kann die **Zustimmung verweigern**.

Eine **wirksame Zustimmungsverweigerung** setzt folgendes voraus (§ 99 III 1 BetrVG, § 69 II 3, 5 BPersVG):

Verweigerung der Zustimmung

1. **Schriftliche Mitteilung** an den Arbeitgeber.
2. Mitteilung **innerhalb einer Woche nach Unterrichtung** durch den Arbeitgeber (10 Arbeitstage, § 69 II 3 BPersVG, sofern nicht ausnahmsweise gem. § 69 II 4 BPersVG in dringendem Fall die Frist vom Dienststellenleiter auf drei Tage verkürzt worden ist). Die Frist endet mit Dienstschluss an dem Wochentag, der seiner Benennung nach dem Tag entspricht, an dem der Betriebsrat unterrichtet wurde **(Montag/Montag)**. Ist dieser Tag ein **Samstag, Sonn- oder Feiertag**, so endet die Frist mit Dienstschluss des nächsten Werktages (vgl. §§ 187 ff., 193 BGB).
3. **Schriftliche Angabe** von **Gründen**.

Gründe für Verweigerung der Zustimmung

Als **Gründe** können in Betracht kommen (§ 99 II BetrVG, § 77 II BPersVG):

1. Die personelle **Maßnahme verstößt gegen ein Gesetz**, eine Verordnung, eine **Unfallverhütungsvorschrift** oder gegen eine **Bestimmung in einem Tarifvertrag** oder in einer **Betriebsvereinbarung** (nicht Dienstvereinbarung !, vgl. § 77 II Nr. 1 BPersVG) oder gegen eine gerichtliche Entscheidung oder eine behördliche Anordnung (§ 99 II Nr. 1 BetrVG; in § 77 II Nr. 1 BPersVG sind zusätzlich Verstöße gegen Frauenförderpläne, Verwaltungsanordnungen (z. B. zur Beteiligung der Schwerbehindertenvertretung im Bereich des BMVg) oder personelle Auswahlrichtlinien genannt).
   Rechtsvorschriften in diesem Sinne sind solche, die der Einstellung entgegenstehen, wie vor allem **Beschäftigungsverbote** in **Gesetzen** (z. B. §§ 3, 4, 6, 8 MuSchG; §§ 3 ff. ArbZG; §§ 22 ff. JArbSchG; Gleichbehandlungsgrundsatz, § 75 I BetrVG bzw. 67 I BPersVG, §§ 611a, b BGB; Verstöße gegen das AÜG; unterbliebene Prüfung der Einstellung von Schwerbehinderten gem. § 81 I SGB IX).
   Ein Zustimmungsverweigerungsrecht besteht auch, wenn der Arbeitgeber entgegen einer entsprechenden tarifvertraglichen Verpflichtung nicht geprüft hat, ob der Arbeitsplatz mit einem bisher befristet Beschäftigten besetzt werden kann. Als Verstöße gegen einen Tarifvertrag kommen auch falsche Eingruppierung oder Umgruppierung in Betracht (vgl. F/K/H/E § 99 Rz. 161 m.w.N.). Der Betriebsrat kann **nicht** widersprechen, wenn er die Einstellung oder irgendwelche Vertragsbedingungen für **unzweckmäßig** hält.
2. Die personelle Maßnahme verstößt gegen eine **Auswahlrichtlinie** (§ 99 II Nr. 2 BetrVG; bereits in § 77 II Nr. 1 BPersVG geregelt). Gemeint sind nur formell zwischen Arbeitgeber und Betriebsrat vereinbarte Auswahlrichtlinien, nicht einseitig vom Arbeitgeber aufgestellte Richtlinien oder Kriterien.
3. Es besteht die durch Tatsachen begründete Besorgnis, dass infolge der personellen Maßnahme im Betrieb **beschäftigte Arbeitnehmer gekündigt** werden oder **sonstige Nachteile erleiden**, ohne dass dies aus betrieblichen oder persönlichen Gründen gerechtfertigt ist (§ 99 II Nr. 3 BetrVG; § 77 II Nr. 2 BPersVG).
   Mit Nachteil ist neben dem in § 99 Nr. 3 2. HS BetrVG genannten **jeder Verlust** einer **Rechtsposition** oder einer rechtserheblichen Anwartschaft innerhalb des Arbeitsverhältnisses (Versetzung, Kurzarbeit usw., nicht der Verlust einer tatsächlichen Aufstiegschance) gemeint. Voraussetzung ist immer, dass die Kündigung oder der Nachteil **nicht** aus persönlichen oder betrieblichen Gründen **gerechtfertigt** ist. Der Betriebsrat könnte also bspw. widersprechen, wenn der Arbeitnehmer aus betrieblichen Gründen einen Arbeitnehmer entlassen und an seiner Stelle einen anderen, möglicherweise besser qualifizierten einstellen wollte, nicht aber, wenn er einen Mitarbeiter aus Gründen in seinem Verhalten oder in seiner Person kündigen und für ihn einen Ersatz einstellen möchte.
4. Der betroffene **Arbeitnehmer wird** durch die personelle Maßnahme **benachteiligt**, ohne dass dies aus betrieblichen oder in der Person des Arbeitnehmers liegenden Gründen gerechtfertigt ist (§ 99 II Nr. 4 BetrVG; § 77 II Nr. 2 BPersVG).

5. Eine **interne Stellenausschreibung** ist **unterblieben**, obwohl der Betriebsrat sie allgemein oder für bestimmte Arten von Tätigkeiten verlangt hat (§ 99 II Nr. 5 BetrVG; keine ausdrückliche Regelung in § 77 II BPersVG, aber entweder Verstoß gegen § 75 III Nr. 16 BPersVG oder, sofern geregelt, gegen Auswahlrichtlinie gem. § 76 II Nr. 8 BPersVG).
Eine Stellenausschreibung ist auch dann „unterblieben", wenn der Arbeitgeber **intern höhere Anforderungen** gestellt hat als bei einer gleichzeitigen externen Ausschreibung. Kein Widerspruchsrecht besteht, wenn der Arbeitgeber einen externen Bewerber oder einen Bewerber, der sich erst nach Ablauf der Ausschreibungsfrist beworben hat, vorzieht, oder wenn die Ausschreibung unterbleibt und feststeht, dass kein Mitarbeiter des Betriebs für die Stelle in Betracht gekommen wäre.
6. Es besteht die durch Tatsachen begründete Besorgnis, dass der für die personelle Maßnahme in Aussicht genommene **Bewerber** oder Arbeitnehmer den **Betriebsfrieden** durch gesetzwidriges Verhalten oder durch grobe Verletzung der in § 75 I BetrVG enthaltenen Grundsätze **stören** würde, insbesondere durch fremdenfeindliche Betätigung (§ 99 II Nr. 6 BetrVG; § 77 II Nr. 3 BPersVG, hier reicht unsoziales Verhalten).
Es müssen **konkrete Anhaltspunkte** vorliegen, vage Vermutungen genügen nicht.

Hört der Arbeitgeber den **Betriebsrat nicht an** oder **widerspricht** der **Betriebsrat,** kann der Arbeitgeber zwar wirksam einen Arbeitsvertrag mit dem Bewerber abschließen. Er darf ihn aber **nicht beschäftigen**. Der Arbeitnehmer hat Anspruch auf das vereinbarte Entgelt, wenn der Arbeitgeber ihn nicht ausdrücklich darauf aufmerksam gemacht hat, dass die Zustimmung des Betriebsrats (noch) aussteht, und wenn er sie ihm auch nicht als reine Formsache hingestellt hat.

Folgen von Zustimmungsverweigerung oder Widerspruch des Betriebsrats

Beschäftigt der Arbeitgeber den Arbeitnehmer **trotz Zustimmungsverweigerung**, kann der Betriebsrat beim **Arbeitsgericht beantragen**, dem Arbeitgeber aufzugeben, dass er die **Weiterbeschäftigung unterlässt**. Kommt der Arbeitgeber der Anordnung nicht nach, hat das Arbeitsgericht gegen ihn für jeden Tag der Zuwiderhandlung ein Zwangsgeld von bis zu 250 € festzusetzen (§ 101 BetrVG). Der **Personalrat** kann lediglich die Feststellung der Verletzung des Beteiligungsrechts durch das Verwaltungsgericht im Beschlussverfahren feststellen lassen.

Der Arbeitgeber kann, wenn der **Betriebsrat** die **Zustimmung** zu einer Einstellung ordnungsgemäß **verweigert**, beim **Arbeitsgericht beantragen**, die **Zustimmung zu ersetzen** (§ 99 IV BetrVG; Ersetzung durch Einigungsstelle nach Durchführung des Stufenverfahrens, § 69 III, IV BPersVG).

Der Arbeitgeber kann den **Bewerber vorläufig einstellen**, bevor der Betriebsrat sich geäußert oder obwohl er die Zustimmung verweigert hat, falls das aus sachlichen Gründen **dringend erforderlich** ist, bspw. weil ein besonders qualifizierter Bewerber sonst „abspringt" oder wenn in einer Vierergruppe zwei Plätze zu besetzen sind. Er muss den **Betriebsrat** darüber **unverzüglich informieren** und, wenn dieser die **Dringlich-**

Versetzung

keit bestreitet, auch dazu die **Ersetzung** der **Zustimmung** beim **Arbeitsgericht beantragen.** Zu Einzelheiten vgl. § 100 BetrVG, § 69 V BPersVG.

Um zu entscheiden, ob im **Falle einer Versetzung** ein Mitbestimmungsrecht vorliegt, kommt es allein darauf an, ob eine Versetzung i. S. d. Betriebsverfassungsrechts vorliegt.

> Versetzung i. S.d. **Arbeitsvertragsrechts** ist die **Zuweisung** eines **anderen Arbeitsplatzes.**

> Versetzung i. S.d. Tarifrechts des **öffentlichen Dienstes** und § 75 I Nr. 3 BPersVG (§ 12 I BAT bzw. § 8 VI MTArb) ist die Zuweisung einer Beschäftigung bei einer **anderen Dienststelle** oder einem anderen **Betrieb desselben Arbeitgebers auf Dauer,** wobei das Arbeitsverhältnis im Übrigen unverändert fortgesetzt wird (vgl. BAG AP Nr. 6 zu § 44 BAT).

Keine Versetzung in diesem Sinne ist die Zuweisung andersartiger Arbeit oder eines anderen Arbeitsplatzes ohne Wechsel der Dienststelle. Tarifliche Wirksamkeitsvoraussetzung ist das Vorliegen **dienstlicher Gründe** und bei **Ortswechsel** die **vorherige Anhörung** des betroffenen Arbeitnehmers. Zu beachten ist allerdings, dass einzelne Landespersonalvertretungsgesetze ein Mitbestimmungsrecht auch bei Übertragung einer anderen Tätigkeit oder eines anderen Aufgabenbereiches innerhalb der Dienststelle einräumen (so z. B. § 87 I Nr. 11 HmbPersVG).

> Versetzung i. S.d. **Betriebsverfassungsrechts** ist die **Zuweisung** eines **anderen Arbeitsbereichs,** die voraussichtlich die Dauer von **einem Monat überschreitet oder** die mit einer **erheblichen Änderung** der **Umstände** verbunden ist, unter denen die **Arbeit zu leisten ist** (§ 95 III S. 1 BetrVG).

Arbeitsplatz und Arbeitsbereich

Arbeitsplatz und Arbeitsbereich werden durch Art und Ort der Tätigkeit und durch die Eingliederung in die betriebliche Organisation bestimmt. Der Begriff des **Arbeitsbereichs** ist **weiter** gefasst als der des **Arbeitsplatzes.** Geringfügige Änderungen sind nicht gemeint. Die Art der Arbeit ändert sich, wenn dem Arbeitnehmer eine **andere Arbeitsaufgabe** zugewiesen wird. Die **bloße Erweiterung oder Verkleinerung** des Aufgabenbereichs **genügt nicht,** wenn dadurch nicht ein grundlegend abweichender und damit neuer Aufgabenbereich entsteht. Letzteres ist nach neuerer Rechtsprechung des BAG bei einer quantitativen Veränderung der Gesamttätigkeit von **25 %** i.d.R. anzunehmen (BAG AP Nr. 34 zu § 95 BetrVG).

Änderung des Ortes

Unter **Änderung des Ortes** ist vor allem die Tätigkeit in einer **anderen politischen Gemeinde** zu verstehen, nicht der bloße Wechsel aus einem Büro oder aus einer Produktionshalle in eine andere.

Änderung der **organisatorischen Eingliederung** meint den **Wechsel in einen anderen Betrieb** oder in eine andere bis zu einem gewissen Grad **in sich geschlossene Einheit** mit in der Regel eigenem Fach- und Disziplinarvorgesetztem, z. B. aus der Forschung in die Produktion. Auch hier genügen nicht die Zuweisung einer Sekretärin zu einem anderen Vorgesetzten innerhalb derselben Arbeitsgruppe, organisatorische Änderungen innerhalb dieser Gruppe oder die Zuordnung der gesamten Gruppe zu einer anderen organisatorischen Einheit.

Wechsel in einen anderen Betrieb

Keine Versetzung ist die **Änderung von Lage und/oder Dauer der Arbeitszeit**, also etwa der Wechsel von Voll- in Teilzeitarbeit oder von einer Schicht in eine andere, auch nicht bei Wechsel von Tag- in Nachtschicht oder von Normal- in Wechselschicht. Hier kann aber das Mitbestimmungsrecht bei der Lage der Arbeitszeit in Betracht kommen (§ 87 I Nr. 2 BetrVG). Im Übrigen ist eine Anhörung gem. § 102 BetrVG bei einer evtl. erforderlichen Änderungskündigung durchzuführen.

Änderung der Arbeitszeit

Die Änderung muss die **Dauer eines Monats** voraussichtlich überschreiten oder mit einer **erheblichen Änderung** der **Arbeitsumstände** verbunden sein (§ 95 III 1 BetrVG). Die üblichen **Urlaubs- und Krankheitsvertretungen** sind im Normalfall **mitbestimmungsfrei**. Die Monatsfrist beginnt am Tag der Versetzung.

Sieht es anfangs so aus, als dauere die Versetzung keinen Monat, muss sie dann aber verlängert werden und dauert sie von diesem Augenblick an voraussichtlich wiederum nicht länger als einen Monat, so bleibt sie **mitbestimmungsfrei**. Das gilt auch, falls sie ein weiteres Mal verlängert werden muss. Die vergangene Zeit wird also nicht zu der noch zu erwartenden hinzugezählt. Die Versetzung wird jedoch in dem Augenblick **mitbestimmungspflichtig**, in dem abzusehen ist, dass sie von nun an noch länger als einen Monat dauern wird.

Umstände, unter denen die Arbeit zu leisten ist, sind **Arbeitsablauf** und **Arbeitsumgebung**, wie Wechsel von Innen- in Außendienst, von Normal- in Wechselschicht, vom Einzel- in ein Zentralsekretariat. Es genügt auch eine wesentlich längere Fahrtzeit zum neuen Arbeitsort.

Arbeitsablauf und Arbeitsumgebung

Keine Versetzung ist die Bestimmung des jeweiligen Arbeitsplatzes, wenn Arbeitnehmer nach der Eigenart ihres Arbeitsverhältnisses **üblicherweise nicht** ständig an einem **bestimmten Arbeitsplatz beschäftigt** werden (§ 95 III 2 BetrVG).
Das gilt etwa für Montagetrupps, Reparaturschlosser, „Springer", Auszubildende, die im Rahmen ihres Ausbildungsplans verschiedene Abteilungen oder Betriebe durchlaufen, aber auch für Laboranten, die „ihrem" Chemiker zu einem Großversuch in das Technikum folgen. Wird einem Arbeitnehmer auf Dauer oder auf unabsehbare längere Zeit („mehrere Jahre") ein fester Arbeitsplatz zugewiesen oder wechselt er danach wieder in einen Arbeitsbereich, für den der Wechsel des Arbeitsplatzes typisch ist, so kann auch darin eine Versetzung liegen.

Arbeitsplatzbestimmung

Vor Versetzung Unterrichtung des Betriebsrats

Vor jeder **Versetzung** i. S.d. Betriebsverfassungsrechts ist der **Betriebsrat zu unterrichten**. Ihm ist **Auskunft über die Person** des oder – bei mehreren in Frage kommenden Personen – der Beteiligten, über den in **Aussicht genommenen Arbeitsplatz** und die **vorgesehene Eingruppierung** zu geben (§ 99 I 1 BetrVG).

Der Arbeitgeber hat ihm die **Unterlagen vorzulegen**, die er zu der Beurteilung braucht, ob ein Zustimmungsverweigerungsrecht besteht. Bei einer **Versetzung** aus **betrieblichen Gründen** werden zu den Auskünften auch **Sozialdaten** gehören, bei **Beförderungen** nach einem Auswahlverfahren eventuelle **Testergebnisse**. Der Betriebsrat kann **nicht** verlangen, dass ihm der **Arbeitsvertrag** vorgelegt oder dass ihm Einblick in die Personalakten gewährt wird.

Der Arbeitgeber hat die **Zustimmung** des Betriebsrats **einzuholen** (§ 99 I 1 BetrVG, § 69 II 1 BPersVG). Das gilt **auch**, wenn der **Arbeitnehmer** mit der Versetzung **einverstanden** ist oder wenn sie auf seinen Wunsch erfolgt. Ist zu einer Versetzung eine **Änderungskündigung** erforderlich, so ist der Betriebsrat auch dazu **anzuhören** (§ 102 BetrVG). Beide **Verfahren** können miteinander **verbunden** werden.

Eine **Versetzung** in einen **anderen Betrieb** ist für den **aufnehmenden Betrieb** eine **Einstellung**; der **dortige Betriebsrat** ist entsprechend **zu beteiligen**.

Das Mitbestimmungsrecht des örtlichen Betriebsrats geht auch dann nicht auf den Gesamtbetriebsrat über, wenn der Arbeitgeber eine Reihe von Versetzungen über mehrere Betriebe hinweg in einer „Personalrunde" zusammenfasst und durchführt.

Reaktionsmöglichkeit

Die **Reaktionsmöglichkeiten** des Betriebsrats sind dieselben wie bei der Einstellung: Er kann **zustimmen**, die **Frist verstreichen** lassen oder die Zustimmung **verweigern**.

Auch die **Verweigerungsgründe** sind dieselben (§ 99 II BetrVG, § 77 II BPersVG). Von **praktischer Bedeutung** sind vor allem die **Nr. 3** und **4** (§ 77 II Nr. 2 BPersVG). Der Betriebsrat kann widersprechen, wenn die Besorgnis besteht, dass der Betroffene oder dass andere Arbeitnehmer ungerechtfertigte **Nachteile** erleiden. Dazu kann auch eine tatsächliche Erschwerung der Arbeit von nicht unerheblichem Gewicht für die in der Abteilung verbleibenden Arbeitnehmer vorliegen.

Ohne Zustimmung des Betriebsrats darf der Arbeitgeber den Arbeitnehmer **nicht versetzen**. Will er es dennoch tun, muss er die Zustimmung durch das Arbeitsgericht ersetzen lassen (§ 99 IV BetrVG; bzw. Ersetzung durch Einigungsstelle nach Durchführung des Stufenverfahrens, § 69 III, IV BPersVG). Dies gilt auch, wenn die **Versetzung durch Änderungskündigung** bewirkt wird. In Ausnahmefällen hat er das Recht, einen Arbeitnehmer **vorläufig zu versetzen**. Es gilt sinngemäß dasselbe wie bei Einstellungen (§ 100 BetrVG, § 69 V BPersVG).

Absprachen im Voraus

Sinnvollerweise wird man für Eilfälle mit dem Betriebsrat im Voraus Absprachen treffen. Dem Betriebsrat bleibt es unbenommen, sich für den Einzelfall eine abweichende Entscheidung vorzubehalten.

Auch im Falle von **Ein- und Umgruppierungen** hat der Betriebsrat bestimmte Rechte.

> Eingruppierung ist die **erste Festsetzung** der für die Entlohnung des Arbeitnehmers maßgeblichen **Lohn- oder Gehalts- bzw. Vergütungsgruppe, Umgruppierung** deren **Änderung**; auf den Anlass der Änderung (neue Tätigkeit, Korrektur) kommt es nicht an. Gleichgültig ist, ob die Vergütungsordnung auf Tarifvertrag beruht oder ob sie einseitig vom Arbeitgeber geschaffen wurde. Mitbestimmungspflichtig ist auch die **Zuordnung zu Zulagengruppen**, wenn für sie andere Merkmale gelten als für das laufende Entgelt. Auch die vorübergehende Übertragung einer höher zu bewertenden Tätigkeit, z. B. nach § 24 BAT, unterliegt einschließlich der vertretungsweisen Übertragung der Mitbestimmung (BVerwG ZTR 98, 138).

Keine Ein- oder Umgruppierung liegt vor, wenn der Arbeitgeber den Mitarbeiter **freiwillig höher einstuft**, als es der Tätigkeit entspricht, wenn er **übertarifliche Zulagen** gewährt oder Arbeitnehmer **außertariflich bezahlt**.

Ein- und Umgruppierungen sind Normenvollzug, keine Entscheidungen, bei denen der Arbeitgeber frei wäre. Maßgeblich für die Zuordnung ist allein die ausgeübte, zeitlich überwiegende Tätigkeit. Der Betriebsrat hat darum kein echtes Mitbestimmungs-, sondern nur ein **Mitbeurteilungsrecht**. Ihm obliegt lediglich eine Richtigkeitskontrolle.   *Richtigkeitskontrolle*

Der Arbeitgeber kann (und muss) den Arbeitnehmer auch ohne Zustimmung des Betriebsrats und ohne Zustimmung des Arbeitsgericht (**vorläufig**) **eingruppieren**, wenn er ihm **erstmals** eine **Tätigkeit zuweist** oder wenn er ihm eine andere Tätigkeit zuweist oder wenn sich die Vergütungsordnung ändert; das gilt selbst für geringfügig beschäftigte Arbeitnehmer mit Nettolohnvereinbarung.

Holt der Arbeitgeber die **Zustimmung** des Betriebsrats **nicht ein**, dann kann der Betriebsrat im Mitbestimmungssicherungsverfahren nicht die Aufhebung der (richtigen) Einstufung verlangen, sondern nur die **nachträgliche Einholung** seiner Zustimmung und bei Verweigerung der Zustimmung die Durchführung des arbeitsgerichtlichen **Zustimmungsersetzungsverfahrens**.   *Ersetzungsantrag*

Scheitert der Arbeitgeber mit dem Ersetzungsantrag, dann muss er die Zustimmung des Betriebsrats zur Eingruppierung in eine andere Gruppe einholen. Die im Ersetzungsverfahren gefundene Eingruppierung ist für Arbeitnehmer und Arbeitgeber bindend. Der Betriebsrat kann nicht mit der Begründung, der Arbeitgeber habe den Arbeitnehmer falsch eingruppiert, die Zustimmung zu einer Einstellung oder Versetzung verweigern. Beide Maßnahmen haben nichts miteinander zu tun.

Der **Arbeitnehmer** kann **unabhängig** vom **Mitbestimmungsverfahren** die **richtige Eingruppierung verlangen** und notfalls einklagen. Umgekehrt kann der Betriebsrat nicht verlangen, dass der Arbeitgeber eine Eingruppierungsentscheidung, die er unter Beteiligung des Betriebsrats getroffen hat, ändert.

Im Falle von **Kündigungen** gilt Folgendes:

> Der **Betriebsrat** ist **vor jeder Kündigung zu hören** (§ 102 I 1 BetrVG).

Gemeint ist die Kündigung durch den Arbeitgeber, hier aber wirklich **jede Kündigung**: die ordentliche, die außerordentliche und die Änderungskündigung, die Kündigung vor Arbeitsantritt in den ersten 6 Monaten, also in der Probezeit, und in den sonstigen Fällen fehlenden Kündigungsschutzes (weniger als 5 Arbeitnehmer), die Kündigung von befristeten Arbeitsverhältnissen, sofern überhaupt zulässig (Vereinbarung erforderlich, auch z. B. bei Werkstudenten, vgl. § 620 I BGB), und in Eilfällen.

Beendigung befristeter Arbeitsverhältnisse

Keine Anhörung ist erforderlich bei **Beendigung befristeter Arbeitsverhältnisse**, z. B. bei Nichtübernahme eines Auszubildenden, auch nicht bei der Nichtweiterbeschäftigungsanzeige und bei Aufhebungsverträgen.

Der Betriebsrat ist vor der Kündigung anzuhören, d. h. **bevor** die **Kündigungserklärung** den Machtbereich des Erklärenden verlässt: spätestens vor Aufgabe des Kündigungsschreibens (Achtung: Schriftformerfordernis gem. § 623 BGB) zur Post. Eine **nachträgliche Anhörung genügt nicht**. Sie hat nicht einmal die Wirkung einer Anhörung für eine neue Kündigung. Der Betriebsrat ist **erneut anzuhören**, wenn eine **unwirksame Kündigung wiederholt** wird.

Mitteilungspflicht des Arbeitgebers

Anzuhören ist der **Betriebsrat als Gremium**. Es gilt sinngemäß dasselbe wie für die Einholung der Zustimmung zu Einstellungen. Der Arbeitgeber muss dem Betriebsrat die **Gründe mitteilen**, die nach seiner **subjektiven Sicht** die **Kündigung rechtfertigen** und für seinen **Kündigungsentschluss maßgebend** sind. Er muss den **maßgeblichen Sachverhalt** so **beschreiben**, dass der Betriebsrat ohne eigene zusätzliche Nachforschungen in die Lage versetzt wird, die Stichhaltigkeit der Kündigungsgründe zu prüfen und sich über eine Stellungnahme schlüssig zu werden.

Der Betriebsrat ist anzuhören. **Anhörung bedeutet**, das er über das Kündigungsvorhaben unterrichtet wird und Gelegenheit zur Stellungnahme erhält. Auf eine Diskussion muss sich der Arbeitgeber nicht einlassen, obwohl das natürlich im Normalfall guter Zusammenarbeit entspricht.

Der Arbeitgeber muss dem Betriebsrat die **Person** des **Arbeitnehmers** nennen, dem er kündigen will, sowie die **Art** der **Kündigung**, den **Kündigungstermin** und die **Gründe** für die Kündigung.

Zu den **Angaben zur Person** gehören **Alter, Familienstand**, Zahl der Unterhaltsberechtigten, Dienstjahre, Arbeitsbereich und **Sonderkündigungsschutz**, soweit bekannt.

„**Art der Kündigung**" meint ordentliche, außerordentliche oder Änderungskündigung.

> Eine **falsche Berechnung** der **Kündigungsfrist** ist **unschädlich**.

Kündigungsgründe

Der Arbeitgeber muss **alle Kündigungsgründe** mitteilen, die ihm bisher **bekannt** sind und auf die er die Kündigung **stützen will**; es müssen dem Betriebsrat also nicht alle objektiv kündigungsrechtlich erheblichen Tatsachen, sondern die vom Arbeitgeber für die Kündigung als ausschlaggebend angesehenen Umstände mitgeteilt werden (Grundsatz der **subjektiven Determination**; BAG AP Nr. 57, 68, 73 zu § 102 BetrVG). Eine pauschale, **schlag- oder stichwortartige Bezeichnung genügt** in der Regel **nicht**. Ausnahmsweise reicht ein bloßes Werturteil (z. B. „nicht hinreichende Arbeitsleistung") dann aus, wenn der Arbeitgeber seine Motivation nicht durch konkrete Tatsachen belegen kann. Dies wird nur bei Kündigungen in der Probezeit ausreichend sein.

Bei einer **Kündigung** wegen **häufiger Kurzerkrankungen** hat der Arbeitgeber also bspw. die **Fehlzeiten** und – soweit bekannt – die **Art der Erkrankung** und die sog. **negative Zukunftsprognose** bzgl. des zukünftig zu erwartenden Gesundheitszustandes sowie die **wirtschaftlichen Belastungen** und die **betrieblichen Beeinträchtigungen** mitzuteilen, die infolge der Fehlzeiten entstanden sind und mit denen noch gerechnet werden muss. Ist der Arbeitnehmer auf Dauer arbeitsunfähig krank, dann genügt die Information darüber.

Bei einer **betriebsbedingten Kündigung** gehören zu den Gründen, die der Arbeitgeber mitzuteilen hat, nicht nur die **dringenden betrieblichen Erfordernisse**, sondern auch die Umstände, die seiner Ansicht nach für die **Sozialauswahl** maßgeblich sind.

Hinsichtlich der **Folgen** einer **fehlerhaften Information** ist zu unterscheiden:

Folgen fehlerhafter Information

> Die **Kündigung** ist **unwirksam**, wenn der Arbeitgeber den Betriebsrat überhaupt **nicht** oder **nicht ordnungsgemäß angehört** hat (§ 102 I 3 BetrVG).

Genügt die Anhörung den Anforderungen, hat der Arbeitgeber aber **nicht alle** für die Kündigung bedeutsamen **Tatsachen vorgetragen**, so kann er sich **im Kündigungsschutzprozess nur auf** die **Tatsachen berufen**, die er dem **Betriebsrat mitgeteilt** hat; das gilt auch für die Art der Kündigung.

Hat der Arbeitgeber den Betriebsrat also lediglich zu einer außerordentlichen Kündigung angehört, so kommt die Umdeutung in eine ordentliche Kündigung im Allgemeinen nur dann in Betracht, wenn der Betriebsrat der außerordentlichen Kündigung zugestimmt hat und wenn anzunehmen ist, dass er auch – oder erst recht – einer ordentlichen Kündigung zugestimmt hätte. Hat der Arbeitgeber dem Betriebsrat für eine Kündigung nur Gründe genannt, die eine betriebsbedingte Kündigung tragen, dann kann er sich im Prozess nicht auf Gründe in der Person oder im Verhalten berufen.

Bei der vor Ausspruch einer **Änderungskündigung** durchzuführenden erforderlichen **Unterrichtung** ist in jedem Fall streng darauf zu achten, dass der Betriebsrat über das **Änderungsangebot** und die **Gründe** für die **beabsichtigte Änderung** der **Arbeitsbedingungen** unterrichtet ist und unmissverständlich **klargestellt** wird, dass im Falle der **Ablehnung des Änderungsangebots** durch den Arbeitnehmer die **Beendigungskündigung** beabsichtigt ist. Nach der Rechtsprechung des BAG (DB 1990, 993) liegt keine ordnungsgemäße Unterrichtung vor, wenn für den Betriebsrat offen bleibt, ob die Ablehnung des Änderungsangebots die Beendigungskündigung zur Folge haben soll. Dann müsste die Unterrichtung bei einer tatsächlichen Beendigung durch Ablehnung des Angebots durch den Arbeitnehmer erneut vorgenommen werden.

Kein Nachschieben von Kündigungsgründen

Der Arbeitgeber kann den Sachverhalt auch **nicht um Tatsachen ergänzen**, die sein Vorbringen erst schlüssig machen, also etwa bei einer verhaltensbedingten Kündigung vortragen, dass er wegen einschlägiger Vorfälle **abgemahnt** hat (Grundsatz: kein Nachschieben von Kündigungsgründen im Prozess).

Eine Ergänzung ist nur in zwei Fällen möglich: Einmal, wenn es nur um eine **Abrundung** geht, zum anderen, wenn dem Arbeitgeber ein **Sachverhalt im Zeitpunkt der Anhörung nicht bekannt** war; in dem zweiten Fall muss er die Anhörung allerdings nachholen.

Die **Unterrichtung** des Betriebsrats kann **mündlich oder schriftlich** erfolgen. Aus Beweisgründen – Einhaltung der Fristen – ist zumindest in größeren Betrieben eine Information mithilfe eines **Formulars zweckmäßig** und üblich.

Vor seiner **Stellungnahme** soll der **Betriebsrat** den **Arbeitnehmer anhören** (§ 102 II 4 BetrVG). Ein Unterlassen der Anhörung hat allerdings keine Rechtsfolgen.

Reaktionsmöglichkeit

Der Betriebsrat hat **vier Möglichkeiten** zu **reagieren**:

1. Er kann der Kündigung **zustimmen**. Im Kündigungsschutzverfahren wird sich das bei der Beweiswürdigung in der Regel zugunsten des Arbeitgebers auswirken.
2. Der Betriebsrat kann die **Frist**, in der er Bedenken anmelden oder der Kündigung widersprechen könnte, **verstreichen lassen**, ohne etwas zu unternehmen. Mit Ablauf der Frist **gilt** seine **Zustimmung** ebenfalls **als erteilt** (§ 102 II 2 BetrVG, § 72 II 1 BPersVG).
3. Der Betriebsrat kann **Bedenken anmelden** (§ 102 II I, 3 BetrVG, § 72 II 2 BPersVG: Einwendungen erheben und erörtern).
4. Er kann der **Kündigung widersprechen** (§ 102 III BetrVG, § 79 I 2 BPersVG sowie Stufenverfahren unter den Voraussetzungen nach § 72 IV BPersVG).

Für die beiden letztgenannten Fälle gelten folgende Voraussetzungen:

- Die Mitteilung muss **schriftlich** erfolgen.
- Sie muss dem Arbeitgeber bei einer **ordentlichen Kündigung innerhalb einer Woche** (§ 102 II 1 BetrVG, § 72 II 1 BPersVG: 10 Arbeitstage), bei einer **außerordentlichen unverzüglich**, spätestens innerhalb

von **3 (Kalender-) Tagen** zugehen (§ 102 II 3 BetrVG, § 79 III 3 BPersVG).

Bei der **Fristberechnung** zählt der Tag, an dem der Arbeitgeber den Betriebsrat informiert, nicht mit; würde die Frist an einem Samstag, einem Sonntag oder einem Feiertag enden, so läuft sie erst mit Dienstschluss des darauffolgenden Werktags ab.

> 1. Außerordentliche Kündigung am Mittwoch, Fristende an sich spätestens am Samstag; an Samstagen und Sonntagen kein Fristablauf; deshalb Fristende Montag mit Dienstschluss.
> 2. Außerordentliche Kündigung am Freitag, Fristablauf ebenfalls Montag mit Dienstschluss (Frist von 3 Kalender-, nicht Arbeitstagen).

Der Betriebsrat muss **Gründe** für seine **Bedenken** oder seinen **Widerspruch nennen**. Bei einer ordentlichen Kündigung kommen als Gründe in Betracht (§ 102 III), dass

Widerspruchsgründe

- der Arbeitgeber bei der Auswahl des zu kündigenden Arbeitnehmers **soziale Gesichtspunkte** nicht oder nicht ausreichend berücksichtigt hat (§ 102 III Nr. 1 BetrVG, 79 I 3 Nr. 1 BPersVG, nur bei der betriebsbedingten Kündigung).
- die Kündigung gegen eine **Auswahlrichtlinie** verstößt (§ 102 III Nr. 2 BetrVG, 79 I 3 Nr. 2 BPersVG, nur bei der betriebsbedingten Kündigung).
- der zu kündigende Arbeitnehmer an einem **anderen Arbeitsplatz** im selben Betrieb (Dienststelle) oder in einem anderen Betrieb des Unternehmens (andere Dienststelle desselben Verwaltungszweiges an demselben Dienstort einschließlich seines Einzugsgebietes) **weiterbeschäftigt** werden kann (§ 102 III Nr. 3 BetrVG, 79 I 3 Nr. 3 BPersVG, alle Kündigungen). Der Betriebsrat muss einen anderen **freien Platz nennen**, der seiner Meinung nach in Frage kommt. Nicht ausreichend ist das Vorbringen, der Arbeitnehmer könne an seinem jetzigen Arbeitsplatz weiterbeschäftigt werden.
- die **Weiterbeschäftigung** des Arbeitnehmers **nach zumutbaren Umschulungs- und Fortbildungsmaßnahmen** möglich ist (§ 102 III Nr. 4 BetrVG, 79 I 3 Nr. 4 BPersVG). Hier muss der Betriebsrat die **Bildungsmaßnahme bezeichnen** und sagen, an **welchem Platz** der Arbeitnehmer seiner Ansicht nach beschäftigt werden kann.
- eine **Weiterbeschäftigung** des Arbeitnehmers **unter geänderten Vertragsbedingungen** möglich ist und der Arbeitnehmer sein **Einverständnis** damit erklärt hat (§ 102 III Nr. 5 BetrVG, 79 I 3 Nr. 5 BPersVG).

Der Betriebsrat muss **konkrete Tatsachen vortragen**. Eine **formelhafte**, nicht dem Einzelfall angepasste **Begründung**, wie etwa die bloße Bezugnahme auf den Gesetzestext, **genügt nicht**. Sein Vortrag muss es zumindest möglich erscheinen lassen, dass einer der Gründe des Absatzes 3 vorliegt.

Konkrete Begründung

Folgen des Widerspruchs

Die **Folgen** von **Bedenken** und **Widerspruch** sind **unterschiedlich:** Meldet der Betriebsrat nur **Bedenken** an, so hat das allenfalls Auswirkungen auf die **Beweiswürdigung** in einem eventuellen Kündigungsschutzverfahren.

Widerspricht er frist- und formgerecht und erhebt der Arbeitnehmer **Kündigungsschutzklage**, dann muss der Arbeitgeber ihn auf Verlangen bei unveränderten Arbeitsbedingungen bis zum rechtskräftigen Abschluss des Rechtsstreits **weiterbeschäftigen** (§ 102 V 1 BetrVG, 79 II 1 BPersVG).

Das **Arbeitsgericht** kann ihn nur dann von der Verpflichtung zur **Weiterbeschäftigung entbinden**, wenn:

- die **Klage** des Arbeitnehmers **keine hinreichende Aussicht auf Erfolg** bietet oder mutwillig erscheint
- die Weiterbeschäftigung des Arbeitnehmers zu einer **unzumutbaren wirtschaftlichen Belastung** des Arbeitgebers führen würde
- der **Widerspruch** des Betriebsrats **offensichtlich unbegründet** war (§ 102 V 2 BetrVG, 79 II 2 BPersVG).

Gleichgültig wie der Betriebsrat reagiert: Sobald er **abschließend Stellung nimmt**, d. h. sobald er zustimmt, Bedenken anmeldet, widerspricht oder zu erkennen gibt, dass er nichts unternimmt, oder, falls er untätig bleibt, sobald die Frist abgelaufen ist, kann der Arbeitgeber **kündigen**.

Wie sich bereits aus dem Vorstehenden ergeben hat, wirkt der Personalrat im Geltungsbereich des BPersVG bei **ordentlichen Kündigungen** gem. §§ 79 I, II, 72 BPersVG mit. Die beabsichtigte Kündigung muss seitens der Dienststelle mit dem Personalrat „vor der Durchführung", d. h. vor der Erklärung gegenüber dem Arbeitnehmer rechtzeitig und eingehend mit dem Ziel der Verständigung erörtert werden.

Zuständigkeiten

Unterrichtungspflichtige Dienststelle i. S.d. §§ 79 I 1, 72 BPersVG sind nach § 6 BPersVG die einzelnen Behörden, Verwaltungsstellen und Betriebe der in § 1 BPersVG genannten Verwaltungen. Für die Dienststelle handelt jeweils ihr **Leiter** (§ 7 BPersVG). Er leitet das Verfahren gegenüber dem Personalrat ein. § 7 BPersVG bestimmt, dass regelmäßig der Leiter der Dienststelle handelt und **nur im Verhinderungsfall** durch seinen **ständigen Vertreter** vertreten wird. Sein Tätigwerden setzt eine **Verhinderung des Dienststellenleiters** voraus. Eine Verhinderung liegt vor, wenn der Dienststellenleiter **objektiv nicht in der Lage** ist, seine **Aufgaben und Pflichten** nach dem BPersVG wahrzunehmen.

Rügt der **Personalrat** im Laufe des Beteiligungsverfahrens nach § 79 PersVG wegen einer vom öffentlichen Diensthernn beabsichtigten Kündigung **nicht**, dass der sonstige Beauftragte ohne Verhinderung des Dienststellenleiters handele, so ist auch bei fehlender Verhinderung des Dienststellenleiters dieser **Mangel** im Verhältnis zum gekündigten Arbeitnehmer **unbeachtlich**. Der Schutzzweck der Norm des § 79 Abs. 4 BPersVG, wonach eine Kündigung unwirksam ist, wenn der Personalrat nicht beteiligt worden ist, erfordert es nicht, auch dann eine Unwirksamkeit der Kündigung anzunehmen, wenn der Personalrat – bei im Übrigen ordnungsgemäßer Information – das Vorliegen eines Verhinderungsfalles nicht in Zweifel gezogen hat (BVerwG, PersR 1988, 45; so auch BAG ZTR 98, 355). Dementsprechend ist eine Kündigung trotz des Verfahrensmangels wirksam. Rügt der Personalrat dagegen die fehlerhafte Vertretung, ist die Kündigung unwirksam (BAG ZTR 99, 181 für Vertreter des zum Vertreter des Dienststellenleiters bestimmten Personalabteilungsleiters).

Abgesehen von der **Erörterungspflicht** (§ 72 I BPersVG), der evtl. erforderlichen Durchführung des **Stufenverfahrens** bei nachgeordneten Dienststellen (§ 72 IV BPersVG) und der erforderlichen **Aussetzung** des Verfahrens während dieses Zeitraums (§ 72 V BPersVG) bestehen keine weiteren Besonderheiten im Verhältnis zum Betriebsverfassungsrecht. Es gelten die dargelegten Grundsätze entsprechend. Bei **außerordentlichen Kündigungen** besteht – wie im BetrVG – nur ein **Anhörungsrecht** (§ 79 III BPersVG).

Besonderheiten

Besonderheiten bestehen allerdings nach den meisten Landespersonalvertretungsgesetzen. Danach hat der **Personalrat** bei ordentlichen (Änderungs-)Kündigungen ein **Mitbestimmungsrecht** (z. B. § 87 Abs. 1 Nr. 7 HmbPersVG). Die Kündigungen können dann **nur mit Zustimmung** des Personalrats getroffen werden (z. B. § 79 Abs. 1 HmbPersVG). Dann entscheidet, wenn eine Einigung mit dem Personalrat nicht zustandekommt, die **Einigungsstelle** (z. B. § 81 Abs. 1 HmbPersVG).

2 Personalbeschaffung und Personalauswahl

2.1 Allgemeines

Ziel der Personalbeschaffung ist es, rechtzeitig das im Rahmen des Personalbedarfs ermittelte Pflegepersonal zur Verfügung zu stellen. Das Personal muss **quantitativ** und **qualitativ** den Anforderungen entsprechen. Die Wege der Personalbeschaffung sind sehr unterschiedlich. Grundsätzlich gibt es **betriebsinterne** sowie **betriebsexterne** Beschaffungsmöglichkeiten. Die Personalbeschaffung ist häufig gekennzeichnet durch einen Mangel an qualifizierten Fachkräften im Pflegebereich. Dies ist auch heute bei hoher Arbeitslosigkeit immer noch der Fall, gerade in besonderen Bereichen, wie im Pflegedienst, im OP oder in der Anästhesie, fehlen ausgebildete Fachkräfte.

Personal suchen

Nach Beendigung des Auswahlverfahrens und der Auswahl geeigneter Bewerber enden die Beschaffungsmaßnahmen in der Regel durch den Abschluss eines Arbeitsvertrages. Zu kritisieren ist an dieser Stelle, dass die Auswahlverfahren gerade im öffentlichen Dienst zu lange dauern und die Bewerber dadurch oft lange Zeit auf eine verbindliche Zusage warten müssen. Diese Verfahrensweise kann auf Dauer nicht akzeptiert werden und die Methoden der Personalauswahl werden sich in Zukunft ändern müssen. I. d. R. legt der Abteilungsleiter oder die Geschäftsleitung der Personalabteilung eine **Personalanforderung** vor. Im Pflegedienst ist es die Pflegedienstleitung, die zum Teil noch selbst die Personalbeschaffung vornimmt. Grundsätzlich ist es aber originäre Aufgabe der Personalabteilung, geeignetes Personal zu beschaffen und die Stelle wieder zu besetzen.

Der erste Schritt zur Personalanforderung ist die Anforderung durch die jeweilige Abteilung. Von der Abteilung muss eine **formale Personalanforderung** mit exakten Angaben über die zu besetzende Stelle kommen. Erst dann kann eine sach- und interessengerechte Auswahl erfolgen. Die Personalanforderung sollte daher zumindest folgende Angaben enthalten:

Personalanforderung

Abteilung:

Zuständigkeit: Frau Mustermann

Abteilung/Funktionsbereich
☐ Pflegehilfskraft
☐ Innere
☐ Chirurgie
☐ Intensiv
☐ OP/Anästhesie

Übersicht 4:
Muster für eine Personalanforderung

> **Neubesetzung zur**
> ☐ Leitung
> ☐ stellv. Leitung
> ☐ exam. Pflegefachkraft
>
> **Anforderungsprofile**
> Ausbildung: Krankenpfleger für Intensiv & Anästhesie
> Berufserfahrung: 2,5 Jahre
> Kenntnisse/Fähigkeiten: Bobarth-Kurs, Kienästhetik....
> Persönlichkeit: Teamfähigkeit, Belastbarkeit...

2.2 Interne Personalbeschaffung

Stellenbesetzung aus den eigenen Reihen

In den meisten Unternehmen wird heute das Ziel verfolgt, Stellen möglichst intern aus den eigenen Reihen zu besetzen. Dafür gibt es Gründe: So sollen Nachwuchskräfte herangebildet werden und die Karrierewünsche der Mitarbeiter und die Forderungen der Betriebsräte im Rahmen ihrer Mitbestimmung berücksichtigt werden. Im öffentlichen Dienst versuchen die Personalräte immer wieder unverhältnismäßig starken Einfluss auf die Stellenbesetzung zu nehmen. Es kommt aber auch vor, dass der Arbeitsmarkt die geeigneten Bewerber nicht hergibt.

Im Folgenden werden einige Möglichkeiten aufgezeigt, wie der Personalbedarf intern gedeckt werden kann:

2.2.1 Mehrarbeit und Überstunden

vorübergehender Personalbedarf

Ein vorübergehender Personalbedarf kann durch Überstunden der Mitarbeiter ausgeglichen werden. Dabei müssen jedoch die gesetzlichen und tariflichen Höchstgrenzen beachtet werden. Insbesondere besteht für Arbeitnehmer keine Pflicht zur Ableistung von Überstunden, wenn dies nicht ausdrücklich im Arbeits- oder Tarifvertrag vereinbart worden ist. Etwas anderes gilt nur in Notfällen. Die Anordnung von Überstunden ist in vielen Fällen rechtswidrig, weil immer der Betriebs- und Personalrat zustimmen muss.

Die **Vorteile von Überstunden** liegen für einen Betrieb darin, dass sie kurzfristig und flexibel nach Zustimmung durch den Betriebsrat angeordnet werden können. Außerdem ist der Verwaltungsaufwand gering und die Zahl der Mitarbeiter wird nicht erhöht.

Zuschlagspflicht

Nachteile sind, dass Überstunden teuer, da zuschlagspflichtig sind. Damit haben die Tarifvertragsparteien zum Ausdruck gebracht, dass es sich um Ausnahmefälle handeln soll. Die dauerhafte Anordnung von Überstunden in der Pflege zu etablieren, bringt erhebliche Gefahren mit sich. Die Mitarbeiter werden stark beansprucht und es kommt zur Überforderung. Die Folge sind schlechte Pflegequalität und Krankheit der Mitarbeiter. Damit erhöht sich wieder Ausfallzeit und der Kreislauf beginnt von Neuem.

Nutzt ein Krankenhaus die flexible Arbeitszeitgestaltung im Rahmen des Arbeitszeitgesetzes, scheidet die Bedarfsdeckung durch Überstunden grundsätzlich aus. Die Beschäftigten werden zwar im Rahmen der regelmäßigen Arbeitszeit verstärkt zur Arbeitsleistung herangezogen, die Mitarbeiter haben dabei aber einen erheblichen Entscheidungsspielraum, zeitnah erfolgt dann der Freizeitausgleich.

> **Mehrarbeit** ist die über die arbeitsvertraglich vereinbarte Arbeitszeit (Teilzeit), **Überarbeit** die über die regelmäßige betriebliche Arbeitszeit hinaus geleistete Arbeit.

In den Arbeitsschutzgesetzen ist geregelt, in welchem Umfang Mehrarbeit überhaupt zulässig ist. Die wichtigsten Bestimmungen zum Arbeitsschutz sind im ArbZG und im JArbSchG enthalten. Aus dem Arbeitsvertrag oder den Tarifverträgen ergibt sich, in welchem Umfang die Arbeitnehmer verpflichtet sind, Mehrarbeit oder Überstunden zu leisten.

Umfang von Mehrarbeit

Die Frage der Überstundenvergütung von Teilzeitbeschäftigten wurde mehrfach vom BAG und dem Europäischen Gerichtshof entschieden. Sie fällt im Bereich des BAT erst an, wenn die Teilzeitbeschäftigten die über die regelmäßige, durchschnittliche wöchentliche Arbeitszeit eines vollzeitbeschäftigten Arbeitnehmers hinausgehenden Arbeitsstunden erreichen und dies dienstplanmäßig nicht vorgesehen war.

2.2.2 Qualifizierung der Mitarbeiter

Die konsequente Qualifizierung der Mitarbeiter stellt eine vorbeugende Maßnahme zur Personalbedarfsdeckung dar. Durch die Qualifizierung soll ein flexibler Personaleinsatz gewährleistet werden, im Bedarfsfall können Mitarbeiter dann eine andere oder höherwertige Aufgabe übernehmen. Hier gibt es im Pflegedienst aber noch erhebliche Defizite, insbesondere was die Rotation der Mitarbeiter betrifft.

Dem Mangel vorbeugen

Qualifizierungsmaßnahmen werden im Rahmen der innerbetrieblichen Fort- und Weiterbildung durchgeführt. Dazu gehören insbesondere Ausbildung, Fortbildung, Umschulung oder Veranstaltungen zur Entwicklung von Nachwuchsführungskräften.

2.2.3 Job-Sharing

Beim Job-Sharing wird eine Stelle, die bisher von einer Person ausgefüllt wurde, auf zwei oder mehr Personen übertragen, die im Außenverhältnis dem Arbeitgeber gemeinsam für die Aufgabenerfüllung verantwortlich sind. Aus betrieblicher Sicht soll eine Steigerung der Arbeitsleistung erzielt werden.

Eine Stelle für zwei

2.2.4 Job-Enlargement und Job-Enrichment

Job-Enlargement bedeutet Aufgabenvergrößerung bzw. Aufgabenerweiterung. Dies liegt dann vor, wenn gleichartige, miteinander in Beziehung

Job-Enlargement

stehende Arbeitsaufgaben zu einer größeren Gesamtaufgabe zusammengefasst werden. Job-Enlargement ist im Gesundheitswesen noch nicht sehr verbreitet, wird aber in den Funktionsabteilungen praktiziert.

Job-Enrichment

Job-Enrichment bedeutet Organisation der Arbeit in dem Sinne, dass Erfolgserlebnisse für das Ergebnis der eigenen Tätigkeit zustande kommen, und auf diese Weise eine höhere Identifikation mit der Tätigkeit erreicht wird. Job-Enrichment wird vor allem auf dem Wege der Gruppenarbeit organisiert. Die Arbeitsgruppe arbeitet in einer Abfolge von wechselnden Tätigkeiten über einen längeren Zeitraum selbstständig und selbstverantwortlich. Die Gruppe ist sowohl für die Herstellung als auch für die einwandfreie Funktion des hergestellten Produktes verantwortlich. Auch eine souveräne Arbeitszeitgestaltung ist möglich.

2.2.5 Job-Rotation

Systematischer Wechsel

Unter Job-Rotation versteht man den geplanten Arbeitsplatzwechsel von Mitarbeitern innerhalb eines Betriebes. Dieser systematische Wechsel soll eine höhere Qualifizierung der Mitarbeiter bewirken, eine qualitative Personalreserve bilden und flexiblere Personaleinsatzplanungen ermöglichen. Obwohl Job-Rotation kein Arbeitszeitmodell zur Flexibilisierung der Arbeitszeit ist, wird dieser Ansatz in der Praxis leider oft in diesem Zusammenhang verkauft.

In großen Krankenhäusern ist Job-Rotation ein übliches Modell, um Mitarbeiter zu qualifizieren und Innovationen in die Abteilungen zu bringen.

2.2.6 Innerbetriebliche Stellenausschreibung

Ausschreibung im Betrieb

Die **interne Stellenausschreibung** basiert auf einer innerbetrieblichen Stellenausschreibung, die sich an der Personalanforderung orientiert und alle wichtigen Angaben über die Tätigkeit, die Aufgabenstellungen und die Anforderungen enthält. Nach § 93 BetrVG kann der Betriebsrat verlangen, dass Arbeitsplätze, die besetzt werden sollen, allgemein oder für bestimmte Arten von Tätigkeiten vor ihrer Besetzung innerhalb des Betriebes ausgeschrieben werden. Dieses Mitbestimmungsrecht beruht auf Artikel 33 Grundgesetz, dort steht in Absatz 2: „Jeder Deutsche hat nach seiner Eignung, Befähigung und fachlichen Leistung gleichen Zugang zu jedem öffentlichen Amte". Dies gilt für alle Stellen, für die der Betriebsrat zuständig ist.

Betriebsrat bestimmt mit

Durch die innerbetriebliche Stellenausschreibung erhalten die Mitarbeiter Gelegenheit, sich wegen gegebener Aufstiegsmöglichkeiten oder aus anderen Gründen zu bewerben. Dadurch soll auch die Chancengleichheit auf dem innerbetrieblichen Arbeitsmarkt erhöht werden. Kommt der Arbeitgeber dem Verlangen des Betriebsrats nicht nach, kann dieser bei einer vom Arbeitgeber beabsichtigten Besetzung des nicht ausgeschriebenen Arbeitsplatzes seine Zustimmung verweigern.

Parallel zu einer internen kann auch eine externe Stellenausschreibung erfolgen. Ein innerbetrieblicher Bewerber hat bei der Stellenbesetzung grundsätzlich keinen rechtlichen Vorrang im Verhältnis zum externen Bewerber. Der Betriebsrat kann nicht erzwingen, dass der Arbeitgeber bereits im Betrieb beschäftigten Mitarbeitern den Vorzug vor externen

Bewerbern gibt. Etwas anderes gilt nur, wenn der Betriebsrat und der Arbeitgeber eine so genannte Auswahlrichtlinie vereinbart haben. Dies kommt häufig im Bereich des öffentlichen Dienstes vor.

2.2.7 Umsetzung

Umsetzung im Sinne des Personalvertretungsrechtes ist die auf Dauer angelegte **Übertragung eines anderen Arbeitsplatzes** ohne Änderung der Dienststelle oder des Betriebes. Ist sie mit einem Wechsel des Dienstortes verbunden, dann ist sie arbeitsrechtlich im Rahmen des Weisungsrechts nur möglich, wenn sie tarifvertraglich oder arbeitsvertraglich zugelassen ist. Diese Fälle der Umsetzung werden personalvertretungsrechtlich wie eine Versetzung behandelt und unterliegen ebenfalls der Mitbestimmung des Personalrats, wobei ein **Wechsel des Dienstorts** dann nicht zu einer förmlichen Beteiligung des Personalrats führt, wenn der neue Dienstort zum Einzugsgebiet des bisherigen Dienstorts gehört. Der Austausch eines Teils der bisherigen Aufgaben ohne Wechsel des Arbeitsplatzes ist dagegen nicht als Umsetzung zu sehen (OVG Münster vom 08.05.1984 – VL 38/82).

Neuer Arbeitsplatz ohne Betriebswechsel

2.2.8 Versetzung

Verringert sich die Anzahl bestimmter Arbeitsplätze und werden gleichzeitig neue, andere Arbeitsplätze geschaffen, kann die erforderliche Personalbeschaffung auch mithilfe von **Versetzungen** erfolgen.
Die Versetzung ist die dauernde Beschäftigung des Arbeitnehmers in einer anderen Dienststelle (Amt) desselben Arbeitgebers unter Fortsetzung des Arbeitsverhältnisses. Sie ist arbeitsrechtlich nur möglich, wenn sie tarifvertraglich oder arbeitsvertraglich zugelassen ist, wenn der Arbeitnehmer ihr zustimmt oder wenn sie durch Änderungskündigung erreicht werden soll.
Bei der Versetzung besteht das Mitbestimmungsrecht des Personalrats auch dann, wenn der Arbeitnehmer ihr zugestimmt hat. Die Versetzung setzt nicht voraus, dass sich der Dienstort ändert. Es genügt, wenn der Beschäftigte seine Funktion in seiner bisherigen Behörde aufgeben und sie ohne inhaltliche Änderung in einer anderen Behörde wahrnehmen muss (BVerwG vom 19.02.1987 – 6P 11.85).
Bei der Versetzung ist der Personalrat der abgebenden Dienststelle zu beteiligen (BVerwG vom 19.12.1975 – VIIP 15.74). Strittig ist, ob außerdem der Personalrat der aufnehmenden Dienststelle mitzubestimmen hat. Diese Meinung übersieht, dass sich eine Versetzung in der aufnehmenden Dienststelle wie eine Einstellung auswirkt (vgl. BAG vom 30.04.1981 – 6 ABR 59/78).

Versetzung im Personalvertretungsrecht

Zusätzlich hat der Arbeitgeber zu prüfen, ob eine **Versetzung i. S. d. Betriebsverfassungsrechts** vorliegt (§ 95 III). Der betriebsverfassungsrechtliche und der arbeitsrechtliche Versetzungsbegriff decken sich nicht. Auch der personalvertretungsrechtliche und der Versetzungsbegriff der Tarifverträge des öffentlichen Dienstes (z. B. § 12 I BAT) decken sich weder untereinander noch im Verhältnis zum allgemeinen Arbeitsrecht oder Betriebsverfassungsrecht.

Versetzung im Betriebsverfassungsrecht

Eine Versetzung liegt immer dann vor, wenn ein anderer Arbeitsbereich für länger als einen Monat zugewiesen wird oder sich die Umstände, unter denen die Arbeit zu leisten ist, erheblich verändern. Dies kann auch durch Aufgabenentzug bewirkt werden.

> Der **Arbeitsbereich** wird in § 81 Abs.1 Betr.VG definiert mit Aufgabe, Verantwortung, Art der Tätigkeit und Einordnung in den Arbeitsablauf des Betriebs. Der Arbeitsbereich wird dabei regelmäßig nicht durch die Arbeitszeit bestimmt, sondern stark räumlich geprägt. Entsprechend hat das BAG in seinen Entscheidungen die allgemeine Änderung der Arbeitszeit zwar als erhebliche Änderung der Arbeitsumstände angesehen, nicht jedoch als Veränderung des Arbeitsbereiches (BAG vom 16. Juli 1991, 1 ABR 71/90 zur Verlängerung der Wochenarbeitszeit). Die starke Betonung der räumlichen Komponente findet sich auch in anderen Entscheidungen, insoweit genügt der kurzfristige anderweitige Einsatz (siehe z. B. LAG Köln vom 4. Mai 1994, 13 TaBV 16/94).

Arbeitsort — Als erhebliche Änderung eines Arbeitsbereichs im Sinne einer Versetzung ist somit die Veränderung des Arbeitsortes anzusehen, ebenso die erhebliche Änderung der Arbeitsaufgabe (BAG vom 2. April 1996, 1 AZR 743/93).

Eine vorübergehende Versetzung ist selbst dann zustimmungspflichtig, wenn der betroffene Arbeitnehmer seine Zustimmung gegeben hat und die Versetzung nicht länger als einen Monat dauert (BAG vom 1. August 1989, 1 ABR 51/88).

2.3 Externe Personalbeschaffung

Instrumente der Personalbeschaffung — Wenn das Potenzial der internen Mitarbeiter nicht ausreicht oder aus anderen Gründen externe Bewerber zu einer Bewerbung aufgefordert werden, müssen die Wege der **externen Personalbeschaffung** beschritten werden. Große Krankenhäuser haben einen ständigen Bedarf an qualifizierten Pflegekräften. Deshalb sind unterschiedliche Konzepte des **Personalmarketings** notwendig. **Personalanzeigen** sind wichtige Instrumente der externen Personalbeschaffung. Sie dienen auch als ein Instrument der Öffentlichkeitsarbeit einer Einrichtung. Eine gute **Anzeige** mit entsprechenden Texten hinterlässt beim Leser einen dauerhaften Eindruck. Mit der Anzeige soll die Neugier der Leser geweckt werden. Voraussetzung ist, dass die Stellenanzeige sowohl von der Optik als auch vom Text her professionell gestaltet ist.

Nachteile — Ein Nachteil der externen Personalbeschaffung ist, dass die eigenen Mitarbeiter demotiviert werden können, wenn sie ihre Aufstiegschancen durch externe Bewerber beeinträchtigt sehen. Außerdem sind die Kosten wesentlich höher als bei der internen Personalbeschaffung. Auch die Risiken bei neuen Mitarbeitern müssen bedacht werden im Vergleich zum vorhandenen Personal. In der Regel ist es Aufgabe der Betriebs- und Personalräte, darauf zu achten, dass auch interne Bewerber ihre Chancen erhalten.

Im Folgenden sind Möglichkeiten der externen Personalbeschaffung aufgeführt.

2.3.1 Stellenanzeige

Die **öffentliche Stellenausschreibung** durch eine Anzeige in verschiedenen Zeitungen spielt bei der externen Personalbeschaffung die überragende Rolle. Diese Ausschreibung bietet die Möglichkeit, unternehmens- und stellenspezifische Daten einer breiten Zielgruppe näher zu bringen. Die Stellenanzeige muss über die zu besetzende Stelle exakte Angaben machen.

Wichtigstes Mittel der externen Ausschreibung

Die primäre Aufgabe der Stellenanzeige ist es, über die Stelle zu informieren. Die Leser sollen Interesse bekommen und ihre Scheu überwinden, sich zu bewerben. Sie sollen den Text vollständig lesen und anschließend ihre Unterlagen einreichen. Nicht geeignete Bewerber sollen erkennen, dass sie nicht in Frage kommen.

Bewerberfreundliche Anzeigen beginnen mit einer exakten Positionsbeschreibung als Headline und Blickfang, hieran schließt sich eine genaue Beschreibung des Unternehmens an. Je präziser die Anforderungen der Stelle formuliert werden, umso besser kann die Stellenanzeige die Filterfunktion wahrnehmen und ungeeignete Bewerber abhalten. Dies hilft Enttäuschungen und Kosten zu vermeiden.

Aufbau

Beim Anzeigentext ist zu prüfen, ob folgende Kriterien beachtet wurden:
- Ist die Anzeige ehrlich?
- Ist die Anzeige optimistisch formuliert?
- Weckt die Anzeige Neugierde?
- Ist die Anzeige informativ?
- Ist die Anzeige für die jeweilige Zielgruppe sachgerecht formuliert?
- Sind die Sätze einfach, klar, kurz und aktiv?

Abb. 3: Beispiel für eine Stellenanzeige

Deutsches Rotes Kreuz

DRK Hamburg-Elmsbüttel Sozialstation Lokstedt-Stellingen gGmbH
Wir suchen zum nächstmöglichen Termin für unsere dritte Pflegegruppe (ca. 30 Mitarbeiter/innen und ca. 70 Kunden) eine

Einsatzleitung für ambulante Pflege

Ihre Aufgabenschwerpunkte:
- Einsatzleitung einer Pflegegruppe
- Wirtschaftliche Steuerung der Pflegegruppe
- Führung, Qualifizierung und Anleitung der Mitarbeiter/innen
- Vertragsabwicklung mit den Pflegekunden
- Mitarbeit bei der laufenden Qualitätsarbeit
- Durchführung von Pflegevisiten beim Pflegekunden

Unsere Erwartungen:
- Ausbildung als examinierte Krankenschwester/-pfleger
- Möglichst eine Zusatzausbildung im Bereich Sozial- und Gesundheitsmanagement
- Berufserfahrung im ambulanten Pflegebereich
- Erfahrungen in der EDV-gestützten Dienst- und Einsatzplanung
- Leitungskompetenz und motivierender Führungsstil
- Hohes Maß an Verantwortung und selbstständige Arbeitsweise
- Teamfähigkeit und Belastbarkeit
- Kundenorientiertes und wirtschaftliches Denken und Handeln

Wir bieten:
- Einen sicheren Arbeitsplatz in Vollzeit
- Interessante und vielfältige Führungsaufgaben
- AT-Vertrag mit leistungsgerechter Vergütung
- Zusätzliche Altersversorgung

Haben wir Ihr Interesse geweckt? Dann richten Sie bitte Ihre aussagefähige Bewerbung an:

**DRK Hamburg-Elmsbüttel
Sozialstation Lokstedt-Stellingen gGmbH
Geschäftsführung
Försterweg 10, 22 525 Hamburg
Tel.: 040/54 75 97–0, Fax: 040/54 03 500
www.drk.de**

Die Entscheidung über die **Wahl des richtigen Mediums** (Werbeträger) hängt von der Höhe des Anzeigenetats, vom Verhalten der anzusprechenden Zielgruppe und von der Art und Bedeutung der zu besetzenden Position ab. Es kann sinnvoll sein, mehrere Anzeigen in verschiedenen Fachzeitschriften zu schalten. Dabei sollte aber bedacht werden, dass die Kosten dann höher sind. In überregionalen Zeitungen sollte nur inseriert werden, wenn sehr spezielle qualifizierte Mitarbeiter gesucht werden.

> Als Anzeigenträger stehen den Betrieben zur Verfügung:
> 1. regionale Tageszeitungen
> 2. überregionale Tageszeitungen
> 3. überregionale Wochenzeitungen
> 4. Fachzeitschriften

Der Anzeigentermin kann über Erfolg oder Misserfolg der Stellenanzeige entscheiden. In der Praxis ist immer wieder zu beobachten, dass die Stellenanzeige zu spät erscheint und das Bewerbungsverfahren dadurch in die Länge gezogen wird. Dies ist besonders in öffentlichen Krankenhäusern häufig der Fall. Die Kündigungsfristen von Angestellten spielen dabei ebenfalls eine wichtige Rolle. Eine Veröffentlichung am Samstag ist sicher sinnvoll, da sich dieser Tag als der wichtigste für Stellenanzeigen etabliert hat. Die Anzeige kann auch zu unterschiedlichen Terminen geschaltet werden.

Anzeigentermin

Zu unterscheiden sind **offene Anzeigen** und **Chiffreanzeigen**, bei denen der Name des Betriebes nicht genannt wird, oder aber auch Anzeigen, die durch Personalberatungsfirmen in Auftrag gegeben werden.

Anzeigenform

Bewerbungsaktionen im Internet sind auch in Deutschland zu einem beachtenswerten Informations- und Kommunikationsmittel geworden. Das Internet eignet sich sehr gut als Stellenbörse und bringt Stellensuchende und Stellenanbieter schnell und kostengünstig zusammen. Im Internet können wesentlich mehr Informationen gegeben werden als in einer Stellenanzeige. Der Dialog hilft zudem, die telefonischen Anfragen zu reduzieren und damit das Bewerbungsaufkommen auf die Kernzielgruppe einzuschränken.

Stellenbörse im Internet

Im Internet sind zurzeit folgende Anbieter präsent:

1. Unternehmen mit eigener Internet-Adresse, die ihre offenen Stellen über ihre Homepage anbieten.
2. kommerzielle Stellenanbieter
3. nicht-kommerzielle Stellenanbieter (z. B. Hochschulen)
4. Zeitungs- und Zeitschriftenverlage

> **Bewerbungsaktionen** können beispielsweise nach folgendem Muster ablaufen:
> - Der Bewerber informiert sich im Internet über die offene Stelle und das Unternehmen.
> - Ein Self-Assessment ermöglicht die Abgleichung der geforderten Kenntnisse und Fähigkeiten mit denen des Bewerbers.
> - Bei Interesse füllt der Bewerber einen Fragebogen des Unternehmens aus und schickt ihn online zum Unternehmen.
> - Der Bewerber erhält per E-Mail eine Eingangsbestätigung.
> - Die Bewerbungen werden im Unternehmen in eine Datenbank eingespeist.
> - Alle Bewerbungsdaten werden in eine gängige Windows-Datenbank eingelesen.

- Mit Hilfe der Datenbank werden die Bewerbungsdaten nach den maßgeblichen Qualifikationenkriterien selektiert.
- Das Unternehmen fordert von den Bewerbern der 1. Wahl per E-Mail die kompletten Bewerbungsunterlagen an.

2.3.2 Arbeitsamt

Angebot und Nachfrage

Die Arbeitsvermittlung führt Angebot (Arbeitgeber) und Nachfrage (Arbeitsuchende) mit dem Ziel zusammen, Arbeitsverhältnisse zu begründen. Die Arbeitsämter besitzen einen sehr guten Überblick über den regionalen Arbeitsmarkt und bieten eine fachgerechte Beratung sowie positionsbezogene Vorauswahl der Stellensuchenden.

2.3.3 Berufsverbände

Berufsorganisationen

Die Arbeitsvermittlung darf nicht von den Berufsverbänden durchgeführt werden. In der Praxis zeigt sich aber, dass diese einen guten **Überblick über den regionalen Arbeitsmarkt** haben. Stellenanzeigen können deshalb auch an die Berufsverbände gesendet werden. Es empfiehlt sich, auch die bekannten Fort- und Weiterbildungsstätten anzuschreiben. Hier ist eine gezielte Personalanwerbung möglich, insbesondere für fachlich weitergebildete Pflegefachkräfte. Nicht zu vergessen sind die Ausbildungsstätten für Kranken- und Altenpflege.

2.3.4 Personalberater

Externe Berater

Personalberater stellen einen externen Beschaffungsweg für **Arbeitskräfte der höheren Hierarchie-Ebene** dar. Ihr Schwergewicht sollte nicht auf der Vermittlung liegen, sondern auf der Beratung des beauftragten Unternehmens, es sei denn, die Beratung umfasst auch Vermittlungsdienste

Der Aufgabenbereich von Personalberatern kann umfassen:

- Vorarbeiten zur Personalbeschaffung, z. B. das Erarbeiten einer Aufgabenstellung und Stellenanforderung
- Maßnahmen in Verbindung mit der Personalbeschaffung, z. B. die Gestaltung und Formulierung einer Stellenanzeige, das Prüfen von Bewerbungsunterlagen, das Durchführen bzw. Auswerten von Vorstellungsgesprächen, die Unterstützung bei der Beschaffungsentscheidung
- abschließende Tätigkeiten zur Personalbeschaffung, z. B. die Beratung beim Festlegen der arbeitsvertraglichen Regelungen

2.3.5 Arbeitnehmerüberlassung

Im Rahmen der Arbeitnehmerüberlassung überlässt ein selbstständiger Unternehmer als **Verleiher** einen Mitarbeiter, mit dem er einen Arbeitsvertrag geschlossen hat, einem Dritten als **Entleiher**. Der Arbeitnehmer des Verleihers erbringt dem Entleiher befristet Leistungen. Der Entleiher zahlt dem Verleiher dafür eine **Entleihgebühr**. Die Entleihfirma hat das Direktionsrecht gegenüber dem Leiharbeitnehmer, der Auftraggeber besitzt aber ein Anleitungs- und Weisungsrecht im Einzelfall.

Die Arbeitnehmerüberlassung wird in der Praxis insbesondere bei der Überbrückung kurz- und mittelfristiger Personalengpässe (Urlaub, Krankheit, Arbeitsspitzen) eingesetzt. Dies führt zu einer Entlastung des Auftraggebers bei Personalbeschaffungs- und Personalverwaltungskosten, die bei befristeten Arbeitsverträgen unverhältnismäßig hoch sind. Das Risiko einer Personalfreisetzung wird dadurch geringer. Es bestehen **kurze Kündigungsfristen** und eine **Sonderklausel**, nach der Zeitarbeitnehmer innerhalb der ersten 4 Stunden nach Aufnahme der Arbeit ohne Angabe von Gründen abgelehnt werden können.

Die **gewerbsmäßige Arbeitnehmerüberlassung**, die im Arbeitnehmerüberlassungsgesetz (AÜG) geregelt ist, erfolgt derzeit durch rund 4.000 Verleihfirmen mit über 100.000 Beschäftigten. Das Arbeitnehmerüberlassungsgesetz soll den Missbrauch z. B. durch folgende Vorschriften verhindern:

- Arbeitnehmerüberlassung bedarf der Erlaubnis der Arbeitsverwaltung.
- Der Verlassungsvertrag ist schriftlich abzuschließen.
- Der Arbeitsvertrag des Leiharbeitnehmers ist grundsätzlich unbefristet.
- Der Arbeitnehmer darf maximal zwölf hintereinander liegende Monate demselben Entleiher verliehen werden.

Die gewerbsmäßige Arbeitnehmerüberlassung verursacht für das entleihende Unternehmen in der Regel höhere Kosten als die Beschäftigung eigener Arbeitnehmer, vermindert anderseits aber das Risiko von Fehlleistungen.

> Werden Arbeitnehmer nur ausnahmsweise anderen Arbeitgebern überlassen, gelten die Regeln des Arbeitnehmerüberlassungsgesetzes nicht.

2.4 Personalfragebogen

Krankenhäuser und Pflegeeinrichtungen verlangen von den Bewerbern, dass sie die zugesandten **Personalfragebögen** wahrheitsgemäß ausfüllen. Sie enthalten alle für die erste Beurteilung des Bewerbers notwendigen Fragen und ermöglichen eine rasche und systematische Auswertung. Die Einführung des Personalfragebogens bedarf der Zustimmung des Betriebsrates, sodass ein Schutz vor unzulässigen oder indiskreten Fragen besteht. Unzulässige Fragen müssen nicht beantwortet werden.

Anfechtung	Werden zulässige Fragen bewusst unwahr, unvollständig oder falsch beantwortet, kann der Arbeitgeber den Arbeitsvertrag **wegen arglistiger Täuschung anfechten** und damit sofort – mit Wirkung für die Zukunft, nicht rückwirkend – beenden. Die Anfechtung wegen arglistiger Täuschung muss **innerhalb eines Jahres** nach der Entdeckung erfolgen. Die **Anfechtung** kann jedoch gegen Treu und Glauben verstoßen und deshalb **unbeachtlich** sein, wenn nach den Umständen des Einzelfalls nach langjähriger Tätigkeit der **Anfechtungsgrund** für die Durchführung des Arbeitsverhältnisses **keine Bedeutung mehr** hat (BAG-Urteil vom 12.2.1970 – 2 AZR 184/69). Bei unzulässigen Fragen darf der Bewerber lügen, ohne dass er Nachteile befürchten muss. Zulässig sind nur Fragen, die für die spätere Tätigkeit und Durchführung des Arbeitsverhältnisses von Bedeutung sind. Hierzu hat der Arbeitgeber ein berechtigtes, billigenswertes und schutzwürdiges Interesse. Ist eine Frage unzulässig, darf sie auch nicht vom Betriebsarzt gestellt werden.
Offenbarungspflicht	Der Arbeitnehmer hat eine **Offenbarungspflicht** hinsichtlich aller Tatsachen, die ihn für die Stelle ungeeignet erscheinen lassen, oder die ihn außerstande setzen, seine Arbeit zum vereinbarten Termin aufzunehmen.
Interesse des Arbeitgebers	Arbeitgeber haben ein Interesse daran, vor Beginn eines Arbeitsverhältnisses möglichst viele Informationen über den Bewerber zu erhalten: Sie möchten abschätzen können, ob der künftige Mitarbeiter für die Arbeit geeignet ist, ob er leistungsbereit ist und ob mit krankheitsbedingten oder z. B. mutterschutzbedingten Fehlzeiten zu rechnen ist. Auch Dinge interessieren, die nicht unmittelbar mit der Arbeit zu tun haben, z. B. welcher Freizeitbeschäftigung der Bewerber nachgeht, ob er finanziell in geordneten Verhältnissen lebt oder ob er familiäre Schwierigkeiten hat. Deshalb muss bekannt sein, welche Fragen zulässig sind und welche nicht.
Interesse des Bewerbers	Der Bewerber wird grundsätzlich daran interessiert sein, dem künftigen Arbeitgeber ein möglichst positives Bild von sich zu geben. Deshalb wird ihm daran gelegen sein, Umstände, die sich negativ auf die Einstellungsentscheidung des Arbeitgebers auswirken könnten, zu verschweigen. Außerdem kann er ein Interesse daran haben, seine privaten Verhältnisse nach Möglichkeit nicht offen zu legen. Den Bewerber interessiert deshalb ebenfalls, welche Fragen er wahrheitsgemäß beantworten muss und welche nicht.
Offenbarungspflicht	Der Arbeitnehmer muss bestimmte Tatsachen, wenn er sie kennt, von sich aus offenbaren. Besteht eine solche Pflicht und er kommt ihr nicht nach, kann der Arbeitsvertrag angefochten werden. Dies ist z. B. der Fall, wenn der Bewerber die **vorgesehene Tätigkeit aufgrund einer Körperbehinderung** gar **nicht ausführen** kann, wenn er in nächster Zeit eine **Strafhaft anzutreten** hat, oder wenn er die Tätigkeit aufgrund eines Wettbewerbsverbots nicht ausüben kann.
Recht zur Lüge?	Gelegentlich ist bei Bewerbern und Arbeitgebern die Meinung vorhanden, der Bewerber habe das Recht zu lügen. Dies ist falsch. Grundsätzlich darf der Bewerber den Arbeitgeber nicht anlügen. Tut er es den-

noch, so kann dies verschiedene Rechtsfolgen haben. Der Arbeitsvertrag kann wegen Irrtums oder Täuschung anfechtbar sein oder im Einzelfall auch gekündigt werden. Auch eine Abmahnung ist möglich. Andererseits kann es vorkommen, dass eine Lüge vom Arbeitgeber nicht sanktioniert werden kann, weil er sich selbst nicht rechtstreu verhalten hat. Ob bestimmte Fragen zulässig sind, kann in Kapitel 1.4.3 (Seite 74) nachgeschlagen werden.

Grundsätzlich ist davon auszugehen, dass Personalfragebögen nur so lange aufbewahrt werden dürfen, wie der Arbeitgeber ein **berechtigtes Interesse** daran hat. Die dauerhafte Aufbewahrung eines Personalfragebogens von nicht eingestellten Bewerbern ist unzulässig (BAG-Urteil vom 6.6.1984 – 5 AZR 286/81).

Aufbewahrung

Übersicht 5:
Muster für einen Personalfragebogen

Personalfragebogen

I. Fragen zur Person

1. Name: ....
2. Vorname: ....
3. Geschlecht: männlich/weiblich
4. Akademischer Grad: ....
5. Geburtsname: ....
6. Geburtstag: ....
7. Geburtsort: ....
8. Wohnort: ....
9. Straße: ....
10. Telefon: ....
11. Telefax: ....
12. E-Mail: ....
13. Internet: ....
14. Familienstand: ledig/verheiratet/geschieden/verwitwet
15. seit: ....
16. Name des Ehegatten: ....
17. Name der Kinder:
18. (1) .... geb.: ....
19. (2) .... geb.: ....
20. (3) .... geb.: ....
21. (4) .... geb.: ....
22. (5) .... geb.: ....
23. Falls Sie minderjährig sind: Name und Anschrift der gesetzlichen Vertreter:
    ....
    ....
24. Staatsangehörigkeit: ....
25. Aufenthaltserlaubnis bis: ....
26. Arbeitserlaubnis bis: ....
27. Bei welcher Versicherung sind Sie krankenversichert? ....
28. Bei welcher Versicherung sind Sie rentenversichert? ....
29. Erhalten Sie bereits eine Rente oder Pension? Ja/nein
30. Falls ja, Art der Rente: ....

31. Liegen bereits unverfallbare Anwartschaften aus einer
    betrieblichen Altersversorgung vor? Falls ja, ...
    ....

II. Fragen zur bisherigen Tätigkeit

1. Bisherige Tätigkeit: ....
2. Frühestmöglicher Eintrittstermin: ....
3. Wie hat das bisherige Arbeitsverhältnis geendet?
   Arbeitgeberkündigung/Arbeitnehmerkündigung/Aufhebungs-
   vertrag/Ablauf der Befristung
4. Name und Adresse des bisherigen Arbeitgebers: ....
   ....
5. Letzter Stundenlohn/Monatslohn/Gehalt: .... €
6. Urlaubsgeld: .... €
7. Weihnachtsgeld/Sonderzahlung/
   13. und/oder 14. Monatsgehalt: .... €
8. Sonstige Prämien/Beteiligungen .... €
9. Spesensätze: .... €

III. Fragen zur künftigen Tätigkeit

Gewünschte Tätigkeit: ....
Lohn-/Gehaltsvorstellung: .... €

IV. Schulbildung

1. Grundschule: ....
   von .... bis ....
   Abgangsklasse: ....

2. Hauptschule: ....
   von .... bis ....
   Abschluss: ....

3. Mittelschule/Realschule: ....
   von .... bis ....
   Abschluss: ....

4. Oberschule/Gymnasium: ....
   von .... bis ....
   Abschluss: ....

5. Fachhochschule: ....
   von .... bis ....
   Abschluss: ....

6. Universität: ....
   von .... bis ....
   Abschluss: ....
   .... in: ....

V. Sonstige Ausbildung

1. Fremdsprachen: ....
   ....

2. Besuchte Fortbildungsveranstaltungen:
   ....
   ....

3. Betriebliche Ausbildung als: ....
   von .... bis .... in ....
4. Führerschein Klasse: .... seit ....
5. Wehrdienst/Zivildienst: .... von .... bis ....
6. Einberufung wird erwartet zum: ....
   ....
7. Sonstige Kenntnisse: ....
   ....
   ....

VI. Bisherige Tätigkeiten

1. Von .... bis .... als ....
bei Firma ....
2. Von .... bis .... als ....
bei Firma ....

VII. Fragen zur gesundheitlichen Eignung

1. Sind Sie anerkannter Schwerbehinderter oder Gleichgestellter?
   ....
   Falls ja, Grad der Behinderung ....
2. Leiden Sie an chronischen oder ansteckenden Krankheiten?
   ....
3. Sind Sie wegen Krankheiten arbeitsunfähig oder werden es voraussichtlich bei Dienstantritt sein? ....
4. Ist eine Kur bewilligt? ....
5. Haben Sie Krankheiten mit Auswirkungen auf Ihre gesundheitliche Eignung für die angestrebte Position? ....
6. Sind Sie mit einer Einstellungsuntersuchung einverstanden? ...
7. Entbinden Sie den untersuchenden Arzt von der Schweigepflicht? ....
8. Sind Sie schwanger? ....

VIII. Fragen zur persönlichen Eignung

1. Unterliegen Sie einem Wettbewerbsverbot? ....
   Falls ja, Art und Umfang: ....
2. Betreiben Sie eine Konkurrenztätigkeit? ....
   Falls ja, Art und Umfang: ....
3. Haben Sie Ihre derzeitigen Bezüge an Dritte abgetreten? .....
   Falls ja, an wen? ....
4. Haben Sie in den letzten 3 Jahren eine eidesstattliche Versicherung abgegeben oder wurde gegen Sie ein Haftbefehl erlassen? ....
5. Sind Sie vorbestraft? ....
   Falls ja, weshalb? ....
6. Läuft gegen Sie derzeit ein (oder mehrere) Ermittlungsverfahren? ....
   Falls ja, weshalb wird gegen Sie ermittelt? ....

> Ich versichere, die obigen Angaben wahrheitsgemäß gemacht zu haben. Mir ist bekannt, dass im Falle einer unwahren Angabe oder des Verschweigens wesentlicher Tatsachen der Arbeitsvertrag angefochten oder außerordentlich gekündigt werden kann.
>
> ...., den ....
>
> ....
> Unterschrift

2.5 Personalauswahl

> Die **Personalauswahl** sollte folgendermaßen ablaufen:
> - Analyse der Bewerbungsunterlagen
> - Vorstellungsgespräch
> - Eignungstest wenn notwendig
> - Ärztliche Untersuchung
> - Zeugnisse

Bewerbungsunterlagen

Die Personalauswahl beginnt immer mit der Analyse der eingesandten Bewerbungsunterlagen. Die Zeit der Bearbeitung wird wesentlich durch die Anzahl der eingegangenen Bewerbungen bestimmt. Es werden zunächst die unvollständigen Bewerbungsunterlagen aussortiert. Das Bewerbungsschreiben ist die Visitenkarte des Bewerbers und deshalb mit besonderer Aufmerksamkeit zu betrachten. Zur weiteren Orientierung wird der tabellarische Lebenslauf gelesen und mit anderen verglichen.

> Jeder Bewerber erhält unverzüglich eine **schriftliche Mitteilung** über den Eingang seiner Unterlagen.

Liegen nach Sichtung aller Unterlagen viele Bewerbungen vor, die die gewünschten Anforderungen erfüllen, müssen weitere Kriterien der Beurteilung aufgestellt werden, wobei Lichtbilder und Hobbys keine Rolle spielen sollten. Auf diese Art und Weise entsteht dann die Vorsortierung: geeignet, weniger geeignet, nicht geeignet.
Die Bewerbungsunterlagen „nicht geeignet" werden mit der Absage zurückgeschickt. Eine Absage sollte den Bewerber nicht verletzen oder herabsetzen. Die Gründe sollten angegeben werden. Alle Unterlagen sind sorgfältig zu behandeln.
Die Bewerber mit „weniger geeignet" erhalten einen Zwischenbescheid und werden solange aufgehoben, bis die „erste Wahl" abgearbeitet ist.
Alle Bewerber mit „geeignet" werden zum Vorstellungsgespräch eingeladen, dies geschieht möglichst zeitnah. Bei Einladung ist auf die Durchführung von Tests und die Fahrkostenerstattung hinzuweisen. Es folgt die Entscheidung mit dem Angebot, einen Arbeitsvertrag abzuschließen.

Wer mit der Personalauswahl befasst ist, sollte im Pflegedienst festgelegt werden. Die Personalabteilung hat die originäre Aufgabe, die gesamte Personalarbeit zu organisieren.

> Sehr geehrte/r ... ,
>
> wir bestätigen den Eingang Ihrer Bewerbung vom ... und freuen uns über Ihr Interesse an unserer Klinik/Einrichtung.
> Durch die große Anzahl der Bewerbungen, die wir erhalten haben, wird das Auswahlverfahren noch einige Zeit in Anspruch nehmen. Wir bitten Sie um etwas Geduld und darum, von Rückfragen Abstand zu nehmen.
>
> Wir setzen uns so schnell wie möglich wieder mit Ihnen in Verbindung.
>
> Mit freundlichem Gruß
> Firma/Betrieb

Übersicht 6:
Muster für ein Bestätigungsschreiben

> Sehr geehrte/r ... ,
>
> wir danken Ihnen für die Bewerbung vom ... und das Interesse an unserer Klinik/Einrichtung.
> Angesichts der Vielzahl von Bewerbungen haben wir eine Vorauswahl getroffen.
> Nach Durchsicht aller Unterlagen haben wir entschieden, Ihre Bewerbung nicht weiter zu berücksichtigen.
>
> Ihre Bewerbungsunterlagen erhalten Sie anbei zurück.
>
> Für Ihre berufliche Zukunft alles Gute.
>
> Mit freundlichem Gruß
> Firma/Betrieb

Übersicht 7:
Muster für ein Absageschreiben

2.5.1 Zeugnisse

Schulzeugnisse haben für die Beurteilung von Bewerbern eher geringe Bedeutung, vor allem, wenn die Schulzeit länger zurückliegt. Schulnoten sind nicht immer aussagekräftig. Um den Bewerber beurteilen zu können, sind deshalb viele Zeugnisse vorzulegen. Gute Noten lassen v. a. auf die Interessengebiete, schlechte Noten oft auf Faulheit, Desinteresse und mangelnden Willen schließen.

Geringe Bedeutung

Arbeitszeugnisse haben für die Personalwahl dagegen eine hohe Bedeutung, da sie über die Beschäftigung der Bewerber in anderen Kliniken/Pflegeeinrichtungen informieren. Arbeiter haben keinen Anspruch auf Ausstellung von Arbeitszeugnissen.

Hohe Bedeutung

Die Leistungen werden aus folgenden Formulierungen herausgelesen:

Abb. 4: Zeugnisformulierungen

Bedeutung	Formulierung im Zeugnis
Sehr gute Leistungen	stets zu unserer vollsten Zufriedenheit
Gute Leistungen	stets zu unserer vollen Zufriedenheit
Befriedigende Leistungen	zu unserer vollen Zufriedenheit
Mangelhafte Leistungen	im Großen und Ganzen zu unserer Zufriedenheit
Sehr mangelhafte Leistungen	hat sich bemüht

Leistungen und Verhalten eines Bewerbers lassen sich außerdem erkennen an:

- der Dauer der ausgeübten Tätigkeit
- dem Termin des Ausscheidens aus dem Unternehmen
- den Inhalten seiner Tätigkeiten
- dem Grund des Ausscheidens aus dem Betrieb.

Die Auswertung von Arbeitszeugnissen ist in der Praxis oft schwierig. Es ist deshalb günstig, wenn zeitlich aufeinanderfolgende Arbeitszeugnisse vorgelegt werden.

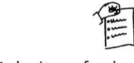

Arbeitsaufgabe

> Wie schätzen Sie folgende Formulierungen ein?
> 1. ... hat seine Aufgaben mit großem Fleiß und Interesse erledigt.
> 2. ... hat unseren Erwartungen in vollem Umfang entsprochen.

2.5.2 Lichtbild

Visueller Eindruck

Das Lichtbild des Bewerbers soll dem Leser einen **ersten visuellen Eindruck** vermitteln. Es wird links oben auf den Lebenslauf geklebt. Ein Passfotoformat sollte ausreichen, eine Aufnahme der gesamten Person ist nicht nötig. Das Bild sollte auf der Rückseite mit Vor- und Nachnamen versehen werden. Das Foto sagt jedoch nur etwas über Äußerlichkeiten, es kann also keine große Rolle spielen. Die Güte des Fotos sagt lediglich etwas über den Fotografen.

2.5.3 Referenzen

Referenzen nennen

Referenzen werden grundsätzlich nur bei **höheren und hohen Positionen** verlangt, sie sollen das Bild des Bewerbers abrunden. Die Bedeutung ist gering, weil die Bewerber die Personen für Referenzen selbst benennen. Interessant ist die Auskunftsperson, welchen Status hat sie? Auch ob ein Bewerber geeignete Auskunftspersonen innerhalb kurzer Zeit benennen kann, ist ein wichtiger Hinweis für die Beurteilung.

2.5.4 Auskünfte früherer Arbeitgeber

Arbeitgeber sind oft bemüht, über das Zeugnis hinaus Informationen über den neu einzustellenden Arbeitnehmer zu erhalten. Dies gilt insbesondere für **Führungspositionen in der Pflege**. Eine rechtliche Verpflichtung, Auskünfte über ehemalige Mitarbeiter zu erteilen, besteht nicht. Der Arbeitgeber ist aber berechtigt, auch ohne Einverständnis seines ehemaligen Mitarbeiters, Auskünfte an Dritte zu erteilen. Jeder Arbeitgeber sollte sich jedoch verpflichten, dies zu unterlassen.
Erteilt der ehemalige Arbeitgeber Auskunft, so ist er verpflichtet, seinen ehemaligen Mitarbiter auf Verlangen über den Inhalt der Auskunft zu unterrichten. Bei schriftlicher Auskunft erhält der Betroffenen eine Kopie. Die Auskunft muss wahrheitsgemäß und sorgfältig sein. Es gelten die gleichen Grundsätze wie für das Zeugnis. Gibt der Arbeitgeber nachweislich eine fehlerhafte Auskunft, so ist er schadenersatzpflichtig. Der Schaden kann eine Nichteinstellung sein.
Verweigert der frühere Arbeitgeber eine Auskunft, so können daraus keine negativen Schlüsse gezogen werden. Jeder Arbeitgeber sollte jedoch deutlich machen, warum er grundsätzlich keine Auskünfte erteilt.

Auskunft über ehemalige Mitarbeiter

2.5.5 Vorstellungsgespräch

Geeignete Bewerber werden zum Vorstellungsgespräch eingeladen. Wird in diesem Schreiben nicht ausgeschlossen, dass das Unternehmen die Kosten für Fahrt, Übernachtung und Verpflegung übernimmt, müssen sie dem Bewerber erstattet werden.

> Eine Kostenübernahme erfolgt nicht, wenn der Bewerber nicht persönlich eingeladen wurde oder aufgrund des Vorschlages des Arbeitsamtes vorspricht.

Vor dem Vorstellungsgespräch wird ein **Anforderungsprofil** erstellt, um die erforderlichen Eigenschaften des gesuchten Mitarbeiters genau festzulegen:

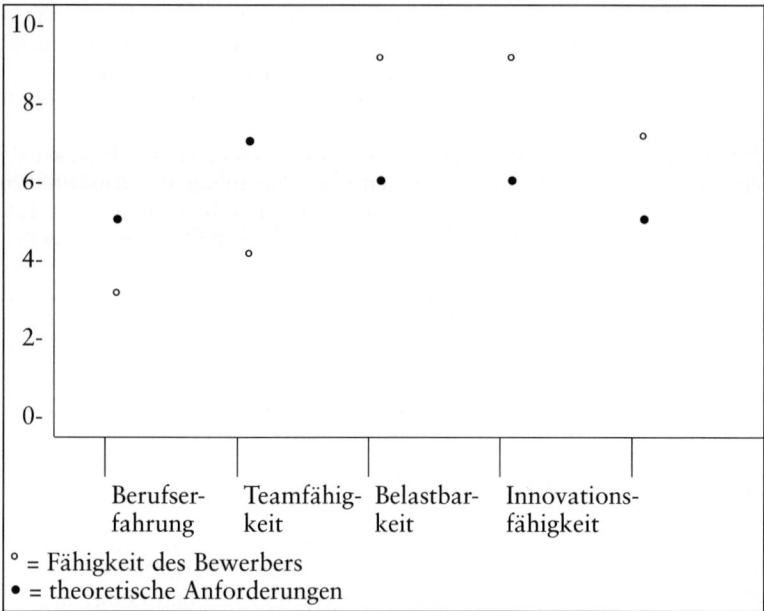

Abb. 5: Anforderungsprofil

Das Vorstellungsgespräch hat folgende Ziele:

- Einen persönlichen Eindruck vom Bewerber gewinnen.
- Die Eignung des Bewerbers feststellen.
- Die Wünsche und Interessen des Bewerbers erkennen.
- Den Bewerber über die Einrichtung und den Arbeitsplatz informieren.
- Dem Bewerber einen positiven Eindruck verschaffen.

Teilnehmer

Das Vorstellungsgespräch wird mit mehreren Vertretern des Betriebes geführt:

- Personalleiter oder Vertreter
- Abteilungsleiter
- Pflegeleitung

Die **Teilnahme** von Mitgliedern des **Betriebs- oder Personalrats** ist **nicht erforderlich,** der Betriebs- und Personalrat hat keinen Rechtsanspruch auf die Teilnahme am Vorstellungsgespräch.

Struktur

Das Vorstellungsgespräch kann strukturiert erfolgen, dann sind bestimmte Fragen inhaltlich vorgegeben. Erfolgt das Vorstellungsgespräch unstrukturiert, sind die Fragen in der Abfolge und im Inhalt frei. Bei standardisierten Vorstellungsgesprächen liegen Inhalt und Fragen in der Reihenfolge fest.

Die Gesprächspartner sollten die Bewerbungsunterlagen sowie die Rahmenbedingungen für die ausgeschriebene Stelle im Pflegedienst kennen. Die Stellenbeschreibung sollte vorliegen um die Anforderungen präzise zu kennen. Die Eingruppierung richtet sich in der Regel nach dem geltenden Tarifvertrag. Über Fort- und Weiterbildung wird immer informiert.
Subjektive Einflüsse wie Vorurteile, persönliche Erwartungen usw. werden weitestgehend ausgeschlossen.

Der **Aufbau** von Vorstellungsgesprächen ist fast überall gleich. Folgende Phasen lassen sich erkennen:

Einleitung	Vorstellung der Gesprächspartner Dank für die Bewerbung Versicherung der Vertraulichkeit	
1. Phase	Besprechung der persönlichen Situation	Herkunft, Familie, Wohnort
2. Phase	Besprechung der Aus- + Weiterbildung	Schule, Weiterbildung, Weiterbildungswünsche und Pläne
3. Phase	Besprechung der beruflichen Entwicklung	Erlernter Beruf, berufliche Tätigkeiten, berufliche Pläne
4. Phase	Information über den Betrieb	Organisation der Einrichtung, Abteilung, Arbeitsplatz, Arbeitszeiten, Stellenbeschreibung
5. Phase	Abschluss des Gesprächs	Zusage über Benachrichtigung, Dank für das Gespräch

Abb. 6: Phasen des Vorstellungsgespräches

Zur **Strukturierung** des Vorstellungsgesprächs bietet sich ein Interview-Leitfaden an, der folgende Vorteile bietet:

Leitfaden

- Das **Gespräch kann straff** und **gezielt geführt** werden.
- **Wichtige Fragen** werden nicht vergessen.
- Der Bewerber kann das Gespräch nicht zu seinen Gunsten manipulieren.
- Anhand der **Themen Berufserfahrung, Ausbildung**, sonstige **Interessen und Aktivitäten** sowie **Selbsteinschätzung** können die Qualifikationen des Bewerbers aus verschiedenen Blickwinkeln kennengelernt werden.
- Auf dieser Grundlage ist ein **fundiertes Urteil möglich.**
- Nach Abschluss des Einstellungsinterviews kann eingeschätzt werden, ob der Bewerber den konkreten **Anforderungen am Arbeitsplatz, im Team und im Unternehmen** tatsächlich entspricht.

Fragen des Gesprächs

Vorstellungsgespräche beinhalten viele Fragen, die auf die Person des Bewerbers gerichtet sind, z. B. seine beruflichen Ziele, seine Motivation sowie seine Freizeitgestaltung. Wichtig sind auch Fragen zur Persönlichkeit und Selbsteinschätzung des Bewerbers.

Bei der Auswahl der Fragen, die dem Bewerber gestellt werden sollen, ist zu prüfen, ob tatsächlich mit einer ehrlichen Antwort zu rechnen ist. So wird z. B. auf die Frage: „Können Sie unternehmerisch denken?" eher eine bereits zurechtgelegte Argumentation des Bewerbers folgen. In diesem Fall ist es besser, eine indirekte Frage zu stellen und dabei auf die bisherigen Erfahrungen des Bewerbers zurückzugreifen. So könnte er z. B. gefragt werden: „Wie haben Sie sich verhalten, als es ihrem Unternehmen während der Rezession nicht so gut ging?"

Übersicht 8:
Checkliste für Fragen während des Vorstellungsgesprächs

Folgende Fragen sollen als Anregung bei der Vorbereitung des Gesprächs dienen:

- Wie charakterisieren Sie sich?
- Wie werden Sie von Kollegen eingeschätzt?
- Was sind Ihre Stärken?
- Was sind Ihre Schwächen?
- Wie gehen Sie mit Kritik um?
- Was frustriert Sie am stärksten?
- Was ist Ihnen für Ihre berufliche Zufriedenheit wichtig?
- Welche Eigenschaften stören Sie an anderen Menschen?
- Hören Sie gerne zu?
- Wie beschreiben Sie Ihren letzten Chef?
- Was erwarten Sie von einem guten Vorgesetzten?
- Welche Bedeutung hat Macht für Sie?
- Schwerpunkte der Aufgaben: „Welchen Aufgaben widmeten Sie die meiste Zeit?"
- Ausdauer: „Schildern Sie Fälle, in denen Sie einer Idee nach mehreren Anläufen zum Durchbruch verhalfen."
- Bereitschaft, zu delegieren: „Welche Tätigkeiten haben Sie vom Umfang her ganz besonders beansprucht?"
- Anschlussfrage: „Womit konnten Ihre Mitarbeiter Sie bei diesen Aufgaben wesentlich entlasten?"
- Kritisches Denken: „Was taten Sie, wenn Sie sich der Meinung einer Gruppe nicht anschließen konnten?"
- Führungserfolg: „Inwieweit profitierten Ihre Mitarbeiter bei der Arbeit unter Ihrer Führung?"
- Führungsstil: „Wenn Sie zurückblicken – welche Führungserfahrungen konnten Sie machen, die Ihnen auch heute noch nützlich erscheinen?" „Was haben Sie aus Ihrer bisherigen Führungspraxis am meisten gelernt?"

Themenreihenfolge

Wegen der begrenzten Zeit während des Einstellungsgespräches sollten die Themen nach ihrer **Wichtigkeit geordnet** werden. Die Qualität der Einstellungsgespräche leidet häufig darunter, dass über die zu besetzende Stelle kein brauchbares Anforderungsprofil vorliegt. So fehlen für das Gespräch oft die Kriterien, die für den Erfolg des Stelleninhabers ausschlaggebend sind und folglich dann gar nicht erfragt werden. Oft tritt auch das Problem auf, dass die Fragen zu allgemein gehalten sind. So ist die Frage „Wir brauchen jemanden, der ehrgeizig, motiviert und sehr flexibel ist", vielseitig auslegbar.

Für die **Gliederung eines Anforderungsprofils** hat sich die Aufteilung nach **fachlichen und persönlichen Voraussetzungen** bewährt.

Welche Anforderungsmerkmale für eine bestimmte Position in Frage kommen, ergibt sich aus vier Einflussfaktoren: Einflussfaktoren

1. aus den **Zielen, Aufgaben und Kompetenzen** für den Stelleninhaber
2. aus dem **Arbeitsumfeld**
3. aus der **Unternehmenskultur**
4. aus der **speziellen Situation** des Unternehmens **auf dem Markt**

Die Auswertung erfolgt über das Verhalten des Bewerbers, das Aufschlüsse über sein Wesen geben und die Interessen des Bewerbers hinsichtlich seines Werdeganges deutlich machen soll. Die Auswertung sollte systematisch unter Verwendung eines standardisierten Bogens erfolgen.   Auswertung

2.6 Assessment-Center (AC)

> Für die Auswahl von Führungskräften in der Pflege bietet sich ein Assessment-Center an. Beurteilungsseminare oder Assessment-Center (to assess = einschätzen) verfolgen drei Ziele: Sie sollen **Verhaltensweisen und Einstellungen** im zwischenmenschlichen Bereich aufdecken, **Arbeitspotenzial** feststellen und **Weiterbildungsbedürfnisse** erkennen. Im Assessment-Center werden **mehrere Beurteilungsmethoden** miteinander kombiniert und die Teilnehmer von Beobachtern beurteilt.

Es werden dadurch zwar hohe Kosten verursacht, andererseits sind die Vorteile beträchtlich: Vorteile

- Alle Bewerber haben die gleichen Startchancen.
- Durch die Vielzahl der Beobachter ist das Verfahren objektiver als andere Auswahlmethoden.
- Das Gruppenverhalten und die soziale Kompetenz der Bewerber kann sehr gut beobachtet werden.
- Die Aufgaben sind der betrieblichen Praxis entnommen, dadurch entsteht ein Praxisbezug.
- Gegenstand sind eher die Verhaltensweisen der Bewerber, nicht so sehr deren Eigenschaften.

Man geht davon aus, dass das menschliche Verhalten in bestimmte Aspekte zerlegt werden kann und diese Aspekte durch bestimmte Verhaltensmuster definiert werden. Im Assessment-Center werden diese Muster beobachtet und überprüft. Aus ihrer Anzahl und Intensität wird auf die betreffenden Aspekte und schließlich von den bewerteten Aspekten auf das Verhalten der Bewerber geschlossen.   Methoden

Ein Assessment-Center dauert heute in der Regel ein bis zwei Tage, einschließlich Auswertung und Entscheidung. Die Anzahl der Teilnehmer schwankt üblicherweise zwischen sechs und zwölf Bewerbern, in Einzelfällen werden Assessment-Center aber auch mit mehr oder weniger Kandidaten durchgeführt. Die Beobachterzahl liegt zwischen drei und sechs, die Beobachter können z. B. Personalleiter, Personalreferenten, Fachvorgesetzte, Bereichsleiter oder externe Fachexperten sein.

Zur Durchführung werden erfahrene in- oder externe Experten benötigt. Sie müssen die Stellenanforderungen genau analysieren, die hierfür maßgebenden Kriterien ableiten und entsprechende Übungen und Tests zusammenstellen. Ebenso wichtig ist es, die Beobachter vorher eingehend zu schulen.

Der einzige Nachteil das Assessment-Center ist der hohe Zeitaufwand und die Kosten. Die Kosten liegen bei etwa 1500 € pro Teilnehmer an zwei Tagen.

Ablauf

Zu Beginn werden die Bewerber den Beobachtern vorgestellt. Dann wird der genaue Ablauf erläutert. Die Übungen des Assessment-Centers stehen in engem Zusammenhang zu der zu besetzenden Stelle. Für die Pflege kommen folgende Übungsinhalte in Betracht: Problemlösungen erarbeiten, Pflegekonzept erläutern, Urlaubsplan nach sozialen Gesichtspunkten erstellen, Selbsteinschätzung vornehmen, Abmahn- und Kündigungsgespräch führen, Personalbeurteilung vornehmen und Leistungszulagen verteilen.

Bei der Einstellung von Führungskräften im Pflegedienst haben sich folgende Aufgabenfelder bewährt, da sie verlässliche Schlüsse auf die genannten Verhaltensmerkmale zulassen:

Aufgabenfelder

Gruppendiskussion: Ausdauer, Initiative, Einstellung, emotionale Stabilität, Kontaktverhalten, Integrationsfähigkeit, Einfühlungsvermögen, Überzeugungskraft, mündliche Kommunikation

Führerlose Gruppendiskussion: Durchsetzungsvermögen, Kooperationsverhalten

Gruppenleitung: Ausdrucksvermögen, Überzeugungskraft, Energie, Engagement, gutes Arbeitsklima schaffen

Statements/Vorträge/Präsentation: Problemlösefähigkeit, Präsentation, Überzeugungskraft, Kommunikationsfähigkeit

Fallstudien: Arbeitstechniken, Erkennen von Zusammenhängen, Entscheidungsfähigkeit, Konfliktverhalten

Planspiele: Gruppenverhalten, fachliche Kompetenzen, Überzeugungskraft, Schnelligkeit, Blick für das Wesentliche, Kompromissbereitschaft, Überzeugungskraft, Weitergabe von Informationen

Rollenspiele: Initiative, Entscheidung, Kreativität, Flexibilität, Selbstwahrnehmung, Stressresistenz, Kontaktverhalten, Einfühlung, Überzeugung, mündliche Kommunikationsfähigkeit

Postkorb (siehe Beispiel): Organisation, Sorgfalt, Ausdauer, Tempo, Delegation, Initiative, Entscheidung, Kreativität, Flexibilität, Risikoverhalten, Stressresistenz, Verarbeitungskapazität, schriftliche Kommunikationsfähigkeit

Eignungstests: Persönlichkeits- und Leistungstests

Arbeitsaufgabe

> **Postkorb**
> (Ein Rollenspiel, das häufig im Assessment-Center angewandt wird)
> Sie (Pflegedirektor) haben um 8:00 Uhr Arbeitsbeginn und müssen um 9:30 Uhr zu einem auswärtigen Termin, der den ganzen Tag dauert. Um 8:15 Uhr wird Ihnen mitgeteilt, dass der Dienstwagen defekt ist und dass Sie einen Leihwagen organisieren müssen.
> Weiterhin feiert ein Mitarbeiter seine 25-jährige Betriebsmitgliedschaft und jemand aus der Pflegedirektion soll aus diesem Anlass eine Rede halten. Diese Aufgabe haben ursprünglich Sie übernommen.
> 8:20 Uhr: Sie bekommen die Nachricht, dass ihr 10-jähriger Sohn bei einem Ladendiebstahl erwischt wurde und Sie ihn bei der Polizei abholen müssen.
> 8:21 Uhr: Dringender Anruf aus dem OP, eine Anästhesiepflegekraft hat einem Patienten zur Narkoseeinleitung das falsche Medikament gespritzt. Er wurde reanimationspflichtig und liegt intubiert und beatmet auf der Intensivstation. Die Folienpräsentation für ihren Termin ist auch noch nicht ausgedruckt (25 Folien). Der Drucker der Sekretärin ist in der Reparatur. Sie trinken einen Schluck Kaffee und verschlucken sich. Dabei gießen Sie Kaffee über ihr sauberes Hemd. Sie haben kein Ersatzhemd in ihrem Büro.

Nach Beendigung aller Übungen bewerten die Beobachter das Potenzial der Kandidaten anhand von standardisierten Bewertungsbögen und verfassen den Schlussbericht. Beobachtung, Analyse und abschließende Bewertung müssen sauber voneinander getrennt und „erlernt" werden.

Bewertung

Da das Assessment-Center insbesondere bei mehreren zu besetzenden Stellen in Betracht kommt, kann das Ergebnis die Einstellung eines oder mehrerer Bewerber sein, gegebenenfalls aber auch die Absage an alle. Die relevanten Ergebnisse, eventuell Empfehlungen, sind den Teilnehmern im Abschlussgespräch mitzuteilen. Zum Abschluss wird geklärt, wie weiter verfahren wird.

Das Assessment-Center bietet sich auch für die Auswahl von Teilnehmern für die Weiterbildung im mittleren und gehobenen Management an. Diese Fortbildungen sind sehr teuer. Oftmals entstehen den Einrichtungen deshalb dadurch Verluste, dass Mitarbeiter ihre Führungsposition schon nach kurzer Zeit wieder aufgeben.

Zusammenfassend lässt sich sagen, dass die Nachteile des AC die hohen Kosten (rund 1500 € pro Teilnehmer) sowie der große Zeitaufwand sind. Langfristig zahlt sich dies jedoch aus, wenn durch die sorgfältige Auswahl die Fluktuation im Leitungsbereich begrenzt wird.

2.7 Vorstellungskosten

Nach dem Gesetz (§ 622 BGB) hat der Arbeitgeber dem Bewerber die erwachsenen notwendigen **Auslagen und Verdienstausfälle zu ersetzen**, wenn er ihn zur Vorstellung auffordert, ohne Rücksicht darauf, ob ein Arbeitsverhältnis zustande kommt oder nicht.

Erstattungsregeln

Zu den Auslagen zählen Fahrtkosten, Hotelkosten und Verpflegungskosten, wenn der Bewerber nicht am Sitz der Firma wohnt. Dagegen erfolgt keine Abgeltung für einen genommenen Urlaubstag. Bei der Benutzung des eigenen Pkw richtet sich die Erstattung nach den steuerlichen Grundsätzen. Im öffentlichen Dienst richtet sich die Erstattung nach der jeweils geltenden Reisekosten-Ordnung. Die Benutzung von öffentlichen Verkehrsmitteln ist für jeden zumutbar, wenn das Unternehmen in erreichbarer Nähe liegt. Es hängt von der Stelle ab, ob der Bewerber eine 1.-Klasse-Fahrkarte bezahlt bekommt (leitende Angestellte) oder eine 2.-Klasse-Fahrkarte. Ein Anspruch auf Erstattung der Kosten besteht nicht, wenn der Bewerber sich ohne Einladung vorstellt oder es einen ausdrücklichen Hinweis in der Einladung gibt, dass Reisekosten nicht übernommen werden.

Umzugskosten werden immer gesondert verhandelt und bedürfen einer schriftlichen Vereinbarung. Ein gesetzlicher Anspruch besteht nicht.

2.8 Arbeitsvertrag

Es werden zwei Arten von Arbeitsverträgen unterschieden: Der **unbefristete Arbeitsvertrag**, der auch als Normalarbeitsvertrag bezeichnet wird, sowie der **befristete Arbeitsvertrag**, der zu einem bestimmten Zeitpunkt endet, entweder unmittelbar mit einer Frist (z. B. 31.01.2002) oder mittelbar, z. B. mit dem Ende eines Projektes. Die Befristung bedarf immer eines sachlichen Grundes, z. B. Vertretung oder Aushilfe (§ 14 Abs. 1 TzBfG).

Das TzBfG ermöglicht einen kalendermäßig befristeten Arbeitsvertrag auch ohne Vorliegen eines sachlichen Grundes bis zu einer Dauer von 2 Jahren, der bis zu dieser Gesamtdauer **höchstens dreimal verlängert** werden darf. Wichtige Voraussetzung ist, dass mit demselben Arbeitnehmer nicht bereits ein Arbeitsverhältnis bestand.

Arbeitgeber und Arbeitnehmer sind bei der inhaltlichen Gestaltung des Arbeitsvertrages frei. Sie müssen nur die gesetzlichen oder tariflichen Vorschriften beachten. Der Arbeitsvertrag muss immer **schriftlich** abgeschlossen werden (§ 620 Abs. 3 BGB).

- Vertragsparteien
- Vertragsbeginn: Beginn genau angeben
- Tätigkeit: Berufsbezeichnung
- Tätigkeitsbeschreibung: genau angeben
- Vergütung: Art, Höhe, Fälligkeit
- Sozialleistungen: Altersversorgung etc.
- Arbeitszeit: regelmäßige Arbeitszeit festlegen, Überstunden
- Urlaub: mindestens 24 Werktage
- Arbeitsverhinderung: Anzeige- und Nachweispflichten
- Probezeit: in der Regel 6 Monate
- Kündigungsfrist: die gesetzlichen Kündigungsfristen

Abb. 7:
Inhalte des Arbeitsvertrages

Wenn es tarifliche Regelungen gibt, wie in weiten Bereichen der BAT, so kann darauf verwiesen werden. Diese sind dann Grundlage für den Abschluss, den Inhalt und die Beendigung von Arbeitsverhältnissen.

2.8.1 Formulierungshilfe: Überstunden/Mehrarbeit

In der betrieblichen Praxis ist es erforderlich, gerade im Pflegebereich die Frage von **Überstunden und Mehrarbeit** im Arbeitsvertrag zu regeln.
Der folgende Text kann als **Formulierungshilfe** dienen:

1. Der Mitarbeiter verpflichtet sich, über die vereinbarte/betriebsübliche Arbeitszeit hinaus im Rahmen des gesetzlich Zulässigen, Überstunden und Mehrarbeit zu leisten, wenn dies aus betrieblichen Gründen erforderlich und ausdrücklich angeordnet ist.

2. Die über die vereinbarte/betriebsübliche Arbeitszeit hinausgehenden Arbeitsstunden werden mit der individuellen Stundengrundvergütung des Mitarbeiters zuzüglich eines Zuschlags von ... % vergütet. Für an Samstagen, Sonn- und Feiertagen sowie in der Nachtzeit geleistete Überstunden wird zusätzlich zur Stundengrundvergütung ein Zuschlag von ... % gezahlt.

3. Sofern aufgrund gesetzlicher Vorschriften die geleisteten Überstunden durch Freizeit abgegolten werden müssen, wird auf jede über die gesetzlich zulässige Höchstarbeitszeit hinausgehende Arbeitsminute ein Zuschlag von ... % gewährt/werden die geleisteten Überstunden im Verhältnis 1:1 (ohne Zuschlag) in Freizeit abgegolten.

Übersicht 9:
Formulierungshilfe zur Regelung von Überstunden und Mehrarbeit

2.8.2 Formulierungshilfe: Variable Gleitzeit

Folgender Text kann als Formulierungshilfe zur Vereinbarung von Gleitzeit verwendet werden.

Übersicht 10: Formulierungshilfe zur Vereinbarung von Gleitzeit

1. Die wöchentliche Arbeitszeit beträgt ... Stunden und verteilt sich auf die Tage ... bis ... Die monatliche Soll-Arbeitszeit beträgt ... Stunden.
2. Die Arbeitnehmer können Beginn und Ende ihrer täglichen Arbeitszeit selbst bestimmen. Frühester Arbeitsbeginn ist ... Uhr, spätestes Arbeitsende ist ... Uhr.
Die Zeit von ... Uhr bis ... Uhr ist Kernarbeitszeit, in der mindestens ... Mitarbeiter einer Arbeitsgruppe anwesend sein müssen. Innerhalb einer Arbeitsgruppe sprechen die Mitarbeiter zusammen mit dem Vorgesetzten verbindlich ab, welche Mitarbeiter jeweils in der Kernarbeitszeit anwesend sein müssen. Ein entsprechender Arbeitsplan wird jeweils für ... Wochen im Voraus im Einvernehmen zwischen den Mitarbeitern einer Arbeitsgruppe und dem Vorgesetzten erstellt. Bei Streitigkeiten unter den Mitarbeitern über die Arbeitspflicht an einzelnen Tagen entscheidet der Vorgesetzte verbindlich unter Berücksichtigung der berechtigten Interessen der Mitarbeiter.
3. Die persönliche Arbeitszeit des Arbeitnehmers wird maschinell erfasst und seinem Arbeitszeitkonto gutgeschrieben. Die monatliche Soll- und Ist-Arbeitszeit können voneinander abweichen. Ist die Ist-Arbeitszeit des Arbeitnehmers (tatsächlich geleistete Arbeitsstunden) höher als die Soll-Arbeitszeit, hat er ein Zeitguthaben. Ist die Ist-Arbeitszeit geringer als die Soll-Arbeitszeit, hat der Arbeitnehmer eine Zeitschuld.
4. Zeitschulden hat der Arbeitnehmer innerhalb von ... Wochen/Monaten auszugleichen. Er kann sich hierzu auch Urlaubstage in Abzug bringen lassen.
5. Zeitguthaben hat der Arbeitnehmer innerhalb von ... Wochen durch Inanspruchnahme von Freizeit abzubauen. Der Arbeitnehmer kann hierfür Gleitzeittage von mindestens ... Stunden in Anspruch nehmen. Gleitzeiturlaubstage sind beim zuständigen Vorgesetzten mindestens ... Arbeitstage im Voraus zu beantragen und genehmigen zu lassen.

2.8.3 Formulierungshilfe: Arbeitsvertrag

Im Folgenden ist ein Muster für einen Arbeitsvertrag im Pflegebereich dargestellt.

Übersicht 11: Formulierungshilfe für einen Arbeitsvertrag

Arbeitsvertrag

Zwischen
Senioren- und Pflegeheim Haus Bergfrieden GmbH
(in Folgendem „Arbeitgeber" genannt)

und Frau ....
(in Folgendem „Arbeitnehmer" genannt)

wird der nachstehende Arbeitsvertrag geschlossen:

1. Vertragsdauer
Der Arbeitnehmer wird ab ... befristet bis ... als Krankenschwester in der Altenpflege eingestellt.

Im Falle einer Befristung endet das Arbeitsverhältnis mit Ablauf der Frist, ohne dass es einer Kündigung bedarf.

Vor Aufnahme der Beschäftigung kann das Arbeitsverhältnis nicht gekündigt werden.

2. Arbeitsbereich
Arbeitsort ist der in .... gelegene Betrieb des Arbeitgebers.

Der Arbeitnehmer verpflichtet sich, alle ihm übertragenen Tätigkeiten auszuführen und auch andere, ihm zumutbare Tätigkeiten im Bedarfsfall zu übernehmen, gegebenenfalls auch in einem anderen Betriebsteil des Arbeitgebers. Eine Lohn- bzw. Gehaltsminderung darf aus anderweitigen Beschäftigungen nicht erfolgen.

Nebenbeschäftigungen zum Gelderwerb dürfen nur mit schriftlicher Einwilligung des Arbeitgebers ausgeübt werden.

Die im Anhang enthaltene Erklärung des Arbeitnehmers ist ausdrücklicher Bestandteil des Arbeitsvertrages.

3. Arbeitszeit
Die regelmäßige durchschnittliche Arbeitszeit beträgt 38,5 Stunden in der Woche berechnet auf einen Zeitraum von 52 Wochen. Beginn und Ende der täglichen Arbeitszeit richten sich nach dem Dienstplan des Arbeitgebers.

Die Arbeitszeit kann verlängert werden, wenn in diese regelmäßig und in erheblichem Umfang nur Arbeitsbereitschaft fällt.

Der Arbeitnehmer ist verpflichtet, im gesetzlich zulässigen Rahmen Sonntags- und Feiertagsarbeit zu leisten.

Die arbeitsfreien Tage richten sich nach dem Dienstplan.

4. Kündigung
Die Kündigungsfrist beträgt vier Wochen zum 15. oder zum Ende eines Kalendermonats.

Während der Probezeit, längstens für die Dauer von sechs Monaten, kann das Arbeitsverhältnis mit einer Frist von zwei Wochen gekündigt werden.
Es wird eine Probezeit von 6 Monaten vereinbart.

Wenn das Arbeitsverhältnis zwei Jahre oder länger bestanden hat, gelten für beide Seiten die in § 622 Abs. 2 BGB genannten Fristen.

Kündigungen haben in jedem Falle schriftlich zu erfolgen.

5. Lohn/Gehalt
Der Arbeitnehmer erhält
ein(en) Monatsgehalt (-lohn) von .... € brutto
einen Stundenlohn von .... € brutto
nachträglich zahlbar jeweils am Ende eines Monats.

Die Zahlung von Gratifikationen, Prämien oder ähnlichen Zuwendungen, insbesondere Weihnachts- und Urlaubsgeld, liegt im freien Ermessen des Arbeitgebers und begründet keinen Rechtsanspruch, auch wenn sie wiederholt ohne ausdrücklichen Vorbehalt des Arbeitgebers erfolgt.

Die Abtretung von Lohn- bzw. Gehaltsansprüchen ist nur mit Zustimmung des Arbeitgebers zulässig. Kosten aus Lohn- bzw. Gehaltspfändungen gehen zu Lasten des Arbeitnehmers. Für die Beschäftigung des Arbeitnehmers an Sonntagen oder gesetzlichen Feiertagen, die auf einen Werktag fallen, werden dem Arbeitnehmer Ersatzruhetage gewährt.

Sachleistungen des Arbeitgebers werden nach den jeweiligen landesrechtlichen Vorschriften auf Lohn/Gehalt angerechnet.

6. Urlaub
Der Jahresurlaub des Arbeitnehmers beträgt 29 Werktage.
Die Urlaubszeit ist rechtzeitig mit dem Arbeitgeber abzustimmen.

7. Arbeitsverhinderung
Bei Erkrankung, Unfall oder sonstiger Arbeitsverhinderung hat der Arbeitnehmer dem Arbeitgeber unverzüglich Nachricht zu geben.

Im Falle einer Erkrankung ist dem Arbeitgeber die ärztliche Bescheinigung ab dem 1. Tag über die voraussichtliche Dauer der Arbeitsunfähigkeit vorzulegen; dies gilt auch dann, wenn die Erkrankung nur einen oder zwei Tag(e) dauert. Dauert die Erkrankung länger als bescheinigt, ist eine neue Bescheinigung vorzulegen.

Besuche des Arbeitnehmers bei Ärzten oder Behörden während der Arbeitszeit sollen von den besuchten Stellen bescheinigt werden.

Unbegründetes Fernbleiben vom Arbeitsplatz kann einen Lohn-/Gehalts-Abzug und gegebenenfalls eine Kündigung zur Folge haben.

Der Anspruch auf Fortzahlung des Lohns/Gehaltes ist ausgeschlossen, wenn und solange der Arbeitnehmer wegen der Beaufsichtigung, Betreuung oder Pflege seines erkrankten Kindes an der Dienstleistung verhindert ist. Hierfür sind die Bestimmungen und Voraussetzungen der gesetzlichen Krankenversicherung maßgeblich.

8. Gesundheitliche Überwachung
Der Arbeitnehmer ist verpflichtet, sich nach Aufforderung durch den Arbeitgeber ärztlich untersuchen zu lassen. Dies gilt insbesondere für Eignungsuntersuchungen vor der Einstellung und für Überwachungsuntersuchungen.

Der Arbeitnehmer ist damit einverstanden, dass der untersuchende Arzt dem Arbeitgeber über das Untersuchungsergebnis Auskunft erteilt, soweit es das Arbeitsverhältnis berührt.

9. Betriebliche Obliegenheiten
Zur Verfügung gestellte Dienstkleidung, Arbeitsgeräte und Hilfsmittel bleiben Eigentum des Arbeitgebers und sind vom Arbeitnehmer sorgfältig zu behandeln.

Der Arbeitnehmer hat alle Schlüssel, die er im Rahmen seiner Beschäftigung erhält, sorgfältig aufzubewahren und bei längerer Abwesenheit oder bei Beendigung des Arbeitsverhältnisses vollzählig zurückzugeben. Jeder Missbrauch der Schlüssel oder ihre Aushändigung an Unbefugte ist ihm ausdrücklich untersagt. Ein Verlust von Schlüsseln ist der hierfür zuständigen Stelle unverzüglich zu melden.

10. Haftung
Der Arbeitnehmer haftet für von ihm verschuldete Beschädigungen oder Verluste von Eigentum des Arbeitgebers, insbesondere Dienstkleidung, Arbeitsgeräte, Hilfsmittel und Schlüssel.

Für Verlust oder Beschädigung eingebrachten Eigentums des Arbeitnehmers haftet der Arbeitgeber nicht.

11. Beschäftigungsverbote
Bei einem Beschäftigungsverbot des Arbeitnehmers durch die Heimaufsichtsbehörde oder durch gesetzliche Bestimmungen gilt das Arbeitsverhältnis mit Ende des Monats als aufgelöst, in welchem das Beschäftigungsverbot wirksam wird. Der Arbeitnehmer hat in einem solchen Fall ohne weiteres keinen Anspruch auf eine andere Beschäftigung im Betrieb des Arbeitgebers.

Bei einem Beschäftigungsverbot nach dem Bundesseuchengesetz ruht das Arbeitsverhältnis für die Dauer des Verbotes. Der Anspruch auf

Weiterzahlung des Lohns/Gehalts wird für diesen Fall ausgeschlossen.

12. Vertragslösung
Der Arbeitnehmer verpflichtet sich, eine Vertragsstrafe in Höhe von einem Monatslohn/-gehalt zu zahlen, wenn er die vereinbarte Beschäftigung nicht aufnimmt oder das Arbeitsverhältnis unberechtigt ohne Einhaltung der Kündigungsfrist löst.

Dem Arbeitgeber bleibt vorbehalten, ggf. weitere Ausfallschäden geltend zu machen.

13. Sonstige Vereinbarungen
Änderungen der Anschrift, des Familienstandes oder sonstige Gegebenheiten des Arbeitnehmers, die für das Arbeitsverhältnis Bedeutung haben, sind dem Arbeitgeber unverzüglich schriftlich mitzuteilen.

Alle Nebenabsprachen, Änderungen oder auch Ergänzungen zu diesem Vertrag bedürfen der schriftlichen Form.

Sollte(n) eine oder mehrere Bestimmung(en) dieses Vertrages rechtsungültig sein, so wird dadurch die Wirksamkeit des übrigen Vertragsinhaltes nicht berührt.

14. Zusätzliche Vereinbarungen
Zusätzlich wird noch Folgendes vereinbart: ....
....

_____   _____
(Arbeitgeber)   (Arbeitnehmer)

Anhang als Bestandteil des Arbeitsvertrags

Erklärung

I.

Ich verpflichte mich, über alle Angelegenheiten, die mir im Rahmen meiner Tätigkeit zur Kenntnis gelangen, jederzeit – auch nach Beendigung meines Arbeitsverhältnisses – gegenüber jedermann Stillschweigen zu bewahren.

Ausgenommen von diesem Schweigegebot sind gesetzliche Auskunftspflichten oder Tatsachen, die ich zur Abwendung eines für mich erkennbaren Schadens vom Betrieb oder von dessen Personen meinem Vorgesetzten oder im Notfall auch anderen Betriebsangehörigen mitzuteilen habe.

II.

Ich bin darüber belehrt worden, dass ich

- keine Medikamente, Drogen oder alkoholische Getränke ohne Wissen und Zustimmung der Heimleitung für Heimbewohner mitbringen darf,

- keine Medikamente oder Drogen, die für Dritte bestimmt sind, an mich nehmen oder selbst verwenden darf,

- jeden Fall eines Missbrauchs von Medikamenten, Drogen oder alkoholischen Getränken unverzüglich der Heimleitung zu melden habe,

- während meiner Dienstzeit frei von Drogen oder Alkohol sein muss.

III.

Ich bin über die Vorschriften des Heimgesetzes für das Heimpersonal insoweit unterrichtet, als

- dem Arbeitgeber meine weitere Beschäftigung behördlich untersagt werden kann, wenn Tatsachen die Annahme rechtfertigen, dass ich die für meine Tätigkeit im Heimbetrieb erforderliche Eignung und Zuverlässigkeit nicht besitze,

- ich mir für meine Leistungen von einem Heimbewohner keine Vermögensvorteile versprechen oder gewähren lassen darf, soweit es sich nicht um geringwertige Aufmerksamkeiten handelt, und andernfalls eine behördliche Geldbuße zu erwarten habe,

- meine etwaige Einsetzung als Generalbevollmächtigter eines Heimbewohners während der Dauer meines Arbeitsverhältnisses der ausdrücklichen Einwilligung des Arbeitgebers bedarf,

- ich nicht als Betreuer eines Bewohners bestellt werden darf.

Ich bin mir bewusst, dass jeder Verstoß gegen die hier aufgeführten Pflichten und Voraussetzungen meines Arbeitsverhältnisses meine Eignung und Zuverlässigkeit in Frage stellen und nach schriftlicher Abmahnung durch den Arbeitgeber zur fristlosen Entlassung führen kann.

Ort, Datum

_____
(Arbeitnehmer)

2.8.4 Mängel des Arbeitsvertrages

Folgen

Der Arbeitsvertrag kann unterschiedliche Mängel aufweisen, die folgendermaßen zu unterscheiden sind:

Mängel beim Vertragsabschluss können dazu führen, dass der Arbeitsvertrag ab dem Zeitpunkt der Entdeckung nichtig ist, davor jedoch nicht, wenn bereits Arbeit geleistet wurde. Ungültig ist der Vertrag auch, wenn der Arbeitsvertrag gegen ein gesetzliches Verbot (z. B. Kinderarbeit) verstößt, einen Willensmangel (z. B. Irrtum oder arglistige Täuschung, Drohung) enthält oder gegen die guten Sitten verstößt.

Die **Mängel im Inhalt**, die nicht zur Nichtigkeit oder Anfechtbarkeit des gesamten Arbeitsvertrages führen, erfordern, dass an die Stelle des unwirksamen Vertragsteils eine der Billigkeit entsprechende Regelung tritt.

Der Arbeitsvertrag ist grundsätzlich von **geschäftsfähigen Personen zu schließen**, beschränkt geschäftsfähige Personen können ihn durch ihren gesetzlichen Vertreter selbst abschließen.

Zur **Mitbestimmung des Betriebsrats** vor Abschluss des Arbeitsvertrages, siehe Kapitel 1.4.3.

2.9 Personalakte

Die Frage, ob der Arbeitgeber verpflichtet ist, Personalakten zu führen, ist deshalb rein theoretischer Natur, weil Personalakten unabhängig vom Willen der Arbeitsvertragsparteien entstehen. Das Arbeitsverhältnis bringt es mit sich, dass Vorgänge, die in Schriftstücken und Datenträgern dokumentiert sind, fortlaufend entstehen. Dies beginnt mit dem Bewerbungsvorgang, dem Abschluss des Arbeitsvertrages, einer Stellenbewertung, der Aufnahme der notwendigen Daten für die Ermittlung des zutreffenden Ortszuschlages, dienstliche Beurteilungen usw..

Grundsätze

Folgende Richtlinien sind bei der Führung einer Personalakte zu beachten:
- In der Personalakte ist nur das zu dokumentieren, was für das Arbeitsverhältnis wesentlich ist (**arbeitsvertragsbezogene Limitierung**).
- Es sind nur objektiv richtige Tatsachenbehauptungen und zutreffende Wertungen in die Personalakte aufzunehmen (**Objektivierung**).
- Die zu den Personalakten gehörenden Vorgänge sind vollständig in die formale Personalakte aufzunehmen (**Vollständigkeitsgrundsatz**).
- Die vollständigen Personalakten müssen den Angestellten zugänglich sein (**Transparenz**).
- Es muss sichergestellt werden, dass Unbefugte keinen Zugriff auf die Daten aus den Personalakten haben (**Grundsatz der Vertraulichkeit und des Datenschutzes**).

Inhalt

Der notwendige Inhalt einer Personalakte kann nicht abschließend umschrieben werden. Ein gewisser Mindestinhalt ergibt sich jedoch von selbst:

1. Einstellungsvorgänge (Bewerbungsunterlagen, Lebenslauf, Qualifikationsnachweise, Arbeitsvertrag)
2. Ergebnis der Einstellungsuntersuchung
3. Feststellungen zur Beschäftigungs- und Dienstzeit
4. Feststellungen über die Einstufung nach § 27 BAT
5. notwendige Unterlagen zur Berechnung des Ortszuschlages
6. spätere interne Bewerbungen des Angestellten
7. dienstliche Beurteilungen
8. Nachweis der Zeiten ohne Arbeitsleistung
9. Unterlagen über gegenseitige finanzielle Ansprüche

Zur **Kontrolle der Vollständigkeit** der Personalakte ist es erforderlich, die einzelnen Blätter fortlaufend zu nummerieren. Werden später zulässigerweise Schriftstücke aus der Personalakte entfernt, ist die Akte neu durchzunummerieren. Die Anlage von Fehlblättern muss auf Ausnahmefälle beschränkt bleiben, etwa wenn lediglich ein Blatt zu entfernen ist. — *Vollständigkeit*

Der Grundsatz der Vertraulichkeit gebietet es, nur einem eng begrenzten Personenkreis Zugang zu den Personalunterlagen zu verschaffen (BAG 1987, 2571). In der Regel ist dieser Kreis auf den Personalleiter und die verantwortlichen Mitarbeiter der Personalabteilung beschränkt. Außenstehende dürfen keinen Zugang zu den Personalakten erhalten, es sei denn, der Angestellte hat eine **Vollmacht** erteilt. — *Zugang*

Bevollmächtigter kann jede geschäftsfähige Person sein, die eine zu den Akten zu nehmende Vollmacht vorzulegen hat. Die Vollmacht muss das **Einsichtsrecht ausdrücklich beinhalten** und sich auf eine bestimmte Person oder mehrere Personen beziehen. Sie kann daher nicht auf ein Gremium wie den Personalrat oder eine juristische Person wie die Gewerkschaft lauten. Das Einsichtsrecht für bevollmächtigte Rechtsanwälte ergibt sich unmittelbar aus § 3 BRAO. Die Person des Bevollmächtigten kann nur in Ausnahmesituationen zurückgewiesen werden, wenn Interessenkollisionen zu befürchten sind oder der bevollmächtigten Person in der Personalakte befindliche dienstliche Informationen nicht zugänglich gemacht werden dürfen. — *Bevollmächtigte*

Das Einsichtsrecht beschränkt sich nicht nur auf alle Bestandteile der formellen Personalakte und deren Nebenakten, sondern auch auf die Bestandteile der Sachakten, in denen materiell zur Personalakte gehörende Schriftstücke enthalten sind. Auf elektronischen Datenträgern enthaltende Daten sind in geeigneter Form zugänglich zu machen (in der Regel auszudrucken).

Enthält die Personalakte Unterlagen über den Gesundheitszustand des Angestellten, die über die reine Eignungsfeststellung hinausgehen, sind diese Unterlagen in einem verschlossenen Umschlag in der Akte aufzubewahren. Diesen Inhalt dürfen nur berechtigte Personen ansehen.

Außenstehende dürfen grundsätzlich keinen Zugang zu der Personalakte erhalten, soweit keine Vollmacht des Angestellten vorliegt. Ein Verstoß löst einen Schadensersatzanspruch aus, einschließlich eines Schmerzensgeldanspruchs (BAG, AP Nr. 13 zu § 847 BGB). Dies gilt auch für die Weitergabe der Personalakte an andere Arbeitgeber des öffentlichen Dienstes. Die in der Praxis häufig zu beobachtende Unsitte, die Personalakte ohne Zustimmung des Angestellten an andere Arbeitgeber weiterzugeben, ist rechtswidrig. Diese Praxis kann auch nicht mit einem Amtshilfeersuchen nach Art. 35 GG begründet werden, da das Arbeitsverhältnis privatrechtlicher Natur ist. — *Anspruch auf Schadenersatz*

Verbot der doppelten Aktenführung	Die **doppelte Personalaktenführung** ist unzulässig, denn hierdurch wird die Vertraulichkeit eingeschränkt. Ferner besteht die Gefahr mangelnder Kongruenz mehrfach geführter Personalakten. Diese Gefahren werden nicht aufgewogen durch Praktikabilitätsgesichtspunkte, weil es ggf. möglich ist, die Akten bei entsprechendem Bedarf zu versenden.
Dienstvereinbarung zur Aktenführung	Dienstvereinbarungen und Betriebsvereinbarungen über die Personalaktenführung sind im Rahmen des Bundespersonalvertretungsgesetzes, des Betriebsverfassungsgesetzes und der Landespersonalvertretungsgesetze zulässig. Es handelt sich hier um Fragen der Ordnung der Dienststelle oder des Betriebes. Daher besteht regelmäßig ein Mitbestimmungsrecht des Personalrats oder Betriebsrats.

2.10 Anhörung

Begriff der Beschwerde	Nach § 13 Abs. 2 BAT hat der Angestellte **Anspruch auf rechtliches Gehör** vor der Aufnahme von Beschwerden und negativen Behauptungen. Unter den **Begriff der Beschwerde** fallen in erster Linie Werturteile über das Verhalten oder die Arbeitsleistung des Angestellten, gleichgültig aus welcher Quelle diese Meinungsäußerungen stammen. Eine besondere Form der Anhörung schreibt die Tarifnorm nicht vor. Die interessengerechte Abwicklung besteht in der Übersendung bzw. Übergabe des zur Aufnahme in die Personalakte vorgesehenen Schriftstücks oder einer Kopie an den Angestellten mit dem ausdrücklichen Hinweis auf seine Rechte aus § 13 BAT. Dem Angestellten ist eine angemessene Überlegensfrist einzuräumen, die mindestens eine Woche betragen sollte, damit er die Möglichkeit hat, sich rechtlich beraten zu lassen. In diesem Rahmen kann der Angestellte ein Mitglied des Betriebs oder Personalrats hinzuziehen.
Löschung	Wird gegen das Gebot des rechtlichen Gehörs verstoßen, so kann allein aus diesem Grunde die Entfernung des belastenden Schriftstückes aus den Personalakten verlangt werden (BAG, DB 1990, 841, Bruse, § 13 Rn. 48; Nebendahl, ZTR 1990, 418). **Abmahnungen** und ähnliche **Rügen** können für den Angestellten negative Tatsachenbehauptungen oder Wertungen enthalten, sodass die Anhörung obligatorisch ist (BAG, AP Nr. 2 zu § 13 Bat). Enthält die Abmahnung unzutreffende Tatsachenbehauptungen oder Wertungen, ist sie aus der Personalakte zu nehmen und zu vernichten. Dieser Anspruch kann auf dem Wege des Leistungsantrags arbeitsgerichtlich geltend gemacht werden.

2.11 Personaleinsatz

Leistung	Mit dem Personaleinsatz stellt der Arbeitnehmer seine Arbeitskraft zur Verfügung und erbringt Arbeitsleistungen. Die **Leistung** ist das bewertete Ergebnis, das aus der menschlichen Arbeit resultiert. Sie umfasst Qualität und Quantität der Ergebnisse und die benötigte Zeit.

Die Leistung wird durch innere und äußere Bestimmungsfaktoren beeinflusst. Zu ersteren gehören die individuelle Leistungsfähigkeit (das **Können**) sowie die Leistungsbereitschaft (das **Wollen**). Zu den äußeren Bestimmungsfaktoren zählt hingegen die Situation der Arbeit und im Team sowie das Klima im gesamten Betrieb.

Beim Personaleinsatz haben die Arbeitnehmer Mitwirkungs- und Beschwerderecht gemäß folgenden Paragraphen:

Rechte der Arbeitnehmer

§ 81 BetrVG: Unterrichtungs- und Erörterungspflicht des Arbeitgebers
§ 82 BetrVG: Anhörungs- und Erörterungsrecht des Arbeitnehmers
§ 83 BetrVG: Einsicht in die Personalakte

Der Betriebsrat verfügt über folgende Mitbestimmungsrechte:

Rechte des Betriebsrats

§ 87 BetrVG: Mitbestimmung in sozialen Angelegenheiten
§ 89 BetrVG: Arbeits- und betrieblicher Umweltschutz
§ 90 BetrVG: Unterrichtungs- und Beratungsrechte
           (Arbeitsplatz, Arbeitsablauf und Arbeitsumgebung)
§ 91 BetrVG: Mitbestimmungsrecht (gesicherte arbeitswissenschaftliche
           Erkenntnisse)
§ 96 BetrVG: Förderung der Berufsbildung
§ 97 BetrVG: Einrichtung und Maßnahmen der Berufbildung
§ 98 BetrVG: Durchführung betrieblicher Bildungsmaßnahmen

2.12 Arbeitsaufnahme

Der Personaleinsatz beginnt mit der Arbeitsaufnahme durch den Mitarbeiter. Mit der Arbeitsaufnahme sind fachliche, rechtliche und soziale Probleme verbunden. Die Aufnahme der Arbeit geschieht entweder durch eine bisher betriebsfremde Person oder bedeutet die Übernahme neuer Aufgaben durch einen im Unternehmen bereits beschäftigten Mitarbeiter. Ein neuer Arbeitsplatz im Unternehmen hat den Vorteil, dass der Mitarbeiter schon Kenntnisse über das Umfeld hat. Die Anforderungen am Arbeitsplatz können aber völlig neu sein.

Probleme bei der Arbeitsaufnahme

Alle neuen Mitarbeiter müssen eine Einführung sowie Einarbeitung erhalten. Bei der **Einführung** entsteht der erste Eindruck vom Betrieb, den Vorgesetzten und den Kollegen. Entsteht hier ein schlechter Eindruck, kann das Konsequenzen für Motivation und Zufriedenheit haben. Im schlimmsten Fall entwickelt sich der Wunsch, die Einrichtung wieder zu verlassen. Wenn es bei der Arbeitsaufnahme zu gravierenden Abweichungen von den Vorstellungen und der tatsächlichen Situation in der Praxis kommt, entsteht ein „Realitätsschock", der aufgefangen und verarbeitet werden muss.

Es bietet sich an, einige schriftliche Unterlagen mit allen wichtigen Informationen für die Einführungsveranstaltung vorzubereiten. Eine Einführungsveranstaltung sollte dann durchgeführt werden, wenn mehrere neue Mitarbeiter gleichzeitig beginnen oder zeitnah eingestellt werden.

2.13 Nebentätigkeit

Einschränkungen

Die Ausübung einer Nebentätigkeit neben dem Hauptarbeitsverhältnis muss wegen der **Berufsfreiheit** nach Art. 12 GG grundsätzlich möglich sein und darf vom Arbeitgeber **nicht gänzlich untersagt** werden. Allerdings sind Einschränkungen zulässig. Davon wird in den Tarifregelungen im öffentlichen Dienst ausführlich Gebrauch gemacht.

BAT

Der BAT verweist in § 11 bei der Ausübung einer Nebentätigkeit auf die für Beamte geltenden Bestimmungen, die sinngemäß angewandt werden sollen. Danach ist **jede Nebentätigkeit** grundsätzlich **genehmigungspflichtig** (§ 65 BBG). Davon ausgenommen sind u. a. schriftstellerische, wissenschaftliche oder künstlerische Tätigkeiten sowie Vorträge und die mit Lehr- oder Forschungsaufgaben zusammenhängende selbstständige Gutachtertätigkeit von Lehrern an öffentlichen Hochschulen (§ 66 BBG).

Bei Angestellten ist die **Genehmigung** zu **versagen,**

Gründe, eine Nebentätigkeit zu verbieten

- wenn durch die Nebentätigkeit **dienstliche Interessen** beeinträchtigt werden. Das soll u. a. der Fall sein, wenn die Arbeitskraft durch die Nebentätigkeit so stark in Anspruch genommen wird, dass die ordnungsgemäße Erfüllung der dienstlichen Pflichten behindert werden kann
- wenn die Nebentätigkeit zu einem Widerstreit mit den dienstlichen Pflichten führt oder wenn die Nebentätigkeit in einer Angelegenheit ausgeübt wird, in der die Behörde des Beschädigten selbst tätig wird oder tätig werden kann
- wenn die Unparteilichkeit oder Unbefangenheit des Arbeitnehmers beeinflusst werden kann
- wenn die Nebentätigkeit dem Ansehen der öffentlichen Verwaltung abträglich ist (§ 65 Abs. 2 BBG).

Bei **Beamten** gilt die Genehmigungspflicht auch noch nach dem Ausscheiden aus dem Dienst (§ 69 a BBG), eine Regelung, die für Angestellte nicht anwendbar ist.

Regelungen für Arbeiter

Bei **Arbeitern** ist für die Ausübung einer Nebentätigkeit zwar nicht der Hinweis auf die entsprechende Anwendung der beamtenrechtlichen Regelungen aufgenommen worden. Die Ausübung der Nebentätigkeit ist jedoch ebenfalls von der vorherigen Zustimmung des Arbeitgebers abhängig. Die Grundsätze für die Ausübung einer Nebentätigkeit sind ähnlich wie die für Angestellte. Danach ist jede Nebentätigkeit zu unterlassen, die mit der Arbeitspflicht kollidiert und damit die Interessen des Arbeitgebers bedroht.
Die Erteilung der Genehmigung liegt im Ermessen des Arbeitgebers. Dieses Ermessen ist jedoch insofern eingeschränkt, als nur dienstliche Belange einen abschlägigen Bescheid (Versagung der Genehmigung) rechtfertigen können.

Auch angestellte **Teilzeitkräfte** bedürfen einer Genehmigung für eine Nebentätigkeit, selbst wenn die zeitliche Beanspruchung durch die Teilzeittätigkeit zusammen mit der zeitlichen Beanspruchung durch die Nebentätigkeit die regelmäßige tarifliche wöchentliche Arbeitszeit eines vollzeitbeschäftigten Angestellten nicht überschreitet.

Der Arbeitgeber ist ferner berechtigt, den Arbeitnehmer regelmäßig nach dem Umfang einer Nebentätigkeit zu fragen.

Regelungen für Teilzeitkräfte

Beispiel I

> Der Hausmeister einer Schule beantragte die Genehmigung einer Nebentätigkeit zur Durchführung von Licht- und Tontechnikseminaren im Umfang von vier Stunden in zwei Wochen. Die Genehmigung wurde versagt mit der Begründung: „Eine gewerbliche Tätigkeit durch Mitarbeiter des öffentlichen Dienstes stößt in der Öffentlichkeit unter Berücksichtigung des sicheren Arbeitsplatzes und des garantierten Einkommens auf Unverständnis, sodass insgesamt das Ansehen des öffentlichen Dienstes Schaden erleidet."
> Solche **arbeitsmarktpolitischen Erwägungen** können ein Genehmigungsverbot jedoch nicht rechtfertigen.

Beispiel II

> Der Intendant eines Staatsorchesters will von seinen Musikern wissen, welche Nebentätigkeit sie als Musiker oder Musikpädagogen innerhalb oder außerhalb der Stadt H. ausüben. Jahrelang war eine solche Praxis geduldet worden, ohne dass eine Zustimmung erteilt worden war. Das BAG hat einen entsprechenden Auskunftsanspruch bejaht.

Die Nebentätigkeit von Angestellten ist nicht nur anzuzeigen: Die dabei erzielten **Nebeneinkünfte** sind bei Überschreiten einer gewissen **Grenze** an den Arbeitgeber abzuführen.

Nebeneinkünfte

> **Höchstgrenzen der im Jahr nicht abzuführenden Nebeneinkünfte** (Gestaffelt nach Vergütungsgruppen)
> - Angestellte der Vergütungsgruppen X – XIa dürfen bis zu 3.681,30 €/Jahr erzielen.
> - Angestellte der Vergütungsgruppen Vb – III dürfen bis zu 4.294,85 €/Jahr erzielen.
> - Angestellte der Vergütungsgruppen IIb – I dürfen bis zu 4.908,40 €/Jahr erzielen.

Eine solche Abführungspflicht fehlt bei den **Arbeitern**. Dies ist nach Auffassung des BAG kein Verstoß gegen den Gleichheitsgrundsatz, da die Tarifvertragsparteien das Erfordernis der vorherigen Genehmigung entgeltlicher Nebentätigkeiten bei Arbeitern zur Wahrung dienstlicher Interessen zulässigerweise als ausreichend angesehen haben.

Keine Abfahrungspflicht für Arbeiter

Beispiel III

> Ein Diplomingenieur in einer süddeutschen Gemeindeverwaltung unterhielt nebenbei ein Planungsbüro. In den Jahren 1991 und 1992 schloss er mit mehreren Gemeinden in den neuen Bundesländern Verträge, durch die er sich zur Erstellung von Bebauungsplänen ver-

> pflichtete. Dafür wurden ihm insgesamt 450.000 DM gezahlt. Die Stadtgemeinde verlangte von ihm die Zahlung von 198.230 DM, die nach Nebentätigkeitsrecht abzuführen seien – nach Auffassung des BAG zu Recht.

Das Grundrecht auf freie Berufsausübung wird durch diese Abführungspflicht von Nebeneinnahmen nach Auffassung des BAG nicht unverhältnismäßig eingeschränkt. Dadurch soll sichergestellt werden, dass die Beschäftigten ihre vertraglichen Pflichten in ihrer Haupttätigkeit in dem gebotenen Umfang wahrnehmen.

2.14 Personalentlohnung

2.14.1 Eingruppierung

tarifliche Bewerbung

Für die Arbeitgeber bringt die tarifliche Bewertung der Tätigkeiten ihrer Angestellten nicht unerhebliche Verwaltung mit sich. Die betroffenen Angestellten sind kaum in der Lage, das Dickicht des Eingruppierungsrechts zu durchschauen. Die **mangelnde Praktikabilität und Transparenz** dieses Regelkonvoluts werfen die Fragen nach einer tariflichen Reform auf, die grundlegend sein müsste, um wirksam zu sein. Die Tarifauseinandersetzung 1989 hat für die Pflegeberufe nur teilweise Verbesserungen in der Eingruppierung gebracht. Es lag überwiegend an der Haltung der Arbeitgeber, dass keine durchgreifenden Gehaltserhöhungen gerade im Bereich der Fachkrankenpflege erreicht wurden. Heute hat dies erhebliche Auswirkungen auf den Arbeitsmarkt: Überall fehlen ausgebildete Fachkrankenpflegekräfte für den Funktionsdienst.

Interessenkonflikt

Aus Sicht der Arbeitgeber stellen die Gehälter einen bedeutsamen Kostenfaktor dar, aus Sicht der Arbeitnehmer garantieren sie die Sicherung ihrer wirtschaftlichen Existenz. Dies ist regelmäßig in den Tarifauseinandersetzungen zu beobachten. In der Praxis ist die relative Entgeltgerechtigkeit regelmäßig das Ergebnis von Tarifverhandlungen zwischen Arbeitgeberverbänden und Gewerkschaften. Die Tarifverträge legen nur Mindestarbeitsbedingungen fest, es ist zulässig, im Arbeitsvertrag günstigere Arbeitsbedingungen zu vereinbaren. In der Praxis werden übertarifliche Zulagen gezahlt.

2.14.2 Vergütungsordnung

Unterteilung

Die Vergütungsordnung besteht aus den Anlagen zum BAT, getrennt nach Tarifbereichen Bund/Länder, VKA (Gemeinden) und Krankenpflegepersonal im Bereich des Bundes, der Länder und Gemeinden.
Für die Pflege ist nur die **Anlage 1b** von Bedeutung. Diese unterteilt sich noch einmal in die **Abschnitte A** (Sonderregelungen für Angestellte in Kranken-, Heil-, Pflege- und Entbindungsanstalten sowie in sonstigen Anstalten und Heimen, in denen die betreuten Personen in ärztlicher Behandlung stehen (SR 2a BAT)) und **B** (Sonderregelungen für Angestellte in Kranken-, Heil-, Pflege- und Entbindungsanstalten sowie in

sonstigen Anstalten und Heimen, in denen die betreuten Personen **nicht** in ärztlicher Behandlung stehen). Dies ist zu beachten, weil es einen Unterschied macht, welche Sonderregelungen angewendet werden. Allen Teilen der Vergütungsordnung sind die Vorbemerkungen zu allen Vergütungsgruppen vorangestellt bzw. die Bemerkungen zu allen Vergütungsgruppen, die sich hinter dem dortigen allgemeinen Teil befinden. Diese sind Bestandteil des Tarifvertrages und daher im Zusammenhang mit den Tätigkeitsmerkmalen unmittelbar anzuwenden. Die Vergütungsordnung ist aufgegliedert in Vergütungsgruppen, die wiederum in Tätigkeitsmerkmale (Fallgruppen) untergliedert sind.

2.14.3 Tätigkeitsmerkmale

Ein Tätigkeitsmerkmal enthält zwei oder mehrere Anforderungen, die objektiver oder subjektiver Natur sein können. Eine **objektive Anforderung** besteht aus einer abstrakten oder konkreten Beschreibung der auszuübenden Tätigkeit bzw. der Wertigkeit dieser Tätigkeit. Dagegen umschreiben die **subjektiven Anforderungen** die persönlichen Voraussetzungen, die ein Angestellter erfüllen muss.

Inhalte

Ein Tätigkeitsmerkmal oder eine Anforderung einer Vergütungsgruppe baut häufig auf eine oder mehrere niedrige Vergütungsgruppen auf, sodass hier auch die Merkmale der Anfangsfallgruppe und alsdann – der Reihe nach – die weiteren qualifizierten Tätigkeitsmerkmale der dazwischen liegenden Fallgruppen erfüllt sein müssen. Soweit in Tätigkeitsmerkmalen auf Protokollnotizen (Bund/Länder) bzw. Protokollerklärungen (Gemeinden) verwiesen wird, sind auch diese durchweg Bestandteil des Tarifvertrages und gelten daher unmittelbar und zwingend. Niederschriftserklärungen haben dagegen keine eigenständige tarifliche Bedeutung.

Die geschuldete Tätigkeit kann sich aus dem schriftlichen Arbeitsvertrag ergeben, darüber hinaus aus mündlichen Vereinbarungen im Zusammenhang mit der Begründung des Arbeitsverhältnisses oder in der Folgezeit, die nicht nach § 4 Abs. 2 BAT der Schriftform bedürfen, da es sich um eine Hauptabrede handelt. Häufig liegt auch eine konkludente Vereinbarung bestimmter Arbeitsinhalte vor, indem dem Angestellten bestimmte Tätigkeiten übertragen werden, denen er nicht widerspricht. Handelt es sich hier um tariflich niedriger zu bewertende Tätigkeiten und wird der Personalrat/Betriebsrat hierbei im Rahmen seines Mitbestimmungsrechts nicht beteiligt, kann eine entsprechende Abänderung der arbeitsvertraglich geschuldeten Tätigkeit auch nicht konkludent vereinbart werden, weil das Änderungsangebot des Arbeitgebers wegen der Verletzung des Mitbestimmungsrechts des Personalrats/Betriebsrats nichtig ist.

Grundlagen

Die Eingruppierung (§ 22 BAT) richtet sich nach den Tätigkeitsmerkmalen. Im Pflegedienst richtet sich die Vergütung nach den Tätigkeitsmerkmalen der Vergütungsordnung **Anlage 1b zum BAT.**

Die Vergütung besteht aus:

Bestandteile der Vergütung

- Grundvergütung
- Ortszuschlag
- Allgemeine Zulage

Dazu kommen die so genannten unbeständigen Bezügebestandteile:
- Wechselschicht- und Schichtzulage
- Zeitzuschläge
- Überstundenvergütung

Abb. 8:
Gliederung der Vergütungsordnung

§ 22 Abs. 1 BAT	
Anlage 1a Bereich Bund/Länder (VergO B/L)	Anlage 1a Bereich Gemeinden (VergO VKA)
Anlage 1b Bereich Bund/Länder/Gemeinden (Angestellte im Pflegedienst)	
Vorbemerkungen zu allen Vergütungsgruppen	
allgemeiner Teil oder spezielle Tarifverträge	
Vergütungsgruppen Tätigkeitsmerkmale = Fallgruppen sowie Protokollnotizen, Fußnoten, Klammersätze	

Die unbeständigen Bezügebestandteile sind variabel und nicht Teil der Vergütung. Deshalb sind sie stets zu überprüfen.

2.15 Vergütungsordnung zum BAT

2.15.1 Anlage 1b – Vergütungsordnung für Angestellte im Pflegedienst

Nr. 1

Bezeichnung	umfasst auch
Pflegehelferinnen	Pflegehelfer
Krankenpflegehelferinnen	Krankenpflegehelfer
Krankenschwestern	Krankenpfleger, Kinderkrankenschwestern und Kinderkrankenpfleger
Wochenpflegerinnen	Wochenpfleger
Hebammen	Entbindungspfleger
Altenpflegehelferinnen	Altenpflegehelfer
Altenpflegerinnen	Altenpfleger
Schülerinnen	Schüler

Krankenschwestern, die Tätigkeiten von Kinderkrankenschwestern bzw. Altenpflegerinnen ausüben, sind als Kinderkrankenschwestern bzw. Altenpflegerinnen eingruppiert. Nr. 2

Kinderkrankenschwestern, die Tätigkeiten von Krankenschwestern bzw. Altenpflegerinnen ausüben, sind als Krankenschwestern bzw. Altenpflegerinnen eingruppiert. Nr. 3

Altenpflegehelferinnen, die Tätigkeiten von Krankenschwestern ausüben, sind als Krankenschwestern eingruppiert; soweit deren Eingruppierung von der Zeit einer Tätigkeit oder von der Zeit einer Bewährung abhängt, sind jedoch die für Altenpflegerinnen geltenden Zeiten maßgebend. Nr. 4

Bei den Tätigkeitsmerkmalen, die einen Bewährungsaufstieg vorsehen, gelten jeweils auch die Protokollerklärungen zu der in Bezug genommenen Fallgruppe der Vergütungsgruppe, aus der der Bewährungsaufstieg erfolgt. Nr. 5

Aufgrund des Artikels 37 des Einigungsvertrages und der Vorschriften hierzu als gleichwertig festgestellte Abschlüsse, Prüfungen und Befähigungsnachweise stehen ab dem Zeitpunkt ihres Erwerbs den in den Tätigkeitsmerkmalen geforderten entsprechenden Anforderungen gleich. Ist die Gleichwertigkeit erst nach der Erfüllung zusätzlicher Erfordernisse festgestellt worden, gilt die Gleichstellung ab der Feststellung. Nr. 6

A. Pflegepersonal, das unter die Sonderregelungen 2a und 2e III fällt

1. Pflegehelferinnen mit entsprechender Tätigkeit.
(hierzu Protokollnotizen Nr. 1) **Vergütungsgruppe Kr. I**

2. Altenpflegehelferinnen mit entsprechender Tätigkeit.
(hierzu Protokollnotizen Nr. 1)

1. Krankenpflegehelferinnen mit entsprechender Tätigkeit.
(hierzu Protokollnotizen Nr. 1) **Vergütungsgruppe Kr. II**

2. Pflegehelferinnen mit mindestens einjähriger Ausbildung und verwaltungseigener Abschlussprüfung mit entsprechender Tätigkeit.
(hierzu Protokollnotizen Nr. 1)

3. Pflegehelferinnen der Vergütungsgruppe Kr. I, Fallgruppe 1 nach dreijähriger Bewährung in dieser Fallgruppe.
(hierzu Protokollnotizen Nr. 2)

4. Wochenpflegerinnen mit staatlicher Anerkennung mit entsprechender Tätigkeit.

5. Altenpflegehelferinnen mit mindestens einjähriger Ausbildung und Abschlussprüfung mit entsprechender Tätigkeit.
(hierzu Protokollnotizen Nr. 1)

6. Altenpflegehelferinnen der Vergütungsgruppe Kr. I, Fallgruppe 2 nach dreijähriger Bewährung in dieser Fallgruppe.
(hierzu Protokollnotizen Nr. 2)

Vergütungsgruppe Kr. III

1. Krankenpflegehelferinnen und Pflegehelferinnen mit mindestens einjähriger Ausbildung und verwaltungseigener Abschlussprüfung, die in Einheiten für Intensivmedizin tätig sind.
(hierzu Protokollerklärungen Nrn. 1 und 3)

2. Krankenpflegehelferinnen und Pflegehelferinnen mit mindestens einjähriger Ausbildung und verwaltungseigener Abschlussprüfung, die
a) im Operationsdienst,
b) im Anästhesiedienst,
c) in Dialyseeinheiten,
d) an der Herz-Lungen-Maschine,
e) in mindestens zwei Teilgebieten der Endoskopie,
f) in Gipsräumen oder
g) in Polikliniken (Ambulanzbereichen) oder Ambulanzen/Nothilfen
tätig sind.

3. Krankenpflegehelferinnen mit entsprechender Tätigkeit und Pflegehelferinnen mit mindestens einjähriger Ausbildung und verwaltungseigener Abschlussprüfung mit entsprechender Tätigkeit nach zweijähriger Tätigkeit in Vergütungsgruppe Kr. II, Fallgruppe 1 oder 2.
(hierzu Protokollerklärungen Nrn. 1 und 2)

4. Wochenpflegerinnen mit staatlicher Anerkennung mit entsprechender Tätigkeit nach zweijähriger Tätigkeit in Vergütungsgruppe Kr. II, Fallgruppe 4.
(hierzu Protokollnotizen Nr. 2)

5. Altenpflegehelferinnen mit mindestens einjähriger Ausbildung und Abschlussprüfung mit entsprechender Tätigkeit nach zweijähriger Tätigkeit in Vergütungsgruppe Kr. II, Fallgruppe 5.
(hierzu Protokollerklärungen Nrn. 1 und 2)

Vergütungsgruppe Kr. IV

1. Krankenschwestern mit entsprechender Tätigkeit.
(hierzu Protokollerklärung Nr. 1)

2. Krankenpflegehelferinnen und Pflegehelferinnen mit mindestens einjähriger Ausbildung und verwaltungseigener Abschlussprüfung der Vergütungsgruppe Kr. III, Fallgruppen 1 bis 3 frühestens jedoch nach sechsjähriger Berufstätigkeit nach Erlangung der staatlichen Erlaubnis bzw. Ablegung der verwaltungseigenen Abschlussprüfung.
(hierzu Protokollerklärungen Nrn. 2 und 4)

3. Wochenpflegerinnen der Vergütungsgruppe Kr. III, Fallgruppe 4 nach vierjähriger Bewährung in dieser Fallgruppe.
(hierzu Protokollerklärung Nr. 2)

4. Hebammen mit entsprechender Tätigkeit.

5. Altenpflegerinnen mit staatlicher Anerkennung/Abschlussprüfung mit entsprechender Tätigkeit.
(hierzu Protokollerklärung Nr. 1)

6. Altenpflegehelferinnen der Vergütungsgruppe Kr. III, Fallgruppe 5 nach vierjähriger Bewährung in dieser Fallgruppe.
(hierzu Protokollerklärung Nr. 2)

Vergütungsgruppe Kr. V

1. Krankenschwestern mit entsprechender Tätigkeit nach zweijähriger Tätigkeit in der Vergütungsgruppe Kr. IV, Fallgruppe 1.
(hierzu Protokollerklärungen Nrn. 1 und 2)

2. Krankenschwestern, die in Dialyseeinheiten Kranke pflegen sowie die Geräte bedienen und überwachen.

3. Krankenschwestern in Blutzentralen mit entsprechender Tätigkeit.
(hierzu Protokollerklärung Nr. 5)

4. Krankenschwestern, die in besonderen Behandlungs- und Untersuchungsräumen in mindestens zwei Teilgebieten der Endoskopie tätig sind.

5. Krankenschwestern in Polikliniken (Ambulanzbereichen) oder Ambulanzen/Nothilfen mit entsprechender Tätigkeit.

6. Krankenschwestern, die Gipsverbände in Gipsräumen anlegen.

7. Krankenschwestern, die im EEG-Dienst tätig sind.

8. Krankenschwestern, denen mindestens fünf im Krankentransportdienst tätige Pflegepersonen durch ausdrückliche Anordnung ständig unterstellt sind.
(hierzu Protokollerklärung Nr. 6)

9. Krankenschwestern, die Pflegeaufgaben an Patienten von psychiatrischen oder neurologischen Krankenhäusern zu erfüllen haben, die nicht in diesen Krankenhäusern untergebracht sind.

10. Krankenschwestern, die in psychiatrischen oder neurologischen Krankenhäusern psychisch kranke Patienten bei der Arbeitstherapie betreuen.
(hierzu Protokollerklärung Nr. 1)

11. Krankenschwestern in fachärztlichen Untersuchungsstellen der Bundeswehrkrankenhäuser, die dem Arzt bei operativen Eingriffen oder diagnostischen Verrichtungen unmittelbar assistieren und bei der Ausbildung des Sanitätspersonals tätig sind.

12. Krankenschwestern, die in Kinderkrankenhäusern oder Kinderfachabteilungen der Milchküche oder der Frauenmilchsammelstelle vorstehen.
(hierzu Protokollerklärung Nr. 7)

13. Krankenschwestern, die dem zentralen Sterilisationsdienst vorstehen.
(hierzu Protokollerklärung Nr. 7)

14. Krankenschwestern, die im Operationsdienst
a) als Operationsschwestern oder
b) als Anästhesieschwestern
tätig sind oder in der großen Chirurgie für die fachgerechte Lagerung verantwortlich sind.

15. Krankenschwestern, die Herz-Lungen-Maschinen vorbereiten und während der Operation zur Bedienung der Maschine herangezogen werden.

16. Krankenschwestern, die in Einheiten für Intensivmedizin tätig sind.
(hierzu Protokollerklärungen Nrn. 1 und 3)

17. Krankenschwestern, die dem Arzt in erheblichem Umfange bei Herzkathetervisierungen, Dilatationen oder Angiographien unmittelbar assistieren.

18. Krankenschwestern mit erfolgreich abgeschlossener Fortbildung in der Krankenhaushygiene, die als Krankenhaushygieneschwestern stationsübergreifend und verantwortlich eingesetzt sind.

19. Krankenschwestern, die durch ausdrückliche Anordnung als ständige Vertreterinnen von Krankenschwestern der Vergütungsgruppe Kr. VI, Fallgruppe 12 bestellt sind.
(hierzu Protokollerklärung Nr. 8)

20. Hebammen mit entsprechender Tätigkeit nach einjähriger Tätigkeit in Vergütungsgruppe Kr. IV, Fallgruppe 4.
(hierzu Protokollerklärung Nr. 2)

21. Altenpflegerinnen mit staatlicher Anerkennung/Abschlussprüfung mit entsprechender Tätigkeit nach dreijähriger Tätigkeit in Vergütungsgruppe Kr. IV, Fallgruppe 5.
(hierzu Protokollerklärungen Nrn. 1, 2 und 9)

Vergütungsgruppe Kr. V a

[1. bis 3. gestrichen]

4. Krankenschwestern, die einer Dialyseeinheit vorstehen und denen mindestens zwölf Pflegepersonen durch ausdrückliche Anordnung ständig unterstellt sind.
(hierzu Protokollerklärung Nr. 6)

5. Krankenschwestern, die durch ausdrückliche Anordnung als Stationsschwestern oder Gruppenschwestern bestellt sind.
(hierzu Protokollerklärungen Nrn. 1, 11 und 12)

6. Krankenschwestern, die durch ausdrückliche Anordnung als ständige Vertreterinnen von Stations- oder Gruppenschwestern der Vergütungsgruppe Kr. VI, Fallgruppe 13 bestellt sind.
(hierzu Protokollerklärungen Nrn. 1 und 8)

7. Krankenschwestern der Vergütungsgruppe Kr. V, Fallgruppen 1 bis 19 nach vierjähriger Bewährung in einer dieser Fallgruppen, frühestens jedoch nach sechsjähriger Berufstätigkeit nach Erlangung der staatlichen Erlaubnis.
(hierzu Protokollerklärungen Nrn. 2 und 4)

8. Hebammen, die durch ausdrückliche Anordnung zur Vorsteherin des Kreißsaals bestellt sind.
(hierzu Protokollerklärung Nr. 13)

9. Hebammen der Vergütungsgruppe Kr. V, Fallgruppe 20 nach vierjähriger Bewährung in dieser Fallgruppe, frühestens jedoch nach sechsjähriger Berufstätigkeit nach Erlangung der staatlichen Erlaubnis.
(hierzu Protokollerklärungen Nrn. 2 und 4)

10. Altenpflegerinnen mit staatlicher Anerkennung/Abschlussprüfung, die durch ausdrückliche Anordnung als Stationspflegerinnen bestellt sind.
(hierzu Protokollerklärungen Nrn. 1 und 14)

11. Altenpflegerinnen mit staatlicher Anerkennung/Abschlussprüfung, die durch ausdrückliche Anordnung als ständige Vertreterinnen von Stationspflegerinnen der Vergütungsgruppe Kr. VI, Fallgruppe 25 bestellt sind.
(hierzu Protokollerklärungen Nrn. 1 und 8)

12. Altenpflegerinnen der Vergütungsgruppe Kr. V, Fallgruppe 21 nach vierjähriger Bewährung in dieser Fallgruppe.
(hierzu Protokollerklärung Nr. 2)

Vergütungsgruppe Kr. VI

1. Krankenschwestern der Vergütungsgruppe Kr.V, Fallgruppe 15, denen mindestens vier Angestellte durch ausdrückliche Anordnung ständig unterstellt sind.
(hierzu Protokollerklärung Nr. 6)

2. Krankenschwestern in Blutzentralen, denen mindestens vier Pflegepersonen durch ausdrückliche Anordnung ständig unterstellt sind.
(hierzu Protokollerklärungen Nrn. 5 und 6)

3. Krankenschwestern, die in besonderen Behandlungs- und Untersuchungsräumen in mindestens zwei Teilgebieten der Endoskopie tätig sind, wenn ihnen mindestens vier Pflegepersonen durch ausdrückliche Anordnung ständig unterstellt sind.
(hierzu Protokollerklärung Nr. 6)

4. Krankenschwestern in Polikliniken (Ambulanzbereichen) oder Ambulanzen/Nothilfen, denen mindestens sechs Pflegepersonen durch ausdrückliche Anordnung ständig unterstellt sind.
(hierzu Protokollerklärung Nr. 6)

5. Krankenschwestern, die Gipsverbände in Gipsräumen anlegen, denen mindestens fünf Pflegepersonen durch ausdrückliche Anordnung ständig unterstellt sind.
(hierzu Protokollerklärung Nr. 6)

6. Krankenschwestern, denen mindestens zehn im Krankentransportdienst tätige Pflegepersonen durch ausdrückliche Anordnung ständig unterstellt sind.
(hierzu Protokollerklärung Nr. 6)

6a. Krankenschwestern mit erfolgreich abgeschlossener Weiterbildung für den Operationsdienst bzw. für den Anästhesiedienst, die im Operationsdienst
a) als Operationsschwestern oder
b) als Anästhesieschwestern
tätig sind.
(hierzu Protokollerklärung Nr. 10)

6b. Krankenschwestern mit erfolgreich abgeschlossener Weiterbildung in der Intensivpflege/-medizin in Einheiten für Intensivmedizin mit entsprechender Tätigkeit.
(hierzu Protokollerklärungen Nrn. 1, 3 und 10)

6c. Krankenschwestern mit erfolgreich abgeschlossener Weiterbildung in der Psychiatrie mit entsprechender Tätigkeit.
(hierzu Protokollerklärungen Nrn. 1 und 10)

7. Krankenschwestern mit erfolgreich abgeschlossener sozial-psychiatrischer Zusatzausbildung und entsprechender Tätigkeit.
(hierzu Protokollerklärungen Nrn. 1 und 15)

8. Krankenschwestern, die dem Operationsdienst oder Anästhesiedienst vorstehen und denen mindestens vier Pflegepersonen durch ausdrückliche Anordnung ständig unterstellt sind.
(hierzu Protokollerklärung Nr. 6)

9. Krankenschwestern in der Intensivpflege/-medizin, die einer Einheit für Intensivmedizin vorstehen.
(hierzu Protokollerklärungen Nrn. 1 und 3)

10. Krankenschwestern, die einer Dialyseeinheit vorstehen und denen mindestens 24 Pflegepersonen durch ausdrückliche Anordnung ständig unterstellt sind.
(hierzu Protokollerklärung Nr. 6)

11. Krankenschwestern, die dem zentralen Sterilisationsdienst vorstehen und denen mindestens acht Arbeitnehmer durch ausdrückliche Anordnung ständig unterstellt sind.
(hierzu Protokollerklärung Nr. 6)

12. Krankenschwestern, die dem zentralen Sterilisationsdienst vorstehen und denen mindestens 36 Arbeitnehmer durch ausdrückliche Anordnung ständig unterstellt sind.
(hierzu Protokollerklärung Nr. 6)

13. Krankenschwestern als Stationsschwestern oder Gruppenschwestern, denen mindestens fünf Pflegepersonen durch ausdrückliche Anordnung ständig unterstellt sind.
(hierzu Protokollerklärungen Nrn. 1, 6, 11 und 12)

14. Krankenschwestern, denen mehrere Stationen, Pflegegruppen oder abgegrenzte Funktionsbereiche mit insgesamt mindestens zwölf Pflegepersonen durch ausdrückliche Anordnung ständig unterstellt sind.
(hierzu Protokollerklärungen Nrn. 1, 6, 12 und 16)

15. Krankenschwestern, die durch ausdrückliche Anordnung als ständige Vertreterinnen von Krankenschwestern der Vergütungsgruppe Kr. VII, Fallgruppe 4 oder 5 bestellt sind.
(hierzu Protokollerklärung Nr. 8)

16. Krankenschwestern, die durch ausdrückliche Anordnung als ständige Vertreterinnen von Stations- oder Gruppenschwestern der Vergütungsgruppe Kr. VII, Fallgruppe 7 bestellt sind.
(hierzu Protokollerklärungen Nrn. 1 und 8)

17. Krankenschwestern, die durch ausdrückliche Anordnung als ständige Vertreterinnen von leitenden Krankenschwestern der Vergütungsgruppe Kr. VII, Fallgruppe 9 bestellt sind.
(hierzu Protokollerklärung Nr. 8)

18. Krankenschwestern, die als Unterrichtsschwestern tätig sind.
(hierzu Protokollerklärung Nr. 17)

19. Krankenschwestern der Vergütungsgruppe Kr. V, Fallgruppen 11 oder 14 bis 18 nach sechsjähriger Bewährung in der jeweiligen Fallgruppe der Vergütungsgruppe Kr. V oder in dieser Tätigkeit in Vergütungsgruppe Kr. V a, Fallgruppe 7.
(hierzu Protokollerklärung Nr. 2)

20. Krankenschwestern der Vergütungsgruppe Kr. V a, Fallgruppe 4 nach dreijähriger Bewährung in der jeweiligen Fallgruppe.
(hierzu Protokollerklärung Nr. 2)

21. Krankenschwestern der Vergütungsgruppe Kr. V a, Fallgruppen 5 und 6 nach fünfjähriger Bewährung in dieser Fallgruppe.
(hierzu Protokollerklärung Nr. 2)

22. Hebammen, denen mindestens fünf Hebammen durch ausdrückliche Anordnung ständig unterstellt sind.
(hierzu Protokollerklärung Nr. 6)

23. Hebammen, die als Lehrhebammen an Hebammenschulen tätig sind.
(hierzu Protokollerklärung Nr. 18)

24. Hebammen, die durch ausdrückliche Anordnung als ständige Vertreterinnen von leitenden Hebammen der Vergütungsgruppe Kr.VII, Fallgruppe 17 bestellt sind.
(hierzu Protokollerklärung Nr. 8)

25. Altenpflegerinnen mit staatlicher Anerkennung/Abschlussprüfung, die durch ausdrückliche Anordnung als Stationspflegerinnen bestellt

sind und denen mindestens fünf Pflegepersonen durch ausdrückliche Anordnung ständig unterstellt sind.
(hierzu Protokollerklärungen Nrn. 1, 6 und 14)

26. Altenpflegerinnen mit staatlicher Anerkennung/Abschlussprüfung, die durch ausdrückliche Anordnung als ständige Vertreterinnen von Stationspflegerinnen der Vergütungsgruppe Kr. VII, Fallgruppe 23 bestellt sind.
(hierzu Protokollerklärungen Nrn. 1 und 8)

27. Altenpflegerinnen mit staatlicher Anerkennung/Abschlussprüfung, die durch ausdrückliche Anordnung als ständige Vertreterinnen von leitenden Altenpflegerinnen der Vergütungsgruppe Kr. VII, Fallgruppe 24 bestellt sind.
(hierzu Protokollerklärung Nr. 8)

28. Altenpflegerinnen mit staatlicher Anerkennung/Abschlussprüfung, die als Unterrichtsaltenpflegerinnen tätig sind.
(hierzu Protokollerklärung Nr. 19)

29. Altenpflegerinnen der Vergütungsgruppe Kr. V a, Fallgruppe 11 nach fünfjähriger Bewährung in dieser Fallgruppe.
(hierzu Protokollerklärung Nr. 2)

Vergütungsgruppe Kr. VII

1. Krankenschwestern in Blutzentralen, denen mindestens 20 Pflegepersonen durch ausdrückliche Anordnung ständig unterstellt sind.
(hierzu Protokollerklärungen Nrn. 5 und 6)

2. Krankenschwestern in Polikliniken (Ambulanzbereichen) oder Ambulanzen/Nothilfen, denen mindestens 20 Pflegepersonen durch ausdrückliche Anordnung ständig unterstellt sind.
(hierzu Protokollerklärung Nr. 6)

3. Krankenschwestern, denen mindestens 30 im Krankentransportdienst tätige Pflegepersonen durch ausdrückliche Anordnung ständig unterstellt sind.
(hierzu Protokollerklärung Nr. 6)

4. Krankenschwestern, die dem Operationsdienst oder Anästhesiedienst vorstehen und denen mindestens zehn Pflegepersonen durch ausdrückliche Anordnung ständig unterstellt sind.
(hierzu Protokollerklärung Nr. 6)

5. Krankenschwestern, die einer Einheit für Intensivmedizin vorstehen und denen mindestens zwölf Pflegepersonen durch ausdrückliche Anordnung ständig unterstellt sind.
(hierzu Protokollerklärungen Nrn. 1, 3 und 6)

6. Krankenschwestern, die einer Dialyseeinheit vorstehen und denen mindestens 48 Pflegepersonen durch ausdrückliche Anordnung ständig unterstellt sind.
(hierzu Protokollerklärung Nr. 6)

7. Krankenschwestern als Stationsschwestern oder Gruppenschwestern, denen mindestens zwölf Pflegepersonen durch ausdrückliche Anordnung ständig unterstellt sind.
(hierzu Protokollerklärungen Nrn. 1, 6, 11 und 12)

8. Krankenschwestern, denen mehrere Stationen, Pflegegruppen oder abgegrenzte Funktionsbereiche mit insgesamt mindestens 24 Pflegepersonen durch ausdrückliche Anordnung ständig unterstellt sind.
(hierzu Protokollerklärungen Nrn. 6, 12 und 16)

9. Leitende Krankenschwestern.
(hierzu Protokollerklärungen Nrn. 20 und 21)

10. Krankenschwestern, die durch ausdrückliche Anordnung als ständige Vertreterinnen von Krankenschwestern der Vergütungsgruppe Kr. VIII Fallgruppe 1 oder 2 bestellt sind.
(hierzu Protokollerklärung Nr. 8)

11. Krankenschwestern, die durch ausdrückliche Anordnung als ständige Vertreterinnen von Leitenden Krankenschwestern der Vergütungsgruppe Kr. VIII Fallgruppe 5 bestellt sind.
(hierzu Protokollerklärung Nr. 8)

12. Krankenschwestern mit mindestens einjähriger erfolgreich abgeschlossener Fachausbildung an Schulen für Unterrichtsschwestern, die als Unterrichtsschwestern an Krankenpflegeschulen oder Schulen für Krankenpflegehilfe tätig sind.
(hierzu Protokollerklärungen Nrn. 17 und 22)

13. Krankenschwestern mit mindestens einjähriger erfolgreich abgeschlossener Fachausbildung an Schulen für Unterrichtsschwestern, die als Unterrichtsschwestern an Krankenpflegeschulen oder Schulen für Krankenpflegehilfe tätig und durch ausdrückliche Anordnung als ständige Vertreterinnen von Leitenden Unterrichtsschwestern der Vergütungsgruppe Kr. VIII Fallgruppe 8 bestellt sind.
(hierzu Protokollerklärungen Nrn. 8, 17 und 22)

14. Krankenschwestern der Vergütungsgruppe Kr. VI Fallgruppen 8 bis 10 oder 12 bis 17 nach fünfjähriger Bewährung in der jeweiligen Fallgruppe.
(hierzu Protokollerklärung Nr. 2)

15. Krankenschwestern der Vergütungsgruppe Kr. VI Fallgruppe 18 nach siebenjähriger Bewährung in dieser Fallgruppe.
(hierzu Protokollerklärung Nr. 2)

16. Hebammen, denen mindestens zehn Hebammen durch ausdrückliche Anordnung ständig unterstellt sind.
(hierzu Protokollerklärung Nr. 6)

17. Leitende Hebammen in Frauenkliniken mit Hebammenschule.
(hierzu Protokollerklärungen Nrn. 21 und 23)

18. Hebammen mit mindestens einjähriger erfolgreich abgeschlossener Fachausbildung an Schulen für Lehrhebammen, die als Lehrhebammen an Hebammenschulen tätig sind.
(hierzu Protokollerklärungen Nrn. 18, 22 und 24)

19. Hebammen mit mindestens einjähriger erfolgreich abgeschlossener Fachausbildung an Schulen für Lehrhebammen, die als Lehrhebammen an Hebammenschulen tätig und durch ausdrückliche Anordnung als ständige Vertreterinnen von Ersten Lehrhebammen der Vergütungsgruppe Kr. VIII Fallgruppe 13 bestellt sind.
(hierzu Protokollerklärungen Nrn. 8, 18, 22 und 24)

20. Hebammen, die durch ausdrückliche Anordnung als ständige Vertreterinnen von Leitenden Hebammen der Vergütungsgruppe Kr. VIII Fallgruppe 11 bestellt sind.
(hierzu Protokollerklärung Nr. 8)

21. Hebammen der Vergütungsgruppe Kr. VI Fallgruppe 22 oder 24 nach fünfjähriger Bewährung in der jeweiligen Fallgruppe.
(hierzu Protokollerklärung Nr. 2)

22. Hebammen der Vergütungsgruppe Kr. VI Fallgruppe 23 nach siebenjähriger Bewährung in dieser Fallgruppe.
(hierzu Protokollerklärung Nr. 2)

23. Altenpflegerinnen mit staatlicher Anerkennung/Abschlussprüfung, die durch ausdrückliche Anordnung als Stationspflegerinnen bestellt sind und denen mindestens zwölf Pflegepersonen durch ausdrückliche Anordnung ständig unterstellt sind.
(hierzu Protokollerklärungen Nrn. 1, 6 und 14)

24. Altenpflegerinnen mit staatlicher Anerkennung/Abschlussprüfung als Leitende Altenpflegerinnen.
(hierzu Protokollerklärung Nr. 25)

25. Altenpflegerinnen mit staatlicher Anerkennung/Abschlussprüfung, die durch ausdrückliche Anordnung als ständige Vertreterinnen von Leitenden Altenpflegerinnen der Vergütungsgruppe Kr. VIII Fallgruppe 15 bestellt sind.
(hierzu Protokollerklärung Nr. 8)

26. Altenpflegerinnen mit staatlicher Anerkennung/Abschlussprüfung und mindestens einjähriger erfolgreich abgeschlossener Fachausbildung an Schulen für Unterrichtsaltenpflegerinnen, die als Unterrichtsaltenpflegerinnen an Schulen für Altenpflege tätig sind.
(hierzu Protokollerklärungen Nrn. 19, 22 und 24)

27. Altenpflegerinnen mit staatlicher Anerkennung/Abschlussprüfung und mindestens einjähriger erfolgreich abgeschlossener Fachausbildung an Schulen für Unterrichtsaltenpflegerinnen, die durch ausdrückliche Anordnung als ständige Vertreterinnen von Leitenden Unterrichtsaltenpflegerinnen der Vergütungsgruppe Kr. VIII Fallgruppe 17 bestellt sind.
(hierzu Protokollerklärungen Nrn. 8, 19, 22 und 24)

28. Altenpflegerinnen der Vergütungsgruppe Kr. VI Fallgruppen 25 bis 27 nach fünfjähriger Bewährung in der jeweiligen Fallgruppe.
(hierzu Protokollerklärung Nr. 2)

29. Altenpflegerinnen der Vergütungsgruppe Kr. VI Fallgruppe 28 nach siebenjähriger Bewährung in dieser Fallgruppe.
(hierzu Protokollerklärung Nr. 2)

1. Krankenschwestern, die dem Operationsdienst oder Anästhesiedienst vorstehen und denen mindestens 20 Pflegepersonen durch ausdrückliche Anordnung ständig unterstellt sind.
(hierzu Protokollerklärung Nr. 6)

Vergütungsgruppe Kr. VIII

2. Krankenschwestern, die einer Einheit für Intensivmedizin vorstehen und denen mindestens 24 Pflegepersonen durch ausdrückliche Anordnung ständig unterstellt sind.
(hierzu Protokollerklärungen Nrn. 3 und 6)

3. Krankenschwestern, die durch ausdrückliche Anordnung als ständige Vertreterinnen von Krankenschwestern der Vergütungsgruppe Kr. IX, Fallgruppe 1 oder 2 bestellt sind.
(hierzu Protokollerklärung Nr. 8)

4. Krankenschwestern, denen mehrere Stationen, Pflegegruppen oder abgegrenzte Funktionsbereiche mit insgesamt mindestens 48 Pflegepersonen durch ausdrückliche Anordnung ständig unterstellt sind.
(hierzu Protokollerklärungen Nrn. 6, 12 und 16)

5. Leitende Krankenschwestern in Krankenhäusern bzw. Pflegebereichen, in denen mindestens 75 Pflegepersonen beschäftigt sind.
(hierzu Protokollerklärungen Nrn. 6, 20 und 21)

6. Krankenschwestern, die durch ausdrückliche Anordnung als ständige Vertreterinnen von leitenden Krankenschwestern der Vergütungsgruppe Kr. IX, Fallgruppe 4 bestellt sind.
(hierzu Protokollerklärung Nr. 8)

7. Krankenschwestern mit mindestens einjähriger erfolgreich abgeschlossener Fachausbildung an Schulen für Unterrichtsschwestern, die mindestens zur Hälfte ihrer Arbeitszeit als Lehrkräfte an Fortbildungsstätten für leitende Krankenschwestern, Unterrichtsschwestern und Stationsschwestern eingesetzt sind.
(hierzu Protokollerklärungen Nrn. 17 und 22)

8. Krankenschwestern mit mindestens einjähriger, erfolgreich abgeschlossener Fachausbildung an Schulen für Unterrichtsschwestern, die als leitende Unterrichtsschwestern an Krankenpflegeschulen oder Schulen für Krankenpflegehilfe mit durchschnittlich mindestens 40 Lehrgangsteilnehmern tätig sind.
(hierzu Protokollerklärungen Nrn. 22 und 26)

9. Krankenschwestern mit mindestens einjähriger erfolgreich abgeschlossener Fachausbildung an Schulen für Unterrichtsschwestern, die als Unterrichtsschwestern an Krankenpflegeschulen oder Schulen für Krankenpflegehilfe tätig und durch ausdrückliche Anordnung ständige Vertreterinnen von leitenden Unterrichtsschwestern der Vergütungsgruppe Kr. IX, Fallgruppe 6 bestellt sind.
(hierzu Protokollerklärungen Nrn. 8, 17 und 22)

10. Krankenschwestern der Vergütungsgruppe Kr. VII, Fallgruppen 4 bis 13 nach fünfjähriger Bewährung in der jeweiligen Fallgruppe.
(hierzu Protokollerklärung Nr. 2)

11. Leitende Hebammen in Frauenkliniken mit Hebammenschule, denen mindestens 75 Pflegepersonen durch ausdrückliche Anordnung ständig unterstellt sind.
(hierzu Protokollerklärungen Nrn. 6, 21 und 23)

12. Hebammen, die durch ausdrückliche Anordnung als ständige Vertreterinnen von leitenden Hebammen der Vergütungsgruppe Kr. IX, Fallgruppe 9 bestellt sind.
(hierzu Protokollerklärung Nr. 8)

13. Hebammen mit mindestens einjähriger erfolgreich abgeschlossener Fachausbildung an Schulen für Lehrhebammen, die als erste Lehrhebammen an Hebammenschulen mit durchschnittlich mindestens 40 Lehrgangsteilnehmern tätig sind.
(hierzu Protokollerklärungen Nrn. 22, 24 und 27)

14. Hebammen der Vergütungsgruppe Kr. VII Fallgruppen 16 bis 20 nach fünfjähriger Bewährung in der jeweiligen Fallgruppe.
(hierzu Protokollerklärung Nr. 2)

15. Altenpflegerinnen mit staatlicher Anerkennung/Abschlussprüfung als leitende Altenpflegerinnen in Einrichtungen, in denen mindestens 75 Pflegepersonen beschäftigt sind.
(hierzu Protokollerklärungen Nrn. 6 und 25)

16. Altenpflegerinnen mit staatlicher Anerkennung/Abschlussprüfung, die durch ausdrückliche Anordnung als ständige Vertreterinnen von leitenden Altenpflegerinnen der Vergütungsgruppe Kr. IX, Fallgruppe 11 bestellt sind.
(hierzu Protokollerklärung Nr. 8)

17. Altenpflegerinnen mit staatlicher Anerkennung/Abschlussprüfung und mindestens ein-jähriger erfolgreich abgeschlossener Fachausbildung an Schulen für Unterrichtsaltenpflegerinnen, die als leitende Unterrichtsaltenpflegerinnen an Schulen für Altenpflege mit durchschnittlich mindestens 40 Lehrgangsteilnehmern tätig sind.
(hierzu Protokollerklärungen Nrn. 22, 24 und 28)

18. Altenpflegerinnen mit staatlicher Anerkennung/Abschlussprüfung und mindestens ein-jähriger erfolgreich abgeschlossener Fachausbildung an Schulen für Unterrichtsaltenpflegerinnen, die durch ausdrückliche Anordnung als ständige Vertreterinnen von leitenden Unterrichtsaltenpflegerinnen der Vergütungsgruppe Kr. IX, Fallgruppe 12 bestellt sind.
(hierzu Protokollerklärungen Nrn. 8, 19, 22 und 24)

19. Altenpflegerinnen der Vergütungsgruppe Kr. VII, Fallgruppen 23 bis 27 nach fünfjähriger Bewährung in der jeweiligen Fallgruppe.
(hierzu Protokollerklärung Nr. 2)

1. Krankenschwestern, die dem Operationsdienst oder Anästhesiedienst vorstehen und denen mindestens 40 Pflegepersonen durch ausdrückliche Anordnung ständig unterstellt sind.
(hierzu Protokollerklärung Nr. 6)

Vergütungsgruppe Kr. IX

2. Krankenschwestern, die einer Einheit für Intensivmedizin vorstehen und denen mindestens 48 Pflegepersonen durch ausdrückliche Anordnung ständig unterstellt sind.
(hierzu Protokollerklärungen Nrn. 3 und 6)

3. Krankenschwestern, denen mehrere Stationen, Pflegegruppen oder abgegrenzte Funktionsbereiche mit insgesamt mindestens 96 Pflegepersonen durch ausdrückliche Anordnung ständig unterstellt sind.
(hierzu Protokollerklärungen Nrn. 6, 12 und 16)

4. Leitende Krankenschwestern in Krankenhäusern bzw. Pflegebereichen, in denen mindestens 150 Pflegepersonen beschäftigt sind.
(hierzu Protokollerklärungen Nrn. 6, 20 und 21)

5. Krankenschwestern, die durch ausdrückliche Anordnung als ständige Vertreterinnen von Leitenden Krankenschwestern der Vergütungsgruppe Kr. X, Fallgruppe 2 bestellt sind.
(hierzu Protokollerklärung Nr. 8)

6. Krankenschwestern mit mindestens einjähriger erfolgreich abgeschlossener Fachausbildung an Schulen für Unterrichtsschwestern, die als leitende Unterrichtsschwestern an Krankenpflegeschulen oder Schulen für Krankenpflegehilfe mit durchschnittlich mindestens 80 Lehrgangsteilnehmern tätig sind.
(hierzu Protokollerklärungen Nrn. 22 und 26)

7. Krankenschwestern mit mindestens einjähriger erfolgreich abgeschlossener Fachausbildung an Schulen für Unterrichtsschwestern, die als Unterrichtsschwestern an Krankenpflegeschulen oder Schulen für Krankenpflegehilfe tätig und durch ausdrückliche Anordnung als ständige Vertreterinnen von leitenden Unterrichtsschwestern der Vergütungsgruppe Kr. X, Fallgruppe 4 bestellt sind.
(hierzu Protokollerklärungen Nrn. 8, 17 und 22).

8. Krankenschwestern der Vergütungsgruppe Kr. VIII, Fallgruppen 1 bis 9 nach fünfjähriger Bewährung in der jeweiligen Fallgruppe.
(hierzu Protokollerklärung Nr. 2)

9. Leitende Hebammen in Frauenkliniken mit Hebammenschule, denen mindestens 150 Pflegepersonen durch ausdrückliche Anordnung ständig unterstellt sind.
(hierzu Protokollerklärungen Nrn. 6, 21 und 23)

10. Hebammen der Vergütungsgruppe Kr. VIII, Fallgruppen 11 bis 13 nach fünfjähriger Bewährung in der jeweiligen Fallgruppe.
(hierzu Protokollerklärung Nr. 2)

11. Altenpflegerinnen mit staatlicher Anerkennung/Abschlussprüfung als leitende Altenpflegerinnen in Einrichtungen, in denen mindestens 150 Pflegepersonen beschäftigt sind.
(hierzu Protokollerklärungen Nrn. 6 und 25)

12. Altenpflegerinnen mit staatlicher Anerkennung/Abschlussprüfung und mindestens ein-jähriger, erfolgreich abgeschlossener Fachausbildung an Schulen für Unterrichtsaltenpflegerinnen, die als leitende Unterrichtsaltenpflegerinnen an Schulen für Altenpflege mit durchschnittlich mindestens 80 Lehrgangsteilnehmern tätig sind.
(hierzu Protokollerklärungen Nrn. 22, 24 und 28)

13. Altenpflegerinnen der Vergütungsgruppe Kr. VIII, Fallgruppen 15 bis 18 nach fünf-jähriger Bewährung in der jeweiligen Fallgruppe.
(hierzu Protokollerklärung Nr. 2)

Vergütungsgruppe Kr. X

1. Krankenschwestern, denen mehrere Stationen, Pflegegruppen oder abgegrenzte Funktionsbereiche mit insgesamt mindestens 192 Pflegepersonen durch ausdrückliche Anordnung ständig unterstellt sind.
(hierzu Protokollerklärungen Nrn. 6, 12 und 16)

2. Leitende Krankenschwestern in Krankenhäusern bzw. Pflegebereichen, in denen mindestens 300 Pflegepersonen beschäftigt sind.
(hierzu Protokollerklärungen Nrn. 6, 20 und 21)

3. Krankenschwestern, die durch ausdrückliche Anordnung als ständige Vertreterinnen von leitenden Krankenschwestern der Vergütungsgruppe Kr. XI, Fallgruppe 1 bestellt sind.
(hierzu Protokollerklärung Nr. 8)

4. Krankenschwestern mit mindestens einjähriger erfolgreich abgeschlossener Fachausbildung an Schulen für Unterrichtsschwestern, die als leitende Unterrichtsschwestern an Krankenpflegeschulen oder Schulen für Krankenpflegehilfe mit durchschnittlich mindestens 160 Lehrgangsteilnehmern tätig sind.
(hierzu Protokollerklärungen Nrn. 22 und 26)

5. Krankenschwestern der Vergütungsgruppe Kr. IX, Fallgruppen 1 bis 7 nach fünfjähriger Bewährung in der jeweiligen Fallgruppe.
(hierzu Protokollerklärung Nr. 2)

6. Hebammen der Vergütungsgruppe Kr. IX, Fallgruppe 9 nach fünfjähriger Bewährung in dieser Fallgruppe.
(hierzu Protokollerklärung Nr. 2)

7. Altenpflegerinnen der Vergütungsgruppe Kr. IX, Fallgruppe 11 oder 12 nach fünfjähriger Bewährung in der jeweiligen Fallgruppe.
(hierzu Protokollerklärung Nr. 2)

1. Leitende Krankenschwestern in Krankenhäusern bzw. Pflegebereichen, in denen mindestens 600 Pflegepersonen beschäftigt sind.
(hierzu Protokollerklärungen Nrn. 6, 20 und 21)

Vergütungsgruppe Kr. XI

2. Krankenschwestern, die durch ausdrückliche Anordnung als ständige Vertreterinnen von leitenden Krankenschwestern der Vergütungsgruppe Kr. XII, Fallgruppe 1 bestellt sind.
(hierzu Protokollerklärung Nr. 8)

3. Krankenschwestern der Vergütungsgruppe Kr. X, Fallgruppen 1 bis 4 nach fünfjähriger Bewährung in der jeweiligen Fallgruppe.
(hierzu Protokollerklärung Nr. 2)

1. Leitende Krankenschwestern in Krankenhäusern bzw. Pflegebereichen, in denen mindestens 900 Pflegepersonen beschäftigt sind.
(hierzu Protokollerklärungen Nrn. 6, 20 und 21)

Vergütungsgruppe Kr. XII

2. Krankenschwestern der Vergütungsgruppe Kr. XI, Fallgruppe 1 oder 2 nach fünfjähriger Bewährung in der jeweiligen Fallgruppe.
(hierzu Protokollerklärung Nr. 2)

Leitende Krankenschwestern der Vergütungsgruppe Kr. XII Fallgruppe 1 nach fünfjähriger Bewährung in dieser Fallgruppe.
(hierzu Protokollerklärung Nr. 2)

Vergütungsgruppe Kr. XIII

2.15.2 Protokollerklärungen

(1) Pflegepersonen der Vergütungsgruppen Kr. I bis Kr. VII, die Grund- und Behandlungspflege zeitlich überwiegend ausüben bei

Nr. 1

a) an schweren Infektionskrankheiten erkrankten Patienten (z. B. Tuberkulose-Patienten), die wegen der Ansteckungsgefahr in besonderen Infektionsabteilungen oder Infektionsstationen untergebracht sind,
b) Kranken in geschlossenen oder halbgeschlossenen (Opendoor-System) psychiatrischen Abteilungen oder Stationen,
c) Kranken in geriatrischen Abteilungen oder Stationen,
d) gelähmten oder an multipler Sklerose erkrankten Patienten,
e) Patienten nach Transplantationen innerer Organe oder von Knochenmark,
f) an AIDS (Vollbild) erkrankten Patienten,
g) Patienten, bei denen Chemotherapien durchgeführt oder die mit Strahlen oder mit inkorporierten radioaktiven Stoffen behandelt werden,

erhalten für die Dauer dieser Tätigkeit eine monatliche Zulage von 46,02 €.

(1a) Pflegepersonen der Vergütungsgruppen Kr. I bis Kr. VII, die zeitlich überwiegend in Einheiten für Intensivmedizin Patienten pflegen, erhalten für die Dauer dieser Tätigkeit eine monatliche Zulage von 46,02 €.

(2) Krankenschwestern/Altenpflegerinnen der Vergütungsgruppen Kr. V a bis Kr. VIII, die als
a) Stationsschwestern/Gruppenschwestern/Stationspflegerinnen oder
b) Krankenschwestern/Altenpflegerinnen in anderen Tätigkeiten mit unterstellten Pflegepersonen eingesetzt sind,
erhalten die Zulage nach Absatz 1 oder 1 a ebenfalls, wenn alle ihnen durch ausdrückliche Anordnung ständig unterstellten Pflegepersonen Anspruch auf eine Zulage nach Absatz 1 haben. Die Zulage steht auch Krankenschwestern/Altenpflegerinnen zu, die durch ausdrückliche Anordnung als ständige Vertreterinnen einer in Satz 1 genannten Anspruchsberechtigten bestellt sind.

(3) Pflegepersonen der Vergütungsgruppen Kr. I bis Kr. VII, welche die Grund- und Behandlungspflege bei schwer brandverletzten Patienten in Einheiten für Schwerbrandverletzte ausüben, denen durch die Zentralstelle für die Vermittlung Schwerbrandverletzter in der Bundesrepublik Deutschland bei der Behörde für Arbeit, Gesundheit und Soziales der Freien und Hansestadt Hamburg Schwerbrandverletzte vermittelt werden, erhalten eine Zulage von 10 v. H. der Stundenvergütung (§ 35 Abs. 3) der Vergütungsgruppe Kr. V für jede volle Arbeitsstunde dieser Pflegetätigkeit. Eine nach Absatz 1, 1a oder 2 zustehende Zulage vermindert sich um den Betrag, der in demselben Kalendermonat nach Satz 1 zusteht.

Nr. 2 Zeiten einer entsprechenden Tätigkeit außerhalb des Geltungsbereichs dieses Tarifvertrages können auf die Zeit der Tätigkeit und auf die Bewährungszeit ganz oder teilweise angerechnet werden, sofern sie anzurechnen wären, wenn sie im Geltungsbereich dieses Tarifvertrages zurückgelegt worden wären.

Nr. 3 Einheiten für Intensivmedizin sind Stationen für Intensivbehandlungen und Intensivüberwachung. Dazu gehören auch Wachstationen, die für Intensivbehandlung und Intensivüberwachung eingerichtet sind.

Nr. 4 Zeiten einer Tätigkeit im Sinne des § 3, Buchst. n werden nicht als Zeichen der Berufstätigkeit berücksichtigt.

Nr. 5 Als Blutzentralen gelten Einrichtungen, in denen Blut abgenommen, konserviert und verteilt wird.

Nr. 6 Soweit die Eingruppierung von der Zahl der unterstellten oder in dem betreffenden Bereich beschäftigten Personen abhängt,
a) ist es für die Eingruppierung unschädlich, wenn im Organisations- und Stellenplan zur Besetzung ausgewiesene Stellen nicht besetzt sind,

b) zählen teilzeitbeschäftigte Personen entsprechend dem Verhältnis der mit ihnen im Arbeitsvertrag vereinbarten Arbeitszeit zur regelmäßigen Arbeitszeit eines entsprechenden Vollbeschäftigten,
c) zählen Personen, die zu einem Teil ihrer Arbeitszeit unterstellt oder zu einem Teil ihrer Arbeitszeit in einem Bereich beschäftigt sind, entsprechend dem Verhältnis dieses Anteils zur regelmäßigen Arbeitszeit eines entsprechenden Vollbeschäftigten,
d) bleiben Schülerinnen in der Krankenpflege, Kinderkrankenpflege, Krankenpflegehilfe und Entbindungspflege sowie Personen, die sich in einer Ausbildung in der Altenpflege befinden, außer Betracht; für die Berücksichtigung von Stellen, auf die Schülerinnen angerechnet werden, gilt Buchstabe a.

Dieses Tätigkeitsmerkmal setzt nicht voraus, dass der vorstehenden Krankenschwester weitere Personen unterstellt sind. — Nr. 7

Ständige Vertreterinnen sind nicht die Vertreterinnen in Urlaubs- oder sonstigen Abwesenheitsfällen. — Nr. 8

Für Altenpflegerinnen mit einer dreijährigen Ausbildung verkürzt sich die Zeit der Tätigkeit um ein Jahr. — Nr. 9

Die Weiterbildung setzt voraus, dass mindestens 720 Stunden zu mindestens je 45 Unterrichtsminuten theoretischer und praktischer Unterricht bei Vollzeitausbildung in spätestens einem Jahr und bei berufsbegleitender Ausbildung in spätestens zwei Jahren vermittelt werden. — Nr. 10

Unter Stationsschwestern sind Pflegepersonen zu verstehen, die dem Pflegedienst auf der Station vorstehen. Es handelt sich um das sachliche Vorstehen. Die Abteilung in psychiatrischen Krankenhäusern entspricht im Allgemeinen der Station in allgemeinen Krankenhäusern. — Nr. 11

Die Tätigkeitsmerkmale, die auf das Gruppenpflegesystem abgestellt sind, gelten nur in den Krankenhäusern, in denen der Krankenhausträger das Gruppenpflegesystem eingeführt hat. Unter Gruppenschwestern sind die Pflegepersonen zu verstehen, die dem Pflegedienst einer Gruppe vorstehen. Es handelt sich um das sachliche Vorstehen. — Nr. 12

Dieses Tätigkeitsmerkmal setzt nicht voraus, dass der vorstehenden Hebamme weitere Personen unterstellt sind. — Nr. 13

Unter Stationspflegerinnen sind Pflegepersonen zu verstehen, die dem Pflegedienst auf der Station/Abteilung vorstehen. Es handelt sich um das sachliche Vorstehen. — Nr. 14

Eine Zusatzausbildung im Sinne dieses Tätigkeitsmerkmals liegt nur dann vor, wenn sie durch einen mindestens einjährigen Lehrgang oder in mindestens zwei Jahren berufsbegleitend vermittelt wird. — Nr. 15

Wenn in den Funktionsbereichen außer Pflegepersonen auch sonstige Angestellte unterstellt sind, gelten sie als Pflegepersonen. — Nr. 16

Nr. 17 Unterrichtsschwestern sind Krankenschwestern, die mindestens zur Hälfte ihrer Arbeitszeit als Lehrkräfte an Krankenpflegeschulen oder Schulen für Krankenpflegehilfe eingesetzt sind.

Nr. 18 Lehrhebammen sind Hebammen, die mindestens zur Hälfte ihrer Arbeitszeit als Lehrkräfte an Hebammenschulen eingesetzt sind.

Nr. 19 Unterrichtsaltenpflegerinnen sind Altenpflegerinnen, die mindestens zur Hälfte ihrer Arbeitszeit als Lehrkräfte an Schulen für Altenpflege eingesetzt sind.

Nr. 20 Leitende Krankenschwestern sind Krankenschwestern, die die Gesamtverantwortung für den Pflegedienst des Krankenhauses bzw. des zugeteilten Pflegebereichs haben; dies setzt voraus, dass ihnen gegenüber keine weitere Leitende Krankenschwester und keine Leitende Hebamme hinsichtlich des Pflegedienstes weisungsbefugt sind.

Nr. 21 Leitende Krankenschwestern/Leitende Hebammen, die durch ausdrückliche schriftliche Anordnung zu Mitgliedern der Krankenhausbetriebsleitung bestellt worden sind, erhalten für die Dauer dieser Tätigkeit eine Zulage in Höhe von 15 v. H. der Anfangsgrundvergütung ihrer Vergütungsgruppe.
Die Zulage wird nur für Zeiträume gezahlt, für die Bezüge (Vergütung, Urlaubsvergütung, Krankenbezüge) zustehen. Sie ist bei der Bemessung des Sterbegeldes (§ 41) und des Übergangsgeldes (§ 63) zu berücksichtigen.

Nr. 22 Die Fachausbildung setzt voraus, dass mindestens 900 Stunden zu mindestens je 45 Unterrichtsminuten theoretischer Unterricht in spätestens 18 Monaten vermittelt werden.

Nr. 23 Leitende Hebammen sind Hebammen, die die Gesamtverantwortung für den Pflegedienst des Krankenhauses bzw. des zugeteilten Pflegebereichs haben; dies setzt voraus, dass ihnen gegenüber keine weitere leitende Hebamme und keine leitende Krankenschwester hinsichtlich des Pflegedienstes weisungsbefugt sind.

Nr. 24 Eine einjährige Fachausbildung an Schulen für Unterrichtsschwestern gilt als einjährige Fachausbildung an Schulen für Lehrhebammen bzw. für Unterrichtsaltenpflegerinnen.

Nr. 25 Leitende Altenpflegerinnen sind Altenpflegerinnen, die Gesamtverantwortung für den Pflegedienst der Einrichtung haben; dies setzt voraus, dass ihnen gegenüber keine weitere leitende Altenpflegerin und keine leitende Krankenschwester weisungsbefugt sind.

Nr. 26 Leitende Unterrichtsschwestern sind Unterrichtsschwestern, die eine Krankenpflegeschule oder Schule für Krankenpflegehilfe allein oder gemeinsam mit einer Ärztin/einem Arzt oder einer leitenden Krankenschwester leiten (§ 5 Abs. 2 Nr. 1 bzw. § 10 Abs. 2 Nr. 1 des Krankenpflegegesetzes).

Erste Lehrhebammen sind Lehrhebammen, die eine Hebammenschule allein oder gemeinsam mit einer Ärztin/einem Arzt leiten (§ 6 Abs. 2 Nr. 1 des Hebammengesetzes). Nr. 27

Leitende Unterrichtsaltenpflegerinnen sind Unterrichtsaltenpflegerinnen, die eine Schule für Altenpflege allein oder als Mitglied der Schulleitung leiten. Nr. 28

2.15.3. Vergütungen West

Tab. 1: Tabelle der Grundvergütungen 2003
Grundvergütungen (zu § 27 Abschn. B BAT)
Gültig ab 1.1.2003 für Angestellte der Vergütungsgruppen Kr. I bis XI,
ab 1.4.2003 für die übrigen Angestellten

VG-gruppe	Grundvergütung in Stufe (monatlich in Euro)								
	1	2	3	4	5	6	7	8	9
Kr. XIII	2611,71	2722,10	2832,48	2918,33	3004,17	3090,03	3175,88	3261,74	3347,59
Kr. XII	2413,77	2516,58	2619,36	2699,30	2779,26	2859,20	2939,14	3019,09	3099,05
Kr. XI	2239,13	2337,79	2436,44	2513,18	2589,91	2666,64	2743,37	2820,11	2896,84
Kr. X	2072,10	2163,63	2255,17	2326,34	2397,54	2468,71	2539,90	2611,08	2682,27
Kr. IX	1918,81	2003,44	2088,09	2153,93	2219,76	2285,61	2351,45	2417,29	2483,12
Kr. VIII	1776,35	1854,76	1933,19	1994,20	2055,21	2116,21	2177,20	2238,20	2299,19
Kr. VII	1646,12	1718,57	1791,01	1847,36	1903,70	1960,04	2016,39	2072,73	2129,07
Kr. VI	1528,58	1594,97	1661,36	1712,99	1764,63	1816,27	1867,90	1919,52	1971,18
Kr. Va	1456,54	1518,61	1580,68	1628,96	1677,22	1725,50	1773,78	1822,06	1870,32
Kr. V	1407,09	1465,82	1524,54	1570,21	1615,89	1661,56	1707,22	1752,90	1798,58
Kr. IV	1317,68	1369,88	1422,08	1462,68	1503,27	1543,87	1584,48	1625,08	1665,66
Kr. III	1234,76	1279,11	1323,47	1357,97	1392,47	1426,97	1461,46	1495,96	1530,45
Kr. II	1157,02	1195,89	1234,78	1265,02	1295,24	1325,49	1355,71	1385,96	1416,20
Kr. I	1085,76	1120,37	1154,96	1181,86	1208,78	1235,69	1262,59	1289,49	1316,40

Tabelle der Grundvergütungen 2004
(zu § 27 Abschn. B BAT)
für die Angestellten der Vergütungsgruppen Kr. XIII bis Kr. I nach Vollendung des 20. Lebensjahres
Gültig vom 1.1.2004 bis 30.4.2004

VG-gruppe	Grundvergütung in Stufe (monatlich in Euro)								
	1	2	3	4	5	6	7	8	9
Kr.XIII	2637,83	2749,32	2860,80	2947,51	3034,21	3120,93	3207,64	3294,36	3381,07
Kr.XII	2437,91	2541,75	2645,55	2726,29	2807,05	2887,79	2968,53	3049,28	3130,04
Kr.XI	2261,52	2361,17	2460,80	2538,31	2615,81	2693,31	2770,80	2848,31	2925,81
Kr.X	2092,82	2185,27	2277,72	2349,60	2421,52	2493,40	2565,30	2637,19	2709,09
Kr.IX	1938,00	2023,47	2108,97	2175,47	2241,96	2308,47	2374,96	2441,46	2507,95
Kr.VIII	1794,11	1873,31	1952,52	2014,14	2075,76	2137,37	2198,97	2260,58	2322,18
Kr.VII	1662,58	1735,76	1808,92	1865,83	1922,74	1979,64	2036,55	2093,46	2150,36
Kr.VI	1543,87	1610,92	1677,97	1730,12	1782,28	1834,43	1886,58	1938,72	1990,89
Kr.Va	1471,11	1533,80	1596,49	1645,25	1693,99	1742,76	1791,52	1840,28	1889,02
Kr.V	1421,16	1480,48	1539,79	1585,91	1632,05	1678,18	1724,29	1770,43	1816,57
Kr.IV	1330,86	1383,58	1436,30	1477,31	1518,30	1559,31	1600,32	1641,33	1682,32
Kr.III	1247,11	1291,90	1336,70	1371,55	1406,39	1441,24	1476,07	1510,92	1545,75
Kr.II	1168,59	1207,85	1247,13	1277,67	1308,19	1338,74	1369,27	1399,82	1430,36
Kr. I	1096,62	1131,57	1166,51	1193,68	1220,87	1248,05	1275,22	1302,38	1329,56

Ortszuschlagstabelle für die Angestellten 2003
(Monatsbeträge in Euro) **Gültig ab 1. Januar 2003**

Tab. 2: Ortszuschläge

Tarifklasse	Zu der Tarifklasse gehörende Vergütungsgruppen	Stufe 1 ledig	Stufe 2 verheiratet	Stufe 3 1 Kind	Stufe 4 2 Kinder	Stufe 5 3 Kinder	Stufe 6 4 Kinder	Stufe 7 5 Kinder	Stufe 8 6 Kinder
I	Kr. XIII	554,14	658,94	747,72	836,50	925,28	1014,06	1102,84	1191,62
Ib	Kr. VII bis XII	492,47	597,27	686,05	774,83	863,61	952,39	1041,17	1129,95
II	Kr. I bis VI	463,88	563,70	652,48	741,26	830,04	918,82	1007,60	1096,38

Zulagen für Kinder: Bei mehr als sechs Kindern erhöht sich der Ortszuschlag für jedes weitere zu berücksichtigende Kind um 88,78 €.
In der Tarifklasse II erhöht sich der Ortszuschlag für das erste Kind um je 5,11 €, für das zweite und jedes weitere zu berücksichtigende Kind für Angestellte mit Vergütung nach
– den Vergütungsgruppen Kr. I um je 25,56 €
– der Vergütungsgruppe Kr. II um je 20,45 €

Ortszuschlagstabelle für die Angestellten 2004
(Monatsbeträge in Euro) **Gültig ab 1. Januar 2002**

Tarifklasse	Zu der Tarifklasse gehörende Vergütungsgruppen	Stufe 1 ledig	Stufe 2 verheiratet	Stufe 3 1 Kind	Stufe 4 2 Kinder	Stufe 5 3 Kinder	Stufe 6 4 Kinder	Stufe 7 5 Kinder	Stufe 8 6 Kinder
I	Kr. XIII	559,68	665,52	755,19	844,86	934,53	1024,20	1113,87	1203,54
Ib	Kr. VII bis XII	497,39	603,23	692,90	782,57	872,24	961,91	1051,58	1141,25
II	Kr. I bis VI	468,52	569,34	659,01	748,68	838,35	928,02	1017,69	1107,36

Zulagen für Kinder: Bei mehr als sechs Kindern erhöht sich der Ortszuschlag für jedes weitere zu berücksichtigende Kind um 89,67 €.
In der Tarifklasse II erhöht sich der Ortszuschlag für das erste Kind um je 5,11 €, für das zweite und jedes weitere zu berücksichtigende Kind für Angestellte mit Vergütung nach
– den Vergütungsgruppen Kr. I um je 25,56 €
– der Vergütungsgruppe Kr. II um je 20,45 €

Tab. 3: **Die allgemeine Zulage**
Allgemeine Zulage beträgt monatlich für die Vergütungsgruppen

VG-gruppe	2003	2004
Kr. I bis Kr. II	89,18	90,07
Kr. III bis Kr. VI	105,33	106,38
Kr. VII bis Kr. XIII	112,35	113,47

Tab. 4: **Gesamtvergütung unter 18 Jahren**
Gesamtvergütung unter 18 Jahren

ab 1. Januar 2003	2003
Kr. III	1443,84
Kr. II	1377,77
Kr. I	1317,19

ab 1. Januar 2004	2004
Kr. III	1458,29
Kr. II	1391,54
Kr. I	1330,37

Tab. 5: **Ausbildungsvergütungen**
Ausbildungsvergütungen in der Kranken-, Kinderkranken- und Entbindungspflege sowie Krankenpflegehilfe

ab 1. Januar 2003	2003
im 1. Ausbildungsjahr	714,69
im 2. Ausbildungsjahr	773,03
im 3. Ausbildungsjahr	867,01
Krankenpflegehilfe	649,87

ab 1. Januar 2004	2004
im 1. Ausbildungsjahr	721,84
im 2. Ausbildungsjahr	780,76
im 3. Ausbildungsjahr	875,68
Krankenpflegehilfe	665,37

Entgelte im Praktikum
ab 1. Januar 2003

Beruf	Entgelt 2003	Verheiratetenzuschlag 2003
Ärztinnen und Ärzte im Praktikum im 1. Jahr	1161,92	61,84
Ärztinnen und Ärzte im Praktikum im 2. Jahr	1323,96	61,84
Pharm.-techn. Assistenten/innen	1160,76	63,14
Rettungsassistenten/innen, Masseure/innen und med. Bademeister/innen	1108,96	63,14

Tab. 6: Praktikumsentgelte

ab 1. Januar 2004

Beruf	Entgelt 2004	Verheiratetenzuschlag 2004
Ärztinnen und Ärzte im Praktikum im 1. Jahr	1173,54	62,46
Ärztinnen und Ärzte im Praktikum im 2. Jahr	1337,20	62,46
Pharm.-techn. Assistenten/innen	1172,37	63,78
Rettungsassistenten/innen, Masseure/innen und med. Bademeister/innen	1120,05	63,78

Überstundenvergütungen

Vergütungsgruppe	2003	2004
Kr. XIII	24,58	24,82
Kr. XII	22,64	22,87
Kr. XI	21,37	21,59
Kr. X	20,08	20,29
Kr. IX	18,89	19,09
Kr. VIII	18,58	18,77
Kr. VII	17,52	17,70
Kr. VI	17,00	17,18
Kr. Va	16,38	16,54
Kr. V	15,94	16,09
Kr. IV	15,14	15,29
Kr. III	14,35	14,49
Kr. II	13,65	13,79
Kr. I	13,04	13,16

Stundenvergütungen

Vergütungsgruppe	2003	2004
Kr. XIII	21,37	21,58
Kr. XII	19,69	19,89
Kr. XI	18,58	18,77
Kr. X	17,46	17,64
Kr. IX	16,43	16,60
Kr. VIII	15,48	15,64
Kr. VII	14,60	14,75
Kr. VI	13,60	13,74
Kr. Va	13,10	13,23
Kr. V	12,75	12,87
Kr. IV	12,11	12,23
Kr. III	11,48	11,59
Kr. II	10,92	11,03
Kr. I	10,43	10,53

Tab. 7: Überstundenvergütungen

Weihnachtsgeld
Die Zuwendung beträgt in den Jahren 2003/2004 83,79 % der Urlaubsvergütung.

Weihnachtsgeld

Tab. 8:
Urlaubsgeld

Urlaubsgeld

	Euro
Vergütungsgruppe Kr. I bis Kr. VI	332,34
Vergütungsgruppe Kr. VII bis Kr. XIII	255,65
Nichtvollbeschäftigte	anteilig
Auszubildende	255,65

2.15.4. Vergütungen Ost

Tabelle der Grundvergütungen 2003
(zu § 27 Abschn. B BAT-O)
Gültig ab 1.1.2003 für Angestellte der Vergütungsgruppen Kr. I bis XI,
ab 1.4.2003 für die übrigen Angestellten

Tab. 9:
Grundvergütungen

VG-gruppe	Grundvergütung in Stufe (monatlich in Euro)								
	1	2	3	4	5	6	7	8	9
Kr. XIII	2376,66	2477,11	2577,56	2655,68	2733,79	2811,93	2890,05	2968,18	3046,31
Kr. XII	2196,53	2290,09	2383,62	2456,36	2529,13	2601,87	2674,62	2747,37	2820,14
Kr. XI	2037,61	2127,39	2217,16	2286,99	2356,82	2426,64	2496,47	2566,30	2636,12
Kr. X	1885,61	1968,90	2052,20	2116,97	2181,76	2246,53	2311,31	2376,08	2440,87
Kr. IX	1746,12	1823,13	1900,16	1960,08	2019,98	2079,91	2139,82	2199,73	2259,64
Kr. VIII	1616,48	1687,83	1759,20	1814,72	1870,24	1925,75	1981,25	2036,76	2092,26
Kr. VII	1497,97	1563,90	1629,82	1681,10	1732,37	1783,64	1834,91	1886,18	1937,45
Kr. VI	1391,01	1451,42	1511,84	1558,82	1605,81	1652,81	1699,79	1746,76	1793,77
Kr. Va	1325,45	1381,94	1438,42	1482,35	1526,27	1570,21	1614,14	1658,07	1701,99
Kr. V	1280,45	1333,90	1387,33	1428,89	1470,46	1512,02	1553,57	1595,14	1636,71
Kr. IV	1199,09	1246,59	1294,09	1331,04	1367,98	1404,92	1441,88	1478,82	1515,75
Kr. III	1123,63	1163,99	1204,36	1235,75	1267,15	1298,54	1329,93	1361,32	1392,71
Kr. II	1052,89	1088,26	1123,65	1151,17	1178,67	1206,20	1233,70	1261,22	1288,74
Kr. I	988,04	1019,54	1051,01	1075,49	1099,99	1124,48	1148,96	1173,44	1197,92

Tabelle der Grundvergütungen 2004
(zu § 27 Abschn. B BAT-O)
für die Angestellten der Vergütungsgruppen Kr. XIII bis Kr. I nach Vollendung des 20. Lebensjahres. Gültig vom 1.1.2004 bis 30.4.2004

VG-gruppe	Grundvergütung in Stufe (monatlich in Euro)								
	1	2	3	4	5	6	7	8	9
Kr. XIII	2439,99	2543,12	2646,24	2726,45	2806,64	2886,86	2967,07	3047,28	3127,49
Kr. XII	2255,07	2351,12	2447,13	2521,82	2596,52	2671,21	2745,89	2820,58	2895,29
Kr. XI	2091,91	2184,08	2276,24	2347,94	2419,62	2491,31	2562,99	2634,69	2706,37
Kr. X	1935,86	2021,37	2106,89	2173,38	2239,91	2306,40	2372,90	2439,40	2505,91
Kr. IX	1792,65	1871,71	1950,80	2012,31	2073,81	2135,33	2196,84	2258,35	2319,85
Kr. VIII	1659,55	1732,81	1806,08	1863,08	1920,08	1977,07	2034,05	2091,04	2148,02
Kr. VII	1537,89	1605,58	1673,25	1725,89	1778,53	1831,17	1883,81	1936,45	1989,08
Kr. VI	1428,08	1490,10	1552,12	1600,36	1648,61	1696,85	1745,09	1793,32	1841,57
Kr. Va	1360,78	1418,77	1476,75	1521,86	1566,94	1612,05	1657,16	1702,26	1747,34
Kr. V	1314,57	1369,44	1424,31	1466,97	1509,65	1552,32	1594,97	1637,65	1680,33
Kr. IV	1231,05	1279,81	1328,58	1366,51	1404,43	1442,36	1480,30	1518,23	1556,15
Kr. III	1153,58	1195,01	1236,45	1268,68	1300,91	1333,15	1365,36	1397,60	1429,82
Kr. II	1080,95	1117,26	1153,60	1181,84	1210,08	1238,33	1266,57	1294,83	1323,08
Kr. I	1014,37	1046,70	1079,02	1104,15	1129,30	1154,45	1179,58	1204,70	1229,84

Tab. 10: Ortszuschlagstabelle für die Angestellten 2003
Ortszuschläge (Monatsbeträge in Euro). **Gültig ab 1. Januar 2003**

Tarif-klasse	Zu der Tarifklasse gehörende Vergütungsgruppen	Stufe 1 ledig	Stufe 2 verheiratet	Stufe 3 1 Kind	Stufe 4 2 Kinder	Stufe 5 3 Kinder	Stufe 6 4 Kinder	Stufe 7 5 Kinder	Stufe 8 6 Kinder
I	Kr. XIII	504,27	599,63	680,42	761,21	842,00	922,79	1003,58	1084,37
Ib	Kr. VII bis XII	448,15	543,51	624,30	705,09	785,88	866,67	947,46	1028,25
II	Kr. I bis VI	422,13	512,97	593,76	674,55	755,34	836,13	916,92	997,71

Zulagen für Kinder: Bei mehr als sechs Kindern erhöht sich der Ortszuschlag für jedes weitere zu berücksichtigende Kind um 80,79 €.
In der Tarifklasse II erhöht sich der Ortszuschlag für das erste Kind um je 4,65 €, für das zweite und jedes weitere zu berücksichtigende Kind für Angestellte mit Vergütung nach
– den Vergütungsgruppen Kr. I um je 23,26 €
– der Vergütungsgruppe Kr. II um je 18,61 €

Ortszuschlagstabelle für die Angestellten 2004
(Monatsbeträge in Euro). **Gültig ab 1. Januar 2002**

Tarif-klasse	Zu der Tarifklasse gehörende Vergütungsgruppen	Stufe 1 ledig	Stufe 2 verheiratet	Stufe 3 1 Kind	Stufe 4 2 Kinder	Stufe 5 3 Kinder	Stufe 6 4 Kinder	Stufe 7 5 Kinder	Stufe 8 6 Kinder
I	Kr. XIII	517,70	615,60	698,54	781,48	864,42	947,36	1030,30	1113,24
Ib	Kr. VII bis XII	460,09	557,99	640,93	723,87	806,81	889,75	972,69	1055,63
II	Kr. I bis VI	433,38	526,64	609,58	692,52	775,46	858,40	941,34	1024,28

Zulagen für Kinder: Bei mehr als sechs Kindern erhöht sich der Ortszuschlag für jedes weitere zu berücksichtigende Kind um 82,94 €.
In der Tarifklasse II erhöht sich der Ortszuschlag für das erste Kind um je 4,73 €, für das zweite und jedes weitere zu berücksichtigende Kind für Angestellte mit Vergütung nach
– den Vergütungsgruppen Kr. I um je 23,64 €
– der Vergütungsgruppe Kr. II um je 18,92 €

Die allgemeine Zulage
beträgt monatlich für die Vergütungsgruppen

VG-gruppe	2003	2004
Kr. I bis Kr. II	81,15	83,31
Kr. III bis Kr. VI	95,85	98,40
Kr. VII bis Kr. XIII	102,24	104,96

Tab. 11:
Allgemeine Zulage

Gesamtvergütung unter 18 Jahren

ab 1. Januar 2003	2003
Kr. III	1313,90
Kr. II	1253,77
Kr. I	1198,64

ab 1. Januar 2004	2004
Kr. III	1348,92
Kr. II	1287,18
Kr. I	1230,59

Tab. 12:
Gesamtvergütung unter 18 Jahren

Ausbildungsvergütungen
in der Krankenpflege, Kinderkrankenpflege und Geburtshilfe und in der Krankenpflegehilfe

ab 1. Januar 2003	2003
im 1. Ausbildungsjahr	650,37
im 2. Ausbildungsjahr	703,46
im 3. Ausbildungsjahr	788,98
Krankenpflegehilfe	591,38

ab 1. Januar 2004	2004
im 1. Ausbildungsjahr	667,70
im 2. Ausbildungsjahr	722,20
im 3. Ausbildungsjahr	810,00
Krankenpflegehilfe	607,14

Tab. 13:
Ausbildungsvergütungen

Tab. 14: **Entgelte im Praktikum**
Praktikumsentgelte ab 1. Januar 2003

Beruf	Entgelt 2003	Verheiratetenzuschlag 2003
Ärztinnen und Ärzte im Praktikum im 1. Jahr	1057,35	56,28
Ärztinnen und Ärzte im Praktikum im 2. Jahr	1204,80	56,28
Pharm.-techn. Assistenten/innen	1056,29	57,46
Rettungsassistenten/innen, Masseure/innen und med. Bademeister/innen	1009,15	57,46

ab 1. Januar 2004

Beruf	Entgelt 2004	Verheiratetenzuschlag 2004
Ärztinnen und Ärzte im Praktikum im 1. Jahr	1085,52	57,78
Ärztinnen und Ärzte im Praktikum im 2. Jahr	1236,91	57,78
Pharm.-techn. Assistenten/innen	1084,44	59,00
Rettungsassistenten/innen, Masseure/innen und med. Bademeister/innen	1036,05	59,00

Tab. 15: **Überstundenvergütungen** **Stundenvergütungen**
Überstundenvergütungen

Vergütungsgruppe	2003	2004
Kr. XIII	21,52	22,09
Kr. XII	19,83	20,36
Kr. XI	18,71	19,21
Kr. X	17,58	18,06
Kr. IX	16,55	16,99
Kr. VIII	16,26	16,69
Kr. VII	15,35	15,76
Kr. VI	14,89	15,28
Kr. Va	14,34	14,71
Kr. V	13,95	14,33
Kr. IV	13,25	13,60
Kr. III	12,56	12,90
Kr. II	11,95	12,28
Kr. I	11,41	11,71

Vergütungsgruppe	2003	2004
Kr. XIII	18,71	19,21
Kr. XII	17,24	17,70
Kr. XI	16,27	16,70
Kr. X	15,29	15,70
Kr. IX	14,39	14,77
Kr. VIII	13,55	13,91
Kr. VII	12,79	13,13
Kr. VI	11,91	12,22
Kr. Va	11,47	11,77
Kr. V	11,16	11,46
Kr. IV	10,60	10,88
Kr. III	10,05	10,32
Kr. II	9,56	9,82
Kr. I	9,13	9,37

Weihnachtsgeld **Weihnachtsgeld**
Die Zuwendung beträgt 62,84 % der Urlaubsvergütung.

Urlaubsgeld
Das Urlaubsgeld beträgt 255,65 €. Es wird mit den Bezügen für den Monat Juli ausgezahlt.

Tab. 16: Urlaubsgeld und Urlaubsanspruch

Erholungsurlaub	
bis zum vollendeten 30. Lebensjahr	26 Arbeitstage
bis zum vollendeten 40. Lebensjahr	29 Arbeitstage
nach vollendetem 40. Lebensjahr	30 Arbeitstage

2.16 Personalabteilung

2.16.1 Allgemeines

Struktur

Die **Personalabteilung** ist die zuständige Organisationseinheit, die sich in einer Klinik oder Pflegeeinrichtung mit den personalbezogenen Verwaltungsaufgaben befasst. In kleineren Betrieben gibt es meist nur eine **Personalstelle**. Die Personalabteilung ist eine Serviceabteilung für die Führungskräfte in der Pflege, die eng mit der Unternehmensleitung und dem Betriebs- und Personalrat zusammenarbeitet. Der Personalabteilung ist in der Regel auch das Sozialwesen zugeordnet. Die Arbeitnehmer brauchen, um eine mitarbeiterbezogene Personalbetreuung zu fördern, einen festen Ansprechpartner. Deshalb hat sich aus der ehemaligen Spezialisierung heute zunehmend eine Organisation durchgesetzt, in der Personalreferenten Mitarbeitergruppen oder ganze Arbeitsbereiche betreuen.

```
                    Personalleitung
       ↙           ↙           ↘           ↘
Personalreferent I | Personalreferent II | Personalentwicklung | Gehaltsabrechnung
```

Rollen der Mitarbeiter

Die Gesamtheit aller Arbeitnehmer im Betrieb wird als **Personal** oder als **Belegschaft** bezeichnet.

Arbeitnehmer weisen viele Eigenschaften auf, die in der Personalarbeit berücksichtigt werden sollen. Sie sind:

- **Individuen**, die sich alle voneinander unterscheiden.
- **Gruppenmitglieder**, wobei sie formalen Gruppen (z. B. Arbeitsgruppen) bzw. informellen Gruppen (z. B. Betriebssportler) angehören.
- **Motivationsträger**, da sie eigene Motive und Ziele haben, die mit den betrieblichen Anreizen und Zielen konkurrieren können.
- **Leistungsträger**, denn sie verrichten Arbeiten, schaffen Werte, erbringen Leistungen, d. h. sie stellen Produktionsfaktoren dar.
- **Kostenverursacher**, weil sie Gehälter beanspruchen sowie damit verbundene Nebenkosten und Kosten für den Arbeitsplatz verursachen.
- **Entscheidungsträger**, denn sie müssen im betrieblichen Ablauf ständig Entscheidungen treffen, die Bedeutung haben.

Das Personal kann außerdem in **Vorgesetzte** und **Mitarbeiter** unterteilt werden. Mitarbeiter sind Arbeitnehmer, die Vorgesetzten bzw. Führungskräften unterstehen. Vorgesetzte sind immer auch Arbeitnehmer, weil sie wiederum Vorgesetzte haben, denen sie zugeordnet sind.

2.16.2 Organisation der Personalabteilung

Hierunter ist die Organisation oder Gliederung der Personalabteilung (oder des Personalbereichs) innerhalb der betrieblichen Organisation zu verstehen. Je nach Vorliegen betrieblicher oder personeller Voraussetzungen kommen verschiedene Organisationsformen in Betracht.

Referentensystem

Ist die Personalabteilung in Form eines Referentensystems organisiert, sind **Funktionsspezialisten** zuständig für spezielle Managementaufgaben.

Im zentralen Modell übernehmen die Personalreferenten der Personalabteilung die Funktion der Vorort-Ansprechpartner; die Personalabteilung bleibt aber weiterhin für die angebotenen Leistungen verantwortlich. Beim dezentralen Modell sind die Personalreferenten völlig den jeweiligen Linienvorgesetzten unterstellt. Die zentrale Personalabteilung koordiniert lediglich die Arbeit der dezentralen Referenten und stellt den Wissenstransfer sicher.
Der Vorteil dieses Systems ist die gezielte Kundenorientierung in der Personalarbeit.

Das Holdingsystem stellt eine stark strategieorientierte Organisationsform dar. Die Holding gibt die personalpolitischen **Rahmenkompetenzen** vor, die Linienfunktionen sind die Entscheidungsträger. Im Zuge der Globalisierung bedeutet dies eine Stärkung der lokalen Autonomie. Neben motivierten Mitarbeitern sind realistische Vorgaben möglich.

Holdingmodell

Charakteristisch für die Matrixorganisation sind die **Gleichwertigkeit** sowohl nach dem **Verrichtungsprinzip** als auch nach dem **Objektprinzip** sowie dem Mehrlinienprinzip und der Dezentralisation.
Es erfolgt also eine Überlagerung der funktionalen (in diesem Falle der Personalfunktion) und der objektorientierten Organisationsform. Die gegenseitigen Interessen müssen ausgeglichen werden; es besteht ein Zwang zur Koordination.

Matrixorganisation

2.17 Vorgesetzte

Vorgesetzte führen die ihnen unterstellten Mitarbeiter. Sie werden deshalb als Führungskräfte bezeichnet. Ihre Aufgaben sind vor allem:

Führungskräfte

- Die Erreichung der den Mitarbeitern vorgegebenen bzw. mit ihnen vereinbarten Ziele sicherzustellen.
- Die Motivation der Mitarbeiter zu fördern und den Erhalt der von Ihnen geführten Gruppen zu gewährleisten.

Damit Vorgesetzte erreichen, dass die Mitarbeiter in ihrem Sinne tätig werden, müssen sie ihnen die zu erreichenden Ziele bzw. zu bewältigenden Aufgaben in geeigneter Weise vermitteln. Dies ist eine schwierige Aufgabe, da Leistungen abgefordert werden müssen. Deshalb sind Vorgesetzte mit entsprechenden Befugnissen ausgestattet, d. h., sie üben in festgelegten Rahmen und kontrolliert Macht aus.

3 Personalführung

3.1 Allgemeines

Krankenhäuser und Kliniken stehen nicht nur wegen der Kosten im Gesundheitswesen in der öffentlichen Kritik, sondern auch wegen der mangelhaften Management- und Führungsstruktur, die – so wird vermutet – zu diesen Kosten beiträgt.
Eine der wesentlichen Aufgaben von **Stationsleitungen** im Pflegedienst ist die **Führung** von Mitarbeiterinnen und Mitarbeitern. Im Gesundheitswesen hat sich über Jahre eine Führungskultur etabliert, die mit modernen Methoden des Managements und der Führung nichts zu tun hat, da die Auswahl der Führungskräfte immer noch nach nicht transparenten Kriterien erfolgt. Das in Wandlung begriffene Unternehmen Krankenhaus braucht deshalb dringend eine fortschrittliche Führung. Dies erfordert eine andere **Qualifikation** der Stations- und Pflegedienstleitungen. Es ist die Aufgabe der innerbetrieblichen **Fort- und Weiterbildung**, ein entsprechendes Angebot bereit zu halten.

Problemstellung

Die **Unternehmenskultur** wird heute in kurzen und prägnanten Formulierungen niedergeschrieben. **Unternehmensleitbilder** haben u. a. folgenden Inhalt:

Inhalte von Unternehmensleitbildern

1. Die Werte im Umgang mit den Patienten und ihren Erkrankungen.
2. Die besondere medizinische Ausrichtung der Klinik.
3. Das Qualitätsmanagement im Unternehmen Krankenhaus.
4. Die Kommunikations-, Führungs- und Kooperationskultur im Unternehmen.
5. Die Fort- und Weiterbildung der Mitarbeiterinnen und Mitarbeiter.

Unternehmensleitbilder sollen den Mitarbeitern die **Ziele des Unternehmens** deutlich machen. Ziele sind die entscheidenden Grundlagen im Führungsprozess. Außerdem sollen den Beschäftigten **Visionen** aufgezeigt werden, gemeint ist also das Ziel hinter dem Ziel. Damit soll deutlich werden, warum die Menschen sich gerade für dieses Unternehmen entschieden haben, da davon wiederum ein Teil der Motivation der Mitarbeiter abhängt.

Ziele und Visionen

Nicht immer werden **Führungsgrundsätze** tatsächlich gelebt, sondern die dazugehörigen Leitbilder verschwinden im Schrank. Die Konsequenz daraus ist, dass auch Mitarbeiter sich nicht daran orientieren können. In diesen Fällen ist eine grundsätzliche Reflexion des Führungsverhaltens angezeigt.

Visionen und Leitbilder sollen

Visionen und Leitbilder

- die Richtung des Wandels definieren
- klären, wo der Wandel stattfindet

- Handlungsmotivation entwickeln helfen
- Wandlungsaktivitäten koordinieren helfen.

Effektive Visionen erfüllen folgende Funktionen:

- Sie zeigen ein vorstellbares Bild der Zukunft
- Sie üben Ausstrahlungskräfte aus
- Sie bewirken ein langfristiges Interesse
- Sie bestehen aus realistischen Zielen
- Sie sind klar genug, um Entscheidungshilfe zu geben
- Sie sind flexibel genug, um individuelle Initiative zu erlauben
- Sie sind flexibel genug, um auch bei veränderten Rahmenbedingungen anpassungsfähig zu bleiben.

3.2 Management

3.2.1 Aufgaben

> **Unternehmensführung** bezieht sich allgemein auf die Festlegung der Unternehmens- und Organisationsziele und die grundlegenden Strategien bzw. Entscheidungen über die Kombination der betrieblichen Produktionsfaktoren.
> Sie kann mit dem Begriff „**Management**" umschrieben werden. Management ist danach Führung, und Führung wiederum ist die Ausübung von Macht über Sachen, Kapital und Menschen.

Drei Entscheidungsebenen

Das Management gibt zu erreichende Ziele vor. Dabei werden drei verschiedene Ebenen unterschieden:

1. Zielentscheidungen (Bestimmung der Unternehmensziele)
2. Personalentscheidungen (Personalführung)
3. Sachentscheidungen (Kapital, Produktionsmittel)

Die Entscheidungsebenen stehen in engem Zusammenhang und haben daher Einfluss auf die Mitarbeiter.

Führungsaufgaben

Zu den **Führungsaufgaben** in der **Pflege** gehören:

1. Sachaufgaben/Ziele vereinbaren
2. Planung der Aufgaben und des Arbeitseinsatzes
3. Entscheidung
4. Entscheidungsvollzug (Realisation)
5. Kontrolle von Leistung und Verhalten der Mitarbeiter

> Die damit ausgeübte Macht beruht auf dem **Arbeitsvertrag**. Er legitimiert zur Ausübung von Verfügungsgewalt über Menschen, Kapital und Sachmittel. In Pflegeeinrichtungen sind diese Befugnisse in Richtlinien, Stellenbeschreibungen und Unternehmensleitbildern detailliert geregelt. Nach den **Machtbefugnissen der Führungskräfte** (Kompe-

> tenz) lassen sich die **Managementebenen** bzw. **Hierarchiestufen** unterscheiden. Ein wesentliches Element ist das **Informations- und Kommunikationssystem**.

Im Folgenden sind einige Eigenschaften, die ein Manager für seine Arbeit braucht, aufgeführt:

- **Überzeugungskraft**: Die Unternehmensziele müssen erfolgreich an Mitarbeiter vermittelt werden können.
- **Integrität**: Entscheidungen sind verbindlich und zuverlässig.
- **Sachverstand**: Er muss Kenntnisse der Aufgaben in allen Arbeitsbereichen besitzen.
- **Problembewusstsein**: Die Probleme müssen rechtzeitig erkannt und entsprechende Entscheidungen getroffen werden.
- **Entscheidungsfähigkeit**: Den Mut und das Verantwortungsbewusstsein besitzen und die Entscheidungsspielräume kennen. Auch das Risiko eingehen, Fehlentscheidungen zu treffen.
- **Koordinationsfähigkeit**: Ziele und Teilziele müssen definiert und die Aufgaben geplant und koordiniert werden können.
- **Risikobereitschaft**: Chancen für den Pflegebetrieb müssen schnell erkannt und konsequent umgesetzt werden.

Eigenschaften eines Managers

3.2.2 Methoden

Um das gesamte Wissen der in einer Pflegeeinrichtung beschäftigten Mitarbeiter zur Geltung zu bringen stellt sich die Frage, welche **Managementmethoden** angewendet werden sollen. Viele dieser Methoden wurden erarbeitet, um die Führung von Unternehmern zu steuern. Sie sind unter dem Begriff „**Management by**" diskutiert und zum Teil auch eingeführt worden. Die angewandten Methoden sollen den Mitarbeitern einleuchten und in möglichst allen Situationen „passen".

„Management by"

Die vier gängigsten Management-by-Methoden sind im Folgenden aufgeführt.

Übersicht 12:
Methoden des Managements

„Management by objectives"

> - **Management durch Zielvereinbarung**
> Die Führung erfolgt durch **Zielvereinbarung**, d. h. auf jeder Hierarchiestufe müssen konkrete Ziele vorgegeben werden.
> **Vorteile**: Der einzelne Mitarbeiter trägt Ergebnisverantwortung und besitzt einen relativ großen Freiheitsgrad. Die oberen Führungskräfte werden dadurch entlastet. Es erfolgt eine relativ objektive Beurteilung der Mitarbeiter.
> **Nachteile**: intensive und zeitaufwändige Kontrollen; starke materielle Leistungsbetonung; große Planungshektik.
>
> - **Management durch Delegation**
> Die Führung erfolgt durch **Übertragung der Verantwortung und der Kompetenz** an nachfolgende Instanzen und Personen, die Mitarbeiter können innerhalb dieses Kompetenzbereichs selbstständig arbeiten.
> **Vorteile**: Eigeninitiative, Leistungsmotivation und Verantwortungsbewusstsein der Mitarbeiter werden gestärkt. Dadurch erfolgt eine Ent-

„Management by delegation"

lastung der Vorgesetzen. Entscheidungen können schnell und sachgerecht getroffen werden.
Nachteile: Gefahr der Übertragung von unliebsamen Routineaufgaben; Festigung des Hierarchiedenkens.

„Management by exception"

- **Management durch Steuerung**
Die Führung erfolgt durch die Gewährung von Handlungsspielraum, die höhere Stufe **greift nur bei Abweichungen** von den Vorgaben in den Prozess ein.
Vorteile: Weitestgehende Selbststeuerung der Mitarbeiter und dadurch großzügige Entlastung des Vorgesetzten.
Nachteile: aufwändige Festlegung von Ziel- und Kontrollziffern; Gefahr der Übersteuerung.

„Management by control"

- **Management durch Kontrolle**
Die Führung erfolgt durch **systematische Kontrollaktivitäten**, die Kontrolle wiederum führt zu Aussagen über die Planabweichungen, sodass die erforderlichen Maßnahmen zur Zielerreichung ergriffen werden können.
Vorteile: Die individuellen Ziele der Mitarbeiter werden mit denen des Unternehmens in Einklang gebracht.
Nachteile: Es werden in erster Linie materielle Motivatoren eingesetzt, die Bedürfnisse der Mitarbeiter sind nebensächlich.

Die innerhalb einer Klinik oder Pflegeeinrichtung getroffenen Entscheidungen beziehen sich auch auf ihre **Außenwirkung** und nicht nur auf den Betrieb. Die Managementaufgaben hängen daher von vielen Kriterien ab, die ihre Ursache im Betrieb selbst als auch außerhalb haben. Die erste und wichtigste Entscheidung ist immer: **Was ist unsere besondere Leistung?** Diese muss transparent gemacht und die Qualität dieser Leistung definiert werden. Daraus folgt, welche Managementmethode eingesetzt wird oder werden muss.

3.2.3 Organigramm

Stellen und Organigramm

Durch die Stellen sowie das Organigramm erhält man einen Einblick in die Aufgaben und Funktionen innerhalb des Betriebes:

- **Stellenbeschreibung:** Zielsetzung des Stelleninhabers, sachlicher Aufgabenbereich, organisatorische Einbindung der Stelle, Hilfsmittel, qualitative Anforderungen an den Stelleninhaber, Berichtswege.
- **Instanzenbeschreibung:** Ziele und Aufgaben der Instanz, Budgetverantwortung, Kontrollbefugnisse, Stellenvertretungsregelung, Unterschriftsbefugnis.

3.2.4 Management und Information

Die **Managementaufgaben** werden nur dann richtig und umfassend gelöst, wenn alle notwendigen Informationen dafür vorliegen. In diesem Zusammenhang sind folgende Fragestellungen zu beachten:

Anforderungen an Informationen

- Sind die Informationen **aktuell**?
- Sind die Informationen für die Aufgaben **relevant**?
- Stehen die Informationen **rechtzeitig** zur **Verfügung**?
- Sind die Informationen **richtig**?
- Sind die Informationen **verständlich**?
- Sind die Informationen **überprüfbar**?
- Sind die Informationen **knapp** und **vollständig**?

3.2.5 Management und Unternehmenskultur

> Mit **Unternehmenskultur** werden alle Maßnahmen bezeichnet, die das Ziel verfolgen, das Unternehmen zum Bestandteil der Gesellschaft zu machen. Die wichtigsten Träger der Unternehmenskultur sind die Manager, da sie das Unternehmen und die Mitarbeiter entsprechend der Leitideen verantwortungsbewusst führen.

Damit haben viele Krankenhäuser und Pflegeeinrichtungen noch Probleme, da sie bis vor einigen Jahren noch wie Behörden geführt wurden. Richtig ist aber, dass Unternehmenskultur **ein sich stetig wandelnder Prozess** ist, der sich an die veränderten Rahmenbedingungen, wie sie politisch und ökonomisch vorgegeben sind, anpasst.

Wichtig für eine Unternehmenskultur sind folgende Faktoren:

Einflussfaktoren

- Unternehmen und Führungsgrundsätze, Leitideen
- Anpassung an die veränderten Umstände und neuen Werte
- Soziale Leistungen für die Mitarbeiter (Kantine, medizinische Betreuung)
- Aktive Verbandstätigkeit, z. B. DKG
- Gesellschaftliche Aktivitäten: Spenden, Wohltätigkeitsveranstaltungen, Sponsoring
- Imagepflege durch Information und Umweltbewusstsein.

3.3 Patientenorientierte Krankenpflege

Ein Krankenhausaufenthalt wird von vielen Menschen als sehr unangenehm empfunden. Häufig fühlen sich die Patienten dem Krankenhauspersonal und der Apparatemedizin ausgeliefert.

> Der **Mensch** steht im **Mittelpunkt der Krankenpflege**. Seine Ängste und Sorgen ernst zu nehmen ist ein wesentlicher Bestandteil der pflegerischen Arbeit. Die Kunst der Pflege besteht darin, den Patienten im Sinne der pflegerischen Zielsetzung des Hauses zu versorgen. Damit die Patienten professionelle Hilfe erhalten können, arbeitet das Pflegepersonal nach einem wissenschaftlich anerkannten und bewährten **Pflegesystem**.

Systematisches Vorgehen

Individuelle Krankenpflege wird durch das systematische Vorgehen in der Pflege des Patienten erreicht. Dafür nutzt die Pflege die ablauforganisatorische Methode des Pflegeprozesses und eine auf die Bedürfnisse der Patienten ausgerichtete **Arbeitsorganisationsform**.

Der **Pflegeprozess** kann in 4 Phasen gegliedert werden, die eine professionelle Leistungserbringung ermöglichen.

Abb. 9:
Der Pflegeprozess in 4 Phasen

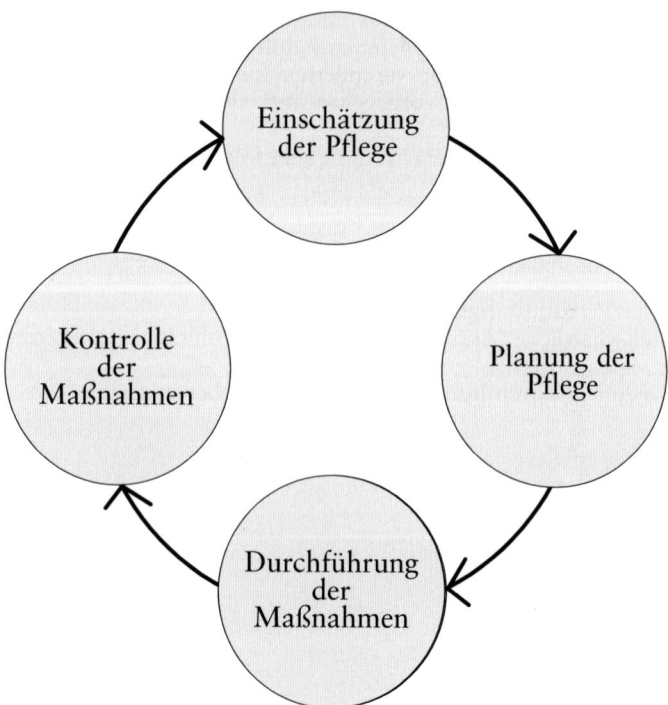

In den vergangenen Jahren wurde auf den **Stationen der Universitätskliniken Göttingen** die Bereichspflege als neue Arbeitsorganisationsform eingeführt, um die fließbandartige unpersönliche Funktionspflege durch eine auf die Bedürfnisse der Patienten und Mitarbeiter ausgerichtete Organisation zu ersetzen. Die Ausführungen des folgenden Kapitels beziehen sich meist auf dieses Projekt.

Bereichspflege: eine neue Organisationsform

Im Rahmen der Umsetzung von qualitätssichernden Maßnahmen im Gesundheitsbereich sind seit 1989 acht Arbeitsgruppen im Pflegedienst der Universitätskliniken Göttingen mit der Erarbeitung von Pflegestandards beauftragt worden. Koordiniert und organisiert wird die Arbeit der einzelnen Arbeitsgruppen durch eine fachübergreifende Koordinationsgruppe, die der Geschäftsführung der Einheit Pflegedienst unterstellt ist.

Pflegestandards

Zurzeit werden 158 Standards/Richtlinien eingesetzt, die den Mitarbeitern des Pflegedienstes in schriftlicher Form vorliegen. Die Standards dienen der Leistungsdarstellung und der Leistungsbemessung des Pflegedienstes. Sie werden in Kooperation mit dem ärztlichen Dienst, den Pflegeschulen und den Funktionsdiensten erarbeitet.

3.4 Das Managementkonzept im Krankenpflegedienst

Die **Professionalisierung** der Krankenpflege sowie der Anspruch des Patienten auf fachgerechte und verantwortungsbewusste Pflege, aber auch die Forderung der Mitarbeiter nach angemessenen Arbeitsbedingungen, können mit den bisherigen Organisationsstrukturen nicht mehr erfüllt werden.

Hintergründe

Zunächst ist deshalb die Implementierung der **Bereichspflege** auf allen Stationen erforderlich, was unter anderem zur Optimierung der Anwendung der Informations- und Dokumentationssysteme beiträgt. Darauf basierend wird eine gezielte **Pflegeplanung**, im Sinne des Regelkreislaufes unter Anwendung von Pflegestandards und Pflegevisiten, zum Tragen kommen. Gezielte Planung ermöglicht es, einen patientenorientierten (kundenorientierten) Tagesablauf gemeinsam mit allen Berufsgruppen zu gestalten. Hieraus ergibt sich die Optimierung der Rahmendienstplanung für den Pflegedienst, die einerseits die Patientenversorgung sicherstellt, andererseits dem Pflegepersonal die notwendigen Ruhezeiten ermöglicht. Weiterhin ist eine Förderung der fachlichen **Qualifikation des Pflegepersonals** durch interne und externe Fort- und Weiterbildung nötig, in denen neueste Entwicklungen, auch aus der Pflegeforschung, vermittelt werden.

Bereichspflege/ Pflegeplanung

Letztendlich muss auch zum Wohle der Patienten und der Pflegenden eine Unterstützung durch den Einsatz **moderner Informations- und Kommunikationsmedien** gewährleistet sein.

Um diesen geänderten Anforderungen gerecht zu werden, entschied sich die Geschäftsführung der Geschäftseinheit **Pflegedienst der Universitäts-**

Umbau der Strukturen

kliniken Göttingen zu einem **Umbau der weithin konservativen Strukturen**. Sie entwickelte ein neues Organisationskonzept, das u. a. die Nutzung des Fachwissens „pflegefremder" Berufsgruppen zum Inhalt hat. Dies ist eine Richtung, die in den USA und Großbritannien seit langem umgesetzt wird, für deutsche Verhältnisse jedoch beschritt die Geschäftsführung der Geschäftseinheit Pflegedienst damit einen relativ neuen Weg.

Zielsetzung

Mit dem neuen Organisationskonzept verfolgt die Geschäftsführung der Geschäftseinheit Pflegedienst das Ziel, ein modernes, schlankes Management im Pflegedienst aufzubauen, das es ermöglicht, Entscheidungswege für operative Basisentscheidungen zu verkürzen und die **Arbeitseffizienz** zu steigern. Daher soll mehr Verantwortung und Entscheidungskompetenz auf die Stationsebene verlagert werden, um u. a. den Gestaltungsspielraum auf den Stationen zu erweitern. Das **neue Organisationskonzept** basiert im Wesentlichen auf folgenden Änderungen:

Veränderungen

Pflegedienstleitungen: Die Ebene der Fachleitungen wird sukzessive herausgelöst. Stattdessen wird auf höherem Niveau eine Hierarchieebene mit Pflegedienstleitungen und einem entsprechend größeren Verantwortungsbereich realisiert. Im rein administrativen Bereich sollen die zukünftigen Pflegedienstleitungen durch Verwaltungsfachkräfte in einem Zentralsekretariat entlastet werden. Damit wird mehr Freiraum für die Arbeit vorort, d. h. auf den Stationen, geschaffen.

Stationsleitungen: Ein wesentlicher Punkt des Konzepts ist die Verlagerung von Entscheidungskompetenzen auf die Stationsleitungsebene. Zukünftig werden den Stationen in einem vorgegebenen Rahmen Budgethoheit und -verantwortung im Hinblick auf Personal-, Sach- und Investitionsmittel übertragen.

Stabsstellen: Die Geschäftsführung der Geschäftseinheit Pflegedienst der Universitätskliniken Göttingen hat die Möglichkeit im Rahmen des §8 der Pflegepersonalregelung genutzt und neue, zusätzliche Stellen oberhalb der Stationsleitungen geschaffen. Eine konzeptionelle Novität im Pflegemanagement ist in der Schaffung von Stabsstellen zu sehen, die speziell für die Belange der Pflege zuständig sind. Sie sollen den Pflegedienst in seiner Arbeit konzeptionell unterstützen und ihm beratend zur Seite stehen. In Göttingen wurden diese Stellen bewusst mit Personen besetzt, die nicht aus der Pflege stammen. Es konnten qualifizierte Mitarbeiter mit speziellem Know-how auf den Gebieten Controlling/Organisation, EDV sowie Personalentwicklung/Personalförderung eingestellt werden. Eine besondere Rolle in diesem Zusammenhang spielt auch die **innerbetriebliche Fort- und Weiterbildung**. In den vergangenen Jahren wurde dieser Bereich schrittweise ausgebaut und bietet heute ein breites Angebot von sowohl pflegespezifischen als auch übergreifenden Veranstaltungen und Kursen.

Wirtschaftliche Unternehmensführung

Als übergeordnetes Ziel möchte die Geschäftsführung der Geschäftseinheit Pflegedienst mit diesen Veränderungen eine Krankenversorgung mit hoher Pflegequalität anzubieten, die sich im Einklang mit den Anforderungen einer **wirtschaftlichen Unternehmensführung** befindet und daher die Gesamtzielsetzung des Hauses unterstützt.

Die folgende Abbildung skizziert im Überblick das Zusammenspiel der Linien- und der Stabsorganisation.

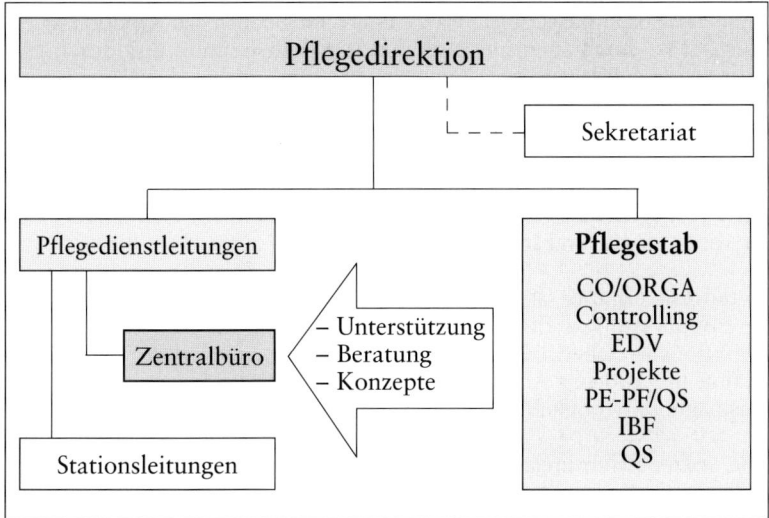

Abb. 10:
Zusammenspiel der Linien- und Stabsorganisation (Pflegedirektion Universitätsklinikum Göttingen, 2000)

CO/ORGA = Controlling/Organisation
PE/PF = Personalentwicklung/Personalförderung
QS = Qualitätssicherung

Eine detaillierte Darstellung zeigt die Zuordnungen der Stationsleitungen zu den Pflegedienstleitungen.

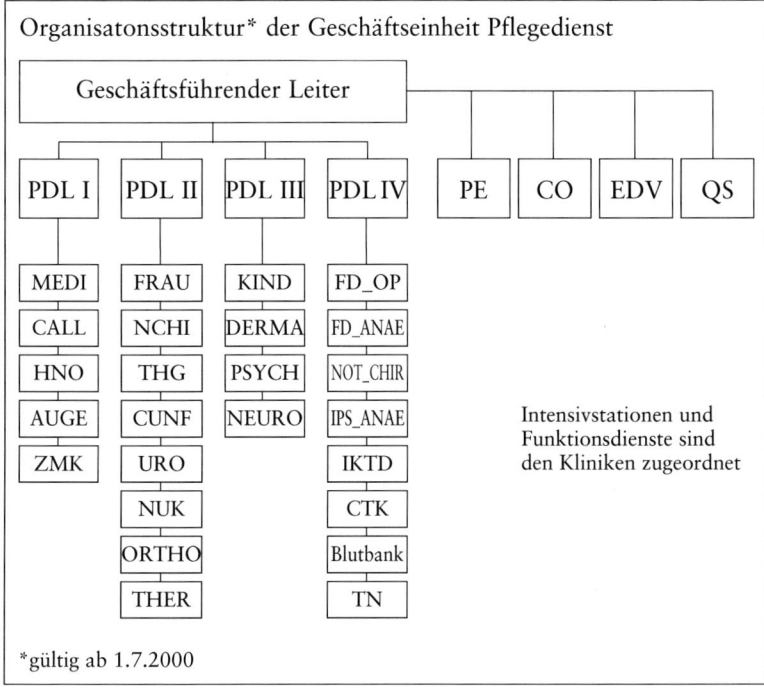

Abb. 11:
Organigramm des Pflegemanagements (Pflegedirektion Universitätsklinikum Göttingen, 2000)

neue Aufgabenverteilung Die **Aufgabenkomplexe** Organisation und Dienstaufsicht, Personalangelegenheiten sowie Fort- und Weiterbildung werden **neu verteilt**. Die dadurch frei gewordenen Kapazitäten der Fachleitungen ermöglichen eine neue Schwerpunktsetzung, insbesondere im Bereich der Qualitätssicherung, z. B. durch Intensivierung der Stationsbetreuung und durch Einführung von Pflegevisiten. Auch die Mitwirkung bei der Organisation von Schulungen, Tagungen etc. zählt in zunehmendem Maße zum neuen Aufgabenfeld der Fachleitungen.

Die Stationsleitungen erhalten mehr Entscheidungskompetenz und in einem vorgegebenen Rahmen mehr Verantwortung für den Einsatz von Personal-, Sach- und Investitionsmitteln.

EDV Entlastung erhalten die Stationsleitungen auch durch die flächendeckende Einführung von EDV, insbesondere SAP R/3. Im Stations- sowie im Funktionsbereich wird damit eine **effizientere „papierlose" Kommunikation** mit anderen Arbeitsbereichen, wie z. B. der Labor- und Funktionsdiagnostik möglich.

Motivationsschub Die ersten Erfahrungen, die durch die **Autonomisierung der Intensivpflegestationen** gesammelt werden konnten, bestätigen das geschilderte Vorgehen. Die Mitarbeiter erhielten einen deutlichen **Motivationsschub**, der sich in einer innovationsfreudigen Wahrnehmung pflegerischer Aufgaben zeigt, wobei auch wirtschaftliche Gesichtspunkte höher bewertet werden. Es wurde sehr deutlich, dass in zunehmendem Maße neben der Entwicklung des eigenen Arbeitsbereiches die Gesamtentwicklung des Hauses verfolgt und in Planungen einbezogen wird.

Diese Veränderungen werden durch eine neue Konzeption der innerbetrieblichen Fort- und Weiterbildung unterstützt, die durch eine direkte Zusammenarbeit mit den einzelnen Stationsbereichen flexibel und bedarfsorientiert die Umsetzung der neuen Strukturen fördert und begleitet.

Umsetzung Zur erfolgreichen Umsetzung des neuen Konzepts sind folgende Schritte notwendig:
- Informationsveranstaltungen in den einzelnen Kliniken/Bereichen
- Gründung von Projektsteuerungsgruppen
- Initiierung von Projekten
- Gründung einer Koordinationsgruppe
- Anpassung des Fort- und Weiterbildungsangebots:
  – Allgemeine Fortbildung
  – Spezielle, punktuelle Fortbildung
  – Weiterbildung der Stationsleitungen
  – Schulung der Mitarbeiter in Projektmanagement und Moderation

3.5 Pflegeleitbilder

3.5.1 Allgemeines

SCHÄFER beschreibt in seinem Handbuch über Pflegeleitbilder im Führungsprozess:

> „Das **Pflegeleitbild** baut auf dem Unternehmensleitbild auf und orientiert sich an dessen Inhalten. Es ist durch eine selbstständige und professionelle Krankenpflege gekennzeichnet. In jedem Krankenhaus gibt es unterschiedliche Pflegeleitbilder, sie sind ausgerichtet nach Religion und Weltanschauung der Einrichtung und natürlich nach dem Menschenbild. Die Mitarbeiter sollten sich mit dem Inhalt identifizieren. Dies kann in vielen Kliniken allerdings zu erheblichen Problemen in der Personalführung führen.

Die wichtigsten Inhalte von Pflegeleitbildern sind:

Inhalte

1. Die Aussagen zum Pflegeprozess und deren Umsetzung in die Praxis
2. Eine geplante und sorgfältig dokumentierte Pflege
3. Ein Bekenntnis zur angewandten Pflegetheorie
4. Eine klare Aussage über ein eingeführtes Pflegesystem
5. Der Einsatz von Pflegestandards zur Unterstützung und Umsetzung des Pflegeprozesses
6. Die Verpflichtung aller Mitarbeiter zur Teilnahme an Fort- und Weiterbildungen
7. Die konstruktive Zusammenarbeit aller an der Versorgung der Patienten beteiligten Berufsgruppen
8. Die Qualitätssteigerung der pflegerischen Arbeit durch pflegewissenschaftliche Erkenntnisse

3.5.2 Funktionen im Führungsprozess

Ein Pflegeleitbild, mit dem sich die Mitarbeiter identifizieren, muss bestimmte Funktionen erfüllen:

- Die pflegerische Arbeit des Einzelnen bekommt einen tieferen Sinn durch das Verständnis, dass jede seiner Tätigkeiten in eine ganzheitliche Versorgung eingebettet ist. Hieraus folgt die Erkenntnis, dass durch die gemeinsame Arbeit ein qualitativ deutlich besseres Arbeitsergebnis möglich ist.
- Es gibt dem Pflegepersonal die nötige Orientierung in einer sich schnell verändernden Umwelt.
- Es stärkt die Position der Pflege im Krankenhaus. So kann sie als stark und eigenständig auftreten und ihre Interessen dementsprechend vertreten.
- Indem die Aussagen einen visionären Charakter haben, kann damit eine mögliche Zukunft in der pflegerischen Arbeit konstruiert werden.

- Durch eine identische Pflegeauffassung soll eine gleich bleibend hohe Pflegequalität gewährleistet werden.
- Aussagen über ein kooperatives Verhalten gegenüber den anderen Berufsgruppen im Krankenhaus können die interdisziplinäre Zusammenarbeit verbessern
- Durch den Identifikationsprozess, der im Leitbild angestoßen wird, soll die Motivation des Mitarbeiters gesteigert werden.
- Die Inhalte dienen den Mitarbeitern zur Legitimation, sodass sie sich bei Konflikten auf diese berufen können. Dadurch werden Konflikte abgemildert oder ersticken schon im Ansatz. (SCHÄFER 2002)

3.6 Stellenbeschreibungen

Stellenbeschreibungen fassen die den einzelnen Aufgabenträger, z. B. Stationsleitung, OP-Schwester, betreffenden Regelungen der Organisation schriftlich zusammen. Sie liefern eine Verfeinerung in der Fixierung der Organisationsstruktur, wie sie kein anderes Hilfsmittel der Organisation zu erreichen vermag.

Vorteile

Durch die Stellenbeschreibung werden Schwachstellen der Organisation einer Abteilung aufgedeckt und zur Beseitigung vorhandener Mängel angeregt. So bringen sie im täglichen Arbeitsablauf unter anderem folgende Vorteile:

- Vermeidung von Kompetenzstreitigkeiten
- Sicherung des Zusammenwirkens mehrerer Stellen und Abteilungen (Chirurgische Station/Chirurgischer OP usw.) bei gemeinsamer Entscheidungsfindung durch klare Abgrenzung von Befugnissen
- Verbesserung des Informationsflusses durch Fixierung der Informationsrechte und -pflichten jeder Stelle
- Erhöhung der subjektiven Sicherheit des einzelnen Mitarbeiters durch Objektivierung der Leistungskontrolle, Personalbeurteilung und auch der Beförderung (für eine andere, höherwertige Kr-Stelle)
- Sicherung einer kontinuierlichen Aufgabenerfüllung durch Regelung der Stellvertretung und Nachfolge (Krankheit/ Urlaub)
- Vermeidung unerwünschter Rückfragen und Entscheidungsverzögerungen durch eindeutige Festlegung der Aufgabeninhalte
- schnellere Einarbeitung neu eingestellter Mitarbeiter

Übersicht 13: Muster für eine Stellenbeschreibung

Muster Stellenbeschreibung

Anschrift der Einrichtung

Arbeitsplatzbeschreibung für die Wohnbereichsleitung

Name des Stelleninhabers
Formale Voraussetzungen: – Staatliche Prüfung zum/zur Altenpfleger/in und Krankenschwester/pfleger

	– Erlaubnis zur Berufsbezeichnung Altenpfleger/in und Krankenschwester/pfleger
Vorgesetzte Dienststelle:	Heimleitung Pflegedienstleitung
Der Stelleninhaber ist weisungsbefugt gegenüber:	Altenpfleger/innen Krankenschwester/pfleger Alten- und Krankenpfleger/helferinnen Auszubildenden Praktikanten Hauswirtschaftskräften

Das Leitbild ist Grundlage der Stellenbeschreibung und des Führungsverhaltens der leitenden Mitarbeiter.

Zielsetzung:
1. Die Wohnbereichsleitung muss den Pflegedienst im Sinne der Gesamtzielsetzung vertreten.
2. Sicherung einer an den psychosozialen Bedürfnissen orientierten optimalen Pflege und Betreuung des Bewohners- unter Einhaltung des von der Heim- und Pflegedienstleitung vorgegebenen Pflegemodells, Pflegestandards und Pflegesystems.
3. Die Auseinandersetzung mit Neuerungen in der Altenpflege.
4. Die Mitarbeiter sind so anzuleiten, dass sie motiviert, zufrieden, selbstständig und verantwortungsbewusst arbeiten, wobei das Einbeziehen der Mitarbeiter in Entscheidungen zu berücksichtigen ist.
5. Arbeitsabläufe und Arbeitsorganisation sind unter Beachtung der getroffenen Vereinbarungen und unter wirtschaftlichen Aspekten zu planen.
6. Die pflegerischen Sachmittel sind unter Berücksichtigung angemessener Wirtschaftlichkeit einzusetzen.
7. Die praktische Ausbildung der Altenpflegeschüler soll auf der Grundlage der geltenden Ausbildungsbestimmungen durchgeführt werden.
8. Die Zusammenarbeit mit anderen Bereichen der Einrichtung ist konstruktiv zu fördern.
9. Einhaltung und Durchführung aller vorhandenen Pflegestandards. Sie sind Arbeitsgrundlage und als Dienstanweisung zu werten. Der Stelleninhaber erhält einen Ordner mit allen Pflegestandards. Sie werden freigegeben von dem Qualitätsbeauftragten/Pflegedienstleitung.

Bewohnerbezogene Aufgaben:
1. Überwachung und Koordination der Pflegemethoden.
2. Überwachung der ordnungsgemäßen Vorbereitung und Durchführung therapeutischer und diagnostischer Maßnahmen.
3. Eine fortlaufende Dokumentation, die über Pflegeergebnisse Aus-

kunft gibt sowie das ordnungsgemäße Führen der Pflegedokumentation.
4. Vermittlung und Eingruppierung der Bewohner in Pflegestufen.
5. Die Förderung eines guten Kontaktes bzw. einer guten Zusammenarbeit zwischen Bewohnern, Arzt und Pflegepersonal sowie Angehörigen.

Führungsaufgaben:
1. Einhaltung der Hygiene und Unfallverhütungsvorschriften sowie der MPG.
2. Organisation der Arbeitseinteilung unter Berücksichtigung der Qualifikation des einzelnen Mitarbeiters.
3. Teilnahme an Dienstbesprechungen und die Weitergabe der Informationen an die Mitarbeiter.
4. Planung des Personaleinsatzes.
5. Planung und Überwachung der Arbeitszeit nach den Bedürfnissen der Wohnbereiche im Rahmen der hausinternen Vorgaben und der gesetzlichen vorgeschriebenen Arbeitszeit unter Beachtung der Sollarbeitszeit.
6. Dienstplanveränderungen aus aktuellem Anlass.
7. Aufstellung von Urlaubsplänen unter Beachtung der hausinternen Vorgaben.
8. Organisation der Einarbeitung neuer Mitarbeiter.
9. Durchführung regelmäßiger Mitarbeiterbeurteilungen in Absprache mit der Pflegedienstleitung.
10. Durchführung von regelmäßigen Mitarbeiterbesprechungen mit Inhaltsprotokoll.
11. Gezielte Auswahl und Anregung von Mitarbeitern zur Teilnahme an Fortbildungsveranstaltungen.
12. Überwachung der Medikamentenanforderung und Lagerung sowie die ordnungsgemäße Führung des Betäubungsmittelbuches.
13. Überwachung der Bedarfanforderung von Sach- und Pflegehilfsmitteln und deren fachgerechter und wirtschaftlicher Verwendung.
14. Unterstützung der Verwaltung in der Ermittlung statistischer Daten.
15. Meldung von Reparaturen.

Kommunikationsbild:
Im Hinblick auf die Ziele unterhält die Wohnbereichsleitung Beziehungen zu:
1. behandelnden Ärzten
2. Therapiebereichen
3. Sozial- und Besuchsdienst
4. Seelsorgern
5. Verwaltung
6. Hauswirtschaftsleitung
7. Wäscherei
8. Küchenleitung
9. haustechnischem Dienst
10. Angehörigen, Betreuern und sonstigen den Bewohnern nahestehenden Besuchern

Befugnisse:
1. Delegation von Arbeiten unter Berücksichtigung der Qualifikation.
2. Beratung und Mitentscheidung von betriebsinternen Fragen.
3. Anordnung von Überstunden.
4. Wahrnehmung von Weisungsbefugnis gegenüber den unterstellten Mitarbeitern.
5. Anleitung der Mitarbeiter im Rahmen der Aufsichts- und Fürsorgepflicht.
6. Vertretung der Pflegedienstleitung im Falle der Abwesenheit bei gleichzeitiger Übernahme der entsprechenden Aufgaben.

Besondere Verpflichtungen:
1. Fort- und Weiterbildungen
2. Eigenreflexion
3. Information der Pflegedienstleitung über Wohnbereichsangelegenheiten, die Einfluss auf die Bewohnerversorgung haben.
4. Eine konstruktive und kooperative Mitarbeiterführung zur positiven Beeinflussung der Motivation und Arbeitszufriedenheit.
5. Selbst-, Fach- und Sozialkompetenz.

Zusatz:
Diese Arbeitsplatzbeschreibung ist Bestandteil des Arbeitsvertrages und kann je nach Gegebenheit sofort geändert und angepasst werden.

_____   _____
Arbeitnehmer   Heimleitung

_____
Ort, Datum

3.7 Führung

3.7.1 Definitionen

Führen (alt germanisch) bedeutet
- in Bewegung setzen, fahren, machen;
- spätere Bedeutung: bringen, leiten.

Leiten (ursprünglich Veranlassungswort von Leiden) bedeutet
- gehen, fahren, reisen
- fahren, gehen machen.

> 1. **Führung** ist die **zielorientierte Einflussnahme** zur Erfüllung gemeinsamer Aufgaben in, bzw. mit einer strukturierten Arbeitssituation. (SCHULZKI, Seminarunterlage 1993)
> 2. Führung ist eine spezielle Art der Kommunikation, mit der Absicht, gemeinsame Ziele zu verfolgen. (KELM/BECKER, Seminarunterlage 2000)

Zielbewusste Einflussnahme

„Unter Führung wird die bewusste und zielbezogene Einflussnahme auf Menschen verstanden. Die Ziele der Einflussnahme folgen gewöhnlich aus den Zwecken der Organisation, in der geführt wird. Woran kann man aber erkennen, ob eine zielbezogene Einflussnahme erfolgreich war? Die Antwort darauf hängt entscheidend von der Aufgabe der Einflussnahme und den Zwecken der Organisation ab."[1]

Führung soll zum Erfolg des Unternehmens Krankenhaus beitragen, damit die Ziele erreicht werden. Ohne Führung und Einflussnahme ist der wirtschaftliche Erfolg nicht möglich. Ein Unternehmen ist dann erfolgreich, wenn es die vorgegebenen Ziele auch unter wirtschaftlichen Gesichtspunkten erreicht. Dies sichert auch Arbeitsplätze der Mitarbeiter.

3.7.2 Bedeutung von Führungsgrundsätzen

Führungsgrundsätze

Was unter Führung zu verstehen ist, hängt im Wesentlichen vom **Leitbild** und den **Führungsgrundsätzen** in einer Einrichtung ab. Sinn von Führungsgrundsätzen ist, ein gutes Betriebsklima zu schaffen. Eine gute Führung von Mitarbeitern gründet sich nicht nur auf individuelle Erfahrung und intuitive Begabung. **Führungsqualitäten** müssen erarbeitet werden. Interessant ist deshalb die Frage, warum einige Pflegeeinrichtungen bei Patienten, Mitarbeitern und in der Öffentlichkeit einen guten Ruf genießen, andere aber nicht. Es gibt darauf keine allgemein gültige Antwort, sicher ist aber, dass dafür auch die Führungsgrundsätze mitverantwortlich sind. Gut angeleitete Mitarbeiter bringen auch gute Leistungen. Diesem Ziel dienen die Führungsgrundsätze, in denen die Unternehmensleitung ihr Selbstverständnis und die Vorstellungen über zulässiges Verhaltens festgelegt haben. Wichtigste Voraussetzung ist, dass die Führungsgrundsätze auch gelebt werden. Mitarbeiter haben ein Gespür dafür, ob Grundsätze nur graue Theorie sind oder auf dem Papier stehen. Ob die Grundsätze auch von allen Beteiligten beachtet werden, ist für den Mitarbeiter leicht zu erkennen.

Führungsgrundsätze heben insbesondere hervor:

- Zielsetzungen
- Kundenorientierung
- Mitarbeiter
- Information
- Kooperation
- Führung, Delegation, Verantwortung
- Kontrolle
- Mitarbeiterauswahl und -förderung
- Verhältnis zum Betriebsrat/Personalrat
- Verhältnis zur Gesellschaft.

Inhalte

Nur wenn das Selbstverständnis und das Wertesystem des Unternehmens deutlich zum Ausdruck gebracht und mit Leben erfüllt wird, fördert dies ein gutes Betriebsklima. Eine Folge sind dann auch gute Leistungen der Mitarbeiter.

Führungskräfte sollten in diesem Zusammenhang auf folgende wichtige Umstände achten:

Grundsätze der Führungsarbeit

- Ehrlich zusammenarbeiten und keine unrealistischen Erwartungen wecken.
- Die Arbeitsbedingungen nach Möglichkeit auch an den Mitarbeiterwünschen orientieren.
- Mitarbeiter umfassend und rechtzeitig informieren.
- Notwendige Änderungen gemeinsam besprechen und auch durchführen.
- Jederzeit für Wünsche, Anregungen, Fragen und Hilfe zur Verfügung stehen.
- Interessen der Mitarbeiter vertreten.
- Für einen angemessenen Ton innerhalb der Abteilung sorgen.
- Konflikte offen ansprechen und bearbeiten.
- Störer disziplinieren und ggf. Personalentscheidungen treffen.
- Jeden Mitarbeiter achten und fördern und vor allem, ihm mit Respekt begegnen.

> **Der ideale Chef**[2]
> - Erinnern Sie sich an einen guten Chef.
> - Zählen Sie sechs positive Eigenschaften auf und erklären Sie diese.
> - Welche Erwartungen haben Sie jetzt an einen idealen Chef?
> - Erstellen Sie ein „Bild" eines idealen Chefs und stellen Sie es vor.
>
> **Der ideale Kollege**
>
> Sie haben die Möglichkeit, ein neues Mitglied für Ihre Gruppe auszuwählen.
> Welche Anforderungen stellen Sie in Bezug auf
> - fachliche Kompetenz sowie
> - soziales Verhalten?
>
> Erstellen Sie ein „Bild" eines idealen Kollegen und stellen Sie es vor.

Arbeitsaufgabe

---

[2] ILLA BECKER, Seminarunterlage, Konflikte im Betrieb

Übersicht 14:
Führungsgrundsätze eines Krankenhauses

Führungsgrundsätze
In einem Krankenhaus gelten folgende Führungsgrundsätze für einen kooperativen Führungsstil:

Die Befähigung und das Verhalten unserer leitenden Mitarbeiter auf allen Ebenen haben auf die Arbeit unseres Krankenhauses einen entscheidenden Einfluss.
Daher haben wir Grundsätze aufgestellt, die unseren leitenden Mitarbeiter helfen sollen, ihre Aufgaben bestmöglich auszufüllen. Sie sind verbindliche Richtlinien.
Mitarbeiterinnen und Mitarbeiter haben das Recht, sich bei ihren Vorgesetzten auf unsere Grundsätze eines kooperativen Führungsstils zu berufen.

1. **Unsere leitenden Mitarbeiter verwirklichen das Leitbild unseres Krankenhauses in ihrer täglichen Arbeit und leben es vor.** Sie unterstützen und fördern insbesondere alle patientenzentrierten Initiativen und Ideen der Mitarbeiterinnen und Mitarbeiter sowie die berufsgruppen- und bereichsübergreifende Zusammenarbeit.

2. **Unsere leitenden Mitarbeiter sorgen dafür, dass alle Mitarbeiterinnen und Mitarbeiter in den Bereichen, für die sie Verantwortung tragen, selbstständig handeln und entscheiden können, um ihre Initiative und ihre Kreativität, ihr Verantwortungsgefühl und ihre Qualifikation im Sinne unseres Leitbildes zu steigern.** Als Voraussetzung dafür informieren unsere leitenden Mitarbeiter umfassend und rechtzeitig, schaffen Gelegenheiten zur Aussprache und beachten und fördern Anregungen und Kritik.

3. **Unsere leitenden Mitarbeiter sind bestrebt, die persönliche Motivation jeder Mitarbeiterin und jeden Mitarbeiters zu verstehen und zu achten und diese mit dem Leitbild unseres Krankenhauses in Einklang zu bringen.** Sie besprechen mit Ihnen die Arbeitsziele und machen die Zusammenhänge mit übergeordneten Interessen sichtbar. Sie überwachen die Erfüllung dieser Arbeitsziele und unterstützen die Mitarbeiterinnen und Mitarbeiter mit Hinweisen und Maßnahmen.
Sie gestalten den Arbeitsplan und die Arbeitsmittel, sowie die Arbeits- und Urlaubszeiten unter Abwägung ihrer Fürsorgepflicht und der Erfüllung der Arbeitsziele.

4. **Unsere leitenden Mitarbeiter treffen ihre Entscheidungen nach Rücksprache mit den Beteiligten und berücksichtigen im Entscheidungsprozess ihre Sachkenntnis und ihre Vorstellungen.** Jede ihrer Entscheidungen begründen sie. Anweisungen erteilen die direkten Vorgesetzten. Ist eine sofortige Entscheidung unerlässlich, so sind im Ausnahmefall auch Anweisungen durch höhere Instanzen möglich. Die direkten Vorgesetzten sind dann umgehend zu informieren.

5. **Unsere leitenden Mitarbeiter fördern die Fähigkeiten und die Leistungsbereitschaft der Mitarbeiterinnen und Mitarbeiter, indem sie**

> gute Leistungen anerkennen, konstruktive Kritik üben und gegen Missstände vorgehen. Lob kann öffentlich gemacht werden, persönliche Kritik soll vertraulich ausgesprochen werden. Unsere leitenden Mitarbeiter sind auf Wunsch von Mitarbeiterinnen und Mitarbeitern immer zu einer persönlichen Beurteilung und Aussprache bereit. In Konfliktfällen gibt es die Möglichkeit der Aussprache mit den nächsthöheren Vorgesetzten.

Soweit sind alle wesentlichen Dinge im Führungsalltag genau benannt und die Vorgehensweise beschrieben. Ausdrücklich anerkannt wurde in den Führungsgrundsätzen, dass es immer zu Konflikten in der Führungsarbeit kommen kann. Dies sind häufig Zielkonflikte. Welche Bedeutung Führungsgrundsätze in der Praxis für die Mitarbeiter haben, ist durchaus kontrovers zu diskutieren, insbesondere die Frage, ob diese Grundsätze auch von den verantwortlichen Führungskräften gelebt werden. Dies beobachten die Mitarbeiter sehr genau und berufen sich von Zeit zu Zeit darauf.

> Welche Folgen können eintreten, wenn in einem Unternehmen Führungsgrundsätze aufgestellt werden, die in der Praxis nicht gelebt werden? Bitte diskutieren Sie die Folgen für die Führungsaufgaben.

Arbeitsaufgabe

3.7.3 Zusammenhang zwischen Management, Leitung und Führung

Alle drei Begriffe werden in der Praxis, aber auch in der Fachliteratur austauschbar verwendet, obwohl sie eigentlich eine unterschiedliche Bedeutung haben:

Drei unterschiedliche Bedeutungen

Management kann verstanden werden als zielbezogene Koordination von informationellen, personellen und sachlichen Ressourcen. Ein guter Manager muss nach diesem Verständnis nicht zwangsläufig eine Führungspersönlichkeit sein.

Führung betont die interpersonale Komponente im Prozess der Zusammenarbeit.

Leitung bezeichnet eher die formale Berechtigung zur Wahrnehmung bestimmter zugestandener Kompetenzen (z. B. Zeichnungsrechte, fachliche und dienstliche Anweisung). Leitung kann sich im Wesentlichen auf das Administrieren reduzieren. Wer leitet, muss nicht unbedingt führen oder managen (HOEFERT, 1991).[3]

---

[3] HOEFERT, H.W. (1991). Zur Qualifizierung von Fachkräften des Sozialwesens für Führungs- und Managementtätigkeiten. In: M. LEWKOWICZ (Hrsg.), Neues Denken in der sozialen Arbeit (S. 179–186). Freiburg: Lambertus

Arbeitsaufgabe

Bitte ergänzen Sie die folgenden Sätze:

Fördernde Führungskräfte sind ...
-
-
-

Fördernde Führungskräfte verhalten sich ...
-
-
-

Führungskräfte, die eher hemmen, sind ...
-
-
-

Führungskräfte, die eher hemmen, verhalten sich ...
-
-
-

Führung ist teilbar in zwei Bereiche:
- **direkte, interaktionelle Dimension:** Mitarbeiter-, Menschenführung. Situative, dezentrale, informelle Beziehungsgestaltung.
- **Indirekte, strukturelle Dimension:** Personalmanagement, Unternehmenspolitik. Generalisierte, formalisierte Organisationseinheiten. Aufgaben und Kompetenzverteilung.

Macht/Hierarchie

Eine wichtige Bedeutung hat das Thema **Macht** und **Hierarchie**. Diese beiden Begriffe sind im Krankenhaus besonders negativ belegt, insbesondere durch das immer noch anzutreffende despotische Verhalten einiger Chefärzte. Zunehmend müssen sich die Kliniken von solchen Verhaltensweisen verabschieden, um Mitarbeiter zu halten.

Hierarchie beschreibt und regelt die Kommunikationswege in einer Organisation, wer wann mit wem zu reden hat. Dadurch ist die Entscheidungsgewalt und die Zuständigkeit geregelt.

Zum Teil existiert noch ein Verbot von Kommunikation zwischen Organisationsmitgliedern. So ist zu beobachten, dass viele Führungskräfte immer noch darauf achten, dass der Dienstweg eingehalten wird. Bei Nichteinhaltung drohen Sanktionen. Hierarchie beruht auf Trennung von Entscheidung und Ausführung. Insbesondere durch die Teilung von Pflegedienst, ärztlichem Dienst und Verwaltungsdienst sind Konflikte im Krankenhaus vorprogrammiert.

Folgende Einstellungen sind bei Führungskräften immer wieder zu finden. Für eine gelungene Führung aber sind sie wenig förderlich.

- **Für effektive Planung fehlt mir die Zeit.**
  Aber: Planen ist ureigenste Führungsaufgabe und weniger eine Frage der Zeit als des nötigen Know-how.
- **Lieber Unsicherheiten verbergen als Angriffsflächen riskieren.**
  Aber: Für die eigene Wirkung ist wichtig, weniger perfekt als vielmehr menschlich zu sein. Weiter stellt sich die Frage, wie viel Beteiligung man wirklich zulassen will.
- **Die besten Führungserfolge erzielt man, wenn es einem gelingt, die Mitarbeiter zu überreden.**
  Aber: Die Frage ist, wie lange das funktionieren kann. Überreden ist nicht gleich überzeugen.
- **Tagesziele zu setzen ist kaum möglich, denn es kommt immer anders als man denkt.**
  Aber: Ohne Strategie führt Flexibilität zu den Zielen anderer.

3.7.4 Determinanten der Führungssituation

Die Situation, in der die Führung stattfindet, wird durch mehrere Variablen bestimmt. Hier werden die **Führungsfaktoren**, **Führungsrollen** sowie **Führungsinstrumente** vorgestellt.

> **Führung** ist eine Funktion von mehreren sich wechselseitig beeinflussenden **Faktoren**:
>
> 1. Die Persönlichkeit der Führenden
> 2. Die Persönlichkeit der Geführten
> 3. Die Struktur und Funktion der Gruppe
> 4. Die spezifische Situation
> 5. Der Erfolg oder Misserfolg

A = Administration, wie Organisation und Bürokratie
B = Business, Fachkenntnis, Markt, Kunde, Produkt oder Dienstleistung
C = Coaching, Menschenführung, Mitarbeiterförderung

ABC-Führungsrollen

- Führungsleitbild/Führungskonzept
- Stellenbeschreibungen
- Zielvereinbarungen und Strategieentwicklung
- Personalbeurteilungen/Mitarbeitergespräche
- Ergebnisbewertung
- Arbeitsbesprechungen

Führungsinstrumente

3.7.5 Führungspersönlichkeiten

NEUDINGER beschreibt bestimmte Eigenschaften, die erfolgreiche Führungskräfte auszeichnen: **Intelligenz, Selbstvertrauen, soziale Kompetenz, Bestimmtheit** und **Integrität**.[4] Im Folgenden werden die einzelnen Eigenschaften erläutert.

---

[4] F. W. NEUDINGER, Erfolgreich Führen, Beltz Verlag, 2000, Seite 15

Intelligenz	Führungskräfte müssen sich verbal ausdrücken können, dies ist eine wichtige **intellektuelle Fähigkeit**. Sie sollten eine geschulte Wahrnehmung haben, um Veränderungen im Verhalten ihrer Mitarbeiter richtig zu erkennen. Wichtig ist auch, klare und schnelle Schlussfolgerungen zu ziehen. Führungskräfte sollten aber auch nicht zu intelligent sein, sonst sind sie ihren Mitarbeitern weit überlegen und es kann zu starken Kommunikationsproblemen kommen. Mitarbeiter können dann oft nicht so schnell verstehen und die neuen Ideen verfolgen.
Selbstvertrauen	Selbstvertrauen ist gerade im Pflegeberuf ein **Reizthema**. Es gibt immer noch die weit verbreitete „Mutter-Teresa-Mentalität". Damit ist gemeint, sich für alles und jeden verantwortlich zu fühlen auch ohne dafür fachlich zuständig zu sein. Mangelndes Selbstvertrauen kennzeichnet häufig die Berufgruppe der Pflegenden, sie vertreten ihre Interessen nicht konsequent und solidarisch. Selbstvertrauen aber wirkt sich positiv auf den **Führungserfolg** aus und heißt, sich sicher sein, dass man die für eine Führungskraft notwendigen Fähigkeiten und Kompetenzen hat. Ein künstlich gesteigertes Selbstvertrauen dagegen birgt die Gefahr eines zunehmenden Realitätsverlustes und verringert die Sensibilität für die Wünsche und Bedürfnisse anderer Menschen.
Soziale Kompetenz	Der Begriff „Soziale Kompetenz" erlebt zurzeit eine Inflation und wird sehr unterschiedlich definiert. Dieser Begriff wird häufig als **Kontaktstärke** bezeichnet. Wer auf Menschen zugehen kann, höfliche, taktvolle Umgangsformen und diplomatisches Gespür für die Empfindlichkeiten anderer hat, der ist sozial kompetent. Solche Menschen sind sensibel für die Bedürfnisse anderer und kümmern sich um deren Wohlergehen. Darum können sie kooperativ mit ihren Mitarbeitern umgehen. Kooperativ heißt aber nicht, den Mitarbeitern alle Wünsche zu erfüllen.
Bestimmtheit	Um die Aufgaben erfolgreich zu erledigen, ist Bestimmtheit notwendig. Dazu zählen **Initiative, Ausdauer, Dominanz und Tatkraft**. Führungskräfte sind aktiv und lassen sich auch durch Rückschläge und Misserfolge nicht von ihren Zielen abbringen. Dominanz meint aber nicht autoritäres Verhalten. Durchsetzungsfähigkeit und Bestimmtheit sind nur in Verbindung mit den anderen Eigenschaften – vor allem mit Integrität – ein Erfolgsfaktor.
Integrität	Was eine integre Führungskraft ist, darüber gibt es sicher unterschiedliche Ansichten. Eine solche Führungskraft ist ehrlich und vertrauenswürdig. Menschen, die sich an strengen **moralischen Prinzipien** orientieren und die **Verantwortung für ihr Handeln** übernehmen, sind integer. Mitarbeiter können sich sicher fühlen und an der bestehenden Struktur orientieren. Dies ist wichtig im Führungsprozess. Integre Führungskräfte stehen loyal zu ihren Mitarbeitern und zu ihrem Betrieb und versuchen nicht zu lügen und andere zu täuschen.

3.7.6 Führungsstile

> Die Führung von Mitarbeitern kann bestimmten **Führungsstilen** zugeordnet werden. Führungsstil ist die Form sowie die Art und Weise, in der die Führungsaufgaben von der Führungskraft wahrgenommen werden. Im Führungsverhalten äußern sich die persönlichen Vorstellungen des Vorgesetzten. Kommt in den Verhaltensweisen aller oder der Mehrzahl der Führungskräfte ein einheitliches Wertgepräge zum Ausdruck, so spricht man von einem **einheitlichen Führungsstil** im Betrieb.

Im Folgenden werden verschiedene Führungsstile vorgestellt.

Kennzeichnend für den autokratischen Führungsstil ist die dominante, stark **leistungsorientierte Führungskraft**, die im Team eine zentrale Stellung besitzt und dadurch Kontrolle über jegliche Informationen hat. Geprägt wird dieser Führungsstil durch ein **konsistentes Verhaltensmuster**, das heißt, dass die Führungskraft die Verfahrensweisen der einzelnen Mitarbeiter bestimmt und dann Einzelheiten zur Zielerreichung preisgibt. Methoden werden nur Schritt für Schritt mitgeteilt und Handlungen sowie Interaktionen genau vorgegeben. Dadurch ist eigenverantwortliches Arbeiten nicht möglich.

Autokratischer (autoritärer) Führungsstil

Durch diese **Unselbstständigkeit** werden Motivation und Entwicklung der einzelnen Mitarbeiter gehemmt. Sie erhalten Feedback nur in Form von persönlichem Lob oder Kritik. Die Mitarbeiter einer **autoritären Führungskraft** werden unterwürfig und verlangen von ihr Aufmerksamkeit und Anerkennung.
Bei diesem Führungsstil besteht eine erhöhte **Fluktuation**.

Beim demokratischen Führungsstil steht das **Team** im Mittelpunkt. Die Führungskraft ermutigt ihre Mitarbeiter, Verfahrensweisen selbst zu bestimmen. Sie gibt den Mitarbeitern einen Überblick über die Aufgaben und erklärt alle Arbeitsschritte für die Erreichung des Zieles. Die Mitarbeiter erhalten die **Freiheit,** Handlungen und Interaktionen selbst auszuwählen. Es wird Wert auf angenehmes Betriebsklima gelegt.

Demokratischer Führungsstil

Durch eine **gemeinsame Zielfestlegung** sind die Ziele für alle Mitarbeiter transparent. Sie können sich mit ihnen identifizieren. Jeder Mitarbeiter hat sein eigenes Aufgabenfeld, die einzelnen **Kompetenzen** sind anerkannt. Hierdurch erreicht die Führungskraft, dass die Zusammenarbeit und der Tagesablauf auch während ihrer Abwesenheit funktionieren. Das Feedback für die Mitarbeiter erfolgt auf sachliche und objektive Art.
Demokratisch geführte Teams halten eher zusammen und zeigen weniger Spannungen und Feindseligkeiten als autoritär geführte Gruppen. Die Mitarbeiter dieses Führungsstiles sind motiviert und entwickeln sich weiter.

Der Laissez-faire-Führungsstil wird auch als **zügellos** bezeichnet, da die Führungskraft ihren Mitarbeitern **völlige Freiheit** gibt und die Verantwortung ablegt. Sie nimmt wenig Einfluss auf die Zielerreichung. Die Gruppe trägt die volle Verantwortung, hat aber keine strukturierenden Vorgaben von der Führungskraft und ist dadurch meist nicht arbeitsfähig.

Laissez-faire-Führungsstil

Die Arbeitsmittel werden von der Führungskraft bereitgestellt, doch ihre Teilnahme am Geschehen beschränkt sich auf die Beantwortung von Fragen. Ein Feedback erfolgt nur auf Wunsch von Mitarbeitern.

Teams, die von einem solchen Führungsstil geprägt sind, zeigen nur wenig Zufriedenheit und Zusammenhalt.

> Untersuchungen haben gezeigt[5], dass demokratisch und autoritär geführte Gruppen ungefähr die gleiche Produktivität aufwiesen, während im Vergleich dazu die Gruppen mit der Laissez-faire-Führung geringere Produktivität zeigten.

Karitativer (charismatischer) Führungsstil

Beim karitativen Führungsstil steht das ausgeprägte **Harmoniebedürfnis** im Vordergrund. Die Führungskraft wirkt wohlwollend und freundlich auf ihre Mitarbeiter ein. Sie ermutigt und unterstützt mit geringem Fachwissen. Dadurch, dass die Bedürfnisse der einzelnen Mitarbeiter vorrangig sind, werden die Ziele nur selten erreicht.

Situationsbezogener Führungsstil

Der **situationsbezogene Führungsstil** ist durch vier Merkmale charakterisiert:

1. Merkmal

Lenken bzw. dirigieren
Die Mitarbeiter erhalten von der Führungskraft präzise formulierte Anweisungen. Die Durchführung der Aufgaben wird gewissenhaft beaufsichtigt. Die Führungskraft trifft mit den einzelnen Mitarbeitern Zielvereinbarungen und gibt vor, wie das jeweilige Ziel Schritt für Schritt erreicht werden kann.

2. Merkmal

Unterstützen bzw. sekundieren
Bei der Durchführung der Aufgabe fördert und unterstützt die Führungskraft die Mitarbeiter und teilt bei den zu fällenden Entscheidungen die Verantwortung mit ihnen, indem sie aktiv zuhört und Vorschläge der Mitarbeiter beachtet. Durch diese Ermutigungen werden Selbstvertrauen und Motivation aufgebaut. Die Mitarbeiter finden durch Hinterfragen neue Lösungen und werden ermutigt, Risiken einzugehen.

3. Merkmal

Anleiten bzw. trainieren
Die Durchführung der Arbeiten der Mitarbeiter wird von der Führungskraft gelenkt und überwacht, um so deren Fortschritte zu unterstützen. Die Mitarbeiter werden um Vorschläge gebeten, die Entscheidungen werden besprochen.

4. Merkmal

Delegieren
Verantwortung für Entscheidungen und für die Lösung von Problemen wird von der Führungskraft auf die Mitarbeiter übertragen.

Um mit diesem Führungsstil zu arbeiten, muss die Führungskraft über **Flexibilität** und **Menschenkenntnis** verfügen, da sie sich bei jedem Mitarbeiter einzeln für ein Merkmal entscheiden muss. Die einzelnen Leistungen der Mitarbeiter sind wichtig für die Entscheidung.

---

[5] BERNHARD WALSH, Leiten und Führen in der Pflege, Urban und Fischer, 2000

Außerdem ist es wichtig, dass die Führungskraft für ihre Mitarbeiter eine Umgebung schafft, in der sie kreativ arbeiten können. Die Leistungen der Mitarbeiter werden bestimmt durch Kompetenz (d. h. Kenntnisse und Fähigkeiten) und durch Engagement, welches eine Kombination aus Selbstvertrauen und Motivation ist. Die Leistungen werden in Entwicklungsstufen eingeordnet, die im nächsten Abschnitt bearbeitet werden.

> Laut WOLFGANG FISCHER[6] gibt es keinen grundsätzlich richtigen oder falschen Führungsstil. Das Führungsverhalten muss der Situation angepasst sein, um sie optimal zu gestalten.
> Der **situationsbezogene Führungsstil** beinhaltet alle diese Kriterien. Das bedeutet, dass sich die Führungskraft immer an der jeweiligen Situation, Aufgabe und besonders an den jeweiligen Mitarbeitern orientieren sollte.

Insgesamt kann festgehalten werden, dass jede Persönlichkeit ihren eigenen Führungsstil hat. Das Führungsverhalten ist immer abhängig von der jeweiligen Entwicklungsstufe der Gruppe oder des Teams. Das Führungsverhalten ist so vielfältig wie die Menschen und die jeweiligen Situationen. Es ist nicht Sinn der Sache, Führungskräfte in eine bestimmte Richtung zu drängen, wohl aber, ihnen bestimmte Kompetenzen zu vermitteln, damit sie ihr eigenes Führungsverhalten reflektieren können.

> Das Führungsverhalten zu **reflektieren** ist eine wichtige Fähigkeit von Führungskräften.
> Unter **Reflexion** versteht man das **vergleichende und überprüfende Denken**. Dies umfasst das „Nach"-Denken über einen Sachverhalt sowie die gedankliche Gegenüberstellung des Ist-Zustandes und des (ursprünglich geplanten) Soll-Zustandes bzw. Verhaltens.

Eine „mittlere Distanz" zu möglichst allen Mitarbeitern und Mitarbeiterinnen halten zu können, ist nicht nur eine Führungstugend, sondern in gewisser Weise auch eine Überlebensnotwendigkeit in der Führungsposition. Mittlere Distanz bedeutet in diesem Zusammenhang, dass eine soziale Beziehung aufgebaut bzw. kultiviert wird, die zwischen den Polen „**intime Freundschaft**" und sachliche „**Kühle**" liegt.[7]

Distanz

In Krisensituationen hat der Mensch das Bedürfnis, alleine zu sein, nachzudenken, mit sich ins Reine zu kommen, Selbsterforschung zu betreiben und von den Dingen Abstand zu bekommen. In der Führungsrolle ist es sehr wichtig, eine gewisse Distanz zu den Mitarbeitern zu halten.

---

[6] WOLFGANG FISCHER, Führungswissen in der Pflege, 1999, Kohlhammer Verlag
[7] HOEFERT, H.W., Führung und Management im Krankenhaus, Seite 41, Göttingen 1997

Arbeitsaufgabe

> Die Stationsleitung setzt sehr hohe Maßstäbe bei ihrer täglichen Arbeit, sie verlangt von ihren Mitarbeitern genau soviel, wie sie selber bereit ist zu leisten. Wenn die Ziele nicht erreicht werden, reagiert sie sehr energisch und versucht, die Mitarbeiter zu disziplinieren.
>
> Mit welchen Formulierungen wird sie dies zum Ausdruck bringen? Welches könnte der hier bevorzugte Führungsstil sein?

3.7.7 Führungsverhalten

Verhalten des Vorgesetzten

Das Verhalten einer Führungsperson kann unterschiedlich ausgerichtet sein. Im Folgenden sind die wichtigsten Orientierungen erklärt.

Aufgabenorientierung: Sie erhöht die Leistung.

Mitarbeiterorientierung: Sie erhöht die Zufriedenheit, senkt Fehlzeiten und Fluktuation und hat manchmal einen positiven Effekt auf die Leistung.

Mitwirkungsorientierung: Mitbestimmungsmöglichkeiten bei der Arbeit (Partizipation und Delegation) erhöhen die Bindung an die Aufgabe, steigern die Einsatzbereitschaft, erziehen zur Selbstständigkeit, führen zu fähigem Führungsnachwuchs und zu kompetenten Stellvertretern, belasten schlecht ausgebildete und unselbstständige Mitarbeiter.

3.7.8 Der Führungsprozess

Übersicht 15: Ablauf des Führungsprozesses

1. Ziele setzen
Die Führungsaufgaben können nur sinnvoll wahrgenommen werden, wenn allen Beteiligten das Ziel klar ist. Anhand der vorgegebenen Ziele können die die Mitarbeiter zielgerichtet geführt werden. Die Erfolge der Führungsarbeit können auf diese Weise leichter überprüft werden.

2. Aufgaben verteilen
Es ist unmöglich, die Führungsaufgaben alleine wahrzunehmen. Gerade im Pflegedienst ist es üblich, dass jede Leitung auch eine Vertretung hat; diese muss in die Führungsaufgaben eingebunden werden. In der Praxis ist es sinnvoll, die Aufgaben nach Prioritäten zu verteilen.

3. Überprüfung der Aufgaben
Jede delegierte Aufgabe muss überprüft werden, zumindest muss sichergestellt werden, dass sie erledigt wurde. Die Verantwortung liegt selbstverständlich bei der Führungskraft. Es ist einer der wesentlichen Führungsfehler, dass Mitarbeiter Aufgaben an die Führungskraft zurückdelegieren, dies darf auf keinen Fall zugelassen werden. Rückdelegation ist ein Ausdruck von Schwäche der Mitarbeiter. Hier ist zu überlegen, welche Hilfe diesen Mitarbeitern angeboten werden kann.

4. Intervention

Bei der Überprüfung der delegierten Aufgaben kommt es in der Praxis immer wieder vor, dass die Führungskraft feststellt, dass die vorgegebenen Aufgaben nicht zufriedenstellend erledigt worden sind. Welche Art der Intervention erforderlich ist, muss unter Abwägung beiderseitiger Interessen erwogen werden. Im Einzelfall können auch hier bereits Sanktionen angezeigt sein. Davor sollte man nicht die Augen verschließen.

5. Personalgespräche

Personalgespräche sind ein wichtiges Mittel, um Führungsaufgaben wahrzunehmen. Sie sind immer erforderlich, um die angestrebten Ziele zu erreichen.

Personalgespräche sind in der Praxis sehr negativ belegt, was bei professioneller Durchführung jedoch nicht begründet ist. Der Mitarbeiter erhält hier die Gelegenheit, eine Rückmeldung über seine Arbeitsleistung zu erhalten. Letztendlich kann man sagen, dass Personalgespräche eine besondere Art der Zuwendung an den Mitarbeiter darstellen.

Personalgespräche dienen zur:
- Zielvereinbarung mit den Mitarbeitern
- Unterstützung schwacher Mitarbeiter
- Beurteilung von Mitarbeitern
- Motivation
- Kritik und dem Feedback
- Erörterung persönlicher Probleme

6. Direktiven

Anweisungen sind notwendig, um die vorgegebenen Ziele zu erreichen. Im Rahmen des Direktionsrechts sind alle Führungskräfte berechtigt, Anweisungen zu erteilen. Diese müssen sich im gesetzlichen Rahmen bewegen.

7. Sanktionen

Sanktionen sind erforderlich, wenn deutlich wird, dass ein Gespräch zu keinem nennenswerten Erfolg geführt hat. In der betrieblichen Praxis kommt zunächst eine Ermahnung in Betracht und als Folge im Wiederholungsfall die Abmahnung.

Es ist in der Tat eine sehr unangenehme Führungsaufgabe, Mitarbeiter zu disziplinieren. Es ist aber nicht hilfreich, die Sache zu vermeiden, denn hier wird klargestellt, wo die Grenzen sind.

8. Kündigung

Die Kündigung ist das letzte Mittel und auch die letzte Lösung im Führungsprozess. Im Einzelfall kann es jedoch notwendig werden, sich von Mitarbeitern zu trennen.

Der Führungsprozess

Der in der folgenden Abbildung dargestellte Führungsprozess zeigt die wichtigsten Aufgaben von Führungskräften.

Abb. 12: Der Führungsprozess

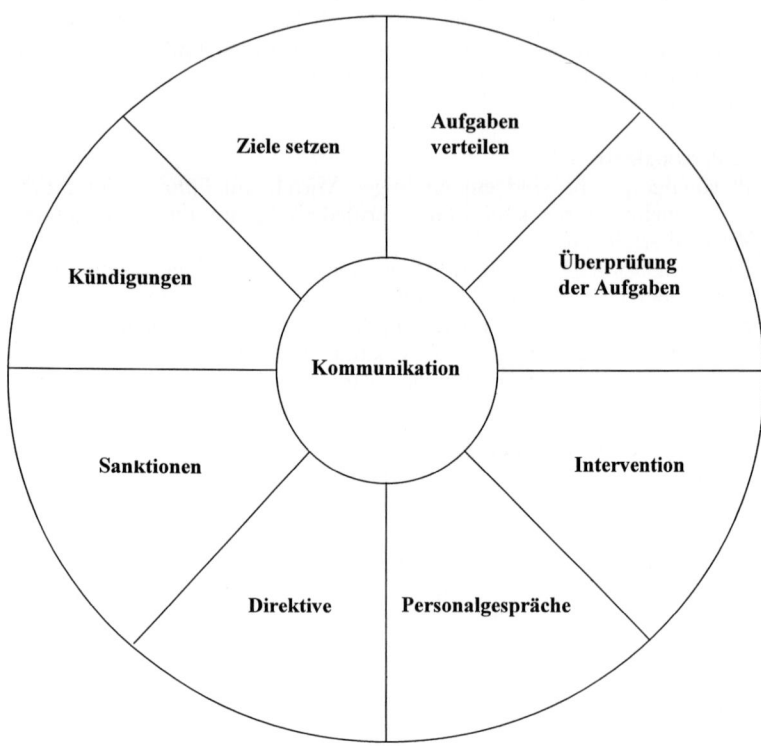

Führungsaufgaben

Führung kann in zwei Funktionsblöcke gegliedert werden: Die **Lokomotions-** und die **Kohäsionsfunktion**:

HORNUNG UND LÄCHLER beschreiben einige Aufgaben und Variablen, die zu den jeweiligen Funktionen gehören:[8]

Lokomotionsfunktion

Zu den zielorientierten **Führungsaufgaben (Lokomotion)** gehören u. a.:
- Problemerfassung
- Ziele setzen
- Planen und organisieren
- Entscheidungsfindung
- Informieren
- Koordinieren und Aufteilen einzelner Aufgaben
- Kontrollieren und Korrigieren

---

[8] HORNUNG/LÄCHLER, Psychologisches und soziologisches Grundwissen für Krankenpflegeberufe, 7. Auflage, Beltz Verlag

Der **Gruppenzusammenhalt (Kohäsion)** wird u. a. gewährleistet durch: Kohäsionsfunktion

- Gruppengröße und Gruppenzusammensetzung
- Gruppenklima und Kommunikation
- Art und Intensität der Kontakte innerhalb der Gruppe
- Umgang mit Konflikten

3.7.9 Führungsinstrumente

Damit eine Führungskraft ihre Mitarbeiter in den einzelnen Entwicklungsstufen führen und fördern kann, muss sie verschiedene Führungsinstrumente beherrschen.   Instrumente
Diese Führungsinstrumente werden kurz erläutert, wobei „**Führen mit Zielen**" näher betrachtet werden sollen.

Damit der Mitarbeiter sich auf Veränderungen vorbereiten und sich orientieren kann, ist eine **rechtzeitige Information** wichtig. Durch diese Informationen wird das **Mitdenken** und **Mitwirken** gefördert. Der Mitarbeiter fühlt sich akzeptiert und ist motiviert, am Geschehen teilzunehmen. Informationen schaffen **Vertrauen** und fördern die zwischenmenschlichen Beziehungen, da der Mitarbeiter sich wertgeschätzt und anerkannt fühlt.   Führen durch Information

Dadurch, dass man **Erfolge anerkennt** und die **erbrachten Leistungen würdigt**, werden beim Mitarbeiter Spannungen abgebaut und das Selbstwertgefühl gestärkt. Außerdem werden die zwischenmenschlichen Beziehungen verbessert, wenn das Lob als angemessen und gerecht empfunden wird. Die Anerkennung wirkt aufbauend und **motivierend**, wenn sie auf klaren und bekannten Kriterien beruht und nicht zu häufig oder routinemäßig erfolgt.   Führen durch Anerkennung
Verallgemeinerung des Lobes hingegen wirkt auf den Mitarbeiter abgeschwächt und unpersönlich. Werden alle gelobt, fühlt sich niemand gelobt.
Anerkennung ist allerdings nicht dazu da, den Mitarbeiter zu manipulieren, da er dies mit Sicherheit durchschaut und die Führungskraft dadurch unglaubwürdig wird.

Durch falsche **Kritik** an der Person kommt es zu einer Verletzung des Selbstwertgefühls, die das Selbstvertrauen schwächt. Daher sollte niemals die Persönlichkeit kritisiert werden, sondern die Arbeit. Kritik ist nur dann angebracht und aufbauend, wenn sie begründet und sachlich ist. Sie dient dann als **Orientierung**, die Verbesserungsmöglichkeiten aufzeigt.   Führen durch Kritik
Bei Kritik sollte die Führungskraft beachten, dass sie unter vier Augen erfolgt und den richtigen Mitarbeiter betrifft. Wichtig ist, dass das Gespräch rechtzeitig und nicht rückwirkend erfolgt und ruhig ausgesprochen wird. Gefühle, wie zum Beispiel Wut oder Zorn, sollten hierbei nicht zum Ausdruck gebracht werden. Kritik wird nur dann positiv umgesetzt, wenn diese Regeln beachtet werden. Richtig angebrachte Kritik verstärkt das **Vertrauen** in die Führungskraft.

Um geleistete Arbeiten mit den Zielvereinbarungen zu vergleichen, ist es wichtig, die geleistete **Arbeit zu kontrollieren**. Fachwissen und Men-   Führen durch Kontrolle schenkenntnis der Führungskraft ist Voraussetzung dafür, dass die Kontrollen als Chance und Hilfe empfunden werden.

Kontrollen müssen begründbar sein und sollen für eine gerechte und sachbezogene Mitarbeiterbeurteilung sorgen. Sie müssen unauffällig und **taktvoll** durchgeführt werden, aber auf keinen Fall heimlich, da sich der Mitarbeiter sonst stark unter Druck gesetzt und beobachtet fühlt. Auf die individuellen Leistungen des Mitarbeiters muss Rücksicht genommen werden. Die Führungskraft sollte die Kontrollen zeitlich so legen, dass noch **Korrekturmöglichkeiten** bestehen.

Arbeitsaufgabe

> Können Sie mit **Provokationen** Ihrer Mitarbeiter umgehen?
>
> - **Provokation:** „Ich finde die Art und Weise, wie Sie mit Ihren Mitarbeitern umspringen, wirklich nicht gut."
> - **Provokation:** „Wir kommen mit unseren Abteilungsleiter-Besprechungen einfach nicht weiter. Wahrscheinlich liegt es daran, wie Sie die Besprechung leiten."
> - **Provokation:** „Jetzt reicht's mir mit Ihnen. Ich werde mich bei der Geschäftsleitung über Ihre Art und Weise beschweren."
>
> Erarbeiten Sie mögliche Reaktionen auf die Provokationen. Sie haben 30 Minuten Zeit. Anschließend stellen Sie die Ergebnisse vor.

3.8 Das Feedback

3.8.1 Das Selbstwertgefühl

Die zentrale Instanz unseres Seins ist das **Selbstwertgefühl**.

Der Grund für das meiste Tun ist, das eigene Selbstwertgefühl zu erhalten, zu verteidigen und zu verbessern. Folgende Faktoren bestimmen das Selbstwertgefühl (SWG):

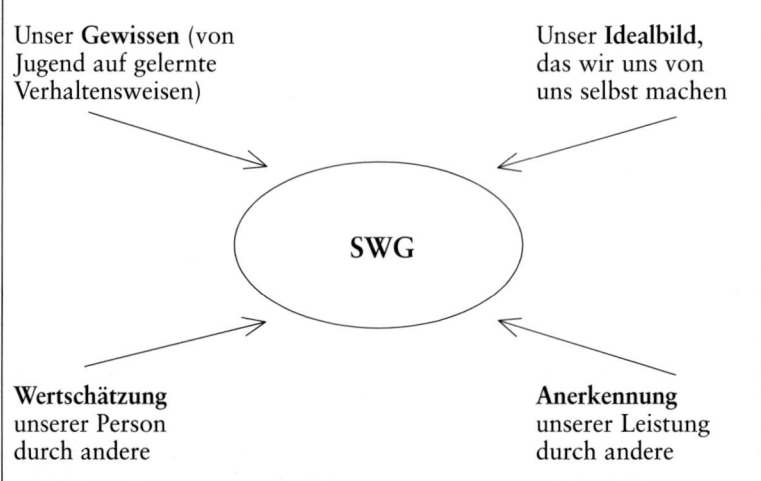

Abb. 13: Faktoren des Selbstwertgefühls (BECKER, J.: Seminarunterlage)

Wird unser Selbstwertgefühl verletzt, reagieren wir mit Angriffsbereitschaft oder Fluchtbereitschaft.

Das Selbstwertgefühl wird durch folgende Faktoren beeinflusst:

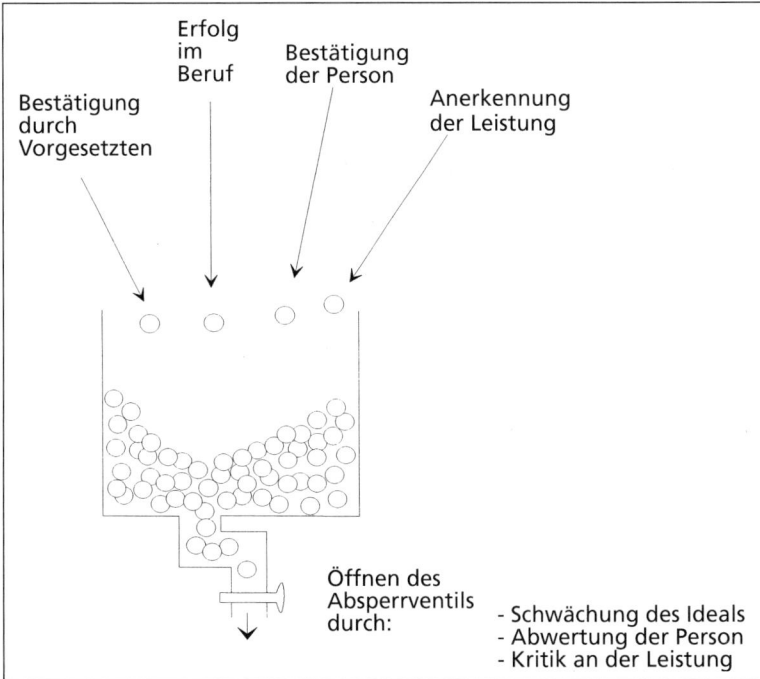

Abb. 14:
Beeinflussung des Selbstwertgefühls
(BECKER, J.: Seminarunterlage)

Daraus lassen sich folgende Kommunikationsregeln ableiten:
- Optimal zu kommunizieren heißt, das Selbstwertgefühl des anderen zu beachten.
- Jede positive Beziehungsaussage, die vom Gesprächspartner als solche verstanden wird, stärkt dessen Selbstwertgefühl.
- Jede negative Beziehungsaussage, die vom Gesprächspartner als solche verstanden wird, schwächt dessen Selbstwertgefühl.
- Wenn das Selbstwertgefühl verletzt wird, leidet das Gespräch.

3.8.2 Coaching-Partnerschaft

Eine sehr intensive Form des Lernens ist das **Coaching**, was so viel heißt, wie **gegenseitiges partnerschaftliches Beobachten** mit entsprechendem **Feedback**.
Man kann sehr viel über das eigene Verhalten und dessen Wirkung auf andere erfahren, wenn man von einer Person, zu der man Vertrauen hat, beobachtet wird und anschließend eine detaillierte Rückmeldung über das eigene Auftreten erhält. Dadurch ist es möglich, Rückschlüsse zu ziehen, wie man selbst in verschiedenen Situationen auf andere reagiert und nach außen hin wirkt. Auf diese Weise bekommt man die Chance, sein Verhalten gezielt zu verändern.

Partnerschaftliches Beobachten mit Feedback

Vor diesem Hintergrund soll die Theorie des Johari-Fensters vorgestellt werden, die sich mit der Selbst- und Fremdwahrnehmung beschäftigt.

Das **Johari-Fenster** wurde von Joe Luft und Harry Ingham entwickelt. Es besteht aus **vier Quadranten**, die vereinfacht als Bereich beschrieben werden.

A: ist der Bereich der „**offenen Person**", die sowohl mir selbst als auch den anderen bekannt ist (z. B. was in Vorstellungsrunden offenbart wird).
B: ist der Bereich der „**verdeckten Person**", die nur mir bekannt ist (der private Bereich, den ich nur guten Freunden anvertraue).
C: ist der Bereich des „**blinden Flecks**", der zwar den anderen bekannt ist, mir selbst aber nicht.
D: ist der Bereich des „**Unbekannten**", das so genannte „Unbewusste" in der Tiefenpsychologie.

Abb. 15:
Das Johari-Fenster
(FENNER/JANIKOWSKI, 1994)

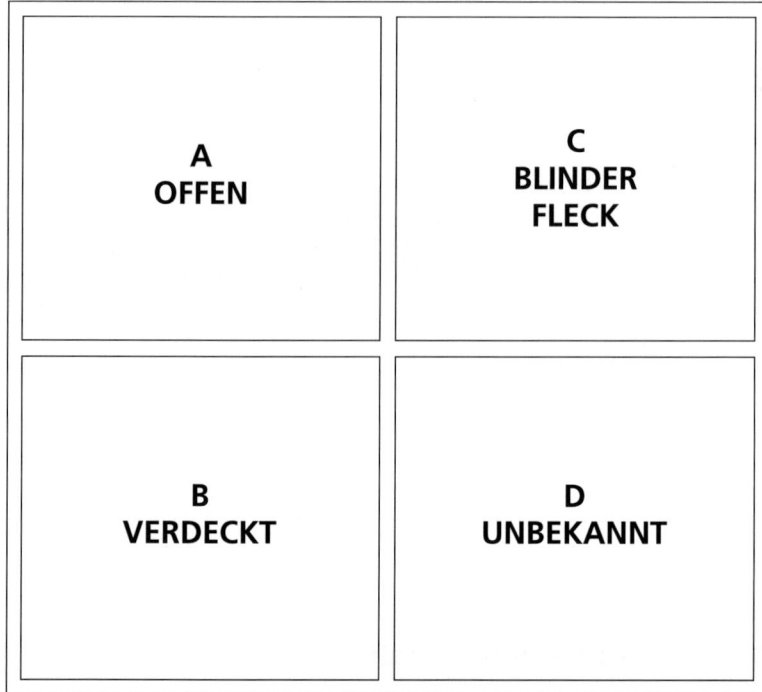

Unbekannt

Quadrant D, der „**unbekannte Bereich**", ist relevant für tiefenpsychologische Vorstellungen von Kommunikationsformen, nicht aber für Betrachtungen zur Personalführung.

Blinder Fleck

Beim **Quadranten C,** dem „**blinden Fleck**", handelt es sich um all die Signale und Botschaften, die eine Person ausstrahlt, von deren Existenz und Wirkung sie selbst jedoch nichts weiß.
Dabei spielt es zunächst keine Rolle, ob es sich um Kommunikationsstärken oder -schwächen handelt. Entscheidend sind vielmehr die Fol-

gen dieser Unkenntnis: Bei mangelndem Wissen über Stärken tritt oft unnötige Unsicherheit, bei Unkenntnis über Schwächen das häufige Abdriften in Kommunikationsfallen auf. Über aktives Einfordern von Feedback hat jeder die Möglichkeit, den eigenen „blinden Fleck" abzubauen. Dies bedeutet aber nicht, auch alles „annehmen" zu müssen. Die Entscheidung zu einer Veränderung bestimmt der Einzelne selbst.

Anders verhält es sich beim **Quadranten B,** der „**verdeckten Person**". Hier hat die Person eine klare Einschätzung z. B. zu einem Sachverhalt, zu einem anderen Menschen, zu einer Situation. Diese aber behält sie erst einmal für sich, wartet z. B. zunächst ab, was die anderen sagen. Sie hält sich also be- bzw. verdeckt.
Häufige Ursache ist die Furcht vor negativen Auswirkungen der Offenheit, zumeist initiiert durch „schlechte Erfahrung". Daraus kann sich in bestimmten Lebensbereichen ein jahrelanges Verharren in passivem Verhalten ergeben: Die Ängste werden förmlich gepflegt, bis es sich aus einer Situation ergibt, dass das „Verdeckte" plötzlich durchbricht – meist mit völlig unerwarteten positiven Reaktionen.

Verdeckt

Im Bereich des **Quadranten A,** der „**offenen Person**", fühlt sich die Person frei und kreativ, nennt die Dinge völlig offen beim Namen. Sie gibt sich entweder unbekümmert spontan oder bewusst Wahrscheinlichkeiten abschätzend. Da sie gleichzeitig durch das praktische Tun eine Menge Energie in die Kommunikationsbeziehung einbringt, kann sie die sprachlichen und nichtsprachlichen Reaktionen der anderen gut erkennen und geht bei Zustimmung oder Ablehnung in einen weiteren Abbau ihres blinden Fleckes.

Offen

Zu den **Verschiebungen** der Flächenanteile der Quadranten zueinander folgendes Beispiel:

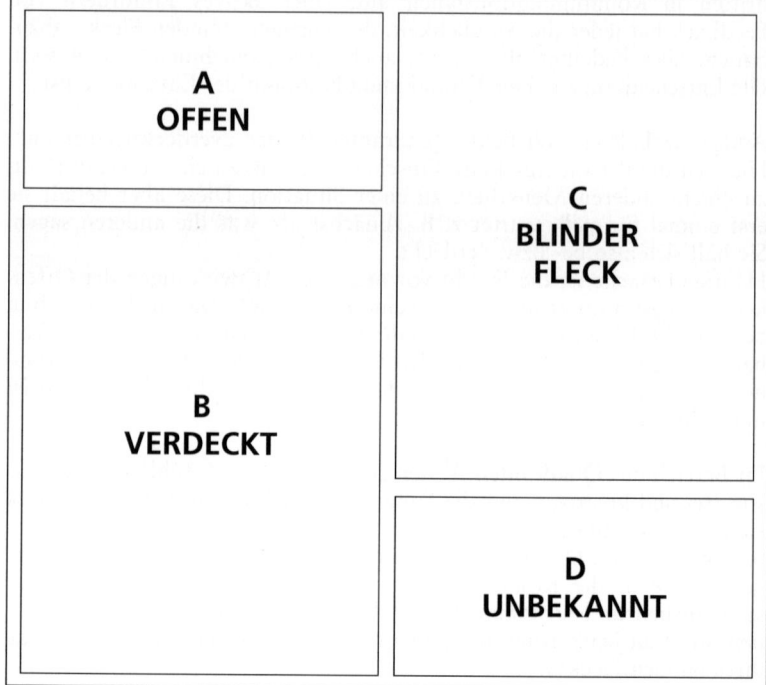

Abb. 16: Vor dem Lernen durch Coaching (FENNER/JANIKOWSKI, 1994)

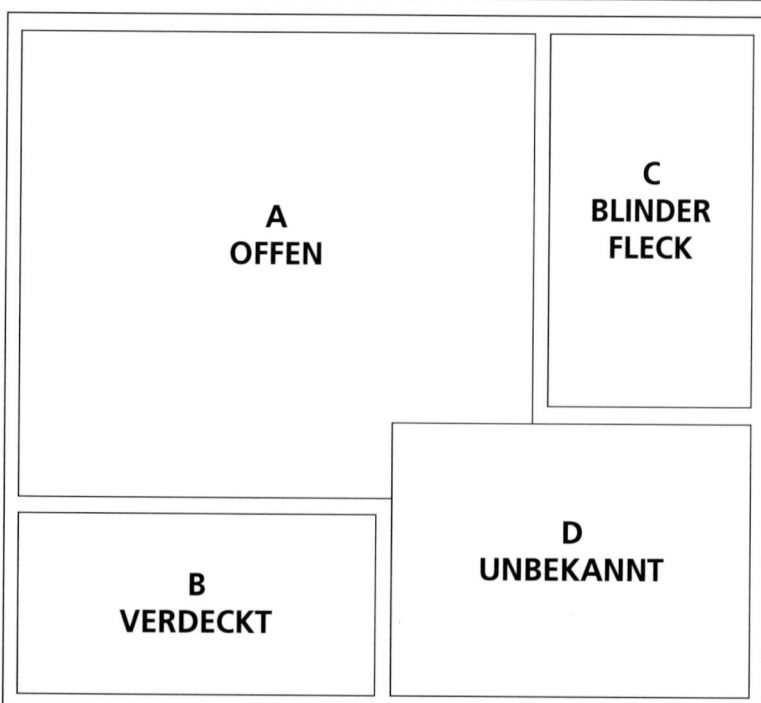

Abb. 17: Nach dem Lernen durch Coaching (FENNER/JANIKOWSKI, 1994)

Feedback-Regeln

> **1. Hinweise geben**
> - Hinweise über das Verhalten anderer sollen nur dann gegeben werden, wenn die Situation so beschaffen ist, dass ruhig zugehört und die Information verarbeitet werden kann.
> - Hinweise sollen beobachtbares Verhalten konkret beschreiben und nicht das Verhalten interpretieren.
> - Hinweise sollen möglichst unmittelbar gegeben werden.
> - Hinweise, die sich auf negativ Wirkendes beziehen, sollen auch die gewünschte Verhaltensänderung erklären.
> - Hinweise, die sich auf positiv Empfundenes beziehen, sind für den Feedback-Nehmer ebenso wichtig wie kritische Hinweise, da sie dieses Verhalten verstärken, d. h. weiterhin fördern.
>
> **2. Hinweise annehmen**
> - Hinweise nur dann entgegennehmen, wenn man dazu in der Lage ist.
> - Hinweise kommentarlos entgegennehmen, nur Unverstandenes hinterfragen.
> - Hinweise auf negativ Wirkendes sind gut gemeint. Man braucht sich deshalb nicht zu entschuldigen, zu rechtfertigen oder zu verteidigen.

Durch gegenseitige aufmerksame Verhaltensbeobachtung und eine konkrete, anschauliche sowie sachliche Rückmeldung lernen beide Parteien etwas über ihr Verhalten, ihre Wirkung und die Folgen bestimmter individueller Handlungsweisen kennen.
Die Coaching-Partner machen sich gegenseitig Verhaltensweisen bewusst. Kein Coaching-Partner kann sein Verhalten verändern, wenn ihm nicht vorher dessen Folgen aufgezeigt und damit bewusst werden. Feedback ist also eine Notwendigkeit, wenn bestimmte eigene Verhaltensweisen bewusst verändert werden sollen.
Da es für die meisten Menschen eher ungewohnt ist, durch eine andere Person auf Folgen des eigenen Handelns aufmerksam gemacht zu werden, besteht die Gefahr, in eine Verteidigungshaltung abzugleiten. Aber je abwehrender sich ein Coaching-Partner gegenüber Feedback verhält, desto weniger vermag er es aufzunehmen.

> Wichtig ist es, sich auf die **Ziele des Partners** einzulassen und sie positiv zu bekräftigen, dann können sich die Partner gegenseitig helfen, ihre Vorsätze erfolgreich zu verwirklichen.

Schritte der Coaching-Partnerschaft

Schritt 1: Vorbereitung
Suchen Sie sich einen Coaching-Partner aus dem Betrieb oder dem Kollegen-Kreis.
Suchen Sie sich zusammen einen ruhigen Ort zum ungestörten Nachdenken und Arbeiten.

Schritt 2: Sich entspannen und erinnern
Entspannen Sie sich und lassen Sie die Situation, für die Sie Ihr Verhalten ändern wollen, anschaulich vor Ihrem inneren Auge vorüberziehen.
Wie hat die Situation angefangen, was empfanden Sie und was mögen die anderen empfunden haben? Was geschah dann?

Schritt 3: Auswertung der Beobachtung des Coaching-Partners
Was ist Ihrem Partner an Ihrem Verhalten aufgefallen? Hat er möglicherweise kleine Marotten oder Eigenheiten entdeckt, die Sie selbst schon gar nicht mehr bemerken?

Schritt 4: Zielentwicklung
Stellen Sie sich bildhaft vor, was Sie in der bestimmten Situation erreichen wollten. Wie möchten Sie sich fühlen? Was sagen Sie? Welche dieser Marotten oder Eigenheiten möchten Sie ändern?
Setzen Sie sich **auf gar keinen Fall „Negativ-Ziele"**, wie z. B. „Folgendes Verhalten werde ich in Situation xy nicht mehr an den Tag legen."
Überlegen Sie sich ganz konkret, **was Sie stattdessen tun werden!**

Schritt 5: Erfolgserlebnis
Woran spüren oder merken Sie, dass Sie Erfolg gehabt haben? Stellen Sie sich konkret vor, was Sie bewirken wollen und können.

Schritt 6: Austausch mit dem Coaching-Partner
- Fragen Sie nach seinen Zielen: Was will er erreichen?
- Stellen Sie seine Stärken und Kompetenzen heraus!
- Fördern Sie sein Selbstbewusstsein!
- Sprechen Sie erfolgsorientiert: „Sie schaffen das!"
- Geben Sie Feedback anhand der folgenden Gestaltungs-Regeln

Gestaltungsregeln für ein Feedback

- Prüfen Sie Ihre **Motive** für das Feedback:
  Was soll mit dem Feedback erreicht werden? Missbrauchen Sie nicht die Regeln, anderen Feedback zu geben, um Richter oder „Besserwisser" über andere zu werden.
- Prüfen Sie die **Bereitschaft** des Empfängers:
  Kann der andere Ihre Offenheit annehmen? Überfordern Sie ihn? Lassen Sie Ihrem Gegenüber Zeit.
- Prüfen Sie die **Angemessenheit** des Feedbacks:
  Wollen Sie anderen „eins auswischen" oder ist die Information, die Sie dem anderen geben, wichtig für ihn?
- Seien Sie **konkret**!
  Sprechen Sie ganz bestimmte Situationen und Verhaltensweisen an, z. B. „Jetzt hast Du mich unterbrochen", anstatt sofort zu werten, wie z. B. mit der Äußerung: „Du bist so dominant und arrogant". Je genauer Ihre Aussage ist, umso hilfreicher ist sie für Ihren Partner.
- Seien Sie **beschreibend**!
  Beschreiben Sie das Verhalten Ihres Gegenübers anschaulich, ohne es zu interpretieren. Also nicht: „Du hast ja Komplexe", sondern: „Gerade, als Kollege Jan hereingekommen ist, bist du mehrmals auf dem Stuhl herumgerutscht und hast Deinen Blick nur noch auf Deine Fußspitzen gerichtet."
- Prüfen Sie, ob Ihr Feedback **richtig ankommt**:
  Achten Sie auf die Reaktionen des Empfängers: Wird er z. B. immer stiller und passiver, rutscht er in eine Abwehrhaltung oder ist er unkonzentriert? Lassen Sie gegebenenfalls wiederholen, welche der Rückmeldungen wie beim Gegenüber angekommen ist. So können beide feststellen, ob sie einander verstanden haben.

Weiter gilt:

- Die Kritik klar und genau formulieren.
- Die Rückmeldung muss so formuliert sein, dass sie auch von Ihnen selbst akzeptiert werden könnte.
- Nicht werten, sondern sachlich beschreiben.
- Die Kritik muss sich auf ein konkretes Verhalten beziehen, nicht auf die ganze Person.
- Klar trennen zwischen Wahrnehmung, Vermutung und Gefühl.
- Gefühle in direkter Form als Ich-Botschaft äußern.
- „Sandwich-Regel": Kritik mit positiven Aspekten beginnen und beenden.
- Eine Rückmeldung sollte möglichst sofort erfolgen.

Kritik im Berufsleben

- Überprüfen Sie zunächst, ob der Kritikpunkt durch Ihr Verhalten mitbedingt ist.
- Vermeiden Sie Pauschalierungen und Angriffe.
- Beziehen Sie die Kritik auf ein bestimmtes Verhalten oder eine bestimmte geforderte Leistung.
- Sagen Sie ganz konkret, von welchen Sollwerten und Standards Ihr Gegenüber abweicht.
- Vermischen Sie Feststellungen/Tatsachen nicht mit Mutmaßungen über deren Ursachen.
- Besprechen Sie die Auswirkungen und Konsequenzen des kritisierten Verhaltens.
- Erarbeiten Sie – wenn möglich – gemeinsame Lösungsmöglichkeiten.
- Finden Sie konstruktive Lösungsvorschläge, die dem Kritisierten helfen, sich an die Vereinbarung zu halten.
- Vereinbaren Sie, wenn erforderlich, wann Sie ein Nachgespräch führen wollen, um zu prüfen, ob die vereinbarten Schritte erfolgreich waren.
- Betonen Sie, dass Ihnen eine konstruktive Zusammenarbeit wichtig ist.

3.9 Macht

Grundlagen der Macht

Die Ausübung von Macht beruht auf verschiedenen **Machtbasen**, die im Folgenden beschrieben werden.

Legitimation: Recht auf Forderungen, Weisungen, Delegation.
Voraussetzung dafür ist, dass die Normen akzeptiert werden.

Sachverständigkeit: Expertenwissen oder -können.
Ein bekannter Grundsatz lautet „Wissen ist Macht".

Informationsmacht: Zugang zu Informationsquellen; gezielte Weitergabe von Informationen. Wer immer gut informiert ist, kann andere beeinflussen.

Sanktionsmacht. Mitarbeiter bestrafen oder belohnen, ermahnen oder abmahnen.
In der betrieblichen Praxis ist immer wieder zu beobachten, dass Mitarbeiter mit Ohnmacht reagieren, wenn Macht ausgeübt wird. Diese Erkenntnis ist sehr wichtig für den Führungsprozess.

Wer **Macht** ausübt, erzeugt auch **Angst**, weil er anderen Menschen seinen Willen aufzwingen kann. Angst kann sehr **destruktiv** sein.

Führungskräfte, die Macht ausüben, haben oft Angst, sie könnten die Situation nicht mehr beherrschen und reagieren dann sehr autoritär. Wenn Führungskräfte sich so verhalten, zeigen sie eine gewisse Hilflosigkeit und bedürfen dringender Unterstützung. Diese wird aber oft vom nächsthöheren Vorgesetzten verweigert, was ein großes Problem gerade im Krankenhausalltag ist.

Macht und Angst

3.10 Motivation

Wenn eine Führungskraft ihre Mitarbeiter motiviert, will sie beeinflussen. Dabei nimmt sie ihre Führungsaufgaben wahr, um die angestrebten Ziele zu erreichen.

> Unter **Motivation** versteht man in jeder Hinsicht den Führungsprozess des Motivierens (zu etwas hinführen, zu einem Tun oder Handeln anregen). Jedes menschliche Verhalten im privaten oder beruflichen Bereich wird durch Motive gesteuert. Die Befriedigung von Bedürfnissen führt zu konkreten Verhaltensweisen des Menschen.

Für die Personalführung ist von Interesse, welche Motive es für menschliches Verhalten gibt und welche für die konkrete Beeinflussung menschlichen Verhaltens wichtig sind (Motivation).
Die Motivationspsychologie spricht von einem Motiv, wenn man einen isolierten Beweggrund des Verhaltens herausgreift, wie z. B. Hunger oder Machtbedürfnis.

> Jeder Mensch wird durch zahlreiche Motive geprägt und verfügt über eine **eigene Motivationsstruktur**.

- Stress (Personalmangel, mehr Arbeit, Überlastung)
- Schlechte Organisation (schlechte Informationspolitik, fehlende Transparenz, Hierarchie, keine Verantwortung)
- Fehlendes Miteinander (mangelnde Offenheit, fehlende Anerkennung, kein Lob, ungerechte Kritik)
- Wenig oder keine Fort- und Weiterbildung (mangelnde Einarbeitung, fehlende Technik, Desinteresse, keine Aufstiegsmöglichkeiten).

Gründe für Demotivation

3.11 Gruppen

3.11.1 Allgemeines

> Eine soziale Gruppe zeichnet sich durch folgende Merkmale aus:
> - Die Gruppenmitglieder haben für eine bestimmte Zeitdauer ein gemeinsames Ziel.
> - Die Gruppenmitglieder sind voneinander abhängig, um dieses Ziel zu erreichen.

> - Die Gruppenmitglieder wissen um diese gegenseitige Beziehung.
>
> **Situative Gruppierung** bedeutet das räumliche und zeitliche Zusammentreffen von Menschen, die in gegenseitiger Anonymität bleiben, z. B. beim Fußballspiel oder in der U-Bahn.
>
> **Soziale Gruppierung** bedeutet, gedachte oder vorgestellte Zusammengehörigkeit von Menschen aufgrund bestimmter Merkmale. Zum Beispiel Krankenpfleger, Sportler oder Verheiratete und nicht Verheiratete.

Gruppenmerkmale

Eine Gruppe ist durch folgende Eigenschaften charakterisiert:

- Eine Gruppe hat etwa 2 bis 20 Mitglieder.
- Die Mitglieder stehen in sozialer Interaktion.
- Sie haben face-to-face-Kontakt.
- Sie haben eine einmütige Haltung und ein entsprechendes Wir-Gefühl nach außen.
- Die Gruppe basiert auf gruppenspezifischen, sozialen Normen.
- Die Mitglieder haben gemeinsame Ziele.
- Die Gruppe ist in sich strukturiert.
- Sie ruft Rollen- und Führungsverhalten hervor.

3.11.2 Phasen einer Gruppe

In Anlehnung an die vorhandene Fachliteratur unterteilen LANGMAACK/BRAUNE-KRICKAU[9] den Entwicklungsprozess einer Gruppe in die folgenden vier Phasen:

> Phase 1: Ankommen – Auftauen – Sich orientieren
> Phase 2: Gärung und Klärung
> Phase 3: Arbeitslust und Produktivität
> Phase 4: Ausstieg und Transfer

Phase 1

Phase 1 ist gekennzeichnet durch **Zwiespältigkeit** und **abwartendes Verhalten**. Die Teilnehmer schwanken zwischen verschiedenen Polen:

- Distanz bewahren und Nähe suchen
- anonym bleiben und sich zeigen
- Anleitung brauchen und gleichzeitig Abhängigkeit vermeiden
- Neues erproben und auf Bekanntes nicht verzichten
- einzigartig und doch nicht (zu sehr) andersartig sein

Um sicherer mit der Situation umgehen zu können und sich eine Übersicht zu verschaffen, werden im Hinblick auf die anderen Gruppenteilnehmer häufig zunächst Vorurteile bemüht. So gibt es Nette, Unheimli-

---

[9] LANGMAACK/BRAUNE-KRICKAU, Wie die Gruppe laufen lernt, Beltz Verlag, 4. Auflage 1993

che, Intellektuelle usw. Dies schafft Distanz, die wichtig ist, damit sich jeder über wichtige Fragen klar werden kann:

- Wer sind die anderen, was wollen sie?
- Was gilt hier? Wer darf hier was und was darf ich?
- Was wird hier möglich sein, welche Ziele gelten?
- Werde ich auf meine Kosten kommen?

Solange diese Fragen nicht beantwortet sind, ist kein ungezwungenes Verhalten möglich. Jeder sucht noch seinen Platz in der Gruppe. Auch das Verhältnis zum Leiter ist noch ungeklärt.

Phase 2 zeichnet sich dadurch aus, dass die Teilnehmer bereits **Vertrauen gefasst** haben und sich mehr zeigen. Die Situation ist „normaler" geworden und das vorsichtige Abtasten hört auf. In dieser Phase werden die unterschiedlichen Interessen und Erwartungen deutlich. Dies verunsichert einerseits, fördert aber auch den **Drang zur Selbstbehauptung.** Das Klima in der Gruppe wird beeinflusst durch Rivalitäten und Durchsetzungswillen, sowie durch die Rollen- und Statusverteilung. Diese Auseinandersetzungen werden oft an den Seminarinhalten, also auf der Sachebene ausgetragen. So geht es bei vermeintlich sachlichen Auseinandersetzungen in Wirklichkeit meist um Durchsetzung, Abwehr, Status und Rivalität. **Phase 2**

Die Teilnehmenden sind gezwungen, sich mit den anderen auseinander zu setzen. Aggressionen werden zugelassen und richten sich auch gegen den Leiter. Er sollte sich dadurch jedoch nicht provozieren lassen, sondern die Selbststeuerung der Gruppe fördern und auch die Übernahme von Führungsaufgaben durch Gruppenmitglieder unterstützen, jedoch einer Verfestigung von Führungsstrukturen entgegenwirken. Für die Gruppe ist es wichtig zu erkennen, dass Führung notwendig ist, um die Arbeit voranzubringen und dass Führung innerhalb der Gruppe wechseln kann. Auseinandersetzung

Die zeitweiligen Konfusionen und Blockaden führen in dieser Phase der Gruppenentwicklung zu Krisen, aber auch zur Bereitschaft, Entscheidungsregeln und Normen für das Gruppenleben zu finden. Es folgen Klärungen, die eine erfolgreiche Arbeit während des weiteren Seminarablaufs gewährleisten.

Die Erkenntnis am Ende der zweiten Phase, dass man voneinander lernen und gemeinsam besser und leichter Ziele erreichen kann, kommt in Phase 3 voll zum Tragen. Unterschiedlichkeit wird als Vielfalt akzeptiert, die für die Bewältigung der Aufgaben notwendig ist. Aufgabenteilung und unterschiedliche Rollen gefährden die Zugehörigkeit zur Gruppe nicht mehr. Die Teilnehmenden haben ihren **Platz gefunden**, es gibt eine gut entwickelte Gruppenstruktur, die Kommunikation klappt und das Gruppenklima ist von gegenseitigem Geben und Nehmen gekennzeichnet. Die Gruppe kann sich **konstruktiv** und **produktiv** mit den Seminarinhalten beschäftigen. **Phase 3**

Meist ist das Ende der Gruppe durch Zeitbegrenzung vorgegeben und zwar unabhängig davon, ob das Ziel erreicht wird oder nicht. Das Problem dabei ist, dass die Teilnehmenden in der produktiven dritten Phase innerlich von einer fast unbegrenzten Dauer ausgehen und das Grup- **Phase 4** penleben als sehr angenehm empfinden. Dieses positive Gefühl wird in der vierten Phase getrübt durch die mit der **Auflösung** und dem Abschied verbundenen unangenehmen und **schmerzlichen Gefühle**. Hinzu kommt die Erkenntnis, dass vieles von dem, was in der Gruppe möglich war, im Alltag nicht ohne weiteres zu verwirklichen ist. Deshalb möchten die Teilnehmenden sich möglichst spät mit der bevorstehenden Trennung auseinandersetzen.

Abschied

Abschluss, Transfer und **Abschied** sind also die beherrschenden Themen dieser vierten Phase. **Abschluss** meint, dass die Themen zu Ende gebracht werden müssen, sowohl auf Sach- als auch auf Beziehungsebene. **Transfer** wirft die Frage auf, wie das Gelernte und Erlebte umgesetzt, also in den Alltag transferiert werden kann. Dies bedeutet auch, sich mit den Hindernissen auseinander zu setzen, die dieser Umsetzung entgegenstehen. Illusionen müssen in realistischere Einschätzungen gewandelt werden.
Je länger die Gruppe zusammen war und je persönlicher Themen und Beziehungen waren, desto mehr Energie erfordert der **Abschied**. Emotionale Bande müssen zu einem (vorläufigen) Abschluss gebracht werden.
In der vierten Phase kann es zu unterschiedlichen **Störungen** kommen, weil sie, wie die Anfangsphase, durch relativ große Ungleichheit bei den Teilnehmern gekennzeichnet ist. Es kann sein, dass schon jemand gegangen ist, andere stürzen sich zur Ablenkung in die Arbeit, einige wollen das Seminar noch einmal in Ruhe passieren lassen. Jeder hat einen eigenen Weg des Abschiednehmens.

Die **Entwicklung einer Gruppe** wird häufig auch durch ein Modell beschrieben, das die Phasen „**Forming**", „**Storming**", „**Norming**" und „**Performing**" unterscheidet. Die Charakteristika dieser vier Phasen sind in der folgenden Tabelle dargestellt.

Übersicht 16:
Phasen des Gruppenprozesses
(LANGMAACK UND BRAUNE-KRICKAU, 1993)

	Forming	Storming	Norming	Performing
Gruppenstruktur	- konventionelle Umgangsformen - Vorstellungen der Gruppe - Formulierung des offiziellen Themas - Aufkommen inoffizieller Themen	- individuelle Bedürfnisse nach Abgrenzung, Kritik, Konkurrenz, Hierarchie, etc.	- Klärung des Umgangs miteinander - Klärung des Vorgehens bei der Arbeit - Vereinbarungen sorgen für Klarheit und Identifizierung	- Kooperation - gemeinsame Gruppengeschichte - Identifikation - Fortschritt: Sinn und Erfolg der Gruppe wird deutlich
Teilnehmer	- unsicher - tasten sich gegenseitig ab - suchen ihren Platz und ihre Rolle - suchen Kontakt - sind abhängig von der Leitung	- wagen mehr und zeigen mehr von sich - äußern ihre individuellen Bedürfnisse - zeigen deutlicher Antipathie und Sympathie	- wissen, woran sie sind in Bezug auf Ziele, Vorgehen, Beziehungen - übernehmen Verantwortung - unterstützen sich gegenseitig - „Wir-Gefühl" und Gruppennormen entwickeln sich	- setzen ihre individuellen Fähigkeiten ein - können sich profilieren - erleben ihre und die Nützlichkeit der Gruppe - können Synergien nutzen

3.11 Gruppen

	Forming	Storming	Norming	Performing
Klima	- Übertragung früherer Erfahrungen - Vorsicht - Freundlichkeit - Zurückhaltung - Ausprobieren von akzeptablem Verhalten	- Störungen und Konflikte - Ärger - Enttäuschung - Polarisierung von Meinungen - Machtkämpfe	- Verbindlichkeit - Offenheit (auch im Widerspruch) - Gemeinschaftlichkeit von Individuen	- konzentriertes Arbeiten - Verantwortlichkeit - Solidarität
Gefahren Die Phase kommt zu kurz: Weiterentwicklung zur nächsten Phase fehlt:	- Angst und Widerstand - es bleibt bei „Fried-Höflichkeit"	- keine Gruppenidentifikation, Langeweile - Chaos und Destruktivität	- Schein-Klarheit - Langeweile, Verlust von Spontanität	- Sinnverlust der Gruppe - Auflösung - Aktionismus - veraltete Struktur bleibt
Was kann der Leiter tun?	„Wir haben wenig Zeit, drum lasst uns langsam anfangen" - Kontakt vor Kooperation - Kontakt erleichtern, Selbstkundgabe, Austausch erleichtern - es ermöglichen, „innere Mitbringsel" auszupacken - Situationsklärung vor Sachklärung: dafür Rahmen und Informationen bieten	- gibt Raum und Rahmen - selbst konfliktbereit sein - Kontroversen zulassen - Kommunikation auf der Beziehungsebene fördern	- Normen, Umgang miteinander, Arbeitsweise und Atmosphäre bestimmen, durch Ermutigung, Vorschläge, Vorbild sein - Verabredungen vorschlagen, abstimmen - auf realistische Ziele achten - den Balanceakt zw. Einhaltung von Spielregeln/ Infragestellen von Normen vollbringen, ohne in die extreme Haltung „starre Normierung/Über-Anpassung" einerseits oder „normative Orientierungslosigkeit" andererseits, abzugleiten	- Hilfe bei Nachfrage - Impulse zum Thema - Prozess moderieren - Feedback zur Arbeitsweise der Gruppe geben - Re-Forming (z. B. Standortbestimmung am Anfang einer Sitzung) ermöglichen - der Gruppe vertrauen - Überblick geben
Ergebnis der Phase	Finden des gemeinsamen Themas	Eine Blockade der Arbeit (performing) wird verhindert.	Arbeitsfähigkeit der Gruppe	Das gemeinsame Ziel wird erreicht.

Abb. 18: Phasen der Gruppenentwicklung

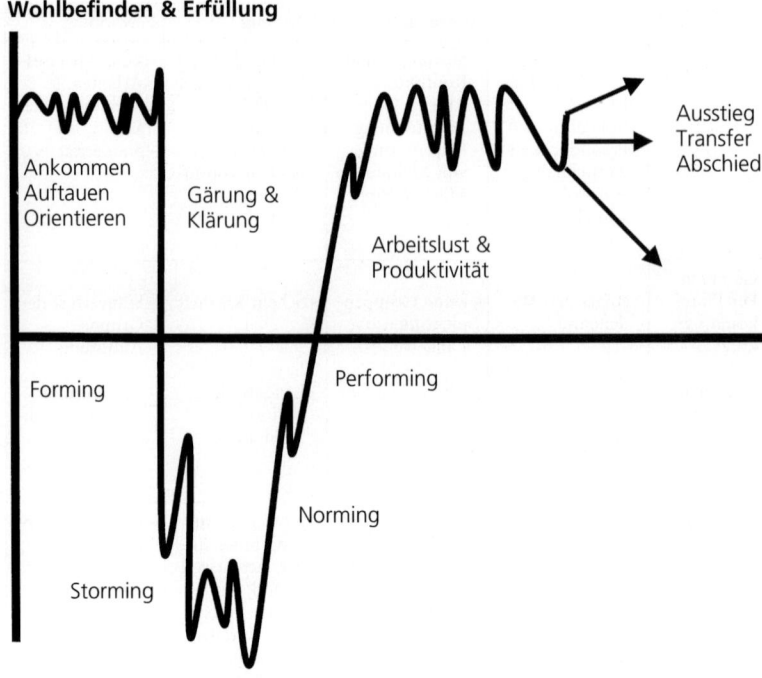

3.11.3 Teams

Bei einem **Team** handelt es sich um:
- eine (nach den Regeln der Kunst geleitete) aktive Gruppe von Menschen,
- die sich einer gemeinsamen Zielsetzung verpflichtet sehen und zur Erfüllung einer gemeinsamen Aufgabe zusammenarbeiten,
- wobei die Gemeinschaftsleistung von höherer Qualität ist als dies durch bloße Addition der Einzelbeiträge möglich wäre,
- bei der die Mitglieder infolge eines nach und nach entwickelten Zusammengehörigkeitsgefühls das Gesamtinteresse höher gewichten als ihre jeweiligen Einzelinteressen (Teamgeist).

Eine Definition von FRANCIS YOUNG (Mehr Erfolg im Team, 1996) lautet:

„Ein Team ist eine aktive Gruppe von Menschen, die ...
- sich auf gemeinsame Ziele verpflichtet haben,
- harmonisch zusammenarbeiten,
- Freude an der Arbeit haben und
- hervorragende Leistungen bringen."

In der betrieblichen Praxis werden die Begriffe „**Gruppe**" und „**Team**" meist synonym benutzt. An ein Team werden aber andere Anforderungen gestellt als an eine Arbeitsgruppe.

Von einem Team werden insbesondere **soziale Kompetenzen** erwartet, es gibt eine klare Verteilung der Arbeitsaufgaben. Diese Arbeitsaufgabe wird als Ziel verstanden und mit allen Teammitgliedern erreicht. Dabei werden Stärken und Schwächen der einzelnen Mitglieder berücksichtigt. Deshalb wird von der Zusammenarbeit im Team gesprochen. Die Leistung eines Teams ist Maßstab bei dessen Beurteilung, nicht nur die harmonische Zusammenarbeit.

Anforderung an ein Team

Teamgröße	Pro	Kontra
2 Personen	Intensive Partnerarbeit/ Gedankenaustausch	Gefahr der Rivalität
3 bis 4 Personen	Flexible Arbeitsgruppe Leichter Überblick Gute Steuerung Überschaubares Detailwissen	Festgefahrene Meinungen Bewegungsunfähigkeit der Gruppe
5 bis 6 Personen	Ideale Arbeits- und Entscheidungsgruppe Hoher Anteil an Kreativitätspotenzial Schnelle Einigung	Erhöhter Verwaltungsaufwand Erhöhte Kommunikation Unüberschaubareres Detailwissen
7 Personen	Problemorientierung und Problemlösung Kreativlösung	Erschwerte Kommunikation Aufwendiger Informationsaustausch
über 7 Personen	Teilprojektbildung wird empfohlen	

Abb. 19:
Pro und Contra verschiedener Teamgrößen

3.11.4 Die soziale Rolle

Die **soziale Rolle** oder kurz „Rolle" ist ein soziologischer Schlüsselbegriff. Er beschreibt die **Erwartungen und Ansprüche einer Gruppe** oder der gesamten Gesellschaft an das Verhalten und das äußere Erscheinungsbild eines Inhabers einer sozialen Position. Aufgrund dieser Ansprüche bildet sich ein Gefüge von **Verhaltensnormen** heraus, die die Rechte und Pflichten des Inhabers der Rolle bestimmen. Die sozialen Verhaltensweisen des Rolleninhabers werden durch ihre Gleichförmigkeit und Regelmäßigkeit in den Abläufen voraussehbar. Es bleibt aber immer noch genügend Raum für individuelle Verhaltensweisen, da nicht jede mögliche Situation durch Normen geregelt ist (vgl. Wörterbuch der Soziologie, KRÖNER, Stuttgart 1976).

Die Inhaber der Rolle sind jederzeit austauschbar, die Rolle aber bleibt bestehen. Eine **Stationsleitung** kann jederzeit ausgewechselt werden, die Aufgaben der Stationsleitung fallen dadurch aber nicht weg. Die Erwar-

Stationsleitung

tungen an diese Rolle können von einzelnen Teammitgliedern sehr unterschiedlich sein. Wichtig in der Praxis ist, dass sich die Inhaber der **Leitungsrolle** bewusst sind, dass sie die Führungsrolle besetzen. Die Rolle der Stationsleitung ist eindeutig, wenn eine Stellenbeschreibung sie klar definiert. Wird diese Führungsrolle nicht besetzt, kann es auf Dauer Probleme geben. Diese äußern sich in Konflikten und Spannungen innerhalb der Gruppe oder des Teams.

Die Erwartungen an die Stationsleitung sind je nach Hierarchieebene und Position unterschiedlich. Die Pflegedirektion erwartet, dass die Leitungsaufgaben erfüllt werden, die Mitarbeiter erwarten, dass ihre Wünsche und Interessen berücksichtigt werden. Die Patienten wiederum erwarten eine sinnvolle Ablauforganisation sowie eine optimale pflegerische Versorgung.

Stellvertretende Stationsleitung	Die Rolle der **stellvertretenden Stationsleitung** ist in der Regel sehr problematisch. Hier fällt in der Praxis auf, dass viele Kolleginnen und Kollegen immer noch das Gefühl haben, sie seien ein Teil des Teams und deshalb versuchen, als Vermittler zwischen Team und Stationsleitung aufzutreten. Dies ist jedoch nicht die Aufgabe der stellvertretenden Stationsleitung. Die Mitarbeiter müssen ihre Interessen gegenüber der Stationsleitung selbstständig vertreten und auch Konflikte eigenständig zu lösen versuchen. Die soziale Rolle der stellvertretenden Stationsleitung ist zwischen den Interessen der Stationsleitung und den Interessen der Mitarbeiter platziert. Die Stationsleitung hat die betrieblichen Interessen zu vertreten und dabei die Wünsche der Patienten und Mitarbeiter zu berücksichtigen. Dies erfordert eine dynamische Balance im Führungsverhalten; in der Praxis ist dieser Interessenkonflikt häufig durch Spannungen gekennzeichnet.
Führungsverhalten	Hinsichtlich der Führungsrolle ist es wichtig, eine ausgewogene Distanz zum Team zu halten und deutlich zu machen, aus welchem Rollenverständnis die Führungskraft agiert. Dies ist bei der stellvertretenden Stationsleitung allerdings problematisch, da sie häufig die Rolle wechselt. Entscheidungen müssen immer von der gesamten Leitung getragen werden und dem Team gegenüber transparent gemacht werden.
Rollenkonflikt	Ein in der Praxis häufig zu beobachtender Rollenkonflikt entsteht aus den Zielvorgaben der Pflegedirektion. Soll z. B. eine Stelle im Rahmen der vorgegebenen Sparmaßnahmen abgebaut werden, muss die Stationsleitung diese Entscheidung vertreten, auch wenn sie persönlich nicht davon überzeugt ist. Dadurch kann ein Rollenkonflikt entstehen. In dieser Situation ist es wichtig, eindeutig **eine** Rolle einzunehmen und den Mitarbeitern deutlich zu machen, dass es zu den originären Führungsaufgaben einer Stationsleitung gehört, die Entscheidungen der Pflegedirektion zu vertreten.

3.12 Konflikte

3.12.1 Theorie der Konflikte

> Ein **Konflikt** ist die **Unvereinbarkeit** von Meinungen bzw. Einstellungen zwischen zwei oder mehreren Personen.
>
> Ein sozialer Konflikt wird hier definiert als
> - Spannungssituation,
> - in der zwei oder mehr Parteien,
> - die voneinander abhängig sind,
> - mit Nachdruck versuchen,
> - scheinbar oder tatsächlich unvereinbare Handlungspläne zu verwirklichen
> - und sich dabei ihrer Gegnerschaft bewusst sind.

Unter einem Konflikt versteht man in der Psychologie den Widerstreit mehrerer **Motive**. In der Management-Theorie hat man diese Definition erweitert und bezeichnet jede **Spannung**, die sich durch verborgene oder offene **Gegensätzlichkeit** kennzeichnen lässt, als Konflikt.

Eine Organisation stellt grundsätzlich ein dynamisches Spannungssystem dar, d. h., irgendwo in der Organisation entstehen immer Spannungen, woanders werden sie abgebaut. Hinter jeder Spannung steckt Energie.

Es können verschiedene Konfliktarten unterschieden werden: Konfliktarten

- **Individualkonflikt**: Hier liegt die Ursache für den Konflikt innerhalb der Persönlichkeit der Beteiligten.
- **Intra-Gruppenkonflikt**: Hier liegt die Ursache für den Konflikt innerhalb der Gruppe, weil sich die Mitglieder – aus welchen Gründen auch immer – nicht vertragen.
- **Inter-Gruppenkonflikt**: Hier liegt die Ursache für den Konflikt in den Spannungen zwischen zwei oder mehreren Gruppen, die auf Zusammenarbeit angewiesen sind.
- **Außenkonflikt**: Konflikt außerhalb des Unternehmens, z. B. bei der Konkurrenz (diese Konfliktart wird hier nicht besprochen).

Weiter lassen sich folgende Grundarten von Konflikten unterscheiden:

- Beziehungskonflikt
- Rollenkonflikt
- Verteilungskonflikt
- Zielkonflikt
- Beurteilungs- und Wahrnehmungskonflikt
- Bewertungskonflikt

Beim Beziehungskonflikt besteht ein Gefühl der **Antipathie zwischen**   Beziehungskonflikt
Personen. Menschen haben unterschiedliche Erfahrungshintergründe und daraus hervorgehend unterschiedliche Persönlichkeitsstrukturen, die sich darin äußern, was ihnen wichtig und selbstverständlich ist.

Rollenkonflikt	Wenn nicht klar ist, wie eine bestimmte Rolle auszufüllen ist (**Rollenunsicherheit**), oder wenn eine Person **unterschiedliche Rollen** innehat, entstehen Rollenkonflikte. Die Beteiligten erleben Schwierigkeiten, sich auf veränderte Rollenkonstellationen einzustellen. So bestehen in den meisten Kliniken Unsicherheiten in Bezug auf die Führungsrolle. Dieses Problem ist eine der häufigsten Ursachen von Konflikten.
Verteilungskonflikt	Eine zentrale Frage bei Verteilungskonflikten ist: Wer tut was, für welches Geld, mit wie viel Anerkennung und Wertschätzung? Auch die Verteilung von **Kompetenzen und Macht** ist sehr konflikthaltig.
Zielkonflikt	Unterschiedliche **Zielvorstellungen** zwischen Einzelnen oder auch zwischen Gruppen führen zu Ziel-Konflikten, wenn keine gemeinsamen Prioritäten/Kriterien erarbeitet wurden.
Beurteilungs- und Wahrnehmungskonflikt	Beurteilungs- und Wahrnehmungskonflikte entstehen durch **mangelnde Information** oder **unterschiedlichen Kenntnisstand**, unterschiedliche Einstellungen sowie die unzureichende Fähigkeit, mit anderen Positionen tolerant umgehen.
Bewertungskonflikt	Beim Bewertungskonflikt werden die gleichen Sachverhalte von den Konfliktparteien in ihrer Bedeutung **unterschiedlich bewertet**, sodass unterschiedliche Konsequenzen gezogen werden.
Intraindividueller Konflikt	Liegen bei einer Person verschiedene **unvereinbare Handlungstendenzen** vor, besteht häufig ein intraindividueller Konflikt. Typische Fragen, die sich solche Personen stellen, sind: „Soll ich, oder soll ich nicht...?", „Soll ich x, oder soll ich y?", „Ich möchte x, aber y...".
Interindividueller Konflikt	Ein Interindividueller Konflikt liegt vor, wenn eine Person oder Organisation einer anderen gegenüber einen Anspruch oder eine **Forderung** erhebt, die von der **anderen Seite zurückgewiesen** wird. Der Konflikt wird manifest, wenn zwei oder mehr Parteien, die voneinander abhängig sind, mit Nachdruck versuchen, unvereinbare Handlungspläne zu verwirklichen und sich ihrer Gegnerschaft bewusst sind. Dieser Konflikt erfordert mindestens zwei Parteien. Er entsteht aus Mangel an Positionen oder dem Mangel an Ressourcen. Er zielt darauf ab, die andere Partei zu etwas zu bewegen, zu zwingen, zu schädigen oder im Extremfall zu zerstören. Er erfordert eine Interaktion zwischen den Parteien und schließt den Versuch ein, Kontrolle über knappe Ressourcen und Positionen zu gewinnen. Typische Aussagen in diesem Konfliktfall können sein: „A will x, B will nicht x." „A will x, ist dabei aber von B abhängig; B will y und ist dabei auf A angewiesen."
Konfliktwahrnehmung	Bis zur Bewältigung durchläuft ein Konflikt **vier Stufen**. Wesentliche Bedeutung kommt dabei der **Konfliktwahrnehmung** zu: Ob nämlich ein Konflikt bagatellisiert wird, ob er realistisch gesehen wird, oder ob er aufbauscht wird. Die Ursache für eine verzerrte Konfliktwahrnehmung liegt stets in der Persönlichkeitsstruktur der vom Konflikt Betroffenen.

3.12.2 Möglichkeiten der Konfliktbewältigung

In der Management-Theorie sind vier **Muster der Konfliktbewältigung** bekannt:
- Ausschluss
- Unterwerfung
- Kompromiss
- Integration

Der „Ausschluss" ist meist das Ergebnis eines **Kampfes** „auf Leben und Tod". Die Standpunkte der Parteien haben sich derart polarisiert und verhärtet, dass jede Partei versucht, die Gegenpartei von einer weiteren Zusammenarbeit auszuschließen („Mit dem Kerl rede ich überhaupt nicht mehr!"). Der Ausschluss kann bis zur Kündigung gehen. In den meisten Fällen wird jedoch ein **teilweiser** Ausschluss vorgezogen: Verlagerung von Befugnissen, Vermeidung persönlicher Kontakte.

Ausschluss

Häufig ist der sog. passive Ausschluss die Konsequenz einer **unbefriedigenden Konfliktlösung**: der Mitarbeiter kündigt, weil er glaubt, seine Ziele an seinem Arbeitsplatz nicht mehr verwirklichen zu können.
Das Verhaltensmuster „Ausschluss" ist zur Konfliktbewältigung nur sinnvoll, wenn die Konflikte wirklich nur in der Person des Auszuschließenden begründet sind. Liegen die Konfliktursachen aber in der Struktur der Organisation, so ist der Ausschluss eine selbstmörderische Methode! Man verschleißt einen guten Mitarbeiter nach dem anderen, bis man endlich darauf gestoßen wird, dass die Wurzel des Übels im Organisationsplan liegt!

Passiver Ausschluss

Die „Unterwerfung" ist die am häufigsten angewendete oder zumindest versuchte Methode einer Konfliktbewältigung. Hier macht man den **Gegner möglichst klein**, wenn nicht „fix und fertig", bis er es nicht mehr wagt, zu widersprechen.
Genau gesehen aber handelt es sich bei der Unterwerfung nicht um eine Konfliktbewältigung. Die widerstreitenden Interessen werden **nicht zum Ausgleich gebracht**, sondern einige Mitarbeiter müssen auf ihre Ansprüche verzichten, die bei nächster Gelegenheit wieder geltend gemacht werden. Weil die Unterwerfung häufig berechtigte Wünsche nicht berücksichtigt, legt sie damit den Grundstein für neue, schärfere Konflikte.
Sofern die Macht einer Partei allein nicht ausreicht, wird häufig versucht, die Gegenpartei durch Zusammenschlüsse zum Nachgeben zu zwingen. Das heißt, man sucht Parteigegner und weitet dadurch meistens den Konfliktbereich aus! Die Folge ist oft eine Eskalation des Konfliktes, also eine Verschärfung der Auseinandersetzungen, in die immer mehr Leute hineingezogen werden.
Dabei können die für den Zusammenschluss erforderlichen Zugeständnisse leicht innerhalb kurzer Zeit die Vorteile aus dem Sieg über die Gegenpartei zunichte machen. So kann ein **Pyrrhussieg** entstehen.

Unterwerfung

Wer sich in einem Konflikt Parteigänger sucht, um einen starken Gegner auszuschalten, überlege sich die Folgen vorher gut. Möglicherweise muss er Zugeständnisse an die „neuen Freunde" machen oder begibt sich für die Zukunft in Abhängigkeiten, die ihn seines Sieges nicht mehr froh werden lassen!

Kompromiss — Sind Gruppen gleich stark, wird die Konfliktbewältigung häufig über einen **Kompromiss** gesucht. Da jede Partei auf einen Teil ihrer Vorstellungen verzichten muss, ist im Kompromiss oft schon der Keim für spätere Konflikte gelegt. Dies gilt v. a. dann, wenn eine Partei von der Richtigkeit ihrer Vorstellungen überzeugt ist und im Augenblick nur nachgibt, um die Aktionsfähigkeit der Organisation zu erhalten.

Schiedsrichter — Im Konflikt können sich die Parteien bei stark gegensätzlichen Standpunkten in vielen Fällen nicht einigen. Hier hilft dann nur ein Schiedsrichter weiter, der entweder einen für beide Seiten **akzeptablen Kompromiss** erarbeitet oder einer Partei den Zuspruch erteilt.
Das Anrufen des Schiedsrichters bedeutet das Eingeständnis der Unfähigkeit der Parteien, den Konflikt aus eigener Kraft zu bewältigen. Oft bewirkt der Schiedsspruch auch nur einen Waffenstillstand bis zum Ausbrechen des nächsten Konfliktes. Auf die Rolle des Schiedsrichters wird später nochmals eingegangen.

Integration — Die „**Integration**" ist die höchste Form der Konfliktbewältigung. Die Parteien vereinigen ihre Vorstellungen und finden einen Weg, der jede Partei zufrieden stellt. Die **gemeinsame Problemlösung** übertrifft die Güte der einzelnen Vorschläge und schafft auch keine neuen Anlässe für künftige Auseinandersetzungen. Das „Erfolgserlebnis" der Parteien bei der Integration schafft zudem günstige Voraussetzungen dafür, auch bei künftigen Konflikten eine gereifte Form der Konfliktbewältigung zu suchen.
Die Praxis hat gezeigt, dass die Integration umso seltener erreicht wird, je weniger die Parteien direkten Kontakt haben. Deshalb besteht eine Hauptfunktion der Konfliktbewältigung darin, die ständige Kommunikation zwischen den Partnern zu fördern. Mit anderen Worten:

> Je besser die **zwischenmenschlichen Beziehungen** in einer Organisation sind, desto leichter lassen sich auftretende **Konflikte bewältigen**.

3.12.3 Phasen der Konfliktbearbeitung

Vor der Bearbeitung eines Konfliktes steht die **Konflikterkennung**. Hierbei ist folgendes zu beachten:

- Vorgeschichte und Konfliktsignale müssen beachtet werden (z. B. kleine Spitzen, Nebenbemerkungen, Rückgang der Kontakte, mimische Reaktionen).
- Konflikte schwelen oft lange unter der Oberfläche.
- Je früher auf Konfliktsignale reagiert wird, umso größer ist die Chance der Regelung, weil die Konfliktdynamik noch nicht weit fortgeschritten ist.
- In der ersten Phase sollte geklärt werden, ob es sich um einen durch Missverständnisse verursachten Scheinkonflikt handelt.

- Die zweite Phase der Konfliktlösung kann beginnen, wenn alle Beteiligten die Existenz eines Konfliktes akzeptiert haben und bereit sind, sich ihm zu stellen.

Nach der modernen Management-Theorie gelten für die Reaktion auf einen Konflikt drei Grundregeln:

Modernes Konfliktmanagement

- Man nehme einen Konflikt niemals persönlich! Angriffe, die der Sache gelten, beziehe man nicht auf die eigene Person!
- Man versuche ehrlich, sich auch in die Situation des anderen zu versetzen!
- Man reagiere niemals übereilt, sondern nehme sich grundsätzlich Zeit, die Lage zu überdenken! Schließlich entsteht ein Konflikt nicht „aus heiterem Himmel" – da kommt es bei seiner Bewältigung auf ein paar Tage mehr oder weniger nicht an!

> Konflikte bilden eine „**soziale Konstante**", die nicht im Sinne einer „Auflösung" aus der Welt geschafft werden kann. Konflikte sind andererseits ein **notwendiger Bestandteil** unserer Organisationsformen und zudem die einzige Gewähr dafür, dass sich eine Organisation weiterentwickelt: Alle neuen Ideen werden nur auf dem Wege des Konfliktes, d. h. der Auseinandersetzung, durchgesetzt

Dieser grundsätzliche Tatbestand hat zur Folge, dass jeder Vorgesetzte ständig mit Konflikten konfrontiert bzw. in sie verwickelt wird. Daraus ergeben sich zwei Fragen:

1. Welchen Führungsstil sollte ein Chef anwenden, um einen Konflikt optimal bewältigen zu können?
2. Welche speziellen Konflikttechniken sollte er einsetzen, um möglichst wenig Fehler zu machen?

Der Führungsstil sollte (nach KRÜGER) dreidimensional angelegt sein, drei Gesichtspunkte sollten gemeinschaftlich zur Geltung kommen:

Dreidimensionaler Führungsstil

1. Es muss „Einigkeit im Konflikt" angestrebt werden durch Hinweis auf die gemeinsame Wertbasis; solch eine gemeinsame Wertbasis kann beispielsweise in der „**Firmenphilosophie**" liegen („Wir sitzen alle in einem Boot und waren doch immer stolz darauf!").
2. Das Vertrauen in und die **Achtung** vor dem Verhandlungspartner sollte als selbstverständlich vorausgesetzt und klar ausgesprochen werden („Diese sachliche Differenz beeinträchtigt weder mein Vertrauen in Ihre Integrität noch meine Achtung vor Ihrer fachlichen Kompetenz!").
3. Der feste Vorsatz zu einer **konstruktiven Auseinandersetzung** „um der Sache willen" sollte immer wieder betont werden („Jetzt wollen wir einmal alle persönlichen Empfindlichkeiten beiseite lassen und nur die Fakten abwägen! Schließlich muss sich doch eine Lösung finden lassen!").

Zur Umsetzung dieses Führungsstils in der Praxis sollten im Gespräch immer wieder Wendungen einfließen, die dem Geltungsbedürfnis des Gesprächspartners gerecht werden:

- „Du weißt, dass ich persönlich nicht das Geringste gegen dich habe..." (Unaufrichtige Kompliment schaden allerdings)
- „Ich nehme nicht an, dass du mich mit dieser Bemerkung verletzen willst ..."
- „Gerade weil wir beide – jeder auf seinem Sektor – anerkannte Spezialisten sind, erwartet die Geschäftsleitung von uns, dass wir einen vernünftigen Kompromiss zuwege bringen!"
- „Ich finde Teil A deines Vorschlags ausgezeichnet! Wenn du Teil B meines Vorschlags ebenfalls akzeptieren könntest, müsste sich doch aus A und B eine vernünftige Synthese ergeben!"

3.12.4 Konflikttechniken als Werkzeug der Konfliktbewältigung

Wer in einen Konflikt verwickelt wird, kann – je nach Ausgangssituation – von drei möglichen Positionen aus operieren:

Der Angriff

1. Als Angreifer
Es wurde erkannt, dass mit dem Kontrahenten keine gütliche Einigung möglich ist. Was muss berücksichtigt werden, um diesen Angriff – wenigstens von seiner taktischen Planung her – zu einem Erfolg werden zu lassen?

- Das Terrain muss sorgfältig sondiert werden. Welche „Hilfstruppen" hat der Gegner mobilisiert? Hat er überhaupt welche – oder blufft er nur? Sind seine Parteigänger zuverlässig oder fallen sie im entscheidenden Moment um?
- Man lässt den Angriff langsam anlaufen und fährt nicht gleich die schwersten Geschütze auf! Die letzten Argumente stechen immer am besten; deshalb fängt man mit den schwächeren Argumenten an.
- Man richtet den Angriff auf einen begrenzten Punkt – und versucht nicht, die gesamte Front des Gegners aufzurollen.
- Man sei stets auf eine Eskalation vorbereitet und halte sich für diesen Fall Reserven bereit! Mit anderen Worten: Nicht zu Kampfbeginn alle Parteigänger aufmarschieren lassen!
- Es ist zu vermeiden, den Gegner so in die Enge zu treiben, dass er sich nicht mehr rühren kann! Welcher geschickte Schachspieler erstrebt schon eine Patt-Situation?
- Der Sieg darf niemals so vollständig sein, dass der Gegner „sein Gesicht verliert". Er wird das nie verzeihen – und bei jeder Gelegenheit erneut agieren!

Die Verteidigung

2. Als Verteidiger
Ein Beispiel für die Verteidigungshaltung könnte sein: Ein Mitarbeiter wird wegen einer Neuerung, die er durchsetzen möchte, massiv angegriffen. Einige „konservative Mitarbeiter", die den Status quo

um jeden Preis aufrechterhalten wollen, haben sich gegen ihn verbündet. Welche taktischen Regeln sollte er in diesem Fall berücksichtigen?
- Man sollte den Angreifer das Problem ruhig vortragen lassen. Am besten hört man schweigend zu, bis dem anderen endgültig „die Luft ausgegangen" ist, weil er sich schon dreimal wiederholt hat.
  Man sollte auf einen Angriff niemals überempfindlich reagieren. Diese Haltung kann man durch gezielte Bemerkungen unterstreichen, wie etwa: „Mir geht es ausschließlich um die Sache! Persönlich bin ich nicht engagiert und kann mich auch nicht betroffen fühlen!"
- „Killerphrasen" sollten auf beiden Seiten vermieden werden. Bemerkungen wie: „Das haben wir doch immer schon so gemacht!", „Daran ist doch schon Herr Richartz gescheitert!" oder „Eine derartige Lösung lässt doch die Geschäftsleitung niemals zu!" müssen in eine Sackgasse führen, weil sie den Gegner als einfallslos oder schlecht informiert abqualifizieren.
- Man sollte versuchen, den wahren Charakter des Gesprächs in Erfahrung zu bringen. Kampferprobte Gegner verlegen die Auseinandersetzung oft auf ein Nebengebiet, das sie zum Hauptkampfplatz hochstilisieren. In Wirklichkeit geht es ihnen um ein ganz anderes Ergebnis, das zunächst quasi als „Nebensatz" in der erzielten Vereinbarung auftaucht – und hinterher als „Hauptsache" in Erscheinung tritt, wenn nichts mehr zu ändern ist! Man sollte deshalb überlegen: „Welche Folgen könnte der gegnerische Zug noch haben?"
- Man gebe während der Diskussion in Details nach – und erinnere später immer wieder daran, dass man ja seinen guten Willen zum Einlenken bereits mehrfach unter Beweis gestellt habe! Irrt man sich einmal, so gebe man diesen Irrtum sofort zu! Nichts trägt mehr zum Image eines „fairen Verhandlers" bei!
- Man taste, durch häufigen und sprunghaften Themenwechsel, die Widerstandslinie des Gegners ab um Schwachstellen herauszufinden. Erst dann konzentriere man seine Gegenmaßnahmen auf diese „wunden Punkte"!

3. Als Vermittler
Die Vermittlung

Wenn die Positionen zweier Parteien so festgefahren sind, dass nicht einmal der winzigste Kompromiss denkbar erscheint, erschallt in der Regel der Ruf nach dem Schlichter. Diese Rolle ist außerordentlich heikel – kann man sich dabei doch zwei Feinde auf einmal schaffen!

Um taktische Fehler zu vermeiden, sollten folgende Regeln beachtet werden:
Regeln zur Vermittlung

- Man sollte beiden Seiten gut zuhören. Das Verständnis der gegnerischen Standpunkte ist zunächst wesentlicher als die Entfaltung eigener Aktivitäten.
- Man sollte sich daran erinnern, dass die Auseinandersetzung prinzipiell nützlich ist für die Organisation. Außerdem sollte man keinen Zweifel an einer konstruktiven Lösung des Konflikts lassen.
- Grundsätzlich sollte man die Natur des Konfliktes klären: Welches Verhalten ist tatsächlich sachlich bedingt und welches Verhalten entspricht eher enttäuschten Erwartungen oder Ängsten?

- Jede Aktion sollte mit dem Versuch begonnen werden, die „frostige" Atmosphäre aufzuwärmen. Oftmals haben die Streitenden in der Vergangenheit gut zusammengearbeitet. An derartige positive Vorfälle zu erinnern, kann hilfreich sein.
- Als Vermittler sollte man alles vermeiden, was von den Parteien als Einmischung aufgefasst werden könnte. Deshalb ist es wichtig, sich von Anfang an betont neutral zu verhalten.
- Weiter sollte man versuchen, das „Konfliktpaket" in kleine Teile aufzuteilen. Einzelprobleme lassen sich leichter behandeln als der Gesamtkomplex. Hierher gehört auch die Technik des „Ausklammerns": Man löst zunächst die einfacheren Probleme, um den Teilnehmern ein „Erfolgserlebnis" zu vermitteln.
- Oftmals ist es angezeigt, aus jeder Streitpartei einen Repräsentanten auszuwählen. Mit diesen Vertretern werden die wesentlichen Punkte alleine ausgehandelt.

3.12.5 Möglicher Ablauf einer Konfliktlösung

Systematische Konfliktlösung

1. Formulierung der Interessen und Bedürfnisse sowie Beurteilung des Konfliktes

- Die Konfliktparteien formulieren ihre zurzeit blockierten oder gefährdeten Interessen und Bedürfnisse.
- Der Konflikt wird offen gelegt.
- Es wird versucht, die **Konfliktart** und den **Konfliktgegenstand** (Ziele, Kompetenzen, Mittel) herauszufinden.
- Es wird zwischen Konfliktursachen und Konfliktsymptomen unterschieden.

2. Herausarbeiten der Erwartungen und Wünsche

- Die von den Konfliktparteien formulierten Bedürfnisse und Interessen werden in **Appelle** an die Gegenseite umformuliert, dadurch entsteht Klarheit.
- Jede Seite kann nun prüfen, wie weit sie die vorgelegten Wünsche und Erwartungen der Gegenseite einengen möchte.

3. Beschaffung von Daten und Fakten

- Zum Abbau gegenseitiger Wahrnehmungsverzerrungen kann es notwendig sein, Daten und Fakten von dritter Seite zu beschaffen.
- Zusätzliche Informationen über die Vorgeschichte des Konfliktes können das Gesamtverständnis vertiefen.
- Klärung der Frage, wer **Konfliktbeteiligter** ist und wer **Konfliktbetroffener**.

4. Gemeinsame Suche nach einer Lösung

- Nachdem der Konflikt transparent gemacht und die gegenseitigen Erwartungen offengelegt sind, sollten gemeinsam möglichst viele **Lösungsalternativen** gesucht werden.

- Die Konfliktparteien sollten sich aus dem Sieg-Niederlage-Denken lösen.
- Die Denkweise in Sieg-Sieg-Kategorien bringt mehr Offenheit und weniger Ängste.
- Es wird bewusst auf den Einsatz von Machtmechanismen verzichtet.
- Wenn eine von beiden Seiten akzeptierte Lösung erreicht ist, sollte eine **schriftliche Vereinbarung** angefertigt werden, da schriftliche Kontrakte wirksamer sind als mündliche.
- Bestandteile dieses Kontraktes sind **Erfolgskriterien** und **Kontrollschleifen**.
- Unter Umständen muss das Ergebnis „nachgebessert" werden: Neue Situationen erfordern neue Vereinbarungen.

3.13 Transaktionsanalyse

3.13.1 Einführung

Wie alle psychologischen Schulen hat auch die Transaktionsanalyse (TA) einen geistigen Vater: ERIC BERNE (1910–1970). BERNE war Arzt und Psychiater und psychoanalytisch ausgebildeter Therapeut. Als er 1956 nicht in die psychoanalytische Vereinigung von San Francisco aufgenommen wurde, begann er seine eigene Methode – die TA – zu entwickeln. Bald entstand ein Kreis Gleichinteressierter um ihn.

Entstehung

Die Anwendungsmöglichkeiten der TA in der Kommunikationsanalyse und der Personalentwicklung sind fast unbegrenzt und noch nicht ausgeschöpft. Für die Personalführung ist die TA reich an Konzepten.

Anwendung

Für die Transaktionsanalyse spricht:

- Die TA ist ein in sich weitgehend geschlossenes kognitives System und kommt somit unseren Denk- und Lerngewohnheiten entgegen.
- Die TA regt druck- und bestrafungsfrei dazu an, etwas für sich selbst zu tun bzw. sich zu ändern.
- Die TA hilft und regt an, sich mit dem eigenen Verhalten und den damit verbundenen eigenen Normen, Erfahrungen und Gefühlen auseinanderzusetzen.
- Die TA ist ein Weg, um produktive und konstruktive Beziehungen zu anderen aufzubauen.
- Die TA ist ein Hilfsmittel um sich autonomer, d. h. freier von äußeren und inneren Zwängen, zu verhalten.
- Die TA ist eine Chance für alle, die neue, schnellere und erfolgreiche Wege suchen, um die Anerkennung und Zuwendung zu bekommen, die sie zum Überleben brauchen.
- Die TA ist über den Beruf hinaus in allen Lebensbereichen wie Ehe, Kindererziehung u.ä. umsetzbar.
- Die TA ist leicht und schnell zu verstehen.
- Die TA ist gut mit traditionellen Seminaren zu kombinieren.

ERIC BERNE hat die Transaktion wie folgt definiert:
„ Die **Grundeinheit aller sozialen Verbindungen** bezeichnet man als **Transaktion**.
Begegnen zwei oder mehr Menschen einander, dann beginnt früher oder später einer von ihnen zu sprechen oder in irgendeiner Form von der Gegenwart der anderen Notiz zu nehmen. Diesen Vorgang nennt man **Transaktions-Stimulus**. Sagt oder tut dann eine von den anderen Personen etwas, dass sich in irgendeiner Form auf den vorangegangenen Stimulus bezieht, so bezeichnet man diesen Vorgang als **Transaktions-Reaktion**."

3.13.2 Ich-Zustände

Die Transaktionsanalyse ist die Methode zur Untersuchung dieser Transaktionen. Es wird in diesem Zusammenhang davon ausgegangen, dass jeder Mensch auf der Basis von drei verschiedenen Ich-Zuständen agiert, die sein Denken, Fühlen und Handeln beeinflussen.

Diese drei Ich-Zustände sind definiert als:

Ich-Zustände
- das Eltern-Ich
- das Erwachsenen-Ich
- das Kind-Ich.

Diese **Ich-Zustände** sind keine Rollen und keine bloßen Begriffe, sondern vielmehr **Realitäten**, aus denen heraus wir uns verhalten können bzw. verhalten.

Reagiert eine Person aus dem **Eltern-Ich**, verhält sie sich gegenüber einem anderen so, wie es Eltern gegenüber einem Kind tun würden.
Aus dem **Erwachsenen-Ich** handelt man, wenn die Reaktionen begründet und überlegt sind.
Verhält man sich aus dem **Kind-Ich**, dann reagiert man gegenüber anderen so, wie sich Kinder gegenüber Erwachsenen oder gegenüber anderen Kindern verhalten.

Das **Eltern-Ich** ist eine Sammlung von ungeprüft übernommenen Normen, Geboten und Verboten, Prinzipien und Maximen und damit zusammenhängenden Ereignissen aus der frühen Kindheit.

Das Eltern-Ich

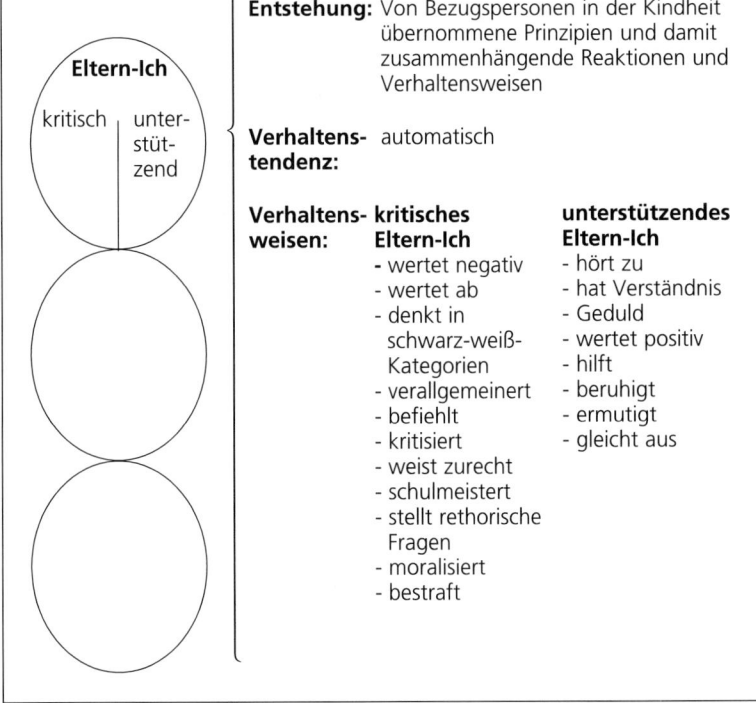

Abb. 20: Das-Eltern-Ich[10]

Diese Normen können sowohl als kritisch-voreingenommen wie auch als fürsorglich-unterstützend erlebt worden sein. Daher unterscheidet man ein **kritisches** Eltern-Ich und ein **unterstützendes** Eltern-Ich.

Das kritische Eltern-Ich ist der Zustand, aus dem heraus etwas getan werden muss, soll oder nicht getan werden darf.

Kritisches Eltern-Ich

Hierzu einige Beispiele:
- Ich werde dafür sorgen, dass das nicht mehr vorkommt!
- Was hast Du Dir eigentlich dabei gedacht?
- Sie müssen immer dabei bedenken, dass...
- Sie dürfen nie vergessen, dass...
- Wie oft habe ich Ihnen schon gesagt, dass...

---

[10] ROLF RÜTTINGER, Transaktionsanalyse, 7. Auflage, Sauer Verlag Heidelberg

Das strenge Eltern-Ich ist ein schlechter Problemlöser. Den Schuldigen zu finden ist wichtiger und befriedigender als ein Problem zu analysieren und zu lösen.

Handelt hingegen jemand aus dem unterstützenden Eltern-Ich, dann darf etwas getan werden bzw. muss etwas nicht getan werden.

Unterstützendes Eltern-Ich

Auch hier ein paar Beispiele:
- Ich werde versuchen, das für Sie zu erledigen.
- Kann ich Ihnen helfen?
- Ich werde sehen, was sich da machen lässt.
- Es macht nichts, wenn Sie nicht alle Unterlagen finden.
- Machen Sie sich keine Sorgen.

Das Erwachsenen-Ich

Das Erwachsenen-Ich hat mit dem Alter eines Menschen nichts zu tun und ist auf die gegenwärtige Realität und das **objektive Sammeln** von Informationen gerichtet. Es ist **anpassungsfähig** und **intelligent**, sammelt Daten, schätzt Wahrscheinlichkeiten und trifft sachliche Entscheidungen.

Abb. 21:
Das Erwachsenen-Ich[11]

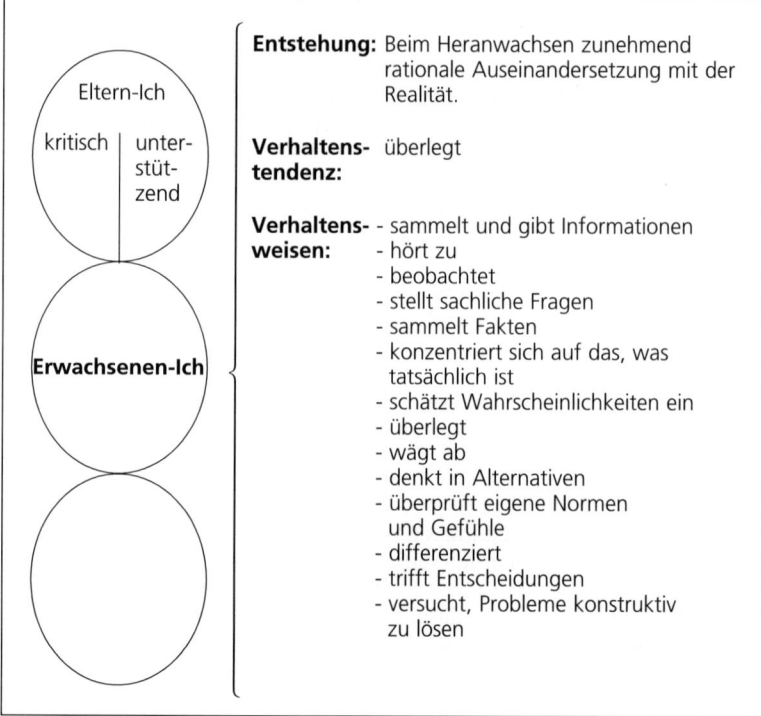

---

[11] ROLF RÜTTINGER, Transaktionsanalyse, 7. Auflage, Sauer Verlag Heidelberg

Das Erwachsenen-Ich ist ein guter Problemlöser. Es spielt bei der Auseinandersetzung mit unseren eigenen Ich-Zuständen eine wesentliche Rolle. Es überprüft, ob die im strengen Eltern-Ich gespeicherten überkommenen Normen den augenblicklichen Interessen überhaupt noch entsprechen.

Überprüfung der Normen

Das heißt aber nicht, dass das Erwachsenen-Ich z. B. die Norm „Sei pünktlich" über Bord wirft, wie es das rebellische Kind-Ich tun würde, so dass der Betreffende in Zukunft grundsätzlich zu spät kommt. Das Erwachsenen-Ich setzt sich mit dieser Norm auseinander:

– Wann lohnt es sich, unbedingt pünktlich zu sein?
– Welchen Preis muss ich für Unpünktlichkeit bezahlen?
– Riskiere ich evtl. einen Verkehrsunfall, um einen Termin pünktlich einzuhalten?

Typisch für das Erwachsenen-Ich ist, dass es Fragen stellt, bevor es eine Stellungnahme abgibt:

– Woher haben Sie diese Zahlen?
– Wie sind die Kosten entstanden?
– Was können wir jetzt unternehmen?
– Warum verzögert sich die Seminarabrechnung?

Das Kind-Ich umfasst alles, was ein Kind von Natur aus hat. Es enthält alle Aufzeichnungen seiner früheren Erfahrungen. Es werden Ereignisse und die damit verbundenen Gefühle gespeichert. Kinder können **natürlich**, **angepasst** oder **intuitiv** richtig reagieren. Darum werden drei Ausdrucksformen des Kind-Ichs unterschieden:

Das Kind-Ich

Im Ich-Zustand des **freien Kindes** werden alle Gefühle, Affekte und Impulse frei, unkontrolliert und ohne Zensur geäußert. Wenn das Freie Kind etwas haben will, dann überlegt es nicht lange, sondern sagt es oder holt es sich. Das Freie Kind ist der Sitz des Spaßes am Leben und an der Arbeit, aber auch von Angst, Wut und Trauer.
Das Freie Kind lebt diese Gefühle aus. Dieser Ich-Zustand ist von Anfang an existent. Er ist folglich sehr stark, auch wenn durch Erziehung und andere Maßnahmen viel unternommen wird, um das natürliche, freie Kind-Ich zu unterdrücken.

Freies Kind-Ich

Das **angepasste Kind** ist der Ich-Zustand in uns, der leidet, duldet, klagt, verzichtet und passiv bleibt. Das angepasste Kind unternimmt nichts. Es wartet und glaubt, dass es schon gut gehen wird, oder dass es von allein besser wird. Dieses Warten kann ein Leben lang dauern.

Angepasstes Kind-Ich

Das **rebellische Kind** ist der Sitz des Trotzes und der Rebellion. Es verhält sich selbstdestruktiv um andere auf sich aufmerksam zu machen. Statt sich Vorschriften und Erwartungen zu fügen, tut es so weit wie möglich das genaue Gegenteil und wundert sich dann, warum bei ihm immer alles schief geht.

Rebellisches Kind-Ich

Abb. 22:
Das Kind-Ich[12]

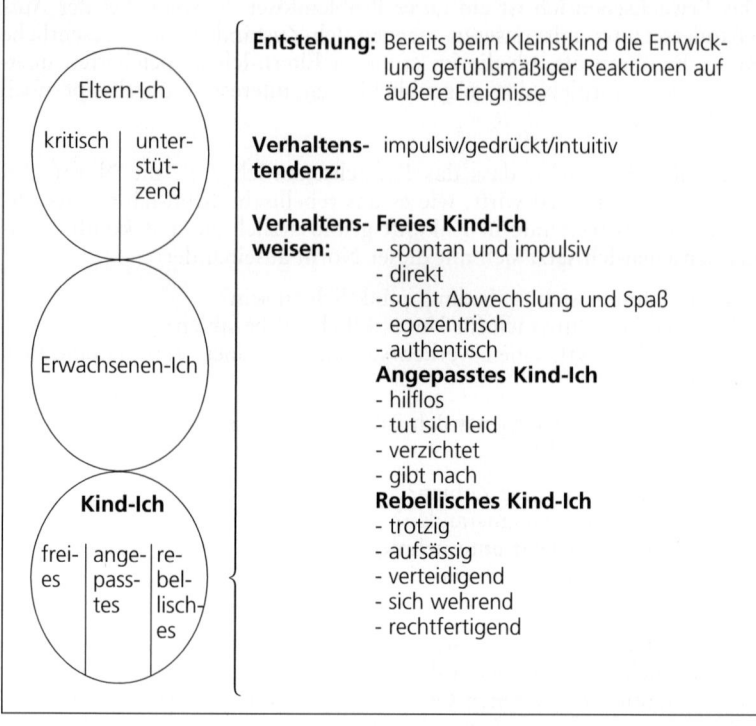

Wenn Menschen zueinander in Beziehung treten, sei es bei einem gemeinsamen Essen, bei gesellschaftlichen Zusammenkünften oder bei der Arbeit, ändern sie immer wieder ihre Erlebens- und Verhaltensweisen. Dies zeigt sich an Körperhaltung, an physiologischen Merkmalen wie z. B. Muskelspannung, an der Mimik, an den Gebärden, an der Stimme sowie an den vorzugsweise gewählten Worten. Diese wechselnden Einstellungen und zugehörigen Verhaltenweisen nennt BERNE **Ich-Zustände**.

Diese **Ich-Zustände** können in der Kommunikation, insbesondere in der Führung, sehr nützliche Hinweise geben, wie die Mitarbeiter in bestimmten Situationen angesprochen werden können. Empfehlenswert ist es, immer klare und deutliche Aussagen und Anweisungen zu geben. Am besten orientiert man sich am Erwachsenen-Ich.

---

[12] ROLF RÜTTINGER, Transaktionsanalyse, 7. Auflage, Sauer Verlag Heidelberg

3.13 Transaktionsanalyse

In den folgenden Übersichten werden die unterschiedlichen Charakteristika der drei Ich-Zustände ausführlich beschrieben.

Übersicht 17: Klassifizierung der Ich-Zustände in der Transaktionsanalyse[13]

	Fürsorgliches Eltern-Ich	Kritisches Eltern-Ich	Erwachsenen-Ich	Freies Kind-Ich	Angepasstes Kind-Ich
Stimme und Laute	besorgt, tröstend, liebevoll, beschwichtigend	herablassend, kritisierend, abkanzelnd, streng nachdrücklich, Zungenschnalzen, seufzen	sachlich, gleichmäßig, ruhig	hell, hoch, meist laut	quengelig, brüllt vor Wut, bettelt, zerknirscht, demütig
Sprachliche Indizien	Was ist los? Ist Dir etwas passiert? Kann ich helfen? Mach Dir keine Sorgen. Alles wird wieder gut.	Schockierend! Unsinn! Armes Ding! Das weiß jeder! Du sollst nie ...! Nur so ...! Ich kann nicht verstehen, wie Du konntest! Das ist außerordentlich wichtig!	Wie? Was? Wann? Wo? Warum? Wer? Wie sieht die Wahrscheinlichkeit aus? Ist es möglich? Auf welche Weise? Ich spreche nur für mich, nicht für andere.	Ich bin wütend auf Dich. Mensch, Klasse! Ich wünsche mir ... Ich weiß nicht ... Meine Güte, verrückt!	Das passiert auch immer nur mir. Ich bin wohl ein Pechvogel. Ich gewinne nie etwas. Das ist nicht fair. Alle anderen tun es auch. Ich will nicht.
Körperliche Indizien	ausgestreckte Arme, die vor einem Fall oder einer Verletzung schützen, auf die Schulter klopfen, den Arm um die Schultern legen	sich ans Kinn fassen, sich aufblasen, immer korrekt, immer richtiges Benehmen. Zeichen von Überheblichkeit sind: Hinter der Hand sprechen, die Hände über dem Kopf zusammenschlagen	entspannt, aufmerksam, Blickkontakt, hört aufgeschlossen zu, aufrechte Haltung. Zuhören geht mit häufigem Wechsel des Gesichtsausdrucks, Wechsel der Blickrichtung und der Körperhaltung einher.	Ausgelassen, gespannt, läuft, tanzt, springt auf und ab, trägt die Nase hoch	zurückhaltend und abwartend, niedergeschlagen, überfordert, zieht andere auf, regt sich auf, ist launenhaft
Gesichtsausdruck	besorgt, gütig, ermunternd, herzlich, glücklich	Stirnfalten, besorgte oder missbilligende Blicke, zusammengepresste Lippen, vorgeschobenes Kinn, starrer Blick	aufmerksamer Blick, angespanntes Zuhören	zeigt Erregung, Überraschung, glänzende Augen, angespannter Körper, offener Mund	niedergeschlagene Augen, zitternde Lippen, zitterndes Kinn, nervöse Zuckungen, Schmollen, Grimassen schneiden

---

[13] Quelle: BENNETT, D.: Im Kontakt gewinnen: Transaktions-Analyse als Führungshilfe. Heidelberg: Sauer, 1977, S. 40–42

	Fürsorgliches Eltern-Ich	Kritisches Eltern-Ich	Erwachsenen-Ich	Freies Kind-Ich	Angepasstes Kind-Ich
Gesten	Arme ausstrecken, umarmen und drücken, beschützen und vor Schaden bewahren	erhobener Zeigefinger oder Bleistift, mit dem Fuß aufstampfen, die Arme über der Brust verschränken, die Hände in die Hüften stemmen, mit der Faust auf den Tisch klopfen	sich im Stuhl nach vorne lehnen, Blickkontakt, aufmerksames und aufgeschlossenes Zuhören	lachen, freie Bewegung der Glieder, spielerisch	Hände ringend, zieht sich in die Ecke zurück, hebt die Hand, wenn es etwas sagen möchte, herunterhängende Schultern, gebeugter Kopf
Allgemeine Indizien	Güte und Besorgnis	Verschlossenheit gegenüber neuen Daten, automatische Urteile auf der Grundlage herkömmlicher Ansichten	Sammlung von Daten, empfindsam, aufgeschlossen, nachdenklich	Gefühle werden geweckt und gezeigt, deuten darauf hin, dass das Kind-Ich eingeschaltet wurde	beklagt sich und erfüllt Erwartungen oder zieht sich zurück und schaltet Erwartungen anderer ganz aus

Die Antreiber

Antreiber sind nach TAIBI KAHLER erzieherisch gemeinte **elterliche Aufforderungen** (Anweisungen), die einem Kind bestimmte Verhaltensweisen vorschreiben, die es zu erfüllen trachtet, in seine „Elternperson" übernimmt und in sein Skript einbaut. Nach KAHLER soll jede elterliche Aufforderung, welche zwingend das Verhalten des Kindes bestimmt, einem von fünf Antreibern zugeordnet werden können. Der Begriff schließt die Feststellung ein, dass der Antreiber beinahe jede Äußerung der beeinflussten Person bestimmt, sei es Körperhaltung, Gebärden und Mimik, sei es, **was** oder **wie** diese Person etwas sagt (KAHLER 1975).

Konflikte

Im pflegerischen Alltag können diese Erkenntnisse sehr hilfreich sein, denn gerade im Pflegeberuf kommt es in Folge von „inneren Antreibern" zu Konflikten und auch zu persönlichen Erschöpfungszuständen. In der Praxis ist ein Begriff eingeführt, das so genannte **„Burn Out"-Syndrom**.

In der Führungsrolle machen die Antreiber den Mitarbeitern das Leben schwer, weil die Führungskraft sehr viel oder auch manchmal zuviel von ihren Mitarbeitern erwartet bzw. verlangt. Auch die Führungskräfte stehen in der Gefahr, unter dem inneren Antreiben zu leiden, weil sie dann ihre Grenzen nicht erkennen und unter Umständen das Arbeitsklima sehr negativ beeinflussen.

> „Wie fühlen Sie sich?" – „Das ist schwierig zu beantworten!"
> Die Antwort ist vermutlich Ausdruck des Antreibers „Streng Dich an!" oder „Gib Dir Mühe!", insbesondere, wenn sie bei verschiedenen Gelegenheiten wiederholt wird.

Übersicht 18: Die fünf Antreiber

	Sei perfekt	Sei (anderen) gefällig	Streng Dich an	Sei stark	Beeil Dich
Wortwahl	„Einschübe": sozusagen, wahrscheinlich, unter Umständen, gewiss, total, könnte man sagen, wie wir gesehen haben	Nicht wahr? Verstanden? ... oder? Verstehen Sie?	Versuchen, schwierig, kann nicht, wie bitte? was war das noch? versteh ich nicht, es fällt mir schwer	Das macht mich traurig... die Situation...	mach schnell, rasch, voran, eben mal, kurz, los, aus Zeitgründen
Sprechweise	klingt oft nach Erwachsenen-Ich, ausgeglichen	Tonhöhe hoch, Klang piepsend, beinahe wimmernd, Melodie geht am Ende nach oben	Verspannung im Hals – Stimme gequält oder belegt	unbewegt, monoton, im Allgemeinen leise	abgehackt, redet sehr schnell, bringt Worte durcheinander oder verschluckt sie
Gestik	zählt Buchstaben, Punkte, Ziffern an den Fingern ab. Gesten großer Denker	Hände ausstrecken, zeigt mit Handfläche nach oben, nickt beim Sprechen	ballt die Fäuste, legt Hand an Ohr oder Augen	jede Gestik wird vermieden	mit den Fingern klopfen, mit dem Fuß aufstoßen oder wippen, unruhig herumrücken, zappeln, immer wieder auf die Uhr blicken
Körperhaltung	hält sich kerzengerade	schiebt Schultern vor, macht einen krummen Buckel, neigt sich seinem Gesprächspartner zu	Beugt sich nach vorn, als würde die geballte Energie so besser unter Kontrolle gehalten	Arme vor der Brust gekreuzt, Beine übereinander, statuenhaft	keine bestimmte Haltung, Ausdruck ständiger unruhiger Bewegung
Gesichtsausdruck	Blick nach oben oder zur Seite – Eindruck, als wolle er die perfekte Antwort irgendwo ablesen, Mund leicht verspannt, Mundwinkel sind etwas nach außen gezogen	blickt Gegenüber sehr oft an und neigt dabei den Kopf etwas, sieht einen mit hochgezogenen Augenbrauen von unten her an, waagerechte Stirnfalten, Mund erinnert an Lächeln	zieht die Stirn zusammen, sodass zwei senkrechte Falten über der Nase auftreten, zusammengekniffene Augen, Gesicht wirkt verbissen, viele Falten	wirkt starr, ausdrucks- und bewegungslos	ständiger rascher Wechsel der Blickrichtung

Nach KAHLER bestimmen die Antreiber jeden funktionalen Ablauf, einschließlich denjenigen von **psychologischen Spielen**. Der Köder ergibt sich aus dem Antreiber dessen, der ihn auslegt. Derjenige, der zum Mitspieler auserkoren ist, beißt allenfalls mit dem komplementären Antreiber an.

3.13.3 Gefühlsmaschen und Macht-Spiele

> **„Psychologische Spiele"** wirken in Organisationen destruktiv, weil sie:
> 1. klare Zielvereinbarungen verhindern
> 2. effektive Problemlösungen sabotieren
> 3. sachliche Entscheidungsfindung erschweren
> 4. die Kommunikation beeinträchtigen
> 5. die Beziehungen stören
> 6. eine objektive Auswahl und Förderung von Mitarbeitern nicht zulassen
> 7. Zynismus, Lustlosigkeit und negative Zuwendung fördern.

Von STEPHAN KARPMANN[14] wurden drei manipulative Rollen hervorgehoben und in die Transaktionsanalyse eingeführt: **Verfolger, Retter, Opfer**. Die Einnahme einer dieser Rollen soll den Kommunikationspartner dazu verführen, die dazu **komplementäre Rolle** einzunehmen. Deshalb spricht man auch von **„manipulativen Rollen"**. Es gibt soziale und politische Situationen mit echten Verfolgern, Rettern und Opfern. Diese dürfen nicht mit den hier gemeinten manipulativen Rollen verwechselt werden.

Gefühlsmaschen

Gefühlsmaschen sind **taktische Gefühlsreaktionen** zur Durchsetzung eigener Vorstellungen. Sie sind in der Kindheit gelernte **Reaktionsmuster** zur Beeinflussung anderer. Dabei kann die Person in drei verschiedenen Rollen reagieren: In der **Retter-, Opfer-** oder **Verfolger-Rolle**.

Macht-Spiele

Aus diesen Rollen heraus entstehen Macht-Spiele. Diese Spiele werden nicht bewusst gespielt. Sie weisen folgende Elemente auf:

- Es kommt zu einer Serie von **parallelen Transaktionen**, die plausibel erscheinen.
- Es läuft gleichzeitig eine **verdeckte Transaktion**, die den eigentlichen Zweck des Spiels darstellt.
- Das Spiel geht schlecht aus, und der eigentliche Zweck wird deutlich.

---

[14] KARPMANN, STEPHAN, Fairy Tales and Script Drama Analysis, TAB, pp. 39–43

Die drei Spielpositionen sind aufeinander bezogen. Dies lässt sich durch das sog. **Drama-Dreieck** darstellen.

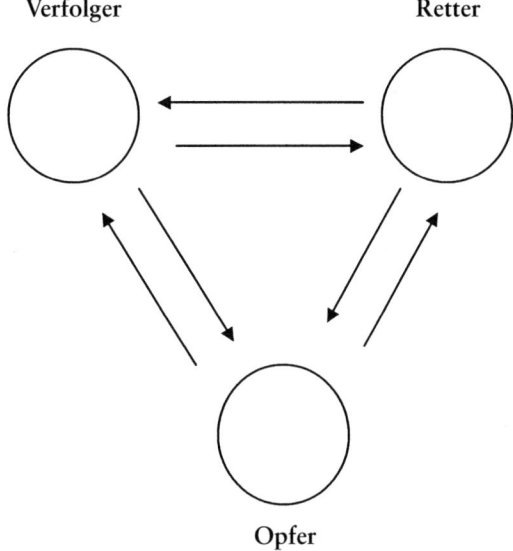

Abb. 23:
Das Drama-Dreieck

Verfolger greifen in **Konfliktsituationen** an, schüchtern ein, stellen rhetorische und inquisitorische Fragen, taktieren, erwecken in anderen Schuldgefühle und betonen hierarchische Unterschiede. Sie sehen sich selbst selten als Bestandteil eines Problems.

Verfolger

Retter sind Menschen, die es mit anderen gut meinen. Sie passen ständig auf, dass den anderen nichts passiert. Sie geben unaufgefordert gute Ratschläge und erwarten, dass sich die anderen danach richten. Sie sind „Menschheitsbeglücker", die „genau wissen, was für andere gut ist" (ohne jemals danach gefragt zu haben). Ihre Hilfe macht den anderen unselbstständig und nimmt ihm die Verantwortung ab.

Retter

Opfer sind hilflos, tun sich leid und warten, dass sich etwas von selbst ändert oder besser wird. Sie haben Angst und trauen sich nicht. Sie geben gerne nach und passen sich an. Unbewusst sind sie auf der Suche nach einem Retter oder Verfolger.

Opfer

Das **Drama-Dreieck** hat folgende Charakteristika:

- Die Rollen werden nicht absichtlich bzw. bewusst übernommen, denn es handelt sich um unbewusste Verhaltensmuster, die aus der Kindheit übernommen wurden.
- Jeder nimmt alle drei Rollen ein, wobei es eine Rolle gibt, in der man sich häufiger bewegt als in den anderen.
- Das Drama-Dreieck ist dynamisch zu verstehen, d. h. es finden blitzschnelle Rollenwechsel statt.
- Wer in eine Rolle geht, macht dem Gegenüber unbewusst das An-

> gebot, in eine komplementäre oder gleichartige Rolle zu gehen.
> - Die Rollen ziehen sich gegenseitig an, denn ohne Mitspieler wird man in der eigenen Rolle leerlaufen.
> - Ziel beim Einstieg in das Drama-Dreieck ist die Erfüllung des Wunsches nach Zuwendung.

Umgang mit Spielen

Eine entscheidende Frage ist, wie sich Spiele beenden lassen. Hier einige Empfehlungen:

- Klar machen, dass ein Spiel gespielt wird.
- Sich klar darüber werden, wer welche Rolle spielt.
- Nach Möglichkeit mit dem Rollenspiel aufhören.
- Dem anderen helfen, aus seiner Rolle herauszukommen:
  - Fragen aus dem Erwachsenen-Ich stellen
  - Unerwartete Antworten geben
  - Beziehungsebene klären
  - In Extremfällen: Den anderen stehen lassen

Strategien zum Abbrechen

Die größte Schwierigkeit beim Abbrechen besteht darin, dass unser Erwachsenen-Ich nicht weiß, dass wir in ein Spiel verwickelt sind. Nur über das Wahrnehmen der Gefühle kann es gelingen, ein Gespür dafür zu bekommen. Gefühle sind der wichtigste Indikator für Spielbeteiligung.

Tipps zum Abbrechen von Spielen

- Achten Sie mehr auf eigene Gefühle: So erkennen Sie rechtzeitig, wenn Sie an einem Spiel beteiligt sind.
- Senden Sie „Ich-Botschaften".
- Stellen Sie Fragen, an deren Beantwortung Sie wirklich interessiert sind.
- Antworten Sie mit „paradoxer Kommunikation": Geben Sie eine unerwartete Antwort.
- Hören Sie auf, Ihre eigenen Schwächen oder Stärken zu übertreiben. Hören Sie gleichfalls auf, die Schwäche oder Stärke des anderen zu übertreiben.
- Hören Sie auf, sich selbst und andere herabzusetzen.
- Ersetzen Sie negative Kritik durch konstruktive Kritik.
- Zeigen Sie dem anderen, dass Sie ihn für ok halten.
- Treffen Sie Entscheidungen, statt zu klagen.
- Hören Sie auf, den Retter zu spielen.
- Hören Sie auf, den Verfolger zu spielen.
- Hören Sie auf, das Opfer zu spielen.
- Verlassen Sie in extremen Fällen die Szene!

3.13 Transaktionsanalyse

Übersicht 19: Ausstiegsmöglichkeiten (MARWEDEL, U.; BANSE, B.: Seminarunterlage)

Spiele mit Beispielen	Ausstiegsstrategie A	Ausstiegsstrategie B
„Ja-aber-Spiel" (Manipulative Gesprächssteuerung: scheinbare Zustimmung mit nachfolgender Ablehnung)		
In einer Besprechung klagt ein Mitarbeiter: „Gegen diese Konkurrenz komme ich nicht an. Die sind viel günstiger!" (= Opfer-Rolle) Die Kollegen erklären ihm nun, wie sie das Problem lösen. Sie zählen Vorteile auf und stellen den Service heraus (= Retter-Rolle). Der Mitarbeiter kontert immer wieder mit „Ja, aber..." (= Wechsel: Opfer-Verfolger-Rolle). Je mehr er kontert, umso stärker engagieren sich die Kollegen. Am Ende sagt ein Kollege: „Ich sehe schon, dass Sie sich nicht helfen lassen wollen. Ich habe keine Lust, noch weiter zu diskutieren (= Verfolger-Rolle).	**Position Mitarbeiter:** Eigene Situation bewusst machen, z. B. Verzagtheit, Hilflosigkeit (Energie im angepassten Kind-Ich), eigene Vorbehalte und Widerstände erkennen und zurückhalten; Vorschläge der anderen notieren (Schreiben aktiviert das Erwachsenen-Ich); in Ruhe Vor- und Nachteile vergleichen	**Position der Kollegen:** Vorbehalte und Widerstände des Mitarbeiters verbalisieren; vorschlagen, alle Anregungen zu notieren ohne Diskussion (Aufschreiben und Lesen aktivert das Erwachsenen-Ich); Mitarbeiter in Ruhe prüfen und entscheiden lassen
„Makel-Spiel" (Grundeinstellung: Ich bin o.k. – Du bist nicht o.k.)		
Ein Vorgesetzter findet bei einem Mitarbeiter ständig „ein Haar in der Suppe". Dies drückt sich durch Formulierungen aus, wie „Immer machen Sie...", „Nie kann ich bei Ihnen..." (= Verfolger-Rolle). Der Mitarbeiter entschuldigt oder rechtfertigt sich und hat das Gefühl, dass er es seinem Vorgesetzten nie recht machen kann (= Opfer-Rolle).	**Position Vorgesetzter:** Die eigene Grundeinstellung bewusst machen, nicht gleich lospoltern, die ganze Arbeit sehen, Soll und Haben abwägen, im Erwachsenen-Ich nachfragen, den Fehler richtig einstufen	**Position Mitarbeiter:** Ärger des Vorgesetzten verbalisieren, bewusst das Erwachsenen-Ich durch öffnende Fragen aktivieren, das Erwachsenen-Ich des Vorgesetzten ansprechen
„Du wirst schon sehen, was dabei herauskommt"-Spiel (Bestätigung von Vorurteilen)		
Ein Vorgesetzter überträgt einem Mitarbeiter eine neue und schwere Aufgabe. Der Mitarbeiter sieht diese Aufgabe als sinnlos an und sagt es dem Vorgesetzten. Dieser widerspricht wortgewaltig (= Verfolger-Rolle). Der Mitarbeiter antwortet: „Na gut, wenn Sie meinen, dann mache ich es eben!" (= verdeckte Transaktion: „Sie werden schon sehen, dass dabei nichts herauskommt!")	**Position Vorgesetzter:** mit den zaghaft oder vorsichtig vorgetragenen Gegenargumenten konstruktiv auseinander setzen; nicht als Angriff auf die eigene Person betrachten; die Skepsis positiv sehen; Vorschläge zur Überwindung der Schwierigkeiten erarbeiten lassen; Zeit nehmen für den Andersdenkenden	**Position Mitarbeiter:** Scheinbare Anpassung bringt nichts; inneren Konflikt zwischen „Ich stehe nicht dahinter" und „Mund halten ist besser" bewusst machen; in Ruhe vergleichen zwischen Vor- und Nachteilen; die möglichen Befürchtungen kompensieren; Sachdiskussion anstreben; tragfähige Entscheidung für beide Seiten finden
„Dumm-Spiel" (Vorwand: „Ich kann das nicht!", Ziel: Bequemlichkeit oder Verantwortung abschieben)		
Trotz guter Einarbeitung stellt sich ein neuer Mitarbeiter immer wieder „dumm". Störend sind die dauernden Fragen, die er eigentlich selbst beantworten kann. Typisch sind auch Bemerkungen von „alten Hasen", wie z. B. „Das habe ich noch nie so gemacht!" (= Opfer-Rolle)	**Position Vorgesetzter:** Fragen stellen, z. B. „Wie haben Sie es bisher gemacht?" Wechsel von Angepassten-Kind-Ich zum Erwachsenen-Ich anstreben: Fragen stimulieren zum Rollenwechsel.	**Position Mitarbeiter:** gereizte Antworten, genervte Vorgesetzte oder fehlende Antworten sind ein Signal; eigene Anteile analysieren; Fragen überprüfen; selbst Lösungen vorschlagen

„Hau mich" oder „Mach mich fertig"-Spiel		
Ein Mitarbeiter leistet insgesamt gesehen gute und solide Arbeit im Außendienst. Seinen Vorgesetzten gegenüber gibt er sich sehr angepasst und versucht, es jedem recht zu machen. Dennoch unterlaufen ihm immer wieder läppische Fehler in den schriftlichen Arbeiten, z. B. erfüllt er statistische Aufgaben nicht ganz korrekt (= **Opfer Rolle**). Sein Vorgesetzter ist jedes Mal wütend und stellt ihn zur Rede (= **Verfolger-Rolle**). Der Mitarbeiter entschuldigt und rechtfertigt sich immer wieder. Diese Situation wiederholt sich in gewissen Abständen. Psychologisch gesehen bekommt der Mitarbeiter regelmäßig „Schläge" (= **Opfer-Rolle**).	**Position Vorgesetzter:** „Hau-mich"-Spiele organisieren unbewusst negative Zuwendung; Analyse der gesamten Arbeit und langsame Gewöhnung an positive Zuwendung; viel Geduld erforderlich; eigenen Zwiespalt der Gefühle mitteilen; falls keine Änderung eintritt, sachlich auf die Konsequenzen hinweisen	**Position Mitarbeiter:** Regelmäßig auftretenden Ärger mit anderen bewusst machen; Analyse der wiederkehrenden Fehler; Strategien zur Beseitigung entwerfen; die eigene gute Leistung erkennen und mit möglichen Fehlern vergleichen; sich positive Zuwendung holen
„Jetzt habe ich dich"-Spiel (Grundeinstellung: Ich bin o.k. – Du bist nicht o.k.)		
1. Beispiel: Ein Teilnehmer hört aufmerksam dem Trainer zu. Alles, was der andere sagt, wird kritisch unter die Lupe genommen, um mögliche Schwachstellen zu erkennen. Es folgen Reaktionen, wie „Das hört sich in der Theorie ganz gut an, in der Praxis jedoch…" (= **Verfolger-Rolle**). 2. Beispiel: Ein Mitarbeiter berichtet in einem Meeting über seine insgesamt erfolgreiche Tätigkeit in der letzten Woche. Sein Vorgesetzter reagiert: „Na, bei der Firma X hätten Sie aber mehr erreichen können!" (= **Verfolger Rolle**)	**Position Verfolger** Persönlicher Nutz-Effekt „Ich bin o.k. – Du bist nicht o.k.?" Analyse: 1. Beispiel: Was hilft mir aus dem Angebot? 2. Beispiel: Was kann ich an der Leistung des anderen loben?	**Position Betroffener:** Skepsis des anderen verbalisieren; bewusst das Erwachsenen-Ich aktivieren durch öffnende Fragen; das Erwachsenen-Ich des anderen ansprechen.
„Gerichtssaal"-Spiel (Ein Gruppenspiel, in dem gleichzeitig Ankläger, Verteidiger und Zeugen agieren.)		
Zwei „Streithähne" in einer Besprechung setzen sich nicht sachlich mit einem Problem auseinander sondern kämpfen darum, wer Recht hat. Kollegen und Vorgesetzte werden einbezogen oder lassen sich einbeziehen, ohne dass es inhaltliche Fortschritte gibt. Die „**Verfolger**" spielen **Ankläger**, die „**Retter**" spielen **Verteidiger**, die „**Opfer**" spielen **Zeugen** und rechtfertigen sich.	**Position Verfolger:** Energie in das Erwachsenen-Ich geben; Pro- und Contra-Argumente abwägen **Position Retter:** Nicht für den anderen verantwortlich fühlen; Pro und Contra auflisten; zur sachlichen Diskussion auffordern **Position Opfer:** Nicht unterwürfig werden; nur sachliche Stellungnahme **Position Vorgesetzter:** Pro- und Contra-Argumente auflisten; Vor- und Nachteile inhaltlich abwägen; Vereinbarung durch Kontrahenten formulieren lassen, die für beide akzeptabel ist	

3.14 Mitarbeitergespräche

3.14.1 Allgemeines

In der Praxis wird als Mitarbeitergespräch z. T. nur das in festem Rhythmus stattfindende **Fördergespräch** (= Personalentwicklungsgespräch) bezeichnet. Meist wird in den Unternehmen jedoch **jede Art von Gespräch** „Mitarbeitergespräch" genannt, wenn es der unmittelbare Vorgesetzte mit einem ihm nachgeordneten **Mitarbeiter** führt. Dieser Beitrag behandelt die wichtigsten **Regeln zur Gesprächsvorbereitung und -gestaltung** sowie **Leitfäden** zu einigen besonders häufig vorkommenden Gesprächsanlässen im Betriebsalltag.

Begriffserklärung

> **Mitarbeitergespräch** ist jede Art von Gespräch, das der unmittelbare Vorgesetzte mit einem ihm nachgeordneten Mitarbeiter führt.
> Das Mitarbeitergespräch ist im Gegensatz zur Mitarbeiterbesprechung ein Gespräch unter vier Augen. Es wird nicht vor einer Gruppe von Mitarbeitern geführt.

Das Mitarbeitergespräch ist für den Vorgesetzten Voraussetzung einer erfolgreichen Mitarbeiterführung. Er sollte offen und vertrauensvoll mit den Mitarbeitern zusammenarbeiten, indem alle anstehenden Probleme im gemeinsamen Gespräch geklärt werden. Auch bei der **Teamarbeit** sind Kommunikation und Information durch regelmäßige Gespräche und Besprechungen Voraussetzungen für den Erfolg.

Ein richtig geführtes Mitarbeitergespräch bringt sowohl für die Führungskraft als auch für den Mitarbeiter eine Reihe von Vorteilen:

Vorteile

- Missverständnisse und Vorurteile werden abgebaut, der Umgang mit den Mitarbeitern wird offener und ehrlicher
- Probleme werden gemeinsam gelöst
- Die Mitarbeiter können eigene Gedanken zum Problem ins Gespräch einbringen und identifizieren sich mit den gefundenen Lösungen
- Die Mitarbeiter verstehen organisatorische und personelle Änderungen besser, wenn sie rechtzeitig informiert werden
- Gerüchte werden verhindert und das gegenseitige Vertrauen durch offene Gespräche gesteigert
- Das Gemeinschaftsgefühl („Wir-Gefühl") und die Zusammenarbeit werden gefördert
- Hierarchie-Unterschiede werden eher überwunden, und die Mitarbeiter sehen sich als Partner
- Die Mitarbeiter entwickeln ein verstärktes Selbstbewusstsein und größere Verantwortungsbereitschaft

3.14.2 Regeln für Mitarbeitergespräche

Viele Situationen, die sich aus der Zusammenarbeit mit den Mitarbeitern ergeben, bieten Anlass für Mitarbeitergespräche, z. B.:

Anlässe

- Einführung eines neuen Mitarbeiters
- Anerkennung bzw. Kritik (an) einer **Leistung**

- Information über die Gründe für das **Betriebsgeschehen** oder bevorstehende Veränderungen
- Delegation von **Aufgaben** (Zielvereinbarungen)
- Information über die Gründe für das **Ausscheiden** von Mitarbeitern
- Versetzung von Mitarbeitern
- Beurteilung von Mitarbeitern
- **Förderung** der beruflichen Entwicklung (Fördergespräch)
- **Verhandlungen** über das Arbeitsentgelt (Lohn/Gehalt)
- Rückkehr eines Mitarbeiters nach längerer **Krankheit** (Rückkehrgespräch)
- **Unterweisung** von Mitarbeitern (Arbeitsplatzunterweisung)

Das Mitarbeitergespräch ist ein **Zweckgespräch**, also mehr als nur eine vordergründige Unterhaltung. Es wird ein bestimmtes **Gesprächsziel** verfolgt. Jeder Teilnehmer muss am Ende des Gesprächs das Gefühl haben, etwas erreicht zu haben.

> Das **Rangverhältnis** führt in den meisten Fällen dazu, dass Vorgesetzte zu selten Gespräche mit ihren Mitarbeitern führen. Wenn einmal ein Gespräch geführt wird, fällt es meistens kurz aus. Ein Vorgesetzter hat aber **Führungsverantwortung**. Zwischen ihm und seinen Mitarbeitern besteht ein **Abhängigkeitsverhältnis**. Trotz aller Bemühungen um Kollegialität bleibt ein Vorgesetzter stets der Ranghöhere. Daher sollte man sich ausreichend Zeit für ein Gespräch nehmen. Wenn besonderer Zeitdruck besteht, kann das Gespräch begrenzt werden.

Vermeidung typischer Fehler

Mit Hilfe der folgenden Checkliste können typische Fehler vermieden werden. Voraussetzung ist immer, dass der Vorgesetzte den Willen zu einem offenen und ehrlichen Mitarbeitergespräch hat.

- Den **Gesprächstermin** rechtzeitig festlegen, damit sich der Mitarbeiter ausreichend auf das Gespräch vorbereiten kann
- Den **Gesprächsanlass** bekannt geben
- Das Gespräch am **richtigen Ort** führen, damit man ungestört ist und die notwendige Ruhe hat
- Das Gespräch in **vertrauter Umgebung** führen, so dass sich der Mitarbeiter sicher und wohl fühlt
- Den Mitarbeiter **nicht** aus Zeitmangel, Überheblichkeit oder Desinteresse **unterbrechen**
- Das Gespräch zu einem **konkreten Ergebnis** führen
- Als Vorgesetzter nicht die größere **Gesprächserfahrung** und hierarchische **Stellung** ausspielen
- Keine Entscheidung treffen, solange nicht alle Einzelheiten besprochen sind
- Das Gespräch darf **keine Alibifunktion** haben.

Gesprächsvorbereitung

Für viele Gespräche (z. B. Einführung, Beurteilung, Fördergespräch) steht der Gesprächstermin einige Zeit vorher fest. In diesen Fällen ist es also möglich, das Gespräch gründlich vorzubereiten.
Dies ist nicht möglich bei Gesprächen, die aus der Situation heraus spontan geführt werden müssen, z. B. bei plötzlichen Sicherheitsverstö-

ßen, laufenden Arbeitsanweisungen oder beim Austausch von Informationen während der täglichen Zusammenarbeit.

Eine vollständige Gesprächsvorbereitung umfasst sowohl die **sachlich-organisatorische** Seite (Termin, Ort usw.) als auch **inhaltliche Aspekte** (Ziel, Teilnehmer). Daher sind einige **Leitfragen zur Gesprächsorganisation** vorher abzuklären:

Organisatorische Details

- Wo und wann findet das Gespräch statt?
- Wie lange wird es voraussichtlich dauern?
- Steht genug Zeit zur Verfügung, dass auch der Mitarbeiter alle seine Anliegen besprechen kann?
- Kann das Gespräch ohne Störungen durchgeführt werden?
- Welche Unterlagen oder Hilfsmittel werden benötigt?
- Wurde der Mitarbeiter rechtzeitig über den Termin und Anlass informiert?
- Soll eine Bewirtung angeboten werden?
- Bestehen „faire" Sitzverhältnisse?

Außerdem sollte ein **Gesprächsziel** festgelegt und Informationen über den beteiligten Mitarbeiter eingeholt werden. Folgende Punkte sind zu klären:

Inhaltliche Details

- Um was geht es (Gesprächsthema, -anlaß)?
- Gibt es ausreichend Informationen zum Gesprächsgegenstand?
- Welches Gesprächsziel wird verfolgt?
- Wie kann man argumentieren, um das Ziel zu erreichen?
- Mit welchen Einwendungen muss gerechnet werden?
- Wie kann das Gespräch gegliedert werden?
- Was ist über den Mitarbeiter bekannt (z. B. Gemeinsamkeiten, Hobby, Lieblingsthemen, Eigenarten)?
- Welches Gesprächsziel wird der Mitarbeiter voraussichtlich haben und verfolgen?
- Wie wird der Mitarbeiter sich verhalten, um sein Ziel zu erreichen?
- Wie kann der Vorgesetzte vorgehen?

Um flexibel zu bleiben, sollte zwischen einem **wünschenswerten Maximalziel** und dem mindestens zu erreichenden **Minimalziel** unterschieden werden. Außerdem sollte ein **Alternativziel** überlegt werden, damit dem Mitarbeiter auf jeden Fall eine Zusage gemacht werden kann, wenn sich andere Aspekte aus dem Gespräch ergeben.

Ziele des Gesprächs

> **Gespräch über die Arbeitszeit**
> Sie möchten einen Mitarbeiter, der bisher nicht im Schichtdienst arbeitet, dafür gewinnen, im 3-Schicht-Betrieb zu arbeiten (7-Tage-Woche; 3-Schicht-Betrieb).
> **Maximalziel:** Mitarbeiter stimmt zu, im 3-Schicht-Betrieb über 7 Arbeitstage verteilt zu arbeiten.
> **Minimalziel:** Mitarbeiter stimmt mindestens zu, im 3-Schicht-Betrieb über 5 Arbeitstage zu arbeiten.
> **Alternativziel:** Mitarbeiter arbeitet im 2-Schicht-Betrieb (ursprüngliches Ziel 3-Schicht-Betrieb wird aufgegeben).

Regeln für das Mitarbeitergespräch

Der Vorgesetzte trägt die Verantwortung für den Gesprächsablauf. Folgende Grundregeln der Gesprächsführung sollten eingehalten werden:

- Das Gespräch getrennt vom Arbeitsplatz des Mitarbeiters **ohne** störenden **Umgebungslärm** durchführen.
- Das Gespräch **unter vier Augen** führen (Ausnahmen: Beteiligung eines Betriebsratsmitglieds nach § 82, Abs. 2 BetrVG oder Teilnahme eines ranghöheren Vorgesetzten).
- Stets etwas **Positives an den Gesprächsanfang** stellen (z. B. der Hinweis auf eine jahrelang gute Zusammenarbeit), stereotype Floskeln vermeiden.
- Die **Gesprächsabschnitte** vorher grob gliedern, genügend Spielraum lassen.
- Das **Gesprächsziel** im Auge behalten. Auf Beiträge des Mitarbeiters eingehen, trotzdem wieder zum vorgesehenen Gesprächsthema zurückführen.
- Negatives deutlich **ohne persönlichen Vorwurf** aussprechen (z. B. im Kritik- oder Beurteilungsgespräch).
- **Kritik an der Sache** und nicht an der Person ausüben. Sie muss **konstruktiv** geführt werden, d. h. Hilfen anbieten oder gemeinsam überlegen, was getan werden kann, um die Fehlleistung künftig zu vermeiden.
- Sich nicht scheuen (z. B. im Beurteilungsgespräch), einen **eigenen Irrtum zuzugeben** oder das **Urteil zu revidieren**.
- **Interesse** und Bereitschaft zum **Zuhören** zeigen.
- Die eigene Meinung zurückhalten und erst den Mitarbeiter reden lassen.
- **Geduld** aufbringen, auch wenn sich ein Mitarbeiter mit wenig Gesprächsübung etwas umständlicher ausdrückt. Wenn nötig, bei der Formulierung helfen.
- Auf den **Ton** achten. Nicht kurz angebunden oder gereizt sein, weder toben noch brüllen.
- Wenn die Gefahr besteht, dass ein Gespräch nicht zu Ende geführt werden kann, sollte ein **neuer Gesprächstermin** vereinbart werden.
- Nicht vorschnell urteilen, sondern die **Fakten** nochmals überprüfen.
- Missbrauchen Sie nicht das **Vertrauen**. Äußert sich ein Mitarbeiter über Probleme aus seinem **privaten Umfeld**, muss er sicher sein, dass diese Informationen nicht weitergegeben werden.
- Versprechen Sie nichts, was Sie nicht halten können, oder nicht versprechen dürfen (z. B. eine **verbindliche Zusage** über die Erhöhung des Arbeitsentgelts oder eine Versetzung). Sie können nur versprechen, dass Sie sich dafür einsetzen.
- **Überzeugend begründen**, wenn ein Mitarbeiterwunsch abgelehnt wird.
- Teilergebnisse zusammenfassen. Am Gesprächsende die wesentlichen **Absprachen** herausstellen.
- Das Gespräch in gutem **Einvernehmen** schließen. Bestehende Missverständnisse ausräumen.

3.14.3 Gesprächsformen

Jedes Mitarbeitergespräch verläuft anders. Es gibt kein allgemeingültiges Ablaufschema. Jedes Gespräch muss unter Beachtung seines Ziels, der jeweiligen Situation und der individuellen Eigenarten der beteiligten Personen geführt werden.

Der „rote Faden"

Die häufigsten Gesprächsformen sind:
- Einführungsgespräch
- Kritikgespräch
- Rückkehrgespräch
- Fördergespräch
- Antrittsgespräch
- Austrittsgespräch
- Zielvereinbarungsgespräch
- Unterweisungsgespräch

Die folgenden **Gesprächsleitfäden** sind deshalb nicht als Vorgabe für eine Reihenfolge der einzelnen Gesprächspunkte, sondern mehr als **Hinweis** zu sehen.

Leitfäden

Beim Einführungsgespräch wird ein neuer Mitarbeiter in sein **Aufgabengebiet** und in die Arbeitsgruppe oder Team mit allen geschriebenen und ungeschriebenen Regeln eingeführt.
Es ist darauf zu achten, dass der unmittelbare Vorgesetzte die Einführung **ohne zeitlichen Druck** vornimmt.

Einführungsgespräch

Nicht jede Kleinigkeit muss Anlass für ein Kritikgespräch sein. Notwendige Kritik muss in geeigneter Form angesprochen werden, damit der Mitarbeiter sein Verhalten korrigieren und künftig eine Wiederholung der Fehlleistung vermeiden kann. Es gehört zur Führungsaufgabe, gemeinsam mit dem Kritisierten nach den Fehlerursachen zu suchen und Hilfestellung für die Zukunft zu geben.

Kritikgespräch

> **Leitfaden für ein Kritikgespräch**
> - Eröffnen Sie das Gespräch positiv.
> - Nennen Sie das Fehlverhalten und lassen Sie den Mitarbeiter dazu Stellung nehmen (kein einseitiges Abkanzeln!).
> - Hören Sie geduldig zu – bringen Sie Verständnis auf.
> - Suchen Sie gemeinsam nach den Gründen für die Fehlleistung.
> - Überlegen Sie gemeinsam, was zu tun ist, um das Fehlverhalten in Zukunft zu vermeiden.
> - Untersuchen Sie je nach Anlass die Auswirkungen auf den Betrieb.
> - Prüfen Sie, ob Sie oder der Betrieb Hilfe leisten können.
> - Vereinbaren Sie künftiges Verhalten (Mitarbeiter soll sich ausdrücklich zu den angestrebten Verhaltensänderungen äußern).
> - Sagen Sie dem Mitarbeiter auch, dass Sie künftiges Verhalten kontrollieren werden.
> - Sprechen Sie Ihrem Mitarbeiter Mut zu.
> - Vergessen Sie gute Leistungen nicht.
> - Vergessen Sie nicht den positiven Schluss – verhalten Sie sich nicht nachtragend.

Rückkehrgespräch   Das Rückkehrgespräch ist eines der wichtigsten Instrumente zum Abbau von Fehlzeiten und Baustein zur Verbesserung des Betriebsklimas. Das Gespräch bietet dem Vorgesetzten Gelegenheit zu zeigen, dass er sich über die Rückkehr eines geschätzten Mitarbeiters freut, und dient dazu, den Mitarbeiter über die wichtigsten Geschehnisse während seiner Abwesenheit zu informieren.

> **Leitfaden für ein Rückkehrgespräch**
>
> - Beginnen Sie das Gespräch positiv.
> - Informieren Sie über die Geschehnisse während der Abwesenheit des Mitarbeiters (z. B. organisatorische oder personelle Änderungen), um den Wiedereinstieg zu erleichtern.
> - Erkundigen Sie sich nach dem derzeitigen Befinden.
> - Fragen Sie, ob die Abwesenheit mit der Arbeitssituation des Mitarbeiters zusammenhängt: Mit der Art und Schwere der Arbeit und/oder den Arbeitsbedingungen.
> - Fragen Sie, ob die Abwesenheit mit dem Betriebsklima bzw. dem Gruppenklima zusammenhängt:
>   a. Führungsstil
>   b. Entgelt/Sozialleistungen
>   c. Fehlende Aufstiegsmöglichkeiten
>   d. Fehlende Gelegenheit zur Weiterbildung.
> - Fragen Sie, ob die Abwesenheit mit außerbetrieblichen Gründen zusammenhängt und ob der Mitarbeiter darüber reden möchte.
> - Geben Sie – je nach Ursache der Abwesenheit – Hinweise auf die Folgen für das Unternehmen.
> - Geben Sie Hinweise zu den Auswirkungen auf die Kollegen und schaffen Sie so beim Mitarbeiter ein entsprechendes Bewusstsein.
> - Überlegen Sie gemeinsam, ob und was getan werden kann, um dem Mitarbeiter zu helfen, Ausfallzeiten zu verringern (z. B. anderer, besser geeigneter Arbeitsplatz).
> - Überlegen Sie zusammen mit dem Mitarbeiter, was er selbst tun kann, um übermäßige Fehlzeiten zu verhindern.
> - Vermitteln Sie dem Mitarbeiter das Gefühl, dass er als Mensch geschätzt ist und als Mitarbeiter gebraucht wird.

Fördergespräch   Das Fördergespräch (auch Aufstiegs- oder Laufbahngespräch genannt) ist Baustein der Personalentwicklung. Hier werden, unter Berücksichtigung der betrieblichen Möglichkeiten und der Fähigkeiten und Neigungen der Mitarbeiter, deren **weitere berufliche Entwicklung** sowie die erforderlichen Förder- und Bildungsmaßnahmen abgestimmt.
Nach § 82 Abs. 2 BetrVG kann der Mitarbeiter verlangen, dass seine weiteren beruflichen Entwicklungsmöglichkeiten mit ihm erörtert werden. Er kann zum Fördergespräch ein Mitglied des Betriebsrats hinzuziehen.

> **Leitfaden für ein Fördergespräch**
>
> - Bauen Sie eine positive Gesprächsatmosphäre auf.
> - Sprechen Sie über das bisherige Aufgabengebiet des Mitarbeiters.
> - Besprechen Sie die Ergebnisse aus Mitarbeiterbeurteilungen, Befragungen, Potenzialerhebungen als Grundlage für die weitere berufliche Entwicklung.
> - Fragen Sie nach Erwartungen, Wünschen, Interessensgebieten des Mitarbeiters (Mitarbeiter zum Reden bringen!).
> - Beschreiben Sie die bestehenden betrieblichen Möglichkeiten.
> - Stimmen Sie sich über die künftigen Aufgaben oder Arbeitsziele endgültig ab.
> - Legen Sie vorgesehene Fördermaßnahmen fest, z. B.:
>   1. Neue Abgrenzung des Arbeitsplatzes
>   2. Versetzung
>   3. Entwicklung als Nachfolger für eine bestimmte Position
>   4. Laufbahnplanung für die nächsten Jahre.
> - Wählen Sie die erforderlichen Bildungsmaßnahmen aus.
> - Vereinbaren Sie evtl. einen neuen Gesprächstermin.
> - Halten Sie das Ergebnis fest, fassen Sie es zusammen.

Zielvereinbarungsgespräch

Zweck eines Zielvereinbarungsgesprächs ist es, eine gemeinsame, von beiden Seiten getragene **Vereinbarung** zu treffen über ein innerhalb einer bestimmten Zeitspanne zu erreichendes, überprüfbares **Arbeitsergebnis (Ziel)**. Dieses Gespräch wird im Rahmen des Management-by-Objectives zwischen dem Vorgesetzten und dem Mitarbeiter geführt. Inhalte von Zielvereinbarungen können quantifizierbare Leistungen (z. B. Umsatzergebnisse, Ausbringungsmengen) und nicht quantifizierbare Leistungen (z. B. Änderungen im Arbeits- oder Sozialverhalten) sein. Neben dem zu erreichenden Ziel und Zeitrahmen muss eine Zielvereinbarung immer auch den Zeitpunkt und die Art und Weise der Zielüberprüfung nennen. Nach dem vereinbarten Zeitplan werden der Grad der Zielerreichung und die Art und Ursachen von Abweichungen wiederum gemeinsam diskutiert.

Eine Zielformulierung beinhaltet sechs wesentliche Elemente:

Zielformulierung

1. Zielart und -inhalt (was?)
   Es gibt verschiedene Zielarten. Dazu gehören
   - Kundenziele (z. B. Verringerung der Wartezeiten um ... %)
   - Sachziele (z. B. Einführung von Bereichspflege bis zum ...)
   - Persönliche Ziele (z. B. Abschluss eines Lehrgangs bis zum ...)
   - Teamziele (Sicherung eines einheitlichen Kenntnisstandes über ... für alle Teammitglieder bis zum ...)
2. Zielgespräche/-fristen (wann?)
3. Maßnahmen zur Zielerreichung (wie?)
4. Zielgebiet/Schnittstellen (wo?)
5. Zielverantwortung (wer?)
6. Zielkennzahl (wie/woran zu messen?)

Es sollte darauf geachtet werden, dass

- das Ziel annehmbar ist
- das Ziel zu erreichen ist
- das Ziel objektiv gewählt ist
- das Ziel akzeptiert wird.

Leitfaden für ein Zielvereinbarungsgespräch

- Eröffnen Sie dem Mitarbeiter das Ziel des Gesprächs.
- Erläutern Sie Grundsätzliches zum Führen mit Zielen (Prinzipien; Verweis auf frühere Gespräche; Erstinformation).
- Leiten Sie die Teilschritte zum Ziel aus dem übergeordneten Zielsystem ab.
- Erörtern Sie zusammen mit dem Mitarbeiter die Zielerreichung in der Vergangenheit: den Grad der Zielerreichung, die Ursachen für Defizite.
- Was können Sie, was kann der Mitarbeiter tun, um Defizite künftig zu vermeiden?
- Klären Sie künftige Ziele inhaltlich:
  1. Welche vorgegebenen Prioritäten muss der Mitarbeiter in Zukunft beachten?
  2. Vereinbaren Sie mit ihm umsetzbare, konkrete Einzelziele und Maßstäbe zur (gemeinsamen) Überprüfung der Zielerreichung.
- Sprechen Sie realistische zeitliche Vorgaben ab: Schätzt der Mitarbeiter seine Kapazitäten richtig ein?
- Setzen Sie Zwischentermine zur Zielüberprüfung bis zum Endtermin.
- Klären Sie, ob die Fähigkeiten des Mitarbeiters ausreichen:
  1. Ist-Aufnahme der vorhandenen Fähigkeiten (Fachwissen, Leistungsverhalten)
  2. Vereinbaren Sie notwendige Qualifizierungsmaßnahmen.
  3. Ist mit Widerständen seitens des Mitarbeiters zu rechnen?
- Diskutieren Sie über mögliche Probleme, die die Zielerreichung gefährden können.
- Fertigen Sie ein Gesprächsprotokoll an.

Übersicht 20:
Muster für ein Protokoll eines Zielvereinbarungsgesprächs

Protokoll
Zielvereinbarungsgespräch   Datum:

Vorgesetzte/r   Mitarbeiter/in

Name: Name:

Funktion: Funktion:

Klinik: Klinik:

Station: Station:

Rückmeldung des Mitarbeiters
- in Bezug auf die eigene Person
- in Bezug auf den Gesprächspartner/Leitung

Rückmeldung des Vorgesetzten

A. Ergebnisse (Vorjahr)
- Im Rahmen der Station-/Abteilungsziele erreichte Ergebnisse im zurückliegenden Vereinbarungszeitraum
- Beitrag der Mitarbeiterin/des Mitarbeiters zur Zielerreichung
- Ursachen erreichter und nicht erreichter Ziele

B. Ziele (laufendes Halbjahr)
- im Rahmen der Stations-/Abteilungsziele mit dem Mitarbeiter vereinbarte Ziele
- Geplanter zeitlicher Rahmen
- Voraussetzungen und Bedingungen

C. Förderung und Entwicklung des Mitarbeiters
- Interessen, Erwartungen und Ziele des Mitarbeiters hinsichtlich der künftigen Zusammenarbeit sowie der weiteren beruflichen Förderung und Entwicklung
- Vorgeschlagene Förder- und Entwicklungsmaßnahmen für die Mitarbeiterin/den Mitarbeiter im Hinblick auf die heutige Aufgabe und die vereinbarten Ziele

Die Mitarbeiterin/der Mitarbeiter erklärt sich durch ihre/seine Unterschrift mit der Verarbeitung und Weitergabe der ihr/ihm erläuterten Aussagen zu ihrer/seiner Förderung und Entwicklung einverstanden.

Mitarbeiter/in   Vorgesetzte/r

Unterschrift und Datum   Unterschrift und Datum

1 Exemplar bleibt bei der vorgesetzten Stelle.
1 Exemplar bekommt die Mitarbeiterin/der Mitarbeiter.

Übersicht 21:
Muster für die Vereinbarung von Zielbereichen mit einem Mitarbeiter

Welche Zielbereiche würden Sie gerne über Zielvereinbarungen steuern?

(Ermittlung von Themen für frei zu vereinbarende Ziele)

1. Zielbereich:

Hauptziel:

Teilziele:

2. Zielbereich:

Hauptziel:

Teilziele:

3. Zielbereich:

Hauptziel:

Teilziele:

Beachten Sie: Der Zielkatalog sollte nicht mehr als 7 Zielbereiche umfassen.

Übersicht 22:
Muster für die Vereinbarung von Zielbereichen mit einem Team

```
                    Team
         Zielvereinbarung und Zielanalyse

Übergeordnetes Ziel:

Zielperiode:
von:                    bis:

Vorgesetzte/r
Name:                   Unterschrift:
Klinik:

Team
Name    Funktion    Bereich/Station    Handzeichen
___     ___         ___                ___
___     ___         ___                ___
___     ___         ___                ___
___     ___         ___                ___
___     ___         ___                ___
```

Das Austrittsgespräch (auch Abgangsinterview genannt) dient der **Informationsbeschaffung von innen** und trägt zur Verbesserung von Arbeitsbedingungen bei. Es unterstützt das Personalmarketing. Es eröffnet dem Fachvorgesetzten die Möglichkeit, die **Gründe** für eine **Kündigung des Arbeitsverhältnisses** seitens des Mitarbeiters zu hinterfragen.

Der Mitarbeiter sollte vorher stets informiert werden, wie seine Informationen weiterverwendet werden. Es muss sicher sein, dass das Austrittsgespräch **keine nachteiligen Folgen für ihn hat**. Ein solches Gespräch hat nur Sinn, wenn der Mitarbeiter bereit dazu ist.

Austrittsgespräch

Leitfaden für ein Austrittsgespräch
• Sichern Sie die Vertraulichkeit des Gesprächs zu.
• Ermuntern Sie den Mitarbeiter, alles auszusprechen.
• Weisen Sie darauf hin, dass das Zeugnis durch das Austrittsgespräch nicht beeinflusst wird.
• Fragen Sie nach den Gründen für die Kündigung:
Wurden die Erwartungen des Mitarbeiters nicht erfüllt?

- Fragen Sie nach dem Betriebsklima und den Arbeitsbedingungen: Haben Möglichkeiten für Weiterentwicklung und Aufstieg gefehlt? Wie wurde der Führungsstil des Vorgesetzten eingeschätzt? Wie schätzt der Mitarbeiter Arbeitsentgelt und Sozialleistungen ein?
- Je nach Situation können Sie versuchen, den Mitarbeiter umzustimmen

Unterweisungsgespräch

Die Unterweisung eines Mitarbeiters gehört zu den Daueraufgaben eines Vorgesetzten. Je eindeutiger ein Mitarbeiter unterwiesen wird, um so weniger ist mit Fehlern und Doppelarbeit zu rechnen.

Zur Unterweisung sollte die bewährte **4-Stufen-Methode** verwendet werden. Damit wird ein zielgerichteter Ablauf sichergestellt, der sich an pädagogischen Prinzipien orientiert. Die 4-Stufen-Methode wird auch bei Auszubildenden regelmäßig eingesetzt.

Leitfaden für ein Unterweisungsgespräch

1. Stufe: Vorbereiten
- Bereiten Sie die Arbeit vor.
- Gliedern Sie den Arbeitsvorgang in mehrere Schritte.
- Bereiten Sie den Arbeitsplatz für die Unterweisung vor.
- Nehmen Sie sich ausreichend Zeit.
- Bereiten Sie den Mitarbeiter vor.
- Nehmen Sie ihm die Befangenheit.
- Stellen Sie fest, was der Mitarbeiter bereits kann.
- Wecken Sie sein Interesse für die Aufgabe.

2. Stufe: Erklären und vormachen
- Vermitteln Sie dem Mitarbeiter einen Gesamtüberblick über die Aufgabe, indem Sie diese in geraffter Form vormachen und erklären.
- Machen Sie die Aufgabe ein zweites Mal ausführlich vor.
- Geben Sie Erklärungen.
- Verwenden Sie die Fachbegriffe.
- Begründen Sie Ihr Vorgehen.
- Weisen Sie auf mögliche Probleme hin.
- Regen Sie zu Fragen an.
- Bei schwierigen Aufgaben lohnt sich ein nochmaliges Vormachen und das Wiederholen der Kernpunkte.

3. Stufe: Nachmachen lassen
- Lassen Sie den Mitarbeiter die Aufgabe ausführen.
- Kommentieren Sie wenig und verbessern Sie nur grobe Fehler.
- Lassen Sie den Unterwiesenen die Aufgabe ein zweites Mal ausführen.
- Verlangen Sie detaillierte Erklärungen und Begründungen.
- Prüfen Sie das Verständnis für die einzelnen Arbeitsschritte.
- Verbessern Sie Fehler.
- Verwenden Sie Fachausdrücke.

- Falls erforderlich, lassen Sie den Mitabeitern weitere Wiederholungen ausführen.
- Lassen Sie nur noch Kernpunkte herausstellen.

4. Stufe: Abschluss
- Lassen Sie den Mitarbeiter selbstständig üben.
- Erteilen Sie einen Probeauftrag.
- Benennen Sie eine Kontaktperson, die helfen kann.
- Erhöhen Sie das Sicherheitsgefühl.
- Beobachten Sie die Übungsfortschritte und loben Sie die Erfolge.

Eine **Rückmeldung über seine Leistungen** erhält der Mitarbeiter beim Qualifikationsgespräch. Ziel dieser Art von Mitarbeitergespräch ist es, Ziele für die zukünftige Qualifikation des Mitarbeiters festzulegen.

Qualifikationsgespräch

Leitfaden für ein Qualifikationsgespräch

Name:

Datum:

1. Wie geht es Ihnen?

2. Wie fühlen Sie sich im Team?
    - Akzeptanz
    - Einzel- oder Gruppenmensch

3. Wie erleben Sie unsere Zusammenarbeit?
    - Aufgabenverteilung
    - Zeiteinteilung, Arbeitsmenge
    - Informationsaustausch

4. Gibt es Situationen, die Sie belasten?
    - Krankheitsbilder
    - Veränderungen
    - Rotation
    - Sparmaßnahmen

5. Wo wünschen Sie sich Unterstützung?
    - im Team
    - fachlich
    - persönlich

6. Haben Sie Verbesserungsvorschläge?
    - Arbeitsablauf
    - Schwachstellen

7. Wie nutzen Sie die Möglichkeiten zur Fort- und Weiterbildung?
    - Geben wir Ihnen die Möglichkeit zur Umsetzung?

8. Welche Erwartungen und Wünsche haben Sie an mich als Leitung?

9. Sind Sie der Meinung, dass die Standards in Ihrer Arbeit genügend Berücksichtigung finden?
   - Dokumentation
   - Pflegestandards
   - Hygiene

10. Welchen Schwerpunkt sehen Sie in Ihrer Arbeit und was möchten sie persönlich erreichen?
    - Karriere

11. Inwieweit wurden die Arbeitsziele für die vergangenen zwölf Monate erreicht?

12. Welche Arbeitsziele vereinbaren wir für die nächsten zwölf Monate?
    (schriftliche Vereinbarung treffen, mit Zeitangabe und Kontrolle)

13. Wie empfanden Sie das Gespräch?

14. Was wäre jetzt noch wichtig zu besprechen?

_____   _____
Unterschrift Mitarbeiter   Unterschrift Vorgesetzter

Literaturverzeichnis

ALTVATER, BACHNER, HÖRTER, PEISELER, SABOTTIG, VOHS (2000): Bundespersonalvertretungsgesetz, Basiskommentar mit Wahlordnung und ergänzenden Vorschriften für Gerichte, Bahn, Post, Bundeswehr und NATO. Bund-Verlag, Frankfurt am Main

BENNETT, D. (1977): Im Kontakt gewinnen: Transaktions-Analyse als Führungshilfe. Sauerverlag, Heidelberg

BERNE, ERIC (2002): Was sagen Sie, nachdem Sie Guten Tag gesagt haben? Psychologie des menschlichen Verhaltens. In: Geist und Psyche, Band 42192, Fischer, Frankfurt am Main

CRISAND/STEPHAN (1999): Personalbeurteilungssysteme. 2. Auflage, Sauerverlag, Heidelberg

CURTH, M./LANG B. (1996): Management der Personalbeurteilung. München/Wien

EICHHORN, S. (1994): Personalmanagement im Pflegedienst. In: Arbeitsbericht der FH Osnabrück, FB Wirtschaft, Bd. 24: Pflegemanagement, Osnabrück

FENNER UND JANIKOWSKI (1994): ReferentInnen-Qualifizierung (KGS Ordner). ÖTV Stuttgart

FISCHER, W. (1999): Führungswissen in der Pflege. Kohlhammer Verlag, Stuttgart

FITTING, H.; KAISER, H.; HEITHER F.; ENGELS G. (2000): Betriebsverfassungsgesetz mit Wahlordnung. 20. Auflage, Verlag Franz Vahlen, München

FRANCIS, D.; YOUNG, D. (1998): Mehr Erfolg im Team. Windmühle GmbH, Hamburg

GEHM, T. (1994): Kommunikation im Beruf. Beltz Verlag, Basel/Weinheim

HOEFERT, H. W. (1991): Zur Qualifizierung von Fachkräften des Sozialwesens für Führungs- und Managementtätigkeiten. In: LEWKOWICZ M. (Hrsg.): Neues Denken in der sozialen Arbeit, Lambertus-Verlag, Freiburg

HOEFERT, H. W. (Hrsg.) (1997): Führung und Management im Krankenhaus. Verlag für angewandte Psychologie, Göttingen

HORNUNG UND LÄCHLER (1999): Psychologisches und soziologisches Grundwissen für Krankenpflegeberufe. 7. Auflage, Beltz Psychologie Verlagsunion

KAHLER, TAIBI (1975): Structural Analysis: Focus on Stroke Rationale, a Parent Continuum and Egograms. In: TAJ 5, p. 267

KARPMANN, STEPHAN (1975): Fairy Tales and Script Drama Analysis, TAB San Franzisko

KLIE, T./STASCHEIT, U. (1996): Gesetze für Pflegeberufe. Nomos Verlagsgesellschaft, Baden-Baden

LANGMAACK; BRAUNE-KRICKAU (1993): Wie die Gruppe laufen lernt. 4. Auflage, Beltz Verlag

LATTMANN, C. (1994): Die Leistungsbeurteilung als Führungsmittel. 2. Auflage, Physica-Verlag, Bern/Stuttgart

LORENZEN, U.; ECKSTEIN, K.; FITTING, K.; HEYER, H. (1994): Bundespersonalvertretungsgesetz. Decker`s, Heidelberg

NASEMANN, A. (1996): Arbeitszeugnisse. Falken-Verlag, Niedernhausen

NERDINGER F.W. (2000): Erfolgreich führen. Beltz Verlag, Basel/Weinheim

PIEPER, W. (2000): Praxiskommentar zum Bundesangestelltentarifvertrag. Bund-Verlag, Frankfurt am Main

RÜTTINGER, R. (2001): Transaktionsanalyse (Reihe: Arbeitshefte Führungspsychologie, Band 10), Sauer Verlag, Heidelberg

SCHÄFER, W.; JACOBS, P. (2002): Praxisleitfaden Stationsleitung, Handbuch für die stationäre und ambulante Pflege. Kohlhammer Verlag, Stuttgart

SCHELTER (1999): Das Tarifrecht der Angestellten in Krankenhäusern und Heimen. 6. Auflage, Courier Verlag, Stuttgart

SCHOOF, C. (1993): Betriebsratspraxis von A bis Z. 2. Auflage, Bund-Verlag, Frankfurt am Main

STABENAU M. (1999): Leittexte zum Thema „SQ als Schlüssel zum Lean-Learning", Siemens AG, Erlangen

WALSH, B. (2000): Leiten und Führen in der Pflege, Urban und Fischer

WEIDLICH (1998): Mitarbeiterbeurteilung in der Pflege. Urban & Schwarzenberg, München

WÖRTERBUCH DER SOZIOLOGIE (1976): Kröner, Stuttgart

Stichwortverzeichnis

A

ABC-Führungsrollen 189
Abmachungen, abweichende 22
Änderung
– des Ortes 84
– Lage der Arbeitszeit 85
– Dauer der Arbeitszeit 85
Änderungsangebot 90
Änderungskündigung 16, 86
Anfechtung 106
– des Arbeitsvertrages 75
Anforderungsprofil 114
Angelegenheiten
– personelle 56, 71
– soziale 56
– technisch-organisatorische 56, 68
– wirtschaftliche 56
Anhaltspunkte, konkrete 83
Anhörung 47, 130
Anhörungsrecht 49, 73, 77
Antreiber 230
Antrittsgespräch 241
Arbeitnehmerschutzgesetze 18
Arbeitnehmerüberlassung 105
Arbeitsablauf 85
Arbeitsamt 104
Arbeitsaufnahme 131
Arbeitsbedingungen 68
Arbeitsleistung 16
Arbeitspflicht 15
Arbeitsplatzbestimmung 85
Arbeitsrecht 13
Arbeitsvertrag 18, 120, 123
– Mängel des Arbeitsvertrags 128
Arbeitsverhältnis, Beendigung 88
Arbeitszeit 60
– modelle 61
– verteilung 60
Arbeitszeugnis 111
Assessment-Center (AC) 117
Aufgabenorientierung 194
Ausbildungsvergütungen 158
Auskunftsanspruch 37
Ausstiegsmöglichkeiten 235
Austrittsgespräch 247
Auswahlrichtlinie 73, 99

B

Begründung, konkrete 91
Beisitzer 43
Belastungen, unzumutbare wirtschaftliche 92
Beratungspflicht 69
Beratungsrechte 49
Beratungszeitpunkt 69
Bereitschaftsdienst 60
Berufsverbände 104
Beschäftigungsanspruch 17
Beschäftigungsverbote 82
Beschlussfassung 43
– durch schlüssiges Verhalten 34
Beschlussverfahren 52, 55
Bestimmtheit 190
Beteiligungsgrundsätze 80
Betriebsänderung 51, 71
Betriebsausschuss 38
Betriebsrat 27
– allgemeine Aufgaben 36
– Beschlussfähigkeit 33
– Beschlussfassung 33, 43
Betriebsratsvorsitzender 31
Betriebsratswahlen 28
Betriebsvereinbarung 20, 39 ff.
– Bestimmungen 18
Betriebsversammlungen 29
Bildschirmarbeitsplätze 64
Bildungsmaßnahmen 72
Bundesangestelltentarifvertrag 21

C

Checkliste 116
Chiffreanzeigen 103
Coaching-Partnerschaft 199

D

Demotivation 207
Dienstpläne 60
Dienststellen 27
– leiter 27
Dienstvereinbarungen 19
Direktionsrecht 15 f.
Drama-Dreieck 233

E

EDV-Programme 63
Eignungstests 119
Einberufung 29
Einführungsgespräch 241
Eingliederung, organisatorische 85
Eingruppierung 87, 134
Eingruppierungnormen, tarifliche 16
Einigungsstelle 41
Einstellung 86
Einstellungsabsicht 80
Einzelmaßnahmen, personelle 47, 53
Eltern-Ich 224
Entscheidung, unternehmerische 49
Ersatzmitglieder 34
Ersetzungsantrag 87
Erwachsenen-Ich 224
Europäisches Gemeinschaftsrecht 25

F

Fachkräfte für Arbeitssicherheit 65
Fallstudien 118
Feedback 198
– regeln 203
Fördergespräch 242
Fremdfirmen 73
Führen
– durch Anerkennung 197
– durch Information 197
– durch Kontrolle 197
– durch Kritik 197
Führung 184, 187
– der laufenden Geschäfte 29
Führungsaufgaben 170, 196
Führungsgrundsätze 184

Führungsinstrumente 189, 197
Führungsprozess 194
Führungsqualitäten 184
Führungsstil 191 ff.
– autokratischer 191
– autoritärer 191
– charismatischer 192
– demokratischer 192
– karitativer 192
– laissez-faire 191
– situationsbezogener 192
Führungsverhalten 194, 214
Fürsorgepflicht 15

G

Gefühlsmaschen 232
Geschäftsordnung 29, 35
Gesetze 23
Gesprächsformen 241
– Austrittsgespräch 247
– Einführungsgespräch 241
– Fördergespräch 242
– Kritikgespräch 241
– Qualifikationsgespräch 249
– Rückkehrgespräch 242
– Zielvereinbarungsgespräch 243
Gesprächsvorbereitung 238
Grundgesetz 24
Grundsatz der Billigkeit 18
Grundvergütung 135, 156
Gruppen 207
– diskussion 118
– leitung 118
– prozess, Phasen des 208 ff.
– zusammenhalt (Kohäsion) 197
Günstigkeitsprinzip 22, 39

H

Hierarchie 188

I

Ich-Zustände 224
– Eltern-Ich 224
– Erwachsenen-Ich 224
– Kind-Ich 224
Informationsmacht 206
Informationsrecht, selbstständiges 48

Initiativrecht 46, 48, 64
Integration 218
Integrität 190
Intelligenz 190
Internet 103
Interview-Leitfaden 115

J

Job-Enlargement 97
Job-Enrichment 97
Job-Rotation 98
Job-Sharing 97
Johari-Fenster 200

K

Kind-Ich 227 ff.
– angepasstes 227 f.
– freies 227 f.
– rebellisches 227 f.
Körperbehinderung 106
Kohäsion 197
Kompetenz, soziale 190
Kompromiss 218
Konflikt, e 215 ff.
– Außenkonflikt 215
– Beurteilungskonflikt 216
– Bewertungskonflikt 216
– Beziehungskonflikt 215
– Individualkonflikt 215
– Inter-Gruppenkonflikt 215
– Intra-Gruppenkonflikt 215
– Konfliktbearbeitung 213
– Konfliktbewältigung 217
– Konfliktlösung 222
– Konfliktmanagement 219
– Konflikttechnik 220
– Konfliktwahrnehmung 216
– Rollenkonflikt 214, 216
– Theorie der Konflikte 215
– Verteilungskonflikt 216
– Wahrnehmungskonflikt 216
– Zielkonflikt 216
Konsensprinzip 46
Kritikgespräch 241
Kündigung 88
– Kündigungsgründe 89
– Kündigungsschutzprozess 89

L

Ladung, ordnungsgemäße 34

Lebenslauf 110
Legitimation 206
Leiharbeitnehmer 79
Leistungs- und Verhaltensmerkmale 76
Leitbild 169
Leitung 187
Lichtbild 112
Lohnzahlungspflicht 15
Lokomotion 196

M

Macht 188, 206
Macht-Spiele 232
Management 170, 187
– aufgaben 173
– by control 172
– by delegation 171
– by exception 172
– by objectives 171
Mehrarbeit 97
Mitarbeitergespräche 237
Mitarbeiterorientierung 194
Mitbestimmungsrechte 37, 45, 49
Mitwirkungsorientierung 194
Mitwirkungsrechte 47
Motivation 207

N

Nachwirkung 41
Nebentätigkeit 132
Notfälle 58

O

Öffnungsklausel 40
Offenbarungspflicht 106
Opfer 233
Ordnungswidrigkeit 54
Organigramm 172
Ortszuschlag 135, 157

P

Persönlichkeitsbereich 62
Personalabteilung 166
Personalakte 128
Personalanforderung 95
Personalanzeigen 100
Personalauswahl 110

Personalbedarf 96
Personalbedarfsplan 72
Personalberater 104
Personalbeschaffung 95
– interne 96
Personalbeschaffungsplan 72
Personaleinsatz 130
Personalentlohnung 134
Personalentwicklungsplanung 72
Personalfragebogen 74 f., 105, 107
Personalkostenplanung 72
Personalplanung 71
Personalrat 29
Pflegeleitbilder 179
Pflegestandards 175
Pflichtverletzung 31
Planspiele 118
Postkorb 119
Praktikumsentgelte 159
Protokollerklärungen 151

Q

Qualifikationsgespräch 249
Qualifizierung 97

R

Rangprinzip 23
Rechtsverordnungen 23
Referenzen 112
Regelungen
– kollektive 58
– tarifliche 18
Regelungsabreden 41
Retter 233
Richtigkeitskontrolle 87
Rolle, soziale 213
Rollenspiele 118
Rückkehrgespräch 242
Ruhepausen 61

S

Sachverständige 38
Sachverständigkeit 206
Sanktionsmacht 206
Selbstvertrauen 190
Selbstwertgefühl 198
Sitzungen 33, 35
Sitzungsniederschriften 29
Spiele, psychologische 232

Statements 118
Stationsleitung 213
– stellvertretende 214
Stellenausschreibung
– interne 73 f., 83, 98
– öffentliche 101
Stellenbeschreibung 180
Stellungnahme 90
Stellvertreter 32
Streitigkeiten 32

T

Tagesordnung 34
Tarifbindung 57
Tarifgebundenheit 22
Tarifvertrag 21
Tarifvertragsgesetz 22
Tätigkeiten
– höherwertige 16 f.
– niedriger zu bewertende 16
Tätigkeitsmerkmale 16
Teams 212
Teilzeitarbeitsplätze 73
Transaktionsanalyse 223
– Ich-Zustände 224
Treuepflicht 15, 18

U

Überarbeit 97
Überstundenvergütung 136, 159
Umgruppierung 87
Umlaufverfahren 33
Umsetzung 99
Umwandlung von Arbeitsverhältnissen 79
Unfall- und Gesundheitsgefahren 65
Unfallverhütungsvorschriften 65
Unterlassungsanspruch 52
Unternehmenskultur 169
Unternehmensziele 72
Unterrichtung durch den Arbeitgeber 68
Unterrichtungsrecht 49 f.
Untersuchung, ärztliche 80
Unterweisungsgespräch 248
Urlaubsanspruch 160
Urlaubs- und Krankheitsvertretung 85
Urlaubswünsche 62

V

Verfolger 233
Verfügung, Einstweilige 52
Vergütungsgruppe 16
Vergütungsordnung zum
  BAT 136
Versetzung 86, 99
Verweigerungsgründe 86
Visionen 169
Vorgesetzte 167
Vorsitzender 29
Vorstellungsgespräch 113 f.
– Phasen des 115
Vorstellungskosten 120

W

Wahlvorstand 27 f.
Weihnachtsgeld 159

Widerspruchsgründe 91
Willensbildung 34

Z

Zeitpunkt 33
Zeitzuschläge 136
Zeugnisse 111
Zielvereinbarungsgespräch 243
Zulage
– allgemeine 135, 158
– Schicht- 136
– übertarifliche 67
– Wechselschicht- 136
Zustimmungsverweigerung 81
– Zustimmungsverweigerungs-
  recht 46
– Zustimmungsverweigerungs-
  recht, eingeschränktes 78

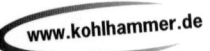

Ronald Kelm

Arbeitszeit- und Dienstplangestaltung in der Pflege

2., aktualisierte und erw. Aufl. 2003
320 Seiten, 19 Abbildungen,
8 Übersichten, 20 Tab. Kart. € 19,–
ISBN 3-17-017604-8
PflegeManagement

Die Missachtung von Arbeitszeitrecht und Tarifverträgen führt in Krankenhäusern und Pflegeeinrichtungen häufig zu Konflikten und Demotivation. Diesem Problem entgegenzuwirken, stellt daher eine bedeutende Herausforderung für alle Pflegedienst- und Stationsleitungen dar. Vor diesem Hintergrund vermittelt Ronald Kelm zunächst das erforderliche rechtliche Basiswissen und behandelt dann umfassend und ausführlich die gesetzlichen und tariflichen Vorschriften zu Arbeitszeit, Arbeitszeitmodellen sowie Erholungsurlaub in ihren Auswirkungen auf die Dienstplangestaltung. Anhand zahlreicher Fall- und Berechnungsbeispiele zeigt der Autor dabei auf gut verständliche Weise, wie die Vorschriften in die Praxis umzusetzen sind. Weitere Themen sind der Zusammenhang zwischen Dienstplan und Arbeitsorganisation und die Mitbestimmungsrechte der Betriebs- und Personalräte.

Die 2. Auflage dieses bewährten Werkes berücksichtigt durchgehend das Urteil des Europäischen Gerichtshofes zum Bereitschaftsdienst vom 3. Oktober 2000. Eine wesentliche Erweiterung erfuhr das Buch außerdem durch die Aufnahme der relevanten gesetzlichen und tariflichen Vorschriften, die im Anhang abgedruckt sind.

Der Autor:
Ronald Kelm ist Pflegedienstleiter der chirurgischen Kliniken des Universitätsklinikums Schleswig-Holstein, Campus Kiel, und seit 1990 als Dozent in der beruflichen Weiterbildung tätig.

W. Kohlhammer GmbH · Verlag für Krankenhaus und Pflege
70549 Stuttgart · Tel. 0711/7863 - 7280 · Fax 0711/7863 - 8430

Jan E. Gültekin/A. Liebchen

Pflegerische Begutachtung

Datenerhebungsmethoden, Pflegebedarfs- und Pflegequalitätsermittlung
2003. 172 Seiten. Kart. € 16,50
ISBN 3-17-017886-5
PflegeManagement

Pflegerische Begutachtungen werden in zunehmendem Maße von Fachgutachtern mit pflegespezifischer Ausbildung und entsprechender Berufserfahrung vorgenommen. Die Anforderungen, die an die Erstellung solcher Gutachten gestellt werden, sind zwar hoch, lassen sich aber mit entsprechendem Methodenwissen und fundierter Vorbereitung gut bewältigen. In diesem Sinne vermitteln die Autoren auf praxisnahe Weise zunächst die notwendigen Kenntnisse über die Techniken der qualitativen Datenerhebung. Anschließend geben sie einen umfassenden Überblick über die Besonderheiten der beiden zentralen Gutachtentypen:
das Gutachten zur Pflegebedarfsermittlung und das Gutachten zur Pflegequalitätsermittlung.

Schließlich werden die steuerrechtlichen und finanziellen Aspekte der Gutachtertätigkeit behandelt. Zahlreiche Fallbeispiele, Tabellen sowie verschiedene Gutachtenformulare erleichtern die Umsetzung in die Praxis.

Die Autoren:
Jan E. Gültekin, Pflegedienst- und Heimleiter, unabhängiger Pflegegutachter, ist seit 2001 Vorstandsmitglied des Deutschen Bundesverbandes unabhängiger Pflegesachverständiger und Pflegefachgutachter. Dr. med. Dipl.-Psych. Anna Liebchen, seit 2001 Vorstandsmitglied des Deutschen Bundesverbandes unabhängiger Pflegesachverständiger und Pflegefachgutachter, ist Leiterin der Firma QBM®, Hamburg.

W. Kohlhammer GmbH · Verlag für Krankenhaus und Pflege
70549 Stuttgart · Tel. 0711/7863 - 7280 · Fax 0711/7863 - 8430

Heinz Sträßner/Manuela Ill-Groß

Das Recht der Stationsleitung

Ein Leitfaden für
Alten- und Krankenpflegepersonal
2., vollst. überarb. und erw. Aufl. 2002
362 Seiten, 45 Abbildungen, 7 Tab.
Kart. € 25,–
ISBN 3-17-017474-6
PflegeRecht

Arbeitsorganisation, Mitarbeiterführung und Qualitätssicherung stellen höchste Anforderungen an die menschliche und fachliche Kompetenz einer Stationsleitung – auch aus juristischer Sicht. Die Stationsleitung hat nicht nur die Interessen der Patienten/Heimbewohner zu vertreten, sondern auch ihre eigenen Belange und die der Mitarbeiter wahrzunehmen. Ihre gesamte Tätigkeit spielt sich im Spannungsfeld der Rahmenbedingungen ab, die von Träger, ärztlichem und pflegerischem Bereich vorgegeben werden.
Deshalb gibt dieses Buch auch in der 2., vollständig überarbeiteten und erweiterten Auflage Auskunft über die gesamte Breite rechtlicher Grundlagen für alle Alten- und Krankenpflegekräfte im stationären Leitungsbereich.

Die Autoren:
Heinz Sträßner, Rechtsanwalt, langjährige Beschäftigung mit Krankenhaus- und Pflegerecht, seit 1980 Lehraufträge in der Fort- und Weiterbildung von Pflegekräften bei verschiedenen Fortbildungsträgern im gesamten deutschen Raum. Manuela Ill-Groß, Krankenschwester mit der Weiterbildung zur PDL und Betriebswirtin (VWA), Schwerpunkt Krankenhauswirtschaft, mehrjährige Erfahrung in der Fort- und Weiterbildung von Pflegekräften.

W. Kohlhammer GmbH · Verlag für Krankenhaus und Pflege
70549 Stuttgart · Tel. 0711/7863 - 7280 · Fax 0711/7863 - 8430